FRANZ KADELL **DIE**
KATYN
LÜGE

FRANZ KADELL DIE KATYN LÜGE

GESCHICHTE EINER MANIPULATION

FAKTEN, DOKUMENTE UND ZEUGEN

Mit 19 Abbildungen

HERBIG

Bildnachweis:

AP (15) – Bundesarchiv (4, 5) – dpa (3, 16, 17, 18) – Keystone (11, 13) – Reuter (19) – Bilderdienst Süddeutscher Verlag (1, 2, 6, 8, 9, 10, 12, 14) – Ullstein (7)

Umschlaggestaltung: Wolfgang Heinzel
Satz: Fotosatz-Service Weihrauch, Würzburg
gesetzt aus 10/13 Punkt Times, System Berthold
Druck und Binden: Mohndruck, Gütersloh
Printed in Germany
ISBN 3-7766-1676-8

Inhalt

7

Vorwort

Katyn ist ein Symbol. Es steht für die Liquidierung eines Großteils der polnischen Elite ebenso wie für das damit verbundene Trauma des polnischen Volkes. Wer das polnisch-sowjetische Verhältnis auch heute und in der Zukunft verstehen will, muß wissen, was im Frühjahr 1940 geschehen ist, als Stalins und Berijas NKWD rund 15 000 polnische Berufs- und Reserveoffiziere ermordete. Fast sämtliche Reserveoffiziere hatten im Zivilleben führende Stellungen inne, waren mehrsprachig und verfügten über internationale Verbindungen. Stalin ließ die polnisch-national denkende Führung liquidieren, die sich einer Bolschewisierung Polens sicherlich widersetzt hätte. Dieses Massaker war kein gewöhnliches Kriegsverbrechen. Die Sowjetunion befand sich zu diesem Zeitpunkt gar nicht im Krieg. Katyn war ein Soziozid – die Liquidierung einer »gesellschaftlichen Klasse«.

Immer wieder verlangte die polnische Exilregierung, die sich nach dem deutschen Angriff auf die Sowjetunion mit Stalin verbündet hatte, erfolglos Auskunft über den Verbleib der vermißten Offiziere – bis Mitglieder der polnischen Untergrundorganisation auf die Gräber von Katyn stießen. In ihrer Verzweiflung knüpfte sie sogar geheime Kontakte zum Reichssicherheitshauptamt.

Als die Deutschen im Frühjahr 1943 die Entdeckung von Massengräbern bei Katyn in der Nähe von Smolensk bekanntgaben – das Wort Katyn steht seither stellvertretend für die drei Mordstätten dieses Soziozids –, beschuldigten die Sowjets die Deutschen der Tat. Briten und Amerikaner wußten, daß es sich um eine Lüge handelte, aber um die Allianz mit Stalin nicht zu gefährden, deckten sie die sowjetische Version. Die Medien wurden zensiert, Beamte zum Schweigen verpflichtet, ein hoher Diplomat kaltgestellt. Der Fall Katyn ist auch ein Fall Churchill und ein Fall Roosevelt.

Die Manipulation der Wahrheit wurde über 1945 hinaus nicht nur von den Sowjets, sondern auch von den Westalliierten fortgesetzt. Während des Kalten Krieges kamen erste Diskussionen auf, als prominente Exilpolen über die Katyn-Morde schrieben. Eine entscheidende Bresche in die Verschwörung des Schweigens schlug erst ein Untersuchungsausschuß des amerikanischen Repräsentantenhauses während des Korea-Krieges: Die Sowjetunion war vom Freund zum Feind geworden. Die politische Opportunität ließ jetzt den Hinweis auf die Täterschaft der Sowjetunion ratsam erscheinen; und gleichzeitig war das Gewicht von Millionen Wählerstimmen von Amerikanern polnischer Herkunft zu berücksichtigen. Doch nachdem die Ergebnisse des Kongreßausschusses der UNO übergeben worden waren, um ein internationales Tribunal vorzubereiten, verlief alles im Sande. Der Tod Stalins hatte neue Hoffnungen auf eine friedlichere Sowjetunion geweckt.

Jahrzehntelang hat die Sowjetunion alle Register gezogen, um die Katyn-Lüge am Leben zu erhalten. Hilfe fand sie dabei manchmal im Westen. Noch Mitte der siebziger Jahre verweigerte die britische Regierung der Wahrheit die Anerkennung, als Exilpolen in London ein Denkmal für die Ermordeten errichteten. So blieb Katyn auch im Westen weiterhin zumindest mit einem Fragezeichen behaftet.

Hartnäckig kämpften die Polen gegen die Katyn-Lüge. Die Solidarnosc-Bewegung war viel stärker mit Katyn als Symbol nationalen Martyriums verbunden, als es im Westen wahrgenommen wurde. Jahrelang tobte ein Streit um einen Gedenkstein in Warschau, dessen Inschrift die Deutschen für die Morde verantwortlich machte. Erst im Frühjahr 1990, ein halbes Jahrhundert nach der Tat, rechnete Moskau Katyn den stalinistischen Verbrechen zu, um das Verhältnis zu Polen zu entlasten. Das vorliegende Buch beschreibt die Geschichte der Katyn-Lüge und ihrer Bekämpfung in Ost und West. Die Geschehnisse muten wie ein politischer Kriminalroman an: Mysteriöse Todesfälle, Bestechung, Erpressung, Konspiration – nur mit dem Unterschied, daß alles wahr ist.

1

Liquidierung

1. September 1939, 5.45 Uhr. Die deutsche Wehrmacht Hitlers marschiert in Polen ein. Am 16. September ist Warschau eingeschlossen. 17. September, 3 Uhr. Die Rote Armee Stalins dringt von Osten her in Polen vor. Beide Armeen stoßen bis zu jener Linie vor, wie sie in der ersten geheimen Zusatzklausel zum deutsch-sowjetischen Nichtangriffspakt am 23. August 1939 festgelegt worden war: »Für den Fall einer territorialen und politischen Umgestaltung der zum polnischen Staat gehörigen Gebiete werden die Interessensphären Deutschlands und der UdSSR annähernd durch die Linie Narew-Weichsel-San begrenzt sein.«
Der Oberbefehlshaber der polnischen Armee, Marschall Edward Rydz-Smigly gibt bekannt, die Sowjetunion werde nicht als kriegführende Partei angesehen und deshalb sei den sowjetischen Truppen kein Widerstand zu leisten. [1] Die polnische Armee, im Westen bereits von den Deutschen geschlagen, kämpft im Osten gar nicht oder unkoordiniert. Nur einige Abteilungen des polnischen Grenzverteidigungskorps (KOP) und kleinere Verbände des Heeres führen hoffnungslose Abwehrkämpfe. [2] Die große Mehrheit der rund 300 000 polnischen Soldaten geht nach Hause, andere fliehen über die Grenzen nach Litauen oder Rumänien. Einer der prominentesten Flüchtlinge in Richtung Rumänien ist Edward Rydz-Smigly, der sich noch im Sommer 1939 hoch zu Roß hatte in Öl malen lassen – bei einem erwarteten Siegeszug durch das Brandenburger Tor.
Als erstes fallen den Sowjets die polnischen Grenzverteidigungskorps in die Hände. Die Soldaten und Offiziere werden entweder auf der Stelle umgebracht oder unverzüglich nach Rußland deportiert. [3] Oberst Jerzy Grobicki, der polnische Militärattaché von 1932 bis 1936 in Berlin, wird am 26. September, während seine Kavallerie-Brigade an der Bahnstrecke Lemberg-Przemsyl gegen deutsche

Truppen kämpft, auf einem Ritt zu seinem Korpsgefechtsstand zusammen mit seinem Adjudanten von einem »eingesickerten« Trupp Rotarmisten überfallen. Der Kommandoführer, der ihn als Obersten und somit wichtigen Gefangenen erkennt, verhindert seine sofortige Erschießung. Obwohl Grobicki sich beim Sturz von seinem Pferd die Hüfte schwer verletzt hat, wird er mit Kolbenstößen und Bajonettstichen angetrieben zu laufen. Tagelang wird er zusammen mit anderen Kameraden von einem NKWD-Offizier verhört und dreimal an die Wand gestellt, um angeblich erschossen zu werden. Doch jedesmal trifft in letzter Sekunde wie gerufen eine Ordonanz ein: Die Hinrichtung ist abgesagt. [4]

Wo militärisch Widerstand geleistet wird, werden aus sowjetischen Flugzeugen abwechselnd Bomben und Flugblätter über den polnischen Soldaten abgeworfen: »Soldaten! Glaubt euren Offizieren nicht. Die Offiziere und Generäle sind eure Feinde . . . Soldaten! Vernichtet eure Offiziere und Generäle . . .!« Unterzeichnet sind die Flugblätter von Marschall Semjon Timoschenko. [5]

Vorbildlich tapfer verteidigt sich das polnische Militär in Lemberg unter General W. Langner, Befehlshaber der dortigen Garnison. [6] Aber die Stadt ist sowohl von Deutschen als auch von Sowjets umschlossen, die ein gemeinsames Vorgehen planen. Weiterer Widerstand ist sinn- und zwecklos. Da bittet General Iwanow als persönlicher Gesandter des Marschalls S. Timoschenko, dem Befehlshaber der sich über den südöstlichen Teil Polens erstreckenden sogenannten ukrainischen Front, um eine Unterredung mit Langner. Ein ganz neuer Ton wird angeschlagen. Iwanow macht ein Angebot: »Alle Offiziere und anderen Dienstgrade werden nach Übergabe ihrer Waffen frei sein und können je nach Wunsch in ihre Heimat zurückkehren oder die ungarische oder rumänische Grenze überschreiten. Worauf jeder für sich versuchen kann, zu der in Frankreich neugebildeten polnischen Armee zu stoßen. Darüber hinaus werden jene, die die Rückkehr in die Heimat wählen, von den Sowjet-Behörden Schutz und jede mögliche Unterstützung beim Transport und der Verpflegung auf ihrer Reise erhalten.« [7] General Langner glaubt dem Ehrenwort des Generals. Angesichts der ohnehin aussichtslo-

sen Lage werden Waffenstillstand und Kapitulation vereinbart. [8]
Alle Offiziere Langners geben ihre Waffen im Hauptquartier ab. Als
sie sich zum Abmarsch in Richtung rumänische Grenze sammeln,
sehen sie sich jedoch plötzlich von schußbereiten sowjetischen Soldaten mit aufgepflanzten Bajonetten umgeben. Langner will von
Iwanow wissen, warum die Vereinbarung gebrochen werde. Und der
antwortet: »Oh, seien Sie unbesorgt. Die Bedingungen werden bis
ins kleinste eingehalten werden. Wir müssen Ihre Offiziere beschüt-
zen und ihre Sicherheit garantieren. Sie werden alle nach Tarnipol
(eine Kleinstadt in der Südostecke Ostpolens, gute 100 Kilometer
von Lemberg) geleitet und von dort, wie wir ausgemacht haben, je
nach Wunsch – entweder heim oder ins Ausland.« [9]
In Wahrheit werden die Gefangenen Stacheldraht und Wachtposten
nicht mehr los. In Viehwaggons werden sie nach Rußland deportiert,
unterwegs mit Kolben geschlagen und mit Bajonetten gestochen.
Nur wenige entkommen. Unter ihnen ist General Langner, der die
rettende rumänische Grenze erreicht. [10]
Wie in Lemberg setzen die Sowjets auch anderswo alles daran, der
polnischen Offiziere und Intellektuellen habhaft zu werden. Sie sehen in ihnen »Klassenfeinde«, die möglicherweise in Zukunft den
Kern einer Widerstandsbewegung gegen eine Bolschewisierung bilden könnten. Die Mehrheit der gefangenen Offiziere sind schließlich
Reserve-Offiziere, die aus gehobenem bürgerlichen Milieu stammen, Universitäten durchlaufen haben, Fremdsprachen beherr-
schen und über internationale Verbindungen verfügen – die Elite der
Nation. Sie denken polnisch-national und sind mehrheitlich vom
Wunsch durchdrungen, möglichst bald an der Seite der Garantie-
macht Großbritannien oder Frankreichs gegen Deutschland zu
kämpfen. [11]
Dem 19jährigen Offiziersanwärter Gawiak ergeht es so: In Zivil wird
er am 19. September auf der Flucht in Richtung rumänische Grenze
zusammen mit seinem 67jährigen Vater aufgegriffen. Er wird in
einem Grenzwachtgebäude eingesperrt und trotz der nächtlichen
Kälte einen Monat fast sämtlicher Kleidung beraubt. Die NKWD-
Verhörer stellen ihm Fragen: »Sind Sie Kapitalist oder nicht?« –

»Sind Sie Kommunist?« – »Haben Sie Landbesitz?« Fallen die Antworten nicht zur Zufriedenheit aus, erhält Gawiak Fausthiebe und Stockschläge ins Gesicht, in die Nierengegend und andere empfindliche Körperbereiche. Die Tagesverpflegung besteht vier Wochen lang aus einem Napf mit warmem Wasser morgens und warmem Wasser und etwa 400 Gramm Roggenbrot abends. [12]

Viele Reserveoffiziere in anderen Teilen Polens haben inzwischen ihre Uniform wieder gegen Zivilkleidung getauscht. Die Sowjets übersäen alle Städte mit Anschlägen, auf denen aktive Offiziere wie Reserveoffiziere aufgefordert werden, sich zu melden. Ihnen wird gleichberechtigte Behandlung als Offiziere der Roten Armee zugesichert. Viele melden sich freiwillig. Andere werden aus ihren Wohnungen heraus verhaftet. Sie alle werden deportiert. Zu denen, die sich freiwillig melden, gehört auch ein bis dahin unbekannter Oberst namens Zygmunt Berling. Er soll noch eine große Rolle spielen.

Stalin annektiert rund 200 036 Quadratkilometer; Hitler verleibt seinem Reich 188 737 Quadratkilometer ein. Die sowjetische Beute entspricht in etwa jenem Gebiet, das die Sowjetunion 1921 im Vertrag von Riga an Polen abtreten mußte, nachdem Marschall Pilsudski diese Gebiete über die Versailler Grenzen hinaus in einem Krieg gegen die revolutionsgeschüttelte Sowjetunion erobert hatte. Die etwa 13 Millionen Menschen in diesem Ostpolen sind lediglich etwa zu einem Drittel Polen und einem weiteren Drittel Ukrainer; der Rest setzt sich aus Weißrussen, anderen Nationalitäten und Juden zusammen. Am 2. November 1939 wird das besetzte Ostpolen von der UdSSR annektiert, am 29. November seine Einwohner zu Sowjetbürgern erklärt.

Insgesamt gehen rund 250 000 polnische Soldaten in sowjetische Gefangenschaft. Einigen gelingt es zu entkommen. Unter ihnen ist der zionistische Funktionär und Militärarzt Hauptmann Dr. Moshe Sneh. Als Soldaten der Roten Armee Ende September 1939 eine Gruppe von etwa 200 Offizieren zum Bahnhof im Ort Ludsk führten, glückt ihm und einem weiteren Hauptmann namens Feivel Yabursky (später Arzt in London) in der Dunkelheit die Flucht. Die Episode ist deshalb bemerkenswert, weil Sneh, der später überzeugt ist, so der Ermordung durch das NKWD entkommen zu sein, einmal Vorsitzender ausgerechnet der kommunistischen Partei Israels, »Maki«, werden wird. [13]

Im September 1939 werden 138 Lager in den besetzten ostpolnischen Gebieten und in den westlichen Teilen der Sowjetunion für die polnischen Soldaten eingerichtet, die allerdings gar nicht alle Gefangenen aufnehmen können. Die Versorgungsschwierigkeiten und sanitären Probleme sind enorm. [14]

Darüber hinaus werden rund eine Million Polen – möglicherweise sind es erheblich mehr – als Häftlinge oder Zwangsarbeiter verschleppt. [15] Von den vier Deportationswellen – Februar, April und Juni 1940 sowie Juni 1941 – sind vor allem Intellektuelle, Beamte, Kaufleute und Bauern sowie jene Polen betroffen, die zu Tausenden vor den Deutschen nach Ostpolen geflohen waren. Zu den Verschleppten gehört übrigens auch ein Gutsherr und Rittmeister der Reserve namens Michael Jaruzelski; er ist der Vater des späteren polnischen Staatschefs Wojciech Jaruzelski.

Die Sowjets haben in den ersten Monaten weder ausreichende Lagerkapazitäten noch genaue Pläne für die Zukunft eines Teils der Massen an Gefangenen. In vollgepferchten Zügen werden die Polen kreuz und quer durch die Sowjetunion gefahren. Im Januar 1940 hat ein Mitglied der deutschen Handelsdelegation in Moskau, Herbert Seidler, während einer Reise von Moskau nach China eine erschütternde Begegnung. Auf einem Bahnhof in Sibirien hält ein Güterzug mit polnischen Gefangenen. Alles, was er von den Verzweifelten erfahren kann ist, daß sie ziellos hin- und hertransportiert werden. Zu dieser Zeit herrschen 50 Grad minus. [16]

Am 3. Oktober 1939 schaltet sich Lawrentij Pawlowitsch Berija ein, der erst 40 Jahre alte Chef des »Narodnyi Komissariat Vnutrennikh Del« (Volkskommissariat für Innere Angelegenheiten) und wie Stalin aus Georgien. Seine Behörde ist nichts weiter als eine Nachfolgeorganisation der Tscheka der Revolutionszeit, die später unter dem Kürzel GPU (Zentralpolitische Abteilung) firmierte und als NKWD dem erbarmungslosen Terror wieder einmal einen anderen Namen gegeben hat. Der Revolutionär Berija, der sich schon im

Alter von Anfang zwanzig bei der gnadenlosen Unterdrückung Georgiens nach 1921 einen gefürchteten Ruf geschaffen hatte, befiehlt, die Offiziere, Intellektuellen und Spezialisten in Zivilberufen von den Mannschaften nach folgendem Grundschema zu trennen: Polizisten nach Ostaschkow nahe der oberen Wolga bei Kalinin; Offiziere nach Starobielsk etwa 200 Kilometer südöstlich von Charkow in der Ukraine; Unteroffiziere, Mannschaften sowie Polen aus den von Deutschland besetzten Gebieten nach Kozielsk rund 250 Kilometer südöstlich von Smolensk und nach Putivl. [17] Die betreffenden Gefangenen werden zunächst in die Lager Kozielsk und Starobielsk gebracht, dort sämtlich einzeln verhört und durchsucht. Dann werden die Angehörigen des polnischen Geheimdienstes, der Militärpolizei, des Grenzverteidigungskorps und selbst die in polnischen Ostgebieten gefangengenommenen Ortspolizisten ins Lager Ostaschkow verlegt. [18]

So befinden sich mehr als 15 000 Offiziere und Reserveoffiziere, die im Zivilleben meist führende Stellungen eingenommen hatten, in drei Lagern, die sich von den anderen Gefangenenlagern in einem wichtigen Punkt unterscheiden: Sie unterstehen nicht der Roten Armee, sondern dem NKWD. Sie werden auch nicht als Kriegsgefangene, sondern als Häftlinge des NKWD angesehen. Das ganze folgt einer teuflischen Logik: Da die Sowjetunion Polen nie den Krieg erklärt hat, sondern aus ihrer ideologischen Sicht vom Kapitalismus zur zwangsläufigen und höheren Stufe des Sozialismus führt und somit befreit, kann es auch keine Kriegsgefangenen geben. (Die Haager Konvention hat die Sowjetunion sowieso nicht unterzeichnet.) Wer sich also gegen die ideologisch »legitime« und nach dem Lenin-Stalinschen Terrorrecht »legale« neue Ordnung stellt, ist ein politisch motivierter Krimineller. Ein Soldat ist somit ein bewaffneter Bandit, und mehrere sind bewaffnete Banden. Diese Art von »Dialektik« wird den Gefangenen in den Lagern sogar von den NKWD-Offizieren »erklärt«.

Das NKWD führt genau Buch nach marxistisch-leninistischen »Klassengesichtspunkten«. Am 1. Dezember 1939 sind unter den zu diesem Zeitpunkt 4727 Gefangenen im Lager Kozielsk, das auf dem

Gelände des früheren orthodoxen Optina-Pustyn-Klosters unterge-
bracht ist: ein Admiral, vier Generäle, 24 Oberste, 79 Oberstleut-
nants, 258 Majore, 654 Hauptleute, 17 Kapitäne zur See, 3420 andere
Offiziere, sieben Militärgeistliche, drei Großgrundbesitzer, ein
Prinz, 43 Regierungsbeamte, 85 Gefreite und 131 Flüchtlinge. [19]
Fast vierhundert der Gefangenen sind Sanitätsoffiziere.

In Kozielsk sind auch mehrere Offiziere, die bereits aus dem Ersten
Weltkrieg schwerversehrt heimgekommen waren. Hauptmann
Dlugosz vom Sanitätsdienst hatte ein Bein verloren, zwei Oberste jeweils einen Arm, und Hauptmann Horoszkiewicz hatte einen ver-
krüppelten Arm. [20] Außerdem sind drei Frauen in Kozielsk. Zwei
von ihnen werden bald abgeführt und verschwinden für immer. Die
dritte ist die 30jährige Janina Lewandowska, Fliegerleutnant der polnischen Luftwaffe. Sie ist eine Tochter des aus der Zeit des Ersten
Weltkriegs vielgenannten polnischen Generals von Dowbor-Musnicki, die den Obersten Lewandowski geheiratet hatte. Sie war im
September 1939 abgeschossen worden und in Gefangenschaft geraten. [21]

Im Lager Starobielsk befinden sich 3920 Gefangene, von denen 3400
Offiziere sind, darunter acht Generäle, etwa 100 Oberste und Ober-
leutnants sowie 380 Sanitätsoffiziere. Auch Dr. Viktor Kalicinski befindet sich dort. Er hatte Marschall Pilsudski mehrere Jahre lang als
Hausarzt gedient und nach dessen Tod 1935 den Leichnam einbalsa-
miert. Anfang 1940 wird Kalicinski nach Kozielsk verlegt. [22]

Die Gefangenen des Lagers Ostaschkow – es ist ebenfalls in einem alten Kloster namens Nila auf einer Insel im Seliger-See untergebracht, die durch eine Brücke mit dem Land verbunden ist [23] – sind
hauptsächlich Angehörige der Polizei, der Militärpolizei und des
Grenzverteidigungskorps. Neben den etwa 400 Offizieren, von denen etwa 300 zur Polizei gehörten, sind in Ostaschkow auch viele Zivilisten interniert: mehrere hundert Geistliche, Rechtsanwälte,
Staatsanwälte, Gutsbesitzer und andere »Klassenfeinde«. [24]

In den drei Lagern werden die Gefangenen argwöhnisch vom
NKWD bewacht. Die Verpflegung ist knapp. Offiziere werden zum
Latrinenreinigen herangezogen. Jede nationale Manifestation ist un-

tersagt. Politische Diskussionen dürfen nicht geführt werden. Selbst
der allabendliche Gottesdienst wird verboten. [25] In Kozielsk werden am 21. Dezember 1939, also unmittelbar vor Weihnachten, auch
fast alle Geistlichen von den übrigen Gefangenen getrennt; ähnlich
ist es in Starobielsk. [26] Zeigt jemand besondere Führungsqualitäten, wird er in Einzelhaft genommen. [27] Ein Vertreter der staatlichen Vermögensverwaltung erscheint und kauft den Gefangenen
Wertgegenstände ab. Für Armbanduhren gibt es weit mehr als für
Taschenuhren. Ein Füllfederhalter bringt beachtliche 20 Rubel
ein. [28]

Die Gefangenen werden kommunistischer Propaganda ausgesetzt.
Auf dem Lagergelände werden Anschlagtafeln errichtet, die die
sowjetische Verfassung und ihre »Freiheiten« verkünden. In Starobielsk und Kozielsk gibt es außerdem Kinos, in denen Filme aus
sowjetischer Produktion mit Propagandaeinblendungen gezeigt
werden. Nach einem Boykott wird es schließlich geschlossen. Über
die Baracken tönt Musik und Propaganda, gemischt mit Chopin, aus
Lautsprechern. [29]

Wie sehr alle propagandistischen Anstrengungen fehlschlagen, beschreibt Leutnant Mlynarski aus dem Lager Starobielsk:»Propaganda allgemeinen Charakters, die sich mit Staatspolitik befaßte, wurde
durch den Rundfunk, die Moskauer Tagespresse (›Prawda‹ und ›Iswestija‹), einige weniger bedeutende Zeitungen aus Charkow und
Filme ins Lager gebracht. Außer den erwähnten russischen Zeitungen bekamen wir gewöhnlich in besonders überreichlichen Exemplaren die ›Glos Radziecki‹ (Stimme der Union), ein irgendwo in
Charkow oder Kiew gedrucktes Blatt in mangelhaftem Polnisch.
Dieser Fetzen brachte unser Blut zum Kochen, aber nachdem wir
ihn einmal gelesen hatten, fanden wir ihn sehr nützlich . . .« [30]

Immer wieder, oft Nacht für Nacht, werden die Gefangenen verhört,
nach ihren Einstellungen und ihrem Leben befragt. Es geht um die
Praxis Leninscher Psychologie und die Anfänge der Technik der Ge-
hirnwäsche. Immer wieder werden dieselben Fragen in wechselnder
Art gestellt, um wie nach der Theorie des Pawlowschen Reflexes die
Reaktionen zu beobachten. Mal schreit der NKWD-Verhörer, mal

gibt er sich ganz jovial. In Ostaschkow wird auch einmal ein Dutzend NKWD-Schüler aus NKWD-Ausbildungsheimen zu den Verhören hinzugezogen. [31]

Manchmal sind die Verhöre an ungewollter Komik kaum zu überbieten, so daß die Gefangenen sich gequält und amüsiert zugleich vorkommen müssen. Der Maler und Hauptmann Jozef Graf Czapski schreibt über das Lager Starobielsk: »Einmal wurde ich von drei Offizieren verhört – einem stämmigen, nach Parfüm duftenden NKWD-Mann und zwei höchst primitiven Heeresoffizieren. Als sie hörten, daß ich acht Jahre lang in Paris als Künstler gearbeitet hatte, wurden sie äußerst mißtrauisch. ›Welche Instruktionen erteilte dir dein Außenminister vor deiner Abreise nach Paris?‹ fragte der NKWD-Mann. Ich entgegnete, der Minister habe nichts von meinen Absichten gewußt. ›Nun gut‹, fuhr er fort, ›was hat dir dann sein Stellvertreter gesagt?‹ – ›Er wußte ebenfalls nichts davon‹, antwortete ich. ›Denn ich ging als Maler nach Paris und nicht als Spion.‹ – ›Du glaubst wohl‹, bohrte er hartnäckig weiter, ›wir begreifen nicht, daß du als Maler recht wohl einen Plan von Paris anfertigen und einem Minister nach Warschau schicken konntest?‹ Es war absolut unmöglich, ihn davon zu überzeugen, daß man in Paris an jeder Straßenecke um 50 Centimes einen Stadtplan kaufen kann und daß die polnischen Künstler, die nach Paris gehen, nicht als Spione kommen, um geheime Pläne zu zeichnen. Keiner von den dreien konnte glauben, daß irgendwer ins Ausland reisen durfte, es sei denn mit einem Spionageauftrag.« [32] (Czapski wird nach dem Krieg in Frankreich leben.)

Nicht immer bieten die Verhöre auch eine komische Seite. Der Offiziersanwärter Gawiak wird in Kozielsk bei einem Verhör bewußtlos geschlagen. Er berichtet später: »Als ich das Bewußtsein wiedererlangt hatte, brachten sie mich in eine Zelle, die niedriger war als ich. Ich mußte während meines Aufenthalts in ihr gebückt stehen. Ich konnte mich nicht setzen, weil die Zelle bis in Kniehöhe mit Wasser gefüllt war und mit dem Kot derer, die vor mir darin gewesen waren ... Ich blieb 24 Stunden in dieser Zelle eingesperrt. Als ich herauskam, konnte ich weder die Arme noch die Beine bewegen ...

Diese Prozedur praktizierten sie vor allem an den jüngeren Gefangenen . . .« [33]
Gleichzeitig wendet das NKWD im Lager Kozielsk viel raffiniertere
Methoden als nur brutale Folter an. NKWD-General V.M. Zarubin
ist dort die dominierende Persönlichkeit, obwohl er nicht der Lagerkommandant ist und seine Stellung wie Aufgabe nicht klar umrissen
sind. [34] Im Gegensatz zum sonstigen Lagerpersonal ist er ein welt-
läufiger und gebildeter Mann, spricht deutsch, französisch und etwas
englisch. Zarubin bringt auch Bücher ins Lager. Die Titel dürfen die
Gefangenen selbst wählen. Besonders begehrt ist Churchills »The
World Crisis« aus dem Jahr 1931. Scheinbar zufällig und willkürlich
lädt er den einen oder anderen Gefangenen zu einem Plauderstünd-
chen ein, zu dem gewöhnlich noch ein weiterer NKWD-Offizier erscheint. Es gibt Tee, gute Zigaretten und manchmal sogar Orangen –
ein kaum zu fassender Luxus. In diesem Komfort taut mancher Gefangene auf, es kommt zu politischen und philosophischen Gesprächen. Und stets zeigt sich Zarubin als ein guter Zuhörer. In der sonst
so deprimierenden Umgebung wirkt er wie ein Traum, wie der Beweis, daß man ein kultivierter Mensch, Offizier und – Kommunist
gleichzeitig sein könne. [35]
Für die Lagerinsassen ist General Zarubin ein Rätsel. Die älteren Polen mißtrauen ihm gefühlsmäßig. Schließlich geht General Minkie-
wicz schnurstracks zu ihm.»Machen Sie uns nicht nervös. Es laufen
so viele Gerüchte um. Sagen Sie uns, was Sie mit uns vorhaben.« –
»Ich glaube nicht, daß es richtig wäre . . . Sie würden verrückt . . .
wenn ich es Ihnen sagte. Ich versichere Ihnen, General, es ist besser
für Sie, wenn Sie nicht wissen, was wir mit Ihnen vorhaben.« [36]
Über jeden einzelnen Gefangenen wird eine Akte angelegt. Darin
befinden sich Fingerabdrücke, Fotos, Protokolle der Verhöre, Berichte der Lagerbehörden, Aussagen von Mitgefangenen, Abschriften aus der Gefangenenpost oder zurückgehaltene Originale und
weiteres mehr. [37]
Es handelt sich bei all dem um die Anfänge der Technik der»Gehirn-
wäsche«, die immer weiter verfeinert werden wird. Sowjets werden
später als Berater bei der psychologischen Umkehrung von amerika-

nischen Kriegsgefangenen in Korea fungieren und die Kenntnisse an die Chinesen weitergeben.

Der einzige Lichtblick in dieser Lage ist die Erlaubnis, mit Angehörigen und Bekannten zu korrespondieren. Der Leutnant Mlynarski berichtet aus dem Lager Starobielsk: »Der Kampf um dieses elementare Recht war schon von den ersten Tagen unserer Ankunft an im Gange. Beständig versprach man uns, das sei ›selbstverständlich‹, es könne ›jeden Moment‹, ›vielleicht morgen‹ soweit sein. Mitte Dezember (1939) geschah es tatsächlich ... Wir durften einmal im Monat schreiben. Gegen Ende Dezember begannen schon die ersten Antworten aus Polen und sogar aus dem Ausland einzutreffen. Im März erhielten wir die Erlaubnis, je ein Telegramm zu schicken ... Solange diese Zeit dauerte, vermehrte sich die eingehende Post von Woche zu Woche. Die Aushändigung unterlag keinen besonderen Bestimmungen. Sie wurde in der Reihenfolge ihrer Ankunft verteilt.« [38] Hin und wieder wird Post beschlagnahmt. Die Gefangenen dürfen nicht zugeben, daß sie sich in Gefangenenlagern befinden. Ihre Briefe in Kozielsk tragen einen Stempel: »Gorki-Erholungsheim«. [39]

Fast werden die polnischen Offiziere den Deutschen überstellt. Das geheime deutsch-sowjetische Abkommen vom 28. September 1939 hatte nämlich folgenden Austausch vorgesehen: Hitler sollte die Volksdeutschen unter sowjetischer Besatzung erhalten; dafür sollte Stalin die Ukrainer und Weißrussen unter deutscher Okkupation bekommen. [40]

Ein erster Austausch kommt auch zustande. Zwischen dem 24. Oktober und dem 23. November 1939 übergeben die Sowjets den Deutschen 42 492 Gefangene aus ihren Lagern und erhalten im Gegenzug 13 757 Polen. [41] Aber dann beschließen die Deutschen im Frühjahr 1940, 30 000 Ukrainer, die sich über die Ribbentrop-Molotow-Linie in das deutsche Besatzungsgebiet geschlagen hatten und die in den Lagern bei Krozno und Zakopane zusammengezogen worden waren, in die Wehrmacht zu übernehmen. Die Sowjets protestieren und verlangen die Übergabe der Ukrainer. Als Gegenleistung bieten sie die Auslieferung der polnischen Offiziere. Obwohl in einem No-

.

tenwechsel dies zunächst auch beschlossen wird – deutsche Stellen in Warschau teilen den Polen sogar schon das genaue Datum mit, zu dem man die Offiziere mit Bestimmtheit zurückerwarten dürfe –, lassen die Deutschen die Sowjets dann jedoch plötzlich wissen, daß sie die Ukrainer nicht ausliefern würden. [42] Somit wollen sie auch nicht die polnischen Offiziere haben. Vielleicht hat dabei der Gedanke eine Rolle gespielt, daß Offiziere nach der Genfer Konvention vom 27. Juli 1929 nicht zur Arbeit herangezogen werden dürfen und nur als lästige Kostgänger erschienen. Stalin sollte sie jedenfalls behalten.

Für Stalin sind die Offiziere und Intellektuellen hinderlich bei seinen Plänen, das annektierte Ostpolen zu bolschewisieren. Schon während der russischen Revolution von 1917/18 gehörten die Offiziere der ehemaligen zaristischen Armee zu den ersten Opfern des »Volkszornes« der Bolschewiken. Und viele der jetzt polnischen Kriegsgefangenen hatten bereits zum alten Bestand eben dieser kaiserlich-russischen Armee gehört. Im eigentlichen Rußland hatten Lenin und Stalin die Liquidierung »staats- und volksfeindlicher Elemente« so gut wie abgeschlossen. Und nachdem Deutschland den Austausch der im September 1939 gefangengenommenen Offiziere nun ablehnt, beschließt die Sowjetführung ihre Liquidierung.

Wie es genau zum Mordbefehl kommt, ist bis heute nicht bekannt. Stanislaw Mikolajczyk, nach dem Tod General Sikorskis 1943 Chef der polnischen Exilregierung in London, berichtet die Geschichte eines russischen Offiziers, der zur sowjetischen Botschaft in Großbritannien gehörte: Ein General, der für die Gefangenenlager zuständig war, scheute davor zurück, im Falle der polnischen Offiziere etwas auf eigene Verantwortung zu tun und schickte einen Gehilfen zum Kreml, um Anweisungen zu erbitten. Stalin hörte sich alles an, nahm dann ein Blatt seines persönlichen Briefpapiers und schrieb darauf lediglich das eine Wort »liquidieren«. Aufgrund dieses Ein-Wort-Befehls entschieden die Armee-Offiziere, daß dies eine Angelegenheit für das NKWD war.

Höchstwahrscheinlich ist die Geschichte eine Legende, auch wenn sie der Attitüde entspricht, in der Stalin und Berija über das Schicksal von Millionen von »Klassenfeinden« zu befinden pflegten. Zum Prinzip der »kollektiven Bestrafung« waren die Revolutionäre Stalin und Sinowjew schon 1919 in Petrograd übergegangen. Zu dieser Zeit des »roten Terrors« wurden Offiziere der zaristischen Armee erschossen, eben weil sie Offiziere waren, und Priester, eben weil sie Priester waren.

An der Spitze des NKWD steht Berija. Ob er den Befehl zur Liquidierung mit Stalin abgesprochen hat oder nicht, steht bis heute nicht fest und ist auch letztlich belanglos. [43] Führende Positionen im NKWD haben zu dieser Zeit außerdem die Generäle Merkulew, Saburin und Raichman inne. Eine besondere Rolle bei der Liquidierung spielen offensichtlich die NKWD-Generäle Raichman und Saburin, weil sie später Durchschriften der »Vollzugsmeldung« erhalten, sofern das im Westen bekanntgewordene Dokument echt ist.

Die Liquidierung der Lager wird bis ins kleinste in der Moskauer NKWD-Zentrale vorbereitet und durchorganisiert. Nichts wird dem Zufall überlassen. Mit der Durchführung – darauf deuten jedenfalls die bisher vorliegenden Quellen – beauftragt die NKWD-Hauptverwaltung in Moskau am 12. Februar 1940 die NKWD-Bezirksverwaltung Minsk unter dem NKWD-Offizier Tartakow. [44] Die Gesamtleitung wird demnach dem NKWD-Offizier Burianow aus Moskau übertragen. Die Liquidierung des Lagers Kozielsk übernimmt das NKWD Minsk und setzt als Geleittruppen Teile des 190. Schützenregiments ein. Weiter erteilt Berijas Stellvertreter W.N. Merkulow der 1. Sonderabteilung des NKWD unter Major Baschtakow und seinem Stellvertreter Hauptmann Gertsowsky zahlreiche Instruktionen und liefert auch die Namenslisten für die jeweiligen Transporte zur Hinrichtung. [45] Für die Koordination der gesamten Operation ist die NKWD-Abteilung für Kriegsgefangene (DAPOW) unter Leitung des Generals P.K. Soprunenko zuständig. Diese Abteilung war von Berija per Tagesbefehl Nr. 0308 eingerichtet worden. [46]

15 000 Männer umzubringen, erfordert kaltblütige Berechnung und genaue Planung. Mit Maschinengewehren in eine große Menge feuern birgt die Gefahr, daß einige im freien Gelände fliehen könnten. Das NKWD-Schema wird folgendermaßen ablaufen: Zunächst

müssen die Männer in Sicherheit gewiegt werden, damit sie nicht re-
bellieren. Dann wird man sie gruppenweise aus den Lagern zum
Hinrichtungsort bringen. Während der längeren und durch Pausen
unterbrochenen Fahrt erhalten sie kaum zu essen, damit sie körper-
lich weiter geschwächt werden. Durch besonders grobe Behandlung
schüchtert man sie schließlich vor der Ermordung ein.

In der ersten Aprilwoche streuen die Wachen in allen drei Lagern das
Gerücht aus, die Gefangenen würden nach Polen einschließlich des
von den Deutschen besetzten Teils entlassen. Das muß angesichts
der vorausgegangenen Austauschaktion glaubwürdig klingen. Und
schließlich sind Hitler und Stalin Verbündete. Hin und wieder läßt
ein NKWD-Offizier eine Andeutung fallen wie zum Beispiel:»Sie
kommen Richtung Heimat.« [47] Und sofort belebt sich die Stimmung in den Lagern.

Am Abend des 8. März 1940 beginnen die Lagerwachen in Kozielsk
damit, einzelne Offiziere anhand einer telefonisch durchgegebenen
Liste aus verschiedenen Baracken herauszuholen. Zunächst werden
Generäle und Offiziere gerufen, die durch ihre Führungsqualitäten
aufgefallen waren. Erst vier Tage vorher war General Zarubin nach
Moskau zurückgekehrt. Vermutlich ist er an dem Auswahlverfahren
beteiligt. [48] Sie werden zum Smolensker Gefängnis gebracht. Dort
wird plötzlich ein polnischer Offizier aus der Gruppe herausgerufen,
weil er bei einer Verhandlung in Charkow als Zeuge aussagen solle.
Er kann später aus der Sowjetunion entkommen und über die Fahrt
vom Lager Kozielsk nach Smolensk berichten:»In den ersten
Abendstunden des 8. März 1940 begannen die Soldaten der Lagerwa-
che in Kozielsk, bestimmte Offiziere aus verschiedenen Baracken
herauszuholen. Nach Prüfung ihrer Identität aufgrund einer Liste ga-
ben sie ihnen den Befehl, unverzüglich ihre Sachen zu packen und
führten sie, in brutaler Weise zur Eile treibend, einen nach dem anderen zum Verwaltungsgebäude, wo sie alle gründlichst durchsucht
wurden.

Von da wurden sie in kleinen Gruppen zu zweit oder dritt unter Bewachung von zwei NKWD-Soldaten aus dem Lager zu der fünf Meilen entfernten Bahnstation geführt. Die Temperatur war etwa

30 Grad unter Null. Es war ein äußerst erschöpfender Marsch unter
der Last ihres Gepäcks, im Dunkeln auf einem vereisten, holperigen,
schneebedeckten Weg, wobei sie von der Begleitmannschaft unab-
lässig zur Eile angetrieben wurden. Als einer der Gefangenen, ein ält-
licher Oberst außer Dienst, seine Kraft zu verlieren begann, wurde er
von der Begleitmannschaft brutal vorwärtsgestoßen und getrieben,
wobei diese schrecklich fluchten und höhnten. Nach einer drei Tage
dauernden Fahrt, während der der Zug auf verschiedenen Stationen
länger stehen blieb als er überhaupt fuhr, erreichten die Gefangenen
Smolensk, das etwa 125 Meilen vom Lager entfernt ist.

Sie wurden ausgeladen, in eine Kolonne gereiht und durch einen
ihrer Begleiter angewiesen, sie müßten auf Marschordnung halten.
Sie dürften keinen Versuch zur gegenseitigen Verständigung machen, nicht um sich schauen und nicht zurückbleiben. Bei jedem
Fluchtversuch, als welcher schon ein halber Schritt seitwärts gelte,
würden die Begleitmannschaften ohne weitere Warnung das Feuer
eröffnen. Man führte sie über die Eisenbahngeleise hinüber zu einer
Seitenstraße, wo man ihnen in den tiefen Schnee niederzuknien befahl. Nach einer viertel Stunde kam ein schwarzgestrichener Omni-
bus, worauf sie sich von den Knien erheben und einsteigen mußten.
Der Bus war für Gefangenentransporte besonders hergerichtet. Er
hatte einen engen Gang in der Mitte mit niedrigen engen Türen
längs seiner beiden Seiten. Wenn der Gefangene den Gang betreten
hatte, befahl ihm ein drinnen schon wartender NKWD-Mann, rasch
rückwärts in eine der kleinen Zellen zu gehen. Diese Zellen waren
völlig dunkel und so klein, daß kaum ein zusammengekrümmter
Mensch darin Platz hatte. Zum ersten Male sahen die Gefangenen
mit ihren eigenen Augen die in der ganzen Sowjetunion berüchtigte
Gefängniskutsche, den sogenannten ›Tschornij-woron‹ (Schwarzer
Rabe). Manche, deren Nerven schon am Zerreißen waren, sträubten
sich, erschöpft durch das unaufhörliche Geschimpfe, die Geheim-
nistuerei der ganzen Reise und das sonderbare Benehmen ihrer
Schergen. Sie wurden brutal hineingestoßen, die Türe schlug hinter
ihnen zu und der nächste wurde aufgerufen. Man erinnere sich, daß
die Gefangenen in Kozielsk aus den Baracken einer nach dem an-

dern und zu zweit oder zu dritt zur Bahnstation geführt worden waren, um dann mit dem Zug zu fahren. Durch diese strenge Isolierung wußten sie nichts von ihren Kameraden, bis sie sich erstmals alle wieder auf der Bahnstation in Smolensk trafen.

Während der Bahnfahrt suchte jeder Gefangene vergeblich herauszubringen, aus welchem Grunde er vom Lager weggeholt worden sei, indem er seine Vergangenheit und insbesondere sein Verhalten im Lager nachprüfte. Jetzt im Autobus versuchten sie aus der Art der Auswahl, die sie alle herausgeholt und in diese Sondergruppe gebracht hatte, irgendwelche Schlüsse über ihre Zukunft zu ziehen. Aber ihre Abteilung war so gemischt, daß sie keinen logischen Schlüssel finden konnten, der ihnen einen Anhaltspunkt gab. Im ganzen waren 14 Offiziere dabei, darunter Stanislaw Lipkind Lubodziecki, Gerichtsadvokat beim höchsten Justizamt, Oberst G. Starzenski, ein Mitglied des Rekrutierungsamtes, ein Marineleutnant, Schlesier und früherer Teilnehmer am Aufstand gegen die Deutschen im Jahre 1921 usw.

Nach einer Autobusfahrt von 20 Minuten wurden sie in einem kleinen Hof ausgeladen, der von hohen Gebäuden mit vergitterten Fenstern umgeben war.« [49] Niemand aus dieser Gruppe taucht wieder auf.

Dann tut sich drei Wochen lang im Lager Kozielsk nichts. Erst am 3. April 1940 beginnen die Lagerbehörden, in unregelmäßigen Abständen Gruppen in der Regel von 50 bis 200 Mann zusammenzustellen und wegzuschaffen. Eine Gruppe umfaßt sogar 360 Mann. Ein Gefangener, der am 26. April Kozielsk verläßt, aber in das Sonderlager Griasovietz verlegt wird, berichtet später: »Trotz allen Mißtrauens überwog die Meinung, wir würden nach Polen zurückgeschickt. Jedenfalls wurde uns das auch gesagt, wenn wir mit den ›Politruks‹ und den unteren Lagerbeamten sprachen. Sie erklärten uns ganz offen, die Weggeschickten würden den Deutschen ausgeliefert. Es wurde uns sogar die Stadt Brest als der Ort genannt, wo die Übergabe an die deutschen Behörden erfolgte. Ich entsinne mich des ersten aus unserer Baracke, der auf der Liste stand. Er hieß Bychowice, war ein junger Artillerie-Hauptmann und wirkte als Barackenältester. Nach den ersten bangen Minuten erfüllte Freude die Herzen der zum Abtransport Aufgerufenen. Als unsere drei Generäle mit einem der Transporte das Lager verlassen sollten, veranstalteten die Lagerbehörden ein Abschiedsessen im ›Klub‹. Im Augenblick ihrer Abreise rief ihnen das ganze Lager ein fröhliches ›Lebewohl‹ zu.« [50] Sogar die NKWD-Leute machen mit und spenden Beifall. Für unterwegs gibt es außerdem Brot und drei Heringe, die in weißes Papier eingewickelt sind – für Lagerverhältnisse ein unerhörter Luxus. [51] Das freundliche Verhalten der Wache ändert sich anschließend schlagartig, denn jetzt sind die Restlichen getäuscht.

Manchmal allerdings geben die NKWD-Wachen auch Anlaß zum Grübeln. Oberst Grobicki berichtet später: »Wenn eine von diesen Gruppen marschbereit gemacht wurde, so waren sie glücklich, Kozielsk verlassen zu können; denn sie glaubten, daß sie in ein deutsches Lager kämen. Und jeder einzelne zog die deutsche Gefangenschaft der sowjetischen vor. Einmal sah ich gerade zu, wie sich eine Gruppe marschbereit machte. Und vor mir standen zwei Offiziere der Politischen Polizei; ein Kommissar, Oberst Urbanowitz, und ein Moskauer Jude mit Namen Sirotky. Ich hörte, wie in ihrer Unterhaltung Sirotky zu Urbanowitz sagte: ›Oh, ja. Sie lachen; jetzt lachen sie. Sie sind glücklich. Aber wenn sie wüßten, wohin sie gehen, dann würden sie wohl nicht lachen.‹ Wir grübelten über diese Bemerkung nach. Aber wir bekamen nicht heraus, was damit gemeint sein konnte. Wir dachten, die Bolschewisten wären der Ansicht, daß es uns in deutschen Lagern schlechter gehen würde.« [52]

Fast täglich werden zwischen dem 3. April und dem 12. Mai neue Gruppen zusammengestellt. [53] In Gefangenenzügen mit vergitterten Fenstern werden sie zunächst in Richtung Osten auf der Rjasan-Ural-Strecke über Koslow, Tambow und Jelna nach Smolensk gefahren. [54] Von Smolensk aus geht es mit der Lokalbahn anschließend wieder westlich zur Ortschaft Gniesdovo, 56 Kilometer von Kozielsk entfernt. Auf dem Smolensker Bahnhof arbeitet der Rangierer Matwei Sacharow. Immer wieder sieht er im März und April die Züge ankommen und in Richtung Gniesdovo weiterfahren. In Gniesdovo werden die Gefangenen aus den Waggons geholt. Um sie herum stehen NKWD-Leute, teils mit aufgepflanzten Bajonetten. Die Gefangenen müssen ihr Gepäck ablegen und auf einen offenen Lkw werfen. [55] Etwa gleichzeitig mit den Gefangenenzügen treffen am Verladebahnhof von Gniesdovo die berüchtigten schwarzgestrichenen Gefangenenbusse ein. Mehrere Zeugen beobachten, wie täglich drei bis vier Waggons eintreffen, die Gefangenen mit den charakteristischen polnischen Dreiecksmützen in die »Schwarzen Raben« verladen werden und schließlich in Richtung des nahen »Ziegenhügels« verschwinden. [56] Da sind zum Beispiel Iwan Kriwoserzow, der auf der Kolchose »Kranaja Zoria« (Morgenröte) arbeitet, seine Schwester Daria, die in der »Gärtnerbrigade« schafft. Und da ist Roman Chrustalew, der bei den Düngerfuhren beschäftigt ist. [57] Besonders wichtig ist Iwan Kriwoserzow. Wir werden ihm noch mehrmals begegnen.

Einer der Gefangenen im Zug an der Verladerampe des Bahnhofs Gniesdovo hat schicksalhaftes Glück. Es ist der Wirtschaftsprofessor S. Swianiewicz aus Wilna, der im September 1939 als Reserveoffizier im Leutnantsrang einberufen worden war. Als er am 30. April 1940 zusammen mit 300 Kameraden auf die weiteren Befehle wartet, wird er plötzlich von einem NKWD-Oberst aus der Gruppe herausgerufen und in einen leeren Waggon gesperrt. Durch ein kleines Fenster unter der Decke des Abteils, die einzige Lichtöffnung der Gefangenenwaggons, kann er noch sehen, wie seine Kameraden von NKWD-Leuten mit aufgepflanzten Bajonetten in die »Schwarzen Raben« getrieben werden und die Fahrzeuge dann in den Kiefernwäldern verschwinden. Das Smolensker NKWD hatte inzwischen eine Depesche erhalten, daß der Professor zum Verhör in einer politischen Angelegenheit angefordert worden sei. Er wird ins Smolensker NKWD-Gefängnis gebracht und anschließend in ein Arbeitslager. Er kann später aus der Sowjetunion entkommen und in London von seinen Erlebnissen berichten. [58]

Noch auf ihren letzten Transporten versuchen die Gefangenen, Spuren zu hinterlassen. So entdeckt ein Offizier, der das Glück hatte, sich auf der Fahrt in das Sonderlager Griasovietz zu befinden, auf einem Brett der Seitenwand seines Waggons polnische Wörter: »Wir werden zwei Stationen hinter Smolensk in Lastwagen umgeladen.« Und ein Anwalt aus Wilna, der nach seiner Festnahme durch die Sowjets im Juni 1940 in einem Gefangenentransport nach Polock gebracht wird, sieht die gekritzelte Aufschrift: »Wir werden nahe bei Smolensk ausgeladen und in Lastwagen gebracht.« [59]

Dunkle Ahnungen überkommen die Gefangenen. Leutnant Waclaw Kruk notiert noch eilig in sein Tagebuch: »Am Bahnhof hat man uns unter strenger Bewachung in Gefangenenwagen verladen. Nun warten wir auf die Abfahrt. So optimistisch ich anfangs gewesen bin, komme ich jetzt zu dem Schluß, daß diese Reise kein gutes Ende nimmt.« [60]

Die letzte, etwa vier Kilometer weite Fahrt in den »Schwarzen Raben« geht zu einem kleinen Kiefernwald namens »Kosij Gory« (Ziegenhügel) an den Steilufern des Dnepr-Flusses knapp 20 Kilometer westlich von Smolensk an der Straße von Smolensk nach Witebsk. Der Ziegenhügel ist Teil eines größeren Forstgebietes, das die Einheimischen den Katyn-Wald nennen. In der nächsten Umgebung liegt nur die kleine Siedlung Sofiewka.

Der Katyn-Wald hatte zunächst der polnischen Familie Kozlinski und dann seit 1896 der Familie Lednicki gehört. In der Revolutionszeit wurde der Forst enteignet und von der Tscheka gelegentlich zu Hinrichtungen genutzt. 1929 beschlagnahmte eine GPU-Kommission das Gelände. Zwei Jahre später wurde der Wald mit Stacheldraht umzäunt. Schilder wurden aufgestellt: »Sonderbezirk der GPU. Unbefugten Zutritt verboten.« Vereinzelt waren Schüsse zu hören. Aber die Einheimischen ließen sich nicht davon abhalten, unter dem Zaun hindurchzukriechen und in dem Wald Pilze und Beeren zu suchen, wie sie es früher getan hatten. [61]

Innerhalb des Geländes stand am Dnepr-Ufer das sogenannte Dnepr-Schlößchen, ein großes Wohnhaus, das von weiteren Holzhäusern umgeben war. Es war ständig von NKWD-Offizieren aus Minsk und Smolensk bewohnt, die sich von einem Koch sowie einem Hausmädchen bewirten ließen und einen Fahrer beschäftigt hielten. Im Sommer verbrachten GPU- und dann NKWD-Offiziere dort ihren Urlaub.

An diesem Dnepr-Schlößchen halten im Frühjahr 1940 die »Schwarzen Raben«. Hier endet nicht nur die letzte Fahrt der polnischen Gefangenen, sondern auch die Zuständigkeit des Smolensker NKWD. Zur Hinrichtung wartet eigens ein Sonderkommando des NKWD Minsk. [62] Der Katyn-Wald ist schärfer bewacht als üblich. Wo sonst ein Wachmann mit Hund Streife ging, ist es den Pilzesammlern jetzt unmöglich, ungesehen durch den Zaun zu schlüpfen. [63] Aber schon die pure Angst hält die Einheimischen davon ab, es zu dieser Zeit überhaupt zu versuchen. Gleichzeitig stärkt es ihre Neugier, die sie alles um so schärfer beobachten läßt, was zu beobachten bleibt.

Im Dnepr-Schlößchen müssen die polnischen Gefangenen alle Wertgegenstände abliefern: Geld, Schmuck, Ringe, Uhren. Manches in Mänteln Eingenähte und in Stiefeln Versteckte bleibt unentdeckt. Ausweispapiere, Auszeichnungen und persönliche Dinge wie Tagebücher, Zeitungsartikel, Briefe und ähnliches dürfen die Gefangenen behalten. Fast bis zur letzten Minute gelingt es einigen, Aufzeichnungen zu machen. So notiert der Major Adam Solski noch rasch in sein Tagebuch: »Am 9. April. Abfahrt in Gefangenentransportwagen mit kleinen Zellen (schrecklich). Irgendwo in einen Wald gebracht, zu einer Art Landhaus für die Sommerfrische. Hier eine gründliche Durchsuchung. Ich wurde meine Uhr los, die 6:30 zeigte. Man fragte mich nach meinem Ehering. Rubel, Gürtel und Taschenmesser weggenommen.« [64]

Einem Teil der Männer werden die Hände auf den Rücken zusammengebunden. Die NKWD-Offiziere haben dazu Hanfstricke auf gleiche Länge zugeschnitten. Sie benutzen einen besonderen Knoten, bei dem die Hände nicht über Kreuz, sondern mit der Außenfläche der Hände aneinander auf dem Rücken gehalten werden. Einem Teil wird der Wintermantel über den Kopf gezogen und mit einem Hanfstrick um den Hals gebunden. Manchen wird der Strick den Rücken hinunter um den Knoten an den Händen geführt, die Arme hochgezogen und der Hanf mit dem Knoten am Hals verschnürt. Die so Gefesselten laufen bei jeder Armbewegung Gefahr, sich selbst zu erdrosseln. [65]

Als die polnischen Soldaten abgeführt werden, werden ihre Ahnungen über das ihnen bevorstehende Schicksal nach wenigen Schritten bestätigt. Sie stehen vor den bereits ausgehobenen Gruben. Das NKWD hatte Einheimische aus der näheren Umgebung zum Grabausheben herangezogen. Unter ihnen war auch der Forstwart der Katyn-Wälder aus dem Dorf Dombrowka. Mit allen seinen Waldarbeitern hatte er sich mit Spaten und Hacken einfinden müssen, um breite Gräben auszuheben. Der Zweck wurde ihnen zwar nicht erläutert, aber dennoch wurden sie mit strengster Schweigepflicht belegt. [66]

Die Gefangenen müssen sich an den Gruben in die Knie begeben oder in den Gruben hinlegen. Die Nachfolgenden werden gezwungen, sich auf die Leichen zu legen. So liegen am Schluß alle in der genauen Abfolge ihres Abtransportes aus Kozielsk – Schicht für Schicht. Wer anfängt zu schreien, dem stopfen die NKWD-Henker eine Handvoll Sägemehl in den Mund und binden ihn mit Filzstreifen, an denen rechts und links Schnüre befestigt sind, zu. Wer sich wehrt, der wird von jeweils zwei NKWD-Leuten festgehalten, dem werden mit dem Pistolenkolben Zähne ausgeschlagen, der Kiefer zertrümmert oder andere Kopfverletzungen zugefügt. Andere werden mit Bajonetten gequält. Der Leutnant Stefan Mejster muß die Stiche des vierkantigen sowjetischen Bajonetts an Armen, Schenkeln und am Gesäß erdulden. [67]

Die NKWD-Henker praktizieren einmal mehr ihren typischen Genickschuß, bei dem der Pistolenlauf im Genick aufgesetzt und schräg gehalten wird, so daß die Kugel in Stirnhöhe wieder austritt. Diese Art der Hinrichtung verlangt geübte Hände. In der Regel reicht im Katyn-Wald ein Schuß. Hin und wieder schießen die Mörder zweimal, in ganz seltenen Fällen drücken sie dreimal ab. Manchmal bleibt die Kugel im Kopf stecken. [68] Ein Mann schreitet die Reihe ab, ein weiterer lädt die achtschüssige Selbstladepistole nach beziehungsweise tauscht sie aus, sobald sie heißgeschossen ist. [69] Der 69jährige Bauer Parfeon Kisseljew, der in der Nähe des Ziegenhügels wohnt, hört die Schüsse und Schreie bis in seine Kate. [70]

Die NKWD-Mörder benutzen deutsche Munition des Kalibers

7,65 D und in einigen Fällen des Kalibers 6,35. Es stammt aus der
Munitions- und Waffenfabrik Gustav Genschow und Co. in Durlach
bei Karlsruhe. Die Munition entspricht dem Kaliber der Tokarew-
Pistole, die beim NKWD verwandt wird. 1929 hatte die Firma Genschow solche Munition nach Abschluß des Rapallo-Vertrages von
1922 an die Sowjetunion geliefert. Größere Mengen, bis zu 50 000
Schuß, waren vor Kriegsausbruch außerdem an die baltischen Länder geliefert worden, bis sie von den Sowjets okkupiert wurden.
Auch Polen hatte bis zu den letzten Jahren vor dem Krieg große
Mengen dieser Munition gekauft, die nicht nur in der polnischen Armee verwandt wurde, sondern auch den polnischen Privatmarkt
überflutete. [71]
In der Regel fallen die Hingerichteten vornüber in die Grube, sofern
sie sich nicht schon darin legen müssen. Die Nachfolgenden blicken
auf die Leichen ihrer Kameraden, wenn sie nicht den Mantel über
den Kopf gezogen bekommen haben. Manche werden auch ohne erschossen zu werden lebend in die Gruben gestoßen. Hängen Leichen an den Rändern der Gräber, zerren die Mörder sie hinunter und
trampeln auf den Toten herum. Nach einigen Schichten werfen die
NKWD-Helfer abgelöschten Branntkalk oder Chlorkalk auf die Leichen, um Blut- und Fäulnisgeruch zu überdecken. [72]
Am Schluß sind acht Massengräber, je zwei bis 3,5 Meter tief, mit
Leichen in neun bis zwölf Schichten gefüllt. 4443 polnische Soldaten, fast alle Offiziere. Auch ein Militärgeistlicher und 22 Zivilisten
sind darunter. Für zwei Generäle machen die Mörder eine Ausnah-
me. Sie erhalten Einzelgräber. [73]
Während die NKWD-Leute Schuß für Schuß ansetzen, läuft eine
Kamera. Die gesamte Hinrichtung wird gefilmt. (Diesen Film haben
die Sowjets, als sie noch gute Beziehungen zu China unterhielten,
Mao Tse-tung geschickt. Die Vorführdauer soll neun Stunden betra-
gen. Es gibt sogar Berichte, daß die Chinesen diesen Film in ihren
Botschaften in Warschau, Paris und London einem ausgewählten
Publikum vorgeführt haben.) [74]
Die zivilen Zeugen der Hinrichtungen werden ebenfalls ermordet.
Der Forstwart des Katyn-Waldes kommt nur noch sonnabends nach

Hause und ist dann völlig niedergeschlagen. Eines nachts kann er nicht mehr an sich halten und erzählt seiner Frau, daß jeden Tag etwa 500 (»per sto«) »Popolski«-Offiziere erschossen würden – und er und seine Arbeiter müßten die Gräber ausheben. Als er an einem der darauffolgenden Sonntage nicht heimkehrt, geht seine Frau zur Familie eines seiner Waldarbeiter. Aber auch die anderen Männer sind nicht heimgekommen. Ein junger Mann erfährt vom »Staroste«, dem Dorfältesten oder Bürgermeister, zunächst lediglich, daß ein großes Unglück passiert sei. Schließlich sagt der Alte im Vertrauen, er habe die Gewißheit, daß alle, die die Erschießungen gesehen hatten, am Ende selbst erschossen wurden – wegen »Sabotage«. [75] Aber zu viele haben die Schüsse und Schreie gehört, zu viele die Transporte in Gniesdovo beobachtet. Die Sache spricht sich in der ganzen Gegend herum. [76] Als aber die ersten abtransportiert werden, wagt keiner mehr zu reden.

Im Katyn-Wald macht sich das NKWD nach dem Massenmord daran, den Boden der Gräber zu glätten und von einem Förster junge Föhren darauf pflanzen zu lassen. Eine friedliche Natur soll alles überdecken. Niemals, so glauben sie, werde an dieser Stelle nach den polnischen Opfern gegraben werden. Als ein Ukrainer, der mit dem Förster gesprochen hatte, in der Gegend erzählt, was unter den jungen Bäumen liege, erhält er eine lange Lagerstrafe. [77]

Jakim Rasuwajew, einer der Fahrer der »Schwarzen Raben«, erhält nach Abschluß der Hinrichtung eine Belohnung. Sie reicht nicht nur für den Kauf eines Motorrades. Rasuwajew hat auch reichlich Geld, um mit Freunden zu zechen. Und geschwätzig ist er auch. Im Rausch plaudert er manches in Form von Andeutungen aus. [78]

Eine Gefangenengruppe bleibt in Kozielsk zurück. Es sind diejenigen, die ins Sonderlager Griasovietz gebracht werden. Auf bestimmte Äußerungen des Lagerpersonals können sie sich allerdings erst viel später einen Reim machen. Ein Gefangener des Lagers Kozielsk erinnert sich: »Während wir auf die Durchsuchung warteten, sahen wir den Lagerkommissar Dymidowicz auf uns zukommen. Über uns hinwegblickend sagte er: ›No, znaczit wy harascho popali‹, d.h.: Ihr könnt euch glücklich schätzen. Wir hatten keine

Ahnung, was diese Worte bedeuten sollten und ob sie ironisch oder ernst gemeint waren. Heute weiß ich, daß er es aufrichtig meinte, denn unsere Gruppe war die einzige aus Kozielsk, der es beschieden war, dem Gemetzel zu entgehen.« Und die chinesische Lagerärztin in Kozielsk antwortet dem Offiziersanwärter Gawiak, der sie nach den Gründen für seinen Verbleib im Lager fragt, dies könne sie ihm nicht sagen, aber: »Sie haben sehr viel Glück. Sie sind unter einem glücklichen Stern geboren, daß Sie noch nicht weggebracht worden sind.« [79]

Etwa gleichzeitig mit dem Lager Kozielsk werden die Lager Starobielsk und Ostaschkow aufgelöst. Die Liquidation von Starobielsk übernimmt die NKWD-Verwaltung Charkow unter General Raichman und dem NKWD-Kommandanten General Seljony. [80] Die Liquidierung wird – darauf weist eine Quelle hin – mit Hilfe des 68. ukrainischen Schützenregiments durchgeführt. [81] Die Leitung liegt bei NKWD-Oberst B. Kutschkow. [82]

Der Maler Jozef Graf Czapski ist zu dieser Zeit im Lager Starobielsk. Er berichtet später: »Von Mitte Februar 1940 an begann ein Gerücht umzulaufen, wir würden von diesem Lager abtransportiert. Die Lagerbehörden verbreiteten das Gerücht, die Russen würden uns den alliierten Westmächten übergeben. Wir sollten nach Frankreich gesandt werden, um dort zu kämpfen. Sogar eine amtliche sowjetische Zeitung war im Umlauf, die als Reiseroute den Weg über Bendery zeigte.

Einmal wurden wir in der Nacht aufgeweckt und gefragt, wer von uns rumänisch oder griechisch sprechen könne. Durch all dies entstand eine hoffnungsvolle Atmosphäre, daß beim Abgang kleiner Gruppen aus dem Lager im April viele von uns glaubten, wir stünden dicht vor dem Tor der Freiheit. Den Gesichtspunkt zu nennen, unter welchem die Auswahl der vom Lager verschickten Personen getroffen wurde, war unmöglich. Alter, Rang, Beruf, gesellschaftliche Herkunft, politische Ansichten – alles war in den Gruppen durcheinandergemischt. Jeder einzelne, der uns verließ, strafte unsere Mutmaßungen Lügen. Über eines waren wir uns alle einig: Jeder wartete fieberhaft auf den Augenblick, da eine neue Transportliste verkündet wurde . . .«[83]. Einmal »verliert« ein NKWD-Offizier ein Dokument, das vermeintlich eine Transportroute der Offiziere angibt, die nach Polen führt. [84]

Am 5. April 1940 wird der polnische Offizierssprecher Major Niewiarowski vom Lagerkommandanten in Starobielsk, Oberstleutnant Boreschkow, und vom Polit-Kommissar Kirschow zu sich gerufen. Das Lager würde aufgelöst und die erste Gruppe von 195 Offizieren werde noch am selben Tag aufbrechen, heißt es. Wohin es gehen soll? »Wohin? Nach Hause! In Eure Heimat«, lügt Boreschkow. »Ihr werdet zunächst in Durchgangslager gebracht und dann dorthin, wo Ihr hergekommen seid – zu Euren Frauen.« [85] Per Telefon wird abends von Moskau aus eine Liste der Offiziere durchgegeben, die am nächsten Tag mit Güterzügen abtransportiert werden sollen. [86]

Am 10. April wird in Starobielsk keine Post mehr verschickt. Die einlaufende Post dagegen wird noch bis zum 26. April an die noch im Lager verbliebenen Soldaten ausgeteilt. Im März dürfen die Gefangenen je ein Telegramm verschicken. Es ist die letzte Nachricht, die sie ihren Freunden und Verwandten zukommen lassen können. [87]

Als täglich Gruppen von 60 bis 240 Mann zusammengestellt werden, fragt Leutnant Mlynarski, der als Adjutant des Offizierssprechers fungierte, den Kommandanten Boreschkow, warum man denn nicht alle zusammen zurückschicken könne, so wie man sie auch hergebracht habe. »Das können wir nicht«, antwortet Boreschkow, »die ganze Welt befindet sich im Krieg. Wir können die Transportmittel nicht entbehren.« [88]

Für jeden Transport werden Gefangene aus verschiedenen Blocks ausgewählt. Keine Kameraden aus derselben Truppe oder aus engen Freundeskreisen werden gemeinsam fortgeschickt. Mehrmals werden die Transporte für einige Tage unterbrochen. Wenn die Zurückbleibenden ihren abreisenden Kameraden ein herzliches »Lebewohl« mit auf den Weg geben, pflegt Boreschkow eine Bemerkung von besonderer Ironie hinzuzufügen: »Ihr werdet bald alle wieder zusammenkommen.« [89] In Starobielsk spielt sogar eine Kapelle zum Abschied. [90]

Am 25. April wird in Block 20 eine »Sonderliste« verlesen. Es sind

63 Mann. Sie werden in das Sonderlager Griasovietz gebracht und nicht zur Hinrichtung. Ein NKWD-Mann hatte zuvor einem Gefangenen gesagt, der sich beklagt hatte, daß nicht alle zusammen entlassen würden: »Ich kann Dir nur sagen, daß Ihr die Glücklichen seid.« [91] Major Czapski erinnert sich später: »Die Überraschungen begannen schon auf der Station. Wir wurden in Gefangenenwaggons zusammengepfercht, mehr als zehn in jedem der engen, fensterlosen und schwerverrammelten Halbabteile. Die Wachen waren sehr brutal. Grundsätzlich wurden wir nur zweimal am Tage herausgelassen, um zur Toilette zu gehen. Unsere Nahrung bestand aus Heringen und Wasser. Es war schrecklich heiß, manchen Leuten wurde schlecht. Am auffallendsten war die völlige Gleichgültigkeit der Wachen, die zweifellos schon an diese Art Arbeit gewöhnt waren.« [92] Alle anderen werden zunächst nach Woroschilowgrad und dann nach Charkow geschafft. In den Kellern des NKWD-Gebäudes in der Tschernyschewski-Straße werden sie erschossen. Ihre Leichen werden mit Lastwagen, die innen mit Zinkeisen ausgeschlagen sind, zu einem NKWD-Gelände außerhalb der Stadt zwischen den Orten Pjatichatka und Alexejewka gebracht. Den mit roten Ziegelsteinen ausgelegten Weg dorthin nennen die Einheimischen den »Schwarzen Weg« wegen der Erdfarbe vor der Pflasterung. Ganz in der Nähe der Gräber stehen die Datschen des NKWD-Gebietskomitees. [93] Im selben Jahr 1940 finden Kinder in dem Waldgelände Münzen, die sie nicht kennen, Uniformknöpfe, Riemenschnallen mit Adlern und ihnen unbekannte Rangabzeichen und Orden. Während des Krieges verheizen die Einwohner der Gegend den Bretterzaun um das NKWD-Gelände als Brennholz. Die Schäferhunde werden auf dem Gelände wild und laufen weg. Das Gelände wird nach dem Krieg kaum beachtet werden und wie eine ganz gewöhnliche Waldung wirken. [94]

Und so wie den Gefangenen von Kozielsk und Starobielsk ergeht es den mehr als 6000 Internierten im Lager Ostaschkow. Zuständig für die Ausführung ist – nach einer Quelle – das NKWD Smolensk, das von Truppen des 129. Schützenregiments unterstützt wird. [95] Nach einer anderen Quelle übernimmt die Liquidierung das NKWD des

Bezirks Kalinin (Twer). Vom 4. April an werden die Gefangenen gruppenweise abtransportiert. Auch ihnen wird gesagt, es gehe zurück in die Heimat. Und auch in Ostaschkow wird eine Gruppe ausgesucht, insgesamt 124 Mann, die ins Sonderlager Griasovietz gebracht wird. [96]

Zunächst werden die Gefangenen in Zügen Richtung Norden bis zum Bahnhofsknotenpunkt Bologoje an der Eisenbahnlinie Moskau-Leningrad transportiert. [97] In Bologoje wird am 28. April 1940 aus einer Gruppe von 300 Offizieren ein Waggon mit einer »Sondergruppe« von 30 Offizieren abgekoppelt und in Richtung Rzew (Rshew) weitergeleitet, um schließlich ins Sonderlager Griasovietz zu gelangen. [98] Die anderen werden weiter zu der Ortschaft Mednoje 28 Kilometer westlich von Kalinin an der Straße Moskau-Kalinin-Leningrad gebracht, auf einem NKWD-Gelände erschossen und verscharrt. [99]

Am 10. Juni 1940 – vorausgesetzt, das vorhandene Dokument ist echt – schickt der Verwaltungsleiter des NKWD Bezirk Minsk mit dem Vermerk »Geheim!« eine »Dienstmeldung« an die Moskauer Hauptverwaltung des NKWD, um mitzuteilen, daß »die Auflösung der drei polnischen Kriegsgefangenenlager in den Bezirken der Städte Kozielsk, Ostaschkow und Starobielsk durchgeführt« worden sei. Eine Abschrift der Meldung, so heißt es am Schluß, gehe den NKWD-Generälen Raichman und Saburin »zur Kenntnisnahme« zu. [100]

Kennen wir zumindest einen Teil der Vollstrecker des Mordbefehls? Die deutsche Presse nannte schon bald nach der Entdeckung der Gräber von Katyn vier Namen: Lew Ryback, Chaim Finberg, Abram Borissowitsch und Pawel Borodinski. Josef Mackiewicz will in seinem Katyn-Buch diese Benennungen nicht gelten lassen: »Die Deutschen behaupteten ferner, die Hinrichtung sei von vier Angehörigen der Minsker NKWD geleitet worden, und nannten drei davon, die jüdische Namen hatten: Lew Ryback, Chaim Finberg, Abraham Borissowitsch. Es sei hier erwähnt, daß, wie sich später bestätigte, die Hinrichtungen tatsächlich von einer besonders beauftragten Gruppe der Minsker NKWD durchgeführt wurden. Doch die drei angeführten Namen wurden einfach beliebig aus NKWD-Berichten entnommen, die nach der plötzlichen Einnahme von Minsk in deutsche Hände gefallen waren. Sie wurden aufs Geratewohl angeführt.«[101] Leider führt Mackiewicz keine Belege für diese Aussage an. Auch erklärt er nicht, warum die Deutschen, wenn sie die Namen willkürlich gewählt hatten, jüdische wählten. Sicher paßt es einerseits in das antisemitische Propagandaschema der Identität von Bolschewismus und Judentum. Aber andererseits brachte es die deutsche Propaganda in Verlegenheit, als hier Juden Juden erschossen hätten, denn die Totenlisten der Ermordeten von Katyn enthielten zahlreiche jüdische Namen. Auch ist nicht klar, warum Mackiewicz davon spricht, die Deutschen hätten nur drei Namen genannt, obwohl es vier waren.

Zu denken muß auch geben, daß der Krakauer Rechtsanwalt Roman Martini, der Anfang 1947 eine eigene Untersuchung der Erschießungen unternahm und eigens in die Sowjetunion reiste, mit den gleichen oder nahezu identischen Namen zurückkam. Er wollte sechs Mitglieder des NKWD-Kommandos aus Minsk ermittelt haben: Lew Rybak, Chaim Finberg, Abraham Bomsovich, Boris Kutsov, Ivan Siekanov und Ossip Lisak. Mehr noch teilte er mit, verantwortlich sei ein NKWD-Offizier aus Moskau namens Burianov gewesen. [102]

Dazu paßt zumindest, daß 1952 der frühere russische Offizier Oberst Vassily Erschow vor dem US-Untersuchungsausschuß aussagt, er sei 1944 mit einem Leutnant Borissow zusammengetroffen, der sich ihm gegenüber gebrüstet habe, Mitglied des Exekutionskommandos von Katyn gewesen zu sein. Seine Einheit der Militärpolizei habe mehr als 400 der Offiziere im Wald von Katyn erschossen. [103] Der Name erinnert an den bereits genannten Borissowitsch, und da sein Vorname mit Abram angegeben wurde, fällt auch auf, daß Martini einen Abraham Bomsovich nannte.

1957 veröffentlichte das boulevardmäßig aufgemachte Wochenblatt »7 Tage« ein Dokument, das Polen während des Krieges aus den Akten des Minsker NKWD an sich gebracht und Jahre später, als sich die Hoffnung auf eine Liberalisierung in Polen nicht erfüllte, der westlichen Presse zugespielt haben wollen. Vieles deutet darauf hin, daß das Dokument tatsächlich echt ist. Es ist der Vollzugsbericht der Hinrichtungen. Auch darin wird ein »Genosse Burjanoff« als von Moskau zur Überwachung der Hinrichtungen abgeordnet genannt. [104]

Im Juli 1971 schreibt die israelische Zeitung »Maariv«, der Israeli Abraham Vidro habe mitgeteilt, vor rund dreißig Jahren von dem damaligen Major der Roten Armee Joshua Sorokin das Geständnis erhalten zu haben, an dem Massaker beteiligt gewesen zu sein. Vidro sei damals Insasse im Lager Starobielsk gewesen – vermutlich in der Zeit nach den Liquidierungen vom Frühjahr 1940 –, in dem Sorokin Dienst tat. Der jüdische Sowjetoffizier, mit dem sich Vidro angefreundet hatte, habe ihm das schreckliche Geheimnis offenbart und ihn gebeten, es mindestens dreißig Jahre lang für sich zu behalten. Auch zwei weitere Angehörige der Roten Armee, Leutnant Alexander Suslow und Leutnant Simeon Tchonow, hätten das gleiche Geständnis abgelegt, berichtete der Israeli. Viele der Sowjetsoldaten, die an Katyn beteiligt gewesen seien, hätten vor Entsetzen Selbstmord begangen. Vidro begründete seine Bereitschaft, über die Geständnisse zu reden damit, daß er keine Verwandten mehr in der Sowjetunion habe, die Repressalien ausgesetzt werden könnten. [105] Sollte stimmen, was »Maariv« berichtet, so müßte es sich bei den Soldaten, die angeblich Selbstmord verübten, um Angehörige der Begleittruppen handeln, die das NKWD hinzugezogen hatte. Die ganze Wahrheit kann erst endgültig geklärt werden, wenn alle sowjetischen Akten freigegeben werden, sofern sie dann noch komplett sind.

Stalin jedenfalls hat sich in diesem Frühjahr 1940 etwa 15 000 polnischer Offiziere entledigt. Die Morde finden zu einer Zeit statt, als die Sowjetunion mit keinem Staat im Kriege steht. Der russisch-finnische Winterkrieg ist vorbei. Mit Deutschland ist die Sowjetunion sogar verbündet. Nach dem Einfall der Roten Armee in Ostpolen war die polnische Armee geschlagen. Auch herrschen weder Revolution noch Bürgerkrieg. Eine noch so entfernte Berufung auf irgendeine Art von Abwehrmaßnahme kann nicht in Betracht gezogen werden, von dem Verstoß gegen jedes Kriegsrecht ganz abgesehen. Für die Sowjetunion bedeuteten die Offiziere und Intellektuellen überhaupt keine Gefahr, da sie entwaffnet und interniert waren; auch beherrschte Stalin die gesamte UdSSR mit seinem Terrorsystem. Nach den heutigen Bestimmungen der UNO handelt es sich ganz klar um Völkermord.

Stalin und sein NKWD gehen schlichtweg davon aus, daß die polnischen »Klassenfeinde« vom Boden verschwunden sind, daß nie wieder eine Spur der Leichen unter den Kiefern auftauchen würde – so wie -zig Millionen andere von Stalin und seinen Schergen umgebracht worden waren.

Für Polen bedeutet der Mord eine nationale Katastrophe. Ein Teil der Intelligenz und mehr als ein Drittel des gesamten Offiziersbestandes der Vorkriegszeit sind ausgerottet. Die Polen werden nicht mehr ruhen, bis der Fall Katyn, Starobielsk und Ostaschkow geklärt und die Schuldigen genannt sind. Es soll mehr als ein halbes Jahrhundert dauern und die Polen in aller Welt zusammenhalten.

Zur Zeit der Morde gibt es Kontakte zwischen NKWD und Gestapo. Im März 1940 besucht eine NKWD-Kommission die Gestapo-Zentrale für das Generalgouvernement in Krakau, und auch in Zakopane kommt es zu einer Zusammenkunft. Umgekehrt besucht eine Abordnung der Gestapo im Mai 1940 Lemberg und Kiew. Ein NKWD-Offizier bleibt bis zum Juni 1941 als Verbindungsmann bei Generalgouverneur Hans Frank in Krakau. [106]

Es ist von polnischer Seite später verschiedentlich der Verdacht geäußert worden, daß die Morde an den polnischen Offizieren und Intellektuellen mit der Gestapo abgesprochen worden seien. Einen Hinweis dafür gibt es bis heute nicht. Auch ist der Befehl zur Liquidierung offenbar vor dem Treffen zwischen NKWD und Gestapo im März 1940 gegeben worden. Vieles deutet allerdings darauf hin, daß die Nazis tatsächlich vieles von der Methodik des an verbrecherischer Erfahrung reicheren NKWD gelernt und übernommen haben. Bezeichnend ist, wie sich Generalgouverneur Hans Frank Ende Mai 1940 auf einer Polizeisitzung zur Polenpolitik äußert: »Der Führer hat mir gesagt: ›Die Frage der Behandlung und Sicherstellung der deutschen Politik im Generalgouvernement ist eine ureigene Sache der verantwortlichen Männer des Generalgouvernements.‹ Er drückte sich so aus: ›Was wir jetzt an Führerschicht in Polen festgestellt haben, das ist zu liquidieren, was wieder nachwächst, ist von uns sicherzustellen und in einem entsprechenden Zeitraum wieder wegzuschaffen. Daher brauchen wir das Deutsche Reich, die Reichsorganisation der deutschen Polizei damit nicht zu belasten. Wir brauchen diese Elemente nicht erst in die Konzentrationslager des Reiches abzuschleppen, denn dann hätten wir nur Scherereien und einen unnötigen Briefwechsel mit den Familienangehörigen, sondern wir liquidieren die Dinge im Lande. Wir werden es auch in der Form tun, die am einfachsten ist.‹« [107]

448 Gefangene der drei Lager entgehen den Hinrichtungen. Die Sowjets wollen sich mit ihnen willfährige Kader schaffen, die ihren künftigen Bolschewisierungsplänen vielleicht nützlich sein könnten. [108] Zwischen Liquidieren und Überlebenlassen gibt es ein im NKWD abgesprochenes Verfahren. In allen drei Lagern werden »Sondergruppen« gebildet, vermutlich aus denjenigen, die dem NKWD für eine weitere Indoktrinierung nicht nutzlos zu sein scheinen. Unter den polnischen Gefangenen befinden sich zwar kaum welche, die sich für den Gedanken erwärmen könnten, bolschewistische Hilfstruppen abzugeben. Aber offensichtlich brauchen die wenigen Ausgewählten nicht einmal durch eine prokommunistische Haltung aufgefallen zu sein. Schließlich sind es ja oft gerade Menschen mit hohen religiösen und moralischen Maßstäben, die für die Propaganda »höherer Ziele« anfällig sind. Und es sind gerade oft Intellektuelle, die ihre grundsätzlichen Positionen wechseln, wenn sie eine neue »Wahrheit« gefunden zu haben glauben.

Jedenfalls werden die Ausgewählten zunächst in das Lager Pawlischew-Bor geschafft, das zuvor geräumt worden war. [109] Dort treffen sich zwischen dem 1. und dem 20. Mai 1940 448 Gefangene wieder: 245 aus Kozielsk, 124 aus Ostaschkow, 79 aus Starobielsk. Den letzten Transport bilden 19 Mann aus Ostaschkow. [110]

In Pawlischew-Bor sind nicht nur die NKWD-Offiziere der alten Lager. Es kommen sogar noch weitere hinzu. Die Gefangenen werden zunehmend von Politoffizieren hinsichtlich ihrer Gedanken und Wertvorstellungen bearbeitet. Und der bis dahin starke Zusammenhalt beginnt langsam zu zerbrechen. Einige Offiziere fangen an, sich im kommunistischen Sinne zu äußern, dreißig weitere betonen, daß sie nicht Polen, sondern »Volksdeutsche« seien. Zwangsläufig treten Spannungen unter den Offizieren, Offiziersanwärtern, Unteroffizieren, Soldaten, Polizisten und den wenigen Zivilisten auf, die von den NKWD-Leuten weiter geschürt werden. Rund fünfzig Insassen werden unter besondere Bewachung gestellt, schließlich in verschiedene Gefängnisse gebracht und von besonderen NKWD-Verhörern nach ihrem Zivilleben befragt. [111]

Nach ein paar Wochen, am 13. Juni 1940, werden die verbliebenen rund 400 Mann ins Lager Griasovietz am Ufer der Wologda im Wologda-Distrikt verlegt. Die Fahrt in den Gefangenenzügen dorthin dauert fünf Tage. [112] Zu ihnen stoßen wieder jene 50 Gefangenen, die zuvor aus dem Lager geholt worden waren. Von den 30 Volksdeutschen, die mehr oder weniger gut Deutsch reden, werden zwölf auf Dringen des deutschen Botschafters in Moskau freigelassen; die anderen 18 bleiben. [113]

Wie in Ostaschkow hatten die Sowjets auch in Griasovietz aus einem Kloster ein Lager gemacht. Die alte Kirche war zuvor gesprengt worden. Die Gefangenen in Griasovietz glauben, daß ihre Kameraden ähnlich wie sie in anderen kleinen Lagern festgehalten würden oder nach Polen entlassen worden seien.

Das Leben in Griasovietz ist wesentlich angenehmer als vorher. Einmal im Monat dürfen die Gefangenen wieder ihren Angehörigen schreiben. Verboten ist allerdings, Namen von Mitgefangenen oder den Namen des Lagers zu nennen. Als Absender ist anzugeben: »Postfach 11/c – 12, Moskau, UdSSR«. [114] Bald erhalten sie Antwort aus dem deutsch und sowjetisch besetzten Polen. Doch bald stellen sie fest, daß sie offensichtlich die einzigen sind, von denen Post in Polen eintrifft. Sie beginnen Listen mit den Namen der Kameraden aus den Lagern aufzustellen, an die sie sich erinnern können.

Die Gefangenen sind intensiver kommunistischer Propaganda ausgesetzt. Ihre Kommentare werden sorgsam registriert, mit einzelnen gesonderte Gespräche geführt. Doch die Politoffiziere, die schon in den Lagern zuvor die Gefangenen indoktrinieren wollten, schlagen nun einen geradezu freundschaftlichen Ton an. Die Offiziere erhalten 20, die Mannschaft 10 Rubel im Monat. Die Gefangenen dürfen Gemüse ziehen und Studiengruppen bilden. Bücher stehen zur Verfügung. Sogar eine Russin wird angestellt, um ein Unterhaltungsprogramm zu gestalten – eine Arbeit, die sie später sehr weitherzig auslegt. [115]

Gegen Ende August 1940, als die Gefangenen bereits zehn Wochen in Griasovietz zugebracht haben – Hitler hat inzwischen Frankreich geschlagen, die Italiener haben von Abessinien aus Britisch-Somali besetzt –, machen die NKWD-Offiziere einen neuen Anlauf, die Polen für sich zu gewinnen. Sie deuten an, daß Polen und Sowjets gemeinsame Interessen hätten und daß die Aufstellung eines polnischen Heeres in Rußland nicht ausgeschlossen sei. Die Dame, die das Unterhaltungsprogramm organisiert hatte, entpuppt sich plötzlich als eine politisch hochinteressierte Person und redet ständig auf die Offiziere ein, sich zu einer gemeinsamen Aktion durchzuringen. Fünfzig Offiziere richten nun einen »Roten Winkel« für politische Diskussionen ein, studieren die Geschichte der Kommunistischen Partei und feiern kommunistische Gedenktage. Es kommt zu Schlägereien mit Antikommunisten. Das NKWD verhaftet mehrere Offiziere wegen »Antisemitismus«. Von den meisten Lagerinsassen werden die »roten« Offiziere dafür verantwortlich gemacht. Die Spannungen wachsen noch mehr. [116]

Am 27. September unterzeichnen Deutschland, Italien und Japan den Dreibund. Als am 7. Oktober deutsche Verbände in Rumänien eintreffen, muß Stalin aufgehen, daß Hitler sich auf eine militärische Operation gegen die Sowjetunion vorbereitet. Stalin könnte weitere Verbündete gut gebrauchen. Jetzt ist der Zeitpunkt für das Lager Griasovietz gekommen, seine zugedachte Rolle zu spielen.

Am 10. Oktober 1940 erhalten sieben hohe Offiziere, an ihrer Spitze die Obersten Berling, Bukojemski und Gorczynski aus dem »Roten Winkel« den Befehl, sich für eine Reise nach Moskau bereitzumachen. In einem ganz normalen Reisezug geht es zur Hauptstadt.

Ihnen folgen 21 Offiziersanwärter aus dem Lager Kozielsk. Es war nach der Ermordung der rund 4500 Gefangenen wieder belegt worden, und zwar mit Polen, die 1939 nach Litauen und Estland geflohen und nach der Annexion der baltischen Republiken in die Hände der Sowjets geraten waren. [117] Das NKWD empfängt die 28 Offiziere als »Gäste«. Sie müssen zwar im Butyrki-Gefängnis bleiben, bekommen aber eine Sonderverpflegung. Den sieben Offizieren aus dem Lager Griasovietz wird schon drei Tage später ein vergleichsweise komfortables Gelaß im Moskauer Lubianka-Gefängnis zugewiesen. Dort werden sie weiter bearbeitet. Erstmals sprechen ihre sowjetischen Betreuer von der Möglichkeit eines kriegerischen Konflikts zwischen der Sowjetunion und Deutschland. Ihnen wird unmißverständlich klargemacht, worum es geht: Sie sollen polnische Einheiten unter dem Oberbefehl der Roten Armee aufstellen. Und geschickt wird auch die Zukunft der polnischen Zivilverschleppten eingeflochten, um moralischen Druck auf sie auszuüben. [118] Einer von den sieben weigert sich und wird in Einzelhaft genommen; die anderen stimmen zu. Von den 21 Offiziersanwärtern werden zunächst elf ausgewählt, aber man sagt ihnen noch nicht, daß sie Offiziere einer polnischen Armee unter sowjetischer Führung werden sollen. [119]

In Lemberg und Moskau werden etwa gleichzeitig aus einer Handvoll polnischer Kommunisten Komitees gebildet, die den Direktiven der Komintern unterstehen und später als »Union polnischer Patrioten« die Voraussetzungen für das »Lubliner Komitee« als Regierung eines bolschewistischen Polens schaffen.

Am 30. Oktober werden die Obersten Berling, Bukojemski, Gorczynski und Tyszynski ins Arbeitszimmer des Gefängniskommandanten zu einem Abendessen mit Cognac geladen. Hoher Besuch wartet auf sie. Es sind die Kommissare Berija und Merkulew höchstpersönlich – also die Mörder von Katyn, Starobielsk und Ostaschkow. Berija führt das NKWD, Merkulew das gerade erst als Ergänzung eingerichtete NKGB (Volkskommissariat für Innere Sicherheit). Berija und Merkulew entwerfen das Zukunftsbild eines künftigen Sowjetpolens und regen die Bildung einer polnischen Armee unter sowjetischem Oberkommando an. Als erstes solle eine polnische Panzerdivision aufgestellt werden. Berling wittert seine ganz große Chance, gibt seine bisherige Zurückhaltung auf und stimmt grundsätzlich zu. [120]

Nun geht es um die Frage, wer eine solche Armee führen könnte. Berling, der nicht weiß, daß seine Kameraden längst ermordet worden sind, bietet Merkulew an, eine Liste mit Namen von Offizieren aufzustellen, die er aus den Lagern Kozielsk, Starobielsk und Ostaschkow kennt. Merkulew schweigt. Aber dann entwischen Berija diese Sätze: »Sie können die Listen vorbereiten. Aber es sind nicht viele von ihnen übriggeblieben. Wir haben in bezug auf sie einen großen Bock geschossen . . . Wir haben einen großen Fehler, einen großen Fehler . . . Wir haben sie den Deutschen ausgeliefert.« [121]

Einige Tage später kommt das Gespräch wieder auf die vermißten Offiziere. Diesmal führt Merkulew das Wort. »Wir haben einen Irrtum begangen . . . Diese Männer stehen nicht zur Verfügung. Wir werden Ihnen andere geben.« [122]

Schon am Tag nach diesem Gespräch verläßt die Gruppe der ausgewählten Offiziere mit Oberst Berling an der Spitze das Lubianka-Gefängnis. Es geht in das vom NKWD geführte Landhaus in Malachowka, 35 Kilometer von Moskau entfernt. Beköstigung und Lebensumstände sind entsprechend: Dampfheizung, Warmwasser, Duschen, Federbetten, Polstermöbel. Der Haushalt wird von zwei äußerst attraktiven jungen russischen Zimmermädchen geführt. Die »Gäste« taufen das Haus »Villa Seligkeit«. [123]

In politischen Kursen werden die »Gefangenen« auf künftige Rollen vorbereitet. Ideologisches Studienmaterial steht in Fülle zur Verfügung. Oberst Morawski allerdings bleibt nur ein paar Tage. Seine Gedanken über die polnisch-sowjetische Zusammenarbeit und vor allem die künftige russisch-polnische Grenze entsprechen gar nicht Berijas und Merkulews Vorstellungen. Er muß zurück ins Butyrik-Gefängnis. Dafür kommt im Dezember 1940 Verstärkung aus Griasovietz und Kozielsk. Im Winter 1940/41 beherbergt die »Villa Seligkeit« zwischen 20 und 30 »Gäste«, Offiziere einer künftigen polnischen Armee unter sowjetischem Oberbefehl. [124]

Immer klarer wird: Berling ist der Mann der Sowjets. 1939 hatte er sich rein zufällig in Wilna aufgehalten. Als er sich bei den sowjetischen Behörden meldete, wurde er wie alle anderen nach Rußland deportiert. Mackiewicz schreibt über ihn:»Er tat sich niemals besonders hervor, wenn er auch sehr ehrgeizig war. Nebenbei hatte er allen Grund, einen Groll auf die Vergangenheit zu haben, denn kurz vor dem Krieg war er vor ein militärisches Ehrengericht geladen worden, unter der Anklage, in eine höchst unangenehme Sache verwickelt zu sein. Er wurde eines sehr niedrigen Verhaltens gegenüber seiner eigenen Frau für schuldig befunden, das mit der Offiziersehre unvereinbar war. Der Fall war um so ernster, als die Angelegenheit öffentlich bekannt wurde und sich nicht auf die vier Wände seiner Privatwohnung beschränken ließ. Er wurde verurteilt und bekundete laut sein Mißfallen über die ›im Offizierskorps herrschenden Sitten‹.« [125]

Mackiewicz nimmt die anderen Offiziere der ausgewählten Gruppe gegenüber Berling in Schutz:»Man kann die Behauptung aufstellen, daß von den 15 nur Berling die Hoffnung nicht enttäuschte, die die Sowjetbehörden auf ihn setzten. Folgerichtig und ohne Illusionen brach er seinen Soldateneid, verriet sein Land und erklärte seine Bereitschaft, in den Dienst eines fremden Staates zu treten.« [126]

Doch Berling kommt nicht zum Zuge, noch jedenfalls nicht. Am Morgen des 22. Juni 1941 greifen deutsche Verbände auf breiter Front die Sowjetunion an. Das »Unternehmen Barbarossa« läuft. Die deutschen Panzer rollen scheinbar unaufhaltsam in die Sowjetunion vor. In den ersten Tagen machen die Deutschen eine riesige Zahl von Gefangenen und erbeuten gewaltige Mengen an Waffen. Der Vormarsch geht noch schneller vonstatten als die schon verblüffenden »Blitzkriege« gegen Polen und Frankreich. Stalin ist in Not, ja, er steht vor der Vernichtung. Er braucht die Hilfe Großbritanniens, die ihrerseits die polnische Exilregierung beherbergt. Die polnische Regierung Moscicki hatte sich im September 1939 nach dem deutschen und sowjetischen Einfall in Polen nach Rumänien geflüchtet, wurde jedoch in Bukarest interniert und war somit handlungsunfähig. Moscicki wollte deshalb Wieniawa Dlugoszewski, Anhänger der Politik Pilsudskis und Becks und Botschafter in Italien, zum Präsidenten ernennen, aber Frankreich verweigerte die Anerkennung. Daraufhin schlug Moscicki Wladyslaw Raczkiewicz vor, der sich in Frankreich aufhielt und dem Quai d'Orsay genehm war. Raczkiewicz wurde Präsident, General Wladislaw Sikorski Premierminister. Erste Aufgabe der Exil-Regierung war die Aufstellung einer exil-polnischen Armee. Als Frankreich von den Deutschen überrannt wurde und sich die Briten vom Kontinent zurückziehen mußten, siedelte die polnische Regierung mit nach Großbritannien über. Lediglich Deutschland und die Sowjetunion erkannten sie nicht an.

Stalin braucht die Briten; und die britische Regierung braucht Stalin. Wie die Vereinigten Staaten sieht sie in der Nutzung der sowjetischen Größe an Territorium, Armee und Bevölkerung eine der entscheidenden Voraussetzungen für den Sieg über Deutschland. London will auf jeden Fall eine gemeinsame Allianz gegen Deutschland mit der polnischen Exilregierung unter General Wladislaw Sikorski. Schon 1940 hatte der britische Botschafter Cripps auf seinem Weg nach Moskau Sikorski in Paris besucht und die Möglichkeiten einer Wiederherstellung diplomatischer Beziehungen mit den Sowjets diskutiert. [127] Unmittelbar nach dem deutschen Angriff auf die Sowjetunion wendet sich Churchill in einer Radioansprache an die Sowjets und heißt sie als neue Bundesgenossen der demokratischen Nationen willkommen. [128] Und am 23. Juni 1941, nur einen Tag nach dem deutschen Angriff auf die Sowjetunion, spricht Sikorski in einer nach Polen ausgestrahlten BBC-Sendung die Hoffnung aus, der deutsche Angriff möge zu einer Wiederherstellung der diplomatischen Beziehungen mit Moskau führen. Sikorski macht auch deutlich, welche Chance er für die Polen sieht: erstens die Besitzstandwahrung Ostpolens und zweitens »die Freilassung von mehr als einer Million in die UdSSR deportierten Polen, damit sie sich den Verbündeten Streitkräften im Kampf gegen Hitlers Unterdrückung anschließen mögen«. [129]

Aber vor allem von der Rückkehr zu den Grenzen des Rigaer Vertrags von 1921 will Stalin nichts wissen. Und er läßt auch keinen Zweifel daran. Am 4. Juni informiert Außenminister Anthony Eden den polnischen Premierminister über sein Gespräch mit dem sowjetischen Botschafter Iwan Maisky vom selben Tag. An der Aufstellung tschechoslowakischer, jugoslawischer und polnischer Streitkräfte in der Sowjetunion sei man interessiert, doch die Grenzen eines künftigen polnischen Staates sollten »mit den enthnographischen Grenzen« übereinstimmen. Dabei könnten »gewisse Bezirke und Städte« Ostpolens zurückgegeben werden. [130] Briten und Sowjets stimmen insofern überein, als sie eine Festlegung auf Nachkriegsgrenzen zu diesem Zeitpunkt für unangebracht halten, während die Polen Garantien wünschen.

Es folgen Sitzungen zwischen Sikorski, seinem Außenminister August Zaleski, Maisky, Außenminister Eden und seinem Staatssekretär Sir Alexander Cadogan. Besonders Eden dringt ungeduldig auf eine schnelle Übereinkunft zwischen der polnischen Exilregierung und Moskau. Churchill, so erklärt er Zaleski, brauche dies in bezug auf die katholischen Länder, die an der deutschen und italienischen Psychose litten. Zaleski schätzt das so ein, daß Churchill auf die derzeit teilweise antisowjetische britische öffentliche Meinung einwirken wolle, indem er zeige, daß selbst die Polen bereit seien, mit den Russen zusammenzugehen. [131]

Druck auf die Sikorski-Regierung kommt auch aus den USA. Der polnische Botschafter Ciechanowski berichtet seiner Regierung nach einem Gespräch mit Under Secretary of State Sumner Welles, sowohl die russische Gruppe um Kerensky als auch Litauer und Ukrainer starteten Aktionen gegen eine Rückkehr zu den Grenzen des Rigaer Vertrages. [132]

Schließlich übt Eden massiven Druck auf Sikorski und Zaleski aus: »Ob Sie es wollen oder nicht, eine Übereinkunft mit der Sowjetunion muß unterzeichnet werden.« [133] Als Sikorski in einer Rede an polnische Truppen in Schottland erklärt, mit der britischen Regierung sei er sich über die Grenzfrage einig, aber Maisky mache gewisse Schwierigkeiten, läßt Eden Zaleski telephonisch wissen, daß diese Rede in keiner Zeitung in Großbritannien erscheinen werde. [134] Sikorski und die Mehrheit seines Kabinetts lenken ein; die

Minister Zaleski, Seyda und General Sosnkowsky treten aus Protest zurück.

Am 30. Juli 1941 ist es soweit. General Sikorski und der sowjetische Botschafter in London, Iwan Maisky, unterzeichnen eine polnisch-sowjetische Vereinbarung über die Wiederherstellung diplomatischer Beziehungen. Darin wird festgestellt, daß die »sowjetisch-deutschen Verträge von 1939 über die territorialen Veränderungen in Polen ihre Gültigkeit verloren haben« und eine polnische Armee auf sowjetischem Territorium unter sowjetischem Oberbefehl aufgestellt wird. In einem Zusatzprotokoll wird festgelegt, daß die UdSSR »allen polnischen Bürgern, die gegenwärtig auf sowjetischem Gebiet ihrer Freiheit beraubt sind, entweder als Kriegsgefangene oder aus anderen gegebenen Gründen, Amnestie gewähren wird, sobald diplomatische Beziehungen wiederhergestellt sind«. [135]

Die Polen haben besonders am Wort »Amnestie« zu schlucken, weil es eine Aussetzung berechtigter Strafe und eine besondere Großmütigkeit der Sowjetregierung suggeriert. »Amnestie« kann sich auf Verbrecher, nicht aber auf Kriegsgefangene beziehen. [136] Aber der polnische Vorschlag, das Wort »Amnestie« durch »Freilassung« zu ersetzen, wird von den Briten als unnötig verzögernd zurückgewiesen. Kaum ist das Abkommen unterzeichnet, erklärt Eden im Unterhaus, gegenüber Polen gebe es »keinerlei Garantie von Grenzen durch die Regierung Seiner Majestät«. [137] Jetzt kann sich Stalin sicher sein, daß Großbritannien seinen Vorstellungen über die sowjetische Westgrenze nichts ernsthaft entgegensetzen wird.

Am 12. August 1941 verfügt das Präsidium des Obersten Sowjets die »Amnestie« aller polnischen Gefangenen in der Sowjetunion. [138] Zwei Tage später folgt ein förmliches Militärabkommen. Dazu reist General Bohusz-Szyszko aus London nach Moskau. [139] Mit der Aufstellung der polnischen Armee wird General Wladislaw Anders betraut, der sich schon als junger Oberst in der alten russischen Armee bewährt hatte. [140] Auch hatte Marschall Pilsudski ihm zusammen mit General Dowbor-Musnicki 1919 das Kommando über die polnische Aufstandsarmee übertragen. [141] Anders wird aus dem Lubianka-Gefängnis in Moskau entlassen.

Aber schon treten neue Schwierigkeiten auf. In den 138 Gefangenenlagern tauchen sowjetische Agitatoren auf, die behaupten, die
Amnestie sei mit dem Ziel erlassen worden, Polen kommunistisch
zu machen. Über Warschau werde die rote Fahne wehen. Die »polnische« Armee sei der Roten Armee gänzlich ein- und untergeord-
net. Die Amnestierten sollten am besten gleich der Roten Armee
beitreten und die sowjetische Staatsbürgerschaft annehmen. [142]
Überhaupt entwickelt sich die Frage der Staatsbürgerschaft zum Problem. Die polnische Exilregierung betrachtet alle Einwohner in den
Grenzen vor dem Einmarsch 1939 als polnische Staatsbürger, während die Sowjetunion diejenigen Ostpolens jetzt als sowjetische
Staatsbürger ansieht. Tatsächlich werden aus den Lagern entlassene
polnische Staatsbürger ukrainischer, weißrussischer und jüdischer
Herkunft in die Rote Armee eingezogen, was den polnischen Botschafter Kot zu einem scharfen Protest veranlaßt. [143]
Sofort nach dem Amnestie-Erlaß strömen aus den 138 Lagern ausge-
hungerte oder an Ruhr erkrankte polnische Soldaten in das Sammel-
und Ausbildungslager Buzuluk. [144] Zumeist sind es solche, die zunächst in Litauen und Lettland interniert waren und nach der Annexion der baltischen Republiken in die sowjetischen Lager geschafft
worden waren. Ihnen schließt sich auch ein Treck Tausender Zivilisten an, die verschleppt worden waren und nun ebenfalls unter die
»Amnestie« fallen.
Wer aber nicht kommt, das sind die Offiziere. Unter den Gefangenen
waren vermeintlich noch 14 Generäle, aber nur zwei tauchen in einem Zustand schrecklicher Erschöpfung auf. Von den 300 hohen
Stabsoffizieren erscheinen ganze sechs. [145] Auch der Stabschef von
General Anders, Major Soltan, trifft nicht ein. Ebensowenig erscheint Major Fuhrmann, der jahrelang Flügeladjutant von General
Sikorski war. [146]
96 000 Mann sollen nach der Abmachung zwischen Sikorski und Sta-
lin aufgestellt werden. In wenigen Monaten bringt Anders 75 000
Mann zusammen. [147] Aber es fehlen 8300 Offiziere sowie rund
7000 Unteroffiziere, Mannschaftsdienstgrade und einige Zivilisten.
Bei der Aufstellung der Listen stellt sich heraus, daß die Verschwun-

denen alle in den Lagern Kozielsk, Starobielsk und Ostaschkow waren. Nur die rund 400 Gefangenen, die nach Griasovietz geschafft worden waren, sind da. Und zu ihnen gehört auch die Gruppe der ausgewählten Offiziere unter Berling, die jedoch nun in die von General Anders geführte Armee eingegliedert werden soll.

Was macht Berling in dieser Situation? Er desertiert und bietet den Sowjets seine Dienste nochmals eigens an. In einem vom polnischen Hauptquartier erlassenen Befehl wird Berlings Name daraufhin aus der Liste der Offiziere gestrichen. [148] Zu Ende ist Berlings Karriere damit nicht. 1943, wenn die Armee unter Anders längst sowjetischen Boden verlassen hat, die Beziehungen zur Sikorski-Regierung abgebrochen sind und das Kriegsglück auf Seiten der Sowjets liegt, wird Stalin auf ihn zurückkommen und ihn zum General »befördern«.

2

Suche und Gräberfund

Niemand bei den polnischen Stellen ahnt in diesem Herbst 1941, als auf sowjetischem Boden eine polnische Armee aufgestellt wird, daß die Insassen der Lager Kozielsk, Starobielsk und Ostaschkow bereits vor anderthalb Jahren ermordet worden waren. Die Polen glauben vielmehr, daß ihre Kameraden in Arbeitslager irgendwo fern im Norden der Sowjetunion verbracht worden sind, da nach dem Mai 1940 viele Lager in die Republik Koma und auf die Kola-Halbinsel zwischen dem Weißen Meer und dem Arktischen Ozean verlegt worden waren. [1] Sie schreiben es der Schlamperei der örtlichen Behörden und den Transportproblemen in diesem riesigen Land zu, daß die »Amnestie« noch nicht vollständig durchgeführt sei. Die Polen wenden sich an die sowjetischen Verbindungsoffiziere, erhalten aber nur ausweichende Antworten in dem Sinn, daß viele Gefangenen wohl offenbar schon 1940 in die Heimat entlassen worden seien. [2]
Im Hauptquartier der polnischen Armee läßt General Anders ein Suchbüro einrichten und Listen der Vermißten anlegen. [3] Die Leitung überträgt er Hauptmann Jan Kaczkowski und Major Josef Czapski. Die polnische Armeeführung schaltet außerdem die Untergrundbewegung im deutschen Besatzungsgebiet ein, um mehr zu erfahren. [4] Das Suchbüro erhält tausende von Briefen aus Polen, in denen Angehörige beklagen, daß sie seit Mitte April 1940 keine Post mehr erhalten hätten. Die Angehörigen und Freunde vermuten zunächst Unzulänglichkeiten des sowjetischen Postdienstes. [5] Und auch die ehemaligen Insassen des Lagers Griasovietz berichten, daß sie in Briefen immer wieder nach dem Verbleib ihrer Kameraden gefragt wurden.
Die Sorge in Polen wächst, als Briefe mit Vermerken wie »Zurück, Adressat unbekannt« zurückkommen. [6] Angehörige, darunter auch solche, die in die Sowjetunion verschleppt worden waren, wen-

den sich mit Eingaben an die örtlichen Sowjetbehörden, das NKWD oder sogar Stalin selbst. Wenn sie überhaupt Antwort erhalten, dann solche wie diese: »Das Lager, in dem Ihr Vater interniert war, wurde im Frühjahr 1940 aufgelöst. Der jetzige Aufenthalt Ihres Vaters ist nicht bekannt.« Oder: »Bitte die Antragstellerin zu benachrichtigen, daß ihr Mann am 6. Mai 1940 in ein unbekanntes Lager verlegt worden ist.« [7]

Geht man davon aus, daß ein jeder der Verschollenen nur drei Angehörige hinterläßt, so bedeutet dies schon, daß rund 45 000 Menschen sich größte Sorgen machen. Tatsächlich sind es natürlich zusammen mit allen Freunden weitaus mehr. Noch 50 Jahre später werden Katyn-Komitees sie betreuen und Gerechtigkeit fordern.

Wo genaue Informationen fehlen, haben Gerüchte freien Lauf. Im Juni 1941 wird Katarzyna Gasziecka, die Frau eines der vermißten Offiziere, zusammen mit 4000 verschleppten Polen auf Lastkähnen über das Weißmeer transportiert, um zu einem Arbeitslager gebracht zu werden. Sie berichtet später dem polnischen Suchbüro: »Ich fühlte ein bitteres Verlangen, frei zu sein, nach Polen zurückzukehren und meinen Mann wiederzusehen. Ich begann zu schreien. Dies erregte die Aufmerksamkeit eines jungen russischen Soldaten, der herüberkam und mich fragte, was denn los sei. Ich antwortete ihm: ›Mein Schicksal! Ist es in Eurem Land auch verboten zu schreien? Ich schreie auch wegen des Schicksals meines Mannes.‹ – ›Und wer war er?‹ – ›Ein Hauptmann.‹ Der Bolschewik spottete verächtlich: ›Eure Tränen werden ihm gewiß nicht mehr helfen. Alle Eure Offiziere sind hier ertränkt worden. In genau diesem Wasser.‹ Dann erzählte er mir in seiner grausamen Art, daß er selbst an dem Konvoi teilgenommen habe, in dem circa 7000 Menschen, zumeist polnische Offiziere und Angehörige der polnischen Polizei, transportiert worden wären. Zwei Lastkähne seien mit ihnen in das Weißmeer hinausgezogen, dann leckgeschlagen und versenkt worden. Alle seien unmittelbar in die Tiefe gesunken. Dann ging er los, aber ein anderer Russe, nicht ein Soldat, sondern ein Seemann des Lastkahnes, kam zu mir. Er versucht mich irgendwie zu beschwichtigen und sagt zum Schluß: ›Es ist wahr, was du gerade gehört hast. Ich sah es selbst mit meinen eigenen Augen. Die Mannschaft der Lastkähne wurde in das Schlepperschiff übernommen. Die Lastkähne wurden leckgeschlagen. Es war ein fürchterlicher Anblick. Niemand konnte sich retten.«« [8]

Obwohl die Geschichte nicht stimmt, muß der sowjetische Soldat etwas über das Schicksal der Gefangenen vom Lager Ostaschkow wissen. Denn er spricht von Angehörigen der Polizei und kommt der Zahl der Lagerinsassen ziemlich nahe. Bemerkenswerterweise berichtet auch der Polizeiangehörige A. Woronecki, der später nach Griasovietz gebracht wurde, von einer ähnlichen Geschichte, die er als Gefangener in Ostaschkow erlebt hatte. Gegen etwas Tabak erklärte sich ein Lagerwachmann bereit, ihm »ein Geheimnis« anzuvertrauen. »Du wirst Deine Kameraden nie mehr wiedersehen.« – »Warum nicht? Wo sind sie?«– »Es ist nicht wahr, daß man sie nach Hause geschickt hat. Auch wurden sie nicht in ein Arbeitslager verbracht. Man hat sie alle ertränkt.« [9]

Als mehrere Wochen nach der Gewährung der »Amnestie« verstreichen, ohne daß von den verschwundenen Offizieren ein Lebenszeichen auftaucht, schaltet sich die polnische Exilregierung ein, um auf diplomatischem Weg mehr über die Vermißten zu erfahren. Insgesamt 50 Vorstöße sollen es bis April 1943 werden.

Am 20. September 1941 wendet sich der neue polnische Botschafter, Stanislaw Kot, selbst Verfechter einer engen polnisch-russischen Zusammenarbeit, erstmals an den stellvertretenden Kommissar für Auswärtige Angelegenheiten, Andrej Januarewitsch Wyschinski, den berüchtigten Staatsanwalt in den Scheinprozessen während der großen Säuberung von 1936 und 1937. Wyschinski versichert, die noch in Lagern hoch im Norden festgehaltenen Polen würden vor Wintereinbruch in für sie klimatisch erträglichere Gegenden verlegt. [10] Am 27. September übergibt Kot ihm eine Note, in der er darauf hinweist, daß polnische Bürger weiterhin entgegen der »Amnestie«-Vereinbarung festgehalten würden. [11] Eine weitere Besprechung folgt am 6. Oktober. Als Kot darauf verweist, daß von 9500 polnischen Offizieren nur 2000 bei der Armee seien, antwortet Wyschinski lediglich, das sei unmöglich. [12] Am 13. Oktober über-

sendet die polnische Botschaft eine zweite Note, in der sie die Nicht-
erfüllung der »Amnestie« bemängelt und eine ganze Anzahl von
Lagern nennt, in denen weiterhin Polen festgehalten würden. [13]
Kot will keine Spannung aufkommen lassen, zumal ein Besuch General Sikorskis in Moskau in Aussicht steht. Bei einer neuerlichen
Begegnung mit Wyschinski am 14. Oktober 1941 macht er nur eine
Nebenbemerkung: »Ich hoffe, General Sikorski wird nach seiner
Ankunft alle seine Offiziere vorfinden.« [14]
Sikorski wünscht die bestmöglichen Beziehungen mit der Sowjetunion und nimmt dafür auch Spannungen mit seinen eigenen Kabi-
nettsmitgliedern in Kauf. »Sikorski behandelt die aktuellen politischen Erwägungen als das Wichtigste und schiebt Murren, Proteste
und Gerüchte über die vermißten Gefangenen unwillig beiseite, als
sei das eine boshafte Hetze und Defätismus. Daß sie wirklich verschwunden seien, will er einfach nicht glauben.« [15]
Sikorski erhält einen Bericht seines Geheimdienstes aus dem von
den Deutschen besetzten Teil Polens. Niemand hat je einen der fraglichen Offiziere und Intellektuellen gesehen, weder in Freiheit noch
in deutschen Lagern. Alle Angehörigen bestätigen, daß im Frühjahr
1940, zu einer Zeit, wo sie mit Sicherheit in sowjetischen Lagern waren, der Briefwechsel abgerissen ist. [16]
Sikorski schreibt am 15. Oktober einen Brief an den sowjetischen
Botschafter in London, Alexander Bogomolow. Er stellt fest, daß
»das Schicksal mehrerer tausend polnischer Offiziere, die in den
sowjetischen Militärlagern nicht zu finden waren, noch immer unge-
wiß ist. Ihre Anwesenheit in den polnischen Heereslagern aber ist
unbedingt erforderlich«. [17] Sikorski erhält zunächst keine Antwort.
Sikorski weist Botschafter Kot an, nun doch energischer auf eine
Auskunft zu dringen. [18]
Am 22. Oktober 1941 geht Kot direkt zum Außenminister Molotow
und bedauert, daß seit seinen Gesprächen mit Wyschinski nichts
geschehen sei. Molotow gibt sich jovial: »Alle polnischen Staatsangehörigen sind aufgrund der Amnestie freigelassen worden, aber in
gewissen Gegenden sind sie ohne Zweifel in ihrem bisherigen Aufenthaltsort verblieben... Große Verwaltungs- und Transport-

schwierigkeiten . . . Bitte glauben Sie, Herr Botschafter, daß wir der polnischen Regierung alle denkbare Hilfe in dieser Frage gewähren.« [19]

Kot händigt Molotow am 1. November eine weitere Note in der Form einer vertraulichen Mitteilung aus. Er bittet um die Erledigung der ganzen Angelegenheit noch möglichst vor der erwarteten Ankunft Sikorskis in Moskau Anfang Dezember. Am folgenden Tag trifft er sich wieder mit Wyschinski. Es ist die vierte Besprechung mit ihm in dieser Sache. Kot wird diesmal energischer: »In unserem Gespräch vom 14. Oktober haben Sie, Herr Kommissar, mir doch versprochen, mir die erbetenen Listen am folgenden Tag zugehen zu lassen . . . Das Zentralamt des NKWD oder die Gulag (Zentrales Lagerverwaltungsamt) hat die entsprechenden Angaben. Bitte ermöglichen Sie mir die Absendung von Delegierten, die in Begleitung von Beamten des NKWD die Lager, wo diese Leute sich befinden, besuchen können, um ihnen Hilfe und Aufmunterung zu bringen, damit sie den Winter überstehen.« Wyschinski scheint schlechte Laune zu haben: »Herr Botschafter, Sie stellen die Sache so hin, als wollten wir eine Anzahl polnischer Bürger vor Ihnen verbergen. Wo sind sie denn? . . . Das NKWD-Zentralbüro sagt, daß niemals eine solche Anzahl von polnischen Offizieren in der Sowjetunion gewesen ist.« Kot bleibt hart: »Ich will nicht auf der Zahl von 9500 bestehen, aber mehr als 4000 Offiziere wurden aus den Lagern von Starobielsk und Kozielsk weggebracht. Es besteht eine undurchdringliche Mauer zwischen uns und diesen weggebrachten Männern, die uns von ihnen trennt.« Wyschinski beendet das Gespräch: »Eine gewisse Anzahl der in den von Ihnen vorgelegten Listen genannten Personen ist schon ausfindig gemacht worden, und wir schauen uns nach den anderen um. Sobald ich den Rest der Namen erhalte, werde ich in der Lage sein, mich an die zuständigen Behörden zu wenden und sie notfalls sogar zu bestrafen. Diese Dinge gehören in mein persönliches Verantwortungsgebiet, weil ich direkt mit den polnischen Angelegenheiten beauftragt bin.« [20]

Die polnische Exilregierung ersucht die britische Regierung um Vermittlung. Die Londoner Intervention erfolgt am 3. November 1941.

Die Behandlung des Falles wird allerdings diskret abgewickelt. In der westlichen Öffentlichkeit wird über das Verschwinden von 15 000 polnischen Offizieren und Intellektuellen in der Sowjetunion nichts bekannt. [21] Das Datum dieser polnischen Bitte ist deshalb so wichtig, weil die britische Regierung von nun an auch offiziell darüber unterrichtet ist, daß 15 000 Offiziere und Intellektuelle ihres polnischen Verbündeten in der Sowjetunion spurlos verschwunden sind. [22]

Neben den diplomatischen Kontakten stehen Briten und Polen geheimdienstlich in Verbindung. Bereits am 22. Juli 1940 war die »Special Operations Executive« (SOE) ohne Abstimmung mit dem Parlament unter Leitung des Kriegswirtschaftsministers Hugh Dalton gebilligt worden. Sie übernahm den gesamten Apparat der schon bestehenden »Military Intelligence Research« (MIR) und war dazu gedacht, über Untergrund- und Sabotageorganisationen in von Deutschen besetzten Ländern Nachrichten zu sammeln und gegebenenfalls auch im Rücken der deutschen Front operieren zu können. Besondere Bedeutung neben der albanischen, belgischen, dänischen, norwegischen, tschechoslowakischen, holländischen, französischen, griechischen, jugoslawischen, italienischen, iberischen und deutschen Sektion kommt der polnischen Gruppe zu. Im Herbst 1940 begann die polnische Abteilung unter Hauptmann H.B. Perkins, der vor dem Krieg als englischer Staatsbürger in Polen gelebt und in Bielitz eine kleine Textilfabrik besessen hatte. Von Beginn der Arbeit an galt die Absprache, daß die polnische Sektion der SOE eng mit der Abteilung VI des polnischen Armeeoberkommandos in England zusammenarbeiten würde. Kuriere, Agenten und Fallschirmspringer, die auf Missionen nach Polen geschickt und dazu vom polnischen Generalstab ausgewählt werden, sind auf polnischem Boden automatisch Angehörige der polnischen Geheimarmee (Armija Krajowa) und unterstehen ihrem Kommando. Das gesamte Material, das per Funk oder auf Mikrofilmen oder sonstwie versteckt nach London gelangt, wird vom polnischen Generalstab an den britischen Generalstab weitergegeben und von der SOE ausgewertet. [23] Es wäre unsinnig, auch nur anzunehmen, daß die 15 000 vermißten Offiziere und Intellektuellen für die SOE keine Rolle gespielt hätten.

Am 8. November teilt Molotow in einer Note mit, aufgrund der »Amnestie« seien »alle polnischen Bürger, die entweder als Kriegsgefangene oder aus anderen angemessenen Gründen ihrer Freiheit beraubt waren, entlassen worden; darüber hinaus erhielten gewisse Kategorien der freigelassenen Gefangenen und Internierten materielle Hilfe von den Sowjetbehörden«. [24]

Am 12. November folgt schon wieder eine Unterredung zwischen Kot und Wyschinski. Der stellvertretende Außenkommissar: »Ich bin überzeugt, daß diese Männer schon freigelassen sind. Es handelt sich nur darum, festzustellen, wo sie sich befinden. Falls einer von ihnen noch nicht in Freiheit ist, wird er selbstverständlich freigelassen werden. Für mich existiert da überhaupt kein Problem.« [25]

In London übergibt der sowjetische Botschafter Bogomolow seinem polnischen Kollegen Graf Raczynski eine Note für Sikorski, in der den Mutmaßungen, die Gefangenen befänden sich in Lagern im Norden der Sowjetunion, entgegengetreten wird. »Alle polnischen Offiziere auf dem Gebiet der UdSSR sind in Freiheit gesetzt worden. Ihre Vermutung, Herr Premierminister, eine große Anzahl polnischer Offiziere sei über die nördlichen Gebiete der UdSSR verstreut, beruht offenbar auf ungenauer Information.« [26]

Am selben Tag, an dem die polnische Exilregierung diese Note erhält, glückt es Botschafter Kot in Moskau, Josef Stalin persönlich im Beisein von Molotow zu treffen. Mackiewicz hat die Szene vom 14. November beschrieben:

Stalin hat die Gewohnheit, während einer Unterhaltung, besonders wenn er einem anderen zuhört, ein Stück Papier zu nehmen und mit Bleistift alle möglichen Figuren, Zeichnungen und Zahlen darauf zu kritzeln. Niemandem ist es je geglückt, diese Zeichnungen und Zahlen darauf zu Gesicht zu bekommen, weil der Herrscher eines Sechstels der Erdoberfläche in plötzlicher nervöser Laune den Zettel zusammenknüllt und fortwirft. Er nimmt dann ein neues Blatt Papier und fängt wieder von vorn an, und so zeichnet er während der ganzen Unterhaltung ununterbrochen weiter. Doch hört er sich jedes Wort, das gesprochen wird, genau an, denn sobald er irgendetwas sagt, trifft er immer den Nagel auf den Kopf.

»Herr Präsident, ich habe schon viel von Ihrer äußerst kostbaren Zeit in Anspruch genommen, doch es gibt noch einen weiteren Punkt, den ich berühren möchte, wenn ich darf«, bat der polnische Botschafter, nachdem er über andere Dinge gesprochen hatte.

»Aber natürlich, Herr Botschafter«, erwiderte Stalin höflich, nickte mit dem Kopf und beugte sich wieder über einen Zettel, auf den er einen Speer zeichnete. Halt so einen gewöhnlichen Kosakenspeer . . .

»Ich darf wohl annehmen, Herr Präsident, Sie sind der Urheber der den polnischen Bürgern auf UdSSR-Gebiet gewährten Amnestie. Würden Sie damit einverstanden sein, darauf zu bestehen, daß diese Ihre noble Geste voll durchgeführt wird?«

»Wollen Sie damit sagen, es gäbe noch Polen, die nicht freigelassen worden sind?« rief Stalin aus, als habe er zum ersten Male etwas davon gehört.

Molotow, der am anderen Ende des Tisches saß, zwinkerte nicht einmal mit den Augen.

»Vom Starobielsker Lager, das im Frühjahr 1940 aufgelöst wurde, haben wir bis jetzt noch keinen Mann gefunden . . .« Herr Kot wollte auch die Lager von Kozielsk und Ostaschkow anführen, aber Stalin fiel ihm ins Wort: »Ich werde der Sache bestimmt nachgehen. Doch bei diesen Entlassungen geschehen oft komische Dinge. Wie war der Name des Generals, der die Verteidigung von Lemberg leitete, General Langer, glaube ich?« »General Langner, Herr Präsident«, verbesserte der polnische Botschafter.

»Ja natürlich, General Langner. Also, wir ließen ihn schon frühzeitig im vergangenen Jahr heraus, brachten ihn sogar nach Moskau und hielten Besprechungen mit ihm. Schließlich entwich er ins Ausland; wenn ich recht unterrichtet bin, nach Rumänien.«

Molotow nickte bestätigend. »Es gibt keine Ausnahmen von der gewährten Amnestie«, fuhr Stalin fort. »Aber das gleiche, was mit General Langner geschah, mag bei manchen anderen Militärs erfolgt sein.«

»Wir haben Namenslisten«, erwiderte Herr Kot, »z. B. war es unmöglich, die Spur des Generals Haller zu verfolgen, und Offiziere aus Starobielsk, Kozielsk und Ostaschkow, die von dort im April und Mai 1940 abtransportiert wurden, werden vermißt.«

»Wir haben jedermann freigelassen, selbst jene, die General Sikorski herübergeschickt hatte, um Brücken zu zerstören und Sowjetbürger umzubringen. Sogar diese haben wir freigelassen.« Stalin zerknüllte seinen Zettel und warf ihn unter den Tisch. »Selbstverständlich war es nicht Sikorski, der sie entsandt hat, sondern sein Stabschef Soskowski.« – »Nichtsdestoweniger würde ich Sie, Herr Präsident, ersuchen«, fing der polnische Botschafter von neuem an, »Befehle zu erlassen, daß die Offiziere, die wir für die Bildung der Armee benötigen, freigelassen werden. Wir haben urkundliche Beweise darüber, wann sie von den Lagern abtransportiert wurden.«

»Haben Sie genaue Listen?«

Stalin bezeugte plötzlich großes Interesse. Er stand auf und fing an, im Zimmer auf- und abzugehen.

»Alle Namen waren von den russischen Lagerkommandanten, die täglich einen Appell sämtlicher Gefangenen hielten, aufgeschrieben worden. Überdies hat das NKWD jeden der Gefangenen gesondert verhört. Wir sind nicht imstande, irgendeinen der Offiziere vom Armeestab General Anders zu finden, den er in Polen befehligte.«

Stalin hielt im Auf- und Abgehen inne und horchte aufmerksam auf diese letzten Worte. Er zündete sich eine Zigarette an und ging dann zu dem Telefon, das sich auf dem Tisch befand, an dem Molotow saß. Mit einer raschen Gebärde hob er den Hörer ab . . . Molotow, über dessen Gesicht einen Moment lang ein Lächeln huschte, griff in diesem Augenblick ein: »Nein, um Verbindung mit der Vermittlungsstelle zu erhalten, müssen Sie . . .« und er drehte an einem Knopf des Schaltbrettes, dann setzte er sich wieder, aber diesmal an den eigentlichen Verhandlungstisch.

Schweigen herrschte im Raum, während Stalin auf die Verbindung mit dem NKWD wartete.

»Hier Stalin. – Sind alle Polen aus den Gefängnissen freigelassen worden?« Wieder Stille. Stalin hörte zu. – »Weil ich den polnischen

Botschafter hier bei mir habe, der behauptet, es seien nicht alle entlassen worden.«

Wieder hörte er lange Zeit zu, um schließlich den Hörer wieder aufzulegen. Er wandte sich zum Konferenztisch und ging zu einem anderen Thema über. Nach etwa fünf oder vielleicht auch acht Minuten klingelte das Telefon. Stalin ging hinüber und meldete sich selbst. Er hörte sich etwas an, das ganz sicher eine Antwort auf seine vorausgegangene Frage gewesen sein muß. Er sagte kein Wort darüber, außer daß er etwas vor sich hinmurmelte. Schließlich legte er den Hörer wieder auf und kam wiederum zum Tisch zurück. Doch diesmal blieb er schweigsam. Der polnische Botschafter kam zu dem Schluß, eine Verlängerung der Besprechung sei zwecklos. [27]

Soweit die Schilderung von Mackiewicz. Stalin hatte sich offenbar an das NKWD – möglicherweise direkt an Berija oder Merkulew – gewandt und die Bestätigung der Liquidierung erhalten.

Nach der Unterredung mit Stalin, die die Sache noch undurchsichtiger macht, faßt die polnische Botschaft ein Memorandum ab. Darin wird festgehalten, daß 97 Prozent der Inhaftierten der Lager Kozielsk, Starobielsk und Ostaschkow im Frühjahr 1940 abtransportiert wurden und seither jede Spur von ihnen fehlt.

Am 1. Dezember 1941 fliegt Sikorski nach Moskau. Am nächsten Tag kommt ihm eine »Iswestija« in die Hände. Darin findet sich ein Artikel mit der Überschrift »Hört, polnische Brüder«. Im Text ist die Rede von einem Treffen von »Repräsentanten der polnischen Nation« in Saratow, das am 27. November stattgefunden hatte. Hauptrednerin war die polnische Schriftstellerin Wanda Wassilewska aus Lemberg, nun Oberst der Roten Armee, verheiratet mit dem Ukrainer Alexander Korneytschuk, der später stellvertretender Außenminister der Sowjetunion werden wird. Und unter den kommunistischen »Patrioten« war auch der Kollaborateur Oberst Berling. Ein »Manifest an die polnische Nation«, so der Artikel, habe den Polen mitgeteilt, daß sich auf sowjetischem Boden eine »Union der Polnischen Patrioten« konstituiert habe.

Sikorski ist nach der Lektüre aufgebracht, weil er diesen Artikel als taktisches Störmanöver gegen ihn interpretiert. Die wirkliche Bedeutung verkennt er offensichtlich. Es handelt sich nämlich bei der »Union der Polnischen Patrioten« um den Kern der späteren Lubliner Marionettenregierung. Zur gleichen Zeit wird im geheimen die kommunistische Polnische Arbeiterpartei (PPR) wiedergegründet. Unter den Männern der ersten Stunde sind der künftige Präsident Volkspolens Bierut und der spätere Vizepremier und Parteichef Gomulka. [28] Stalin hat also schon jetzt, nur Wochen nach der Wiederherstellung der diplomatischen Beziehungen mit der Exilregierung in London, die Weichen für eine kommunistische Regierung Nachkriegspolens gestellt.

(Ähnlich werden am 12./13. Juli 1943 das »Nationalkomitee Freies Deutschland« und am 11./12. September 1943 ein »Bund Deutscher Offiziere« gegründet – eine Parallele zu der polnischen Offiziersgruppe um Berling.)

Am folgenden Tag, dem 3. Dezember 1941, sitzt Sikorski mit seinem Oberbefehlshaber über die polnischen Truppen in der Sowjetunion, General Anders, sowie Botschafter Kot dem Verbündeten Stalin mit seinem Außenminister Molotow gegenüber. Ein Memorandum mit den Namen von 3845 vermißten Offizieren war den Sowjets bereits bei der Ankunft der Delegation in Moskau übergeben worden. Der Verlauf der Begegnung ist überliefert:

General Sikorski: »Ich möchte feststellen, Herr Präsident, daß Ihr Amnestieerlaß nicht in vollem Umfang ausgeführt wurde. Viele unserer besten Leute sind noch nicht aus Gefängnissen und Lagern freigelassen worden.«

Stalin (gedehnt): »Das ist unmöglich, weil die Amnestie für alle galt und sämtliche Polen in Freiheit gesetzt worden sind.« (Seine letzten Worte waren zu Molotow hin gesprochen, der sie durch Kopfnicken bestätigte.)

Sikorski: »Eigentlich wäre es nicht unsere Aufgabe, eine vollständige Liste dieser Männer zu liefern, die Ihre eigenen Lagerkommandanten ja selbst registriert haben.« Er nahm von General Anders eine Liste entgegen. »Ich habe hier bei mir eine Liste von etwa 4000 Offizieren, die zwangsweise abtransportiert wurden und die sich noch in Gefängnissen oder Zwangsarbeitslagern befinden müssen. Selbst diese Liste ist noch unvollständig, da sie nur jene Namen enthält, die aus dem Gedächtnis zusammengestellt worden sind. Ich habe angeordnet, sie sollten in Polen, mit welchem Land wir in ständiger Fühlung sind, nachgeprüft werden, damit man sich dort vergewissert, ob sie nicht dort seien. Anscheinend befindet sich dort kein einziger von ihnen, ebensowenig wie in den Kriegsgefangenenlagern in Deutschland. Diese Männer sind hier. Keiner von ihnen ist zurückgekehrt.«

Stalin: »Das ist ausgeschlossen. Sie sind geflohen.«

General Anders: »Wohin können sie denn geflohen sein?«

Stalin: »Oh, beispielsweise in die Mandschurei.« [29]

Was mag Sikorski in diesem Moment denken? Die Mandschurei ist von den Japanern besetzt! Und was mag Stalin ausgerechnet auf den etwas grotesk anmutenden Gedanken an die Mandschurei gebracht haben? Hatte die Assoziation damit zu tun, daß die Weißgardisten in die Mandschurei emigriert waren?

Das Gespräch geht weiter. Anders: »Es ist unmöglich, daß sie alle fliehen konnten. Ich bin persönlich mit dem größeren Teil der in diesen Listen verzeichneten Offiziere bekannt. Es befinden sich darunter manche meiner eigenen Stabsoffiziere und Kommandeure.«

Stalin: »Sie sind bestimmt schon freigelassen worden, haben es aber noch nicht fertig bringen können, zu Ihnen zu gelangen.«

Sikorski: »Rußland ist ungeheuer groß, und ebenso groß sind seine Schwierigkeiten. Vielleicht haben die lokalen Behörden die Anweisungen nicht ausgeführt. Falls einige Offiziere über die russische Grenze geflüchtet wären, so hätten sie sich ganz bestimmt bei mir gemeldet.«

Stalin: »Sie sollten doch wissen, daß die Sowjetregierung nicht den leisesten Grund hat, auch nur einen einzigen Polen zurückzuhalten.«

Molotow: »Wir haben lediglich jene zurückbehalten, die erst nach dem polnischen Feldzug Verbrechen verübten, bei Sabotageakten beteiligt waren, schwarze Rundfunkstationen einrichteten usw. Ich möchte nicht annehmen, daß es sich um diese Leute handelt, denen Ihre Nachforschungen gelten?«

Kot: »Selbstverständlich nicht. Aber dessen ungeachtet ersuche ich auch um diese Verzeichnisse, weil in manchen Fällen leidenschaftliche Patrioten und ganz unschuldige Leute angeklagt sind.« Molotow nickte.

Sikorski:»Es wäre uns sehr erwünscht, Herr Präsident, wenn Sie persönlich über diese Angelegenheit eine öffentliche Verordnung erlassen würden zu dem Zwecke, einen Wandel in der russischen Haltung gegenüber den Polen herbeizuführen. Es müßte daran erinnert werden, daß diese Männer keine ›Touristen‹ sind, sondern mit Gewalt von ihrer Heimat verschleppt wurden. Es lag nicht in ihrer Wahl, hierher zu kommen, und sie haben manche sehr harte Zeiten durchgemacht.«

Stalin:»Das soll in Ordnung gebracht werden. Sonderanweisungen werden an die Exekutivbehörden ergehen, aber andererseits dürfen Sie nicht vergessen, daß wir einen Krieg führen.«

Damit war das Thema beendet. Eine höhere Gesprächsebene in den polnisch-sowjetischen Beziehungen als zwischen Sikorski und Stalin persönlich kann es nicht geben. Die Polen beginnen nun, Nachforschungen auf eigene Faust zu betreiben. Major Czapski macht sich Anfang Januar 1942 im Auftrag von General Anders nach Tschkalow auf, dem Glavnoe Upravlenie Lagerei (Hauptverwaltungsbüro der Arbeitslager), kurz Gulag, um dort von General Nasiedkin Auskünfte zu fordern. Der genaue Ort der Gulag-Verwaltung ist geheim, doch Czapski kann ihn durch eine Indiskretion ermitteln. Nasiedkin ist entsprechend überrascht, als er plötzlich den polnischen Major vor sich sieht. Czapski läßt an Deutlichkeit nichts zu wünschen übrig. Der Umstand, daß die Gefangenen trotz des »Amnestie«-Erlasses Stalins noch nicht freigelassen seien, sehe einem »Sabotageakt sehr ähnlich«. Nasiedkin reagiert verärgert. Er sei im Frühjahr 1940 noch nicht Leiter der Gulag gewesen. Zu dieser Zeit hätte er zwar Lager für politische und kriminelle Gefangene, nicht aber für Kriegsgefangene unter sich gehabt. Er wolle alles tun, um die Sache aufzuklären und werde am nächsten Tag Nachricht geben. Noch vor Ende des Gesprächs mit Czapski gibt er telefonisch Befehl, ihn über die drei Lager genau zu informieren. [30] Noch am selben Tag wird Czapski auch vom Kommandanten des NKWD in der Provinz Tschkalow, Bzirow, empfangen. Bzirow gibt sich betont höflich und hilfsbereit. Auskünfte könnten allerdings nur zentrale und höhere Stellen, insbesondere Merkulew und Fidotow, geben. [31]

Schon am nächsten Tag klopft Czapski wieder bei General Nasiedkin an, der genaue Auskunft versprochen hatte. Aber nun sagt auch er, daß er nichts mitteilen könne und nur die Zentralbehörden Auskunft geben könnten. Czapski hat den Eindruck, daß Nasiedkin einen schweren Verweis wegen des vorausgegangenen Gesprächs erhalten habe. Und er fühlt sich darin bestätigt, als ein paar Tage später ein NKWD-Beauftragter bei General Anders gegen die Nachforschungen Czapskis scharf protestiert: Reisen wie die nach Tschkalow zu General Nasiedkin seien unzulässig, und so etwas dürfe sich nicht wiederholen. [32]

Doch die Polen lassen nicht locker. Mitte Januar 1942 schickt Anders seinen Major Czapski nach Moskau und Kubischew, wohin sich die sowjetische Regierung inzwischen angesichts des deutschen Vormarsches geflüchtet hatte. Dort sollte sich Czapski mit den NKWD-Generälen Zhukow und Raichman in Verbindung setzen. Am 2. Februar 1942 in Raichmans Wartezimmer im Lubianka-Gefängnis bemerkt Czapski, daß unmittelbar vor ihm der frühere Sowjetkommandant des Lagers Griasovietz, Khodas, empfangen wird. Czapski bittet Raichman, Berija und Merkulew um Auskunft fragen zu dürfen, aber Raichman lehnt höflich ab. Immerhin liest er den Bericht, den Czapski über die drei Lager verfaßt hatte. Darin heißt es am Schluß: »Wir sind wohl davon unterrichtet, mit welcher Sorgfalt die Akten eines jeden Kriegsgefangenen aufbewahrt werden; niemand von uns kann glauben, daß der Aufenthalt von 15 000 Kriegsgefangenen, unter denen 8000 Offiziere waren, den NKWD-Behörden unbekannt sein soll.«

Raichman folgt jeder Zeile des Memorandums mit seinem Bleistift. Der Ausdruck seines unergründlichen Gesichts verändert sich nicht eine Sekunde. Schließlich antwortet er, daß er über die vermißten Polen nichts wisse, weil das nicht in seinen Verantwortungsbereich gehöre. Aber er wolle sich darum kümmern, um General Anders be-

hilflich zu sein. Czapski solle in Moskau bleiben und auf telefoni-
schen Bescheid warten. Frostig verabschiedet sich Raichman von
Czapski. [33]

Zehn Tage wartet Czapski auf diesen Anruf. Raichman selbst ist am
Apparat, mitten in der Nacht. Aber alles, was er zu sagen hat, ist, daß
er am nächsten Morgen nach Kuibyschew abreise und deshalb kein
weiteres Gespräch stattfinden könne. Die Listen mit den Namen der
vermißten Offiziere sei an den stellvertretenden Außenkommissar
Wyschinski und den Genossen Nowikow weitergeleitet worden. An
die solle er sich in Kuibyschew wenden. Czapski kann nur erwidern,
daß der polnische Botschafter bereits achtmal an Wyschinski heran-
getreten sei, ohne einen Schritt weitergekommen zu sein. [34]

Gleichzeitig versuchen die Polen weiterhin auf diplomatischen Wegen, den Aufenthalt der vermißten Offiziere zu erfahren. Am 28. Januar 1942 überreicht der polnische Außenminister, Graf Eduard
Raczynski, dem sowjetischen Botschafter in London, Bogomolow,
eine entsprechende Note. Erst am 13. März kommt die Antwort.
Aber sie enthält lediglich einen Verweis auf den Amnestie-Erlaß
vom 12. August 1941 und die Erklärungen des Volkskommissariats
für Auswärtige Angelegenheiten vom 8. und 19. November 1941, wonach allen Zivilisten und Militärangehörigen »Amnestie« gewährt
worden sei. [35]

Auch die Amerikaner werden auf diplomatischem Weg informiert.
Am 7. Februar 1942 übergeben die Polen den Bericht Czapskis samt
bisher zusammengestellten Namenslisten der vermißten Offiziere
und Intellektuellen dem amerikanischen Botschafter in Moskau,
Admiral William H. Standley, der das Material seinerseits an das
State Department weiterleitet. Ergänzungen werden nachge-
reicht. [36]

General Anders bittet Stalin um eine weitere Unterredung. Am
18. März sitzt er zusammen mit seinem Stabschef Oberst Obolicki
im Kreml Stalin und Molotow gegenüber. Anders übergibt zwei
Listen mit weiteren 800 Namen von verschwundenen Offizieren, die
inzwischen identifiziert worden sind. Stalin raucht gerade eine Zigarette und kritzelt wie gewöhnlich auf einem Stück Papier herum, als

1 Der polnische Präsident Wladislaw Raczkiewicz verkündet 1940 in der Kapelle der polnischen Botschaft in Paris die Bildung einer polnischen Exilregierung.

Folgende Doppelseite:
3 Im Frühjahr 1943 werden im Wald von Katyn die Gräber polnischer Offiziere freigelegt. Einheimische helfen bei der Exhumierung der Leichen.

2 Am 30. Juli 1941 wird in London die Vereinbarung über die Wiederherstellung der diplomatischen Beziehungen unterzeichnet. Von links nach rechts: der Premierminister der polnischen Exilregierung, General Wladislaw Sikorski, der britische Außenminister Anthony Eden, der britische Premierminister Winston Churchill und der sowjetische Botschafter in London, Iwan Maisky.

4 Mitglieder des Polnischen Roten Kreuzes beteiligen sich an den Untersuchungen in Katyn.

5 Stabsarzt Prof. Dr. Gerhard Buhtz, Gerichtsmediziner an der Universität Breslau und Leiter der deutschen Untersuchungen in Katyn, zeigt der Delegation europäischer Gerichtsmediziner Dokumente, die bei den Toten gefunden wurden.

er antwortet: »Ich habe schon alle Anordnungen zu ihrer Freilassung getroffen. Es wird sogar gesagt, sie seien im Franz-Joseph-Land. Aber dort ist kein einziger. Ich weiß nicht, wo sie sich befinden. Weshalb sollte ich sie festhalten wollen? Möglicherweise sind sie in Lagern in den von den Deutschen genommenen Gebieten und haben sich von dort aus zerstreut.« Oberst Obolicki wirft etwas ungehalten ein: »Das ist unmöglich. Davon müßten wir etwas wissen.« Stalin bemerkt nur noch kurz: »Wir haben nur jene Polen zurückbehalten, die im Solde der Deutschen als Spione tätig waren . . .« Dann wechselt er das Thema. [37]

Und abermals, am 19. Mai 1942, richtet der polnische Botschafter Kot ein Memorandum an das Außenkommissariat, in der er ausdrücklich betont, daß die vermißten Offiziere nicht in der Zeit der militärischen Operationen gegen die Deutschen verschwunden seien. [38] Eine weitere Note vom 13. Juni 1942 dringt nochmals auf eine Erklärung. In der Zwischenzeit hat die Botschaft Klarheit darüber gewonnen, daß die Vermißten nicht in Lagern irgendwo im Norden der Sowjetunion festgehalten werden. [39]

Nur wenige Tage später, am 27. Mai, interveniert auch die amerikanische Regierung. Botschafter Admiral William H. Standley weist Wyschinski darauf hin, daß es »die Sowjetregierung bis jetzt versäumt hat, bestimmte Klauseln des polnisch-sowjetischen Abkommens, vornehmlich in Hinblick auf . . . die Freilassung polnischer Kriegsgefangener, in Kraft treten zu lassen«. Wyschinski gibt sich höflich. Er werde das Anliegen höheren Orts vortragen. Als Standley dasselbe Anliegen einige Monate später höheren Orts bei Molotow selbst nochmals anspricht, erhält er eine barsche Zurückweisung: »Zu viele stecken ihre Nase in die polnische Politik.« [40]

Am 8. Juli 1942 macht Botschafter Kot in Begleitung seines Geschäftsträgers Sokolnicki seinen Abschiedsbesuch beim stellvertretenden Außenkommissar Wyschinski. Natürlich kommt er noch einmal auf das Thema der polnischen Offiziere und Intellektuellen zu sprechen. Sokolnicki schaltet sich ein: »Die Sowjetunion hat wiederholt Listen der Gefangenen in den Lagern gemacht, so daß die Beschaffung solcher Listen keine schwierige Sache sein sollte.«

Wyschinski streckt nur die Hände aus, um Hilflosigkeit zu demonstrieren: »Bedauerlicherweise haben wir keine solche Listen.« [41]
Auf die offiziellen polnischen Anfragen antworten die Sowjets inzwischen gar nicht mehr. Am 10. Juli gibt das Außenkommissariat lediglich eine Aktennotiz heraus: »Es ist bekannt, daß viele polnische, sogar schon vor der Gewährung der Amnestie freigelassene Bürger die UdSSR verlassen haben und in ihr Land zurückgekehrt sind. Es muß auch erwähnt werden, daß viele von den freigelassenen polnischen Bürgern ins Ausland, einige davon nach Deutschland, geflüchtet sind. Endlich ist infolge unorganisierter, entgegen wiederholter Warnungen des Volkskommissariats im Winter unternommener Einzelreisen eine gewisse Anzahl polnischer Bürger unterwegs erkrankt und mußte auf verschiedenen Bahnstationen zurückbehalten werden. Nicht wenige davon sind gestorben. Alle diese angeführten Beispiele konnten natürlich zu der Tatsache beitragen, daß eine gewisse Anzahl polnischer Bürger kein Lebenszeichen von sich geben konnte.« [42]
Das ungeklärte Schicksal der Offiziere trägt dazu bei, daß die polnische Armeeführung sich nicht gewillt zeigt, als Kanonenfutter an Stalins Front gegen die Deutschen geschickt zu werden. Und Stalin ist zwar an polnischen Hilfstruppen interessiert, aber nicht an derart wenig fügsamen. Schon im März 1942 hatte er General Anders wissen lassen, daß er nur 44 000 polnische Soldaten ernähren könne und diese unter dem Kommando der Roten Armee behalten wolle; die anderen aber könnten unter Anders' Kommando nach Persien gebracht werden, um unter dem Oberbefehl der britischen 8. Armee die Achsenmächte zu bekämpfen.
Die polnische Exilregierung ist daran interessiert, die 44 000 Mann auch in der Sowjetunion zu belassen. Sie rechnet sich aus, daß sie bei einer Rückeroberung Polens einen Faktor darstellen und Stalin darin hindern könnten, vollendete Tatsachen in seinem Sinn zu schaffen. Anders versucht Sikorski zu überzeugen, daß es besser sei, die gesamten polnischen Streitkräfte aus der Sowjetunion herauszubringen. Sikorski sperrt sich. Schließlich handelt Anders auf eigene Faust gegen Sikorski. 77 000 Soldaten nahezu ohne Offiziere und 37 000

Zivilisten – Männer, Frauen und Kinder – machen sich auf den Weg in den Mittleren Osten. [43] Im August hat die gesamte polnische Armee unter Anders sowjetischen Boden verlassen.

Als die polnischen Verbände in den Mittleren Osten verlegt werden, nehmen der amerikanische Oberstleutnant Szymanski und der britische Oberstleutnant Hulls als Verbindungsoffiziere Kontakt mit der polnischen Exilregierung auf. Im Juni 1942 tragen sie Material über die Vermißten zusammen. Jedem Bericht, den Szymanski an das Heereshauptquartier in Washington schickt, legt er einen Bericht Hulls bei. Beide Geheimdienste pflegen auch sonst Informationen auszutauschen. Als sich immer mehr Material ansammelt, läßt der Leiter der Osteuropa-Abteilung des US-Geheimdienstes, Oberst Ivan Downs Yeaton, von seinem polnischen Mitarbeiterstab ein eigenes Dossier »Katyn« anlegen, in dem auch die Berichte Szymanskis und Hulls abgelegt werden. Einer der Berichte Szymanskis enthält auch die Wiedergabe der Äußerungen Berijas und Merkulews, mit den Polen »einen großen Fehler« gemacht zu haben. [44] Am 27. August übergibt die Exilregierung dem sowjetischen Botschafter Bogomolow in London nochmals eine Note, in der sie sich unmißverständlich über die Sowjetunion beklagt: »Die negative Haltung der Sowjetregierung gegenüber der Weiterentwicklung der polnischen Streitkräfte ist auch durch die Tatsache erwiesen, daß mehr als 8000 polnische Offiziere, die im Frühjahr 1940 in den Kriegsgefangenenlagern von Ostaschkow, Starobielsk und Kozielsk interniert waren, immer noch vermißt werden . . .« [45]

Zu dieser Zeit macht General Anders eine bedrückende Äußerung. Er fürchte, daß die Offiziere allesamt von den Sowjets umgebracht worden seien. [46] Der langgehegte Glaube, die Gefangenen seien in Lagern im Norden, ist dahin. Es war aber nicht nur eine dumpfe Ahnung, die Anders überkam. Er hatte Informationen, die ihn zu diesem Schluß führen mußten. Inzwischen nämlich hatte der polnische Geheimdienst mehr herausgefunden, als Sikorski, Botschafter Kot und der rührige Czapski es trotz aller Anstrengungen vermocht hatten.

Am 16. Juli 1941 hatten deutsche Truppen Smolensk angegriffen; die

Stadt fällt bald darauf. Im Wald von Katyn beginnen die Einheimischen, wieder durch den Stacheldrahtzaun zu schlüpfen, um Pilze und Brennholz zu sammeln.

Auch deutsche Dienststellen im Raum Smolensk werden häufiger auf die Gräber aufmerksam gemacht, ohne daß jedoch genauere Nachforschungen angestellt würden. Deutschen Soldaten fallen bald nach der Besetzung des Raumes Smolensk die Birkenkreuze auf, als sie den Wald von Katyn durchstreifen. In der zweiten Novemberhälfte 1941 weisen sie Oberst Ahrends kurz nach seinem Eintreffen in Smolensk darauf hin. Aber er kümmert sich nicht darum. Auch 1942 erfährt Ahrends wiederholt von Soldaten, Einheimische hätten auf Massenerschießungen hingewiesen. Doch es geschieht nichts. [47]

Ein Jahr später, im Sommer 1942, sehen die Einheimischen wieder Polen in der Gegend. Es sind Angehörige der »Organisation Todt«, die als Zwangsarbeiter in den von den Deutschen besetzten Gebieten ausgehoben worden waren: Fuhrleute, Fahrer, Arbeiter und andere werden hinter der Front zu allen möglichen Arbeiten, hauptsächlich beim Straßenbau, eingesetzt. Eine Gruppe ist mit der Sammlung von Schrott beauftragt. Sie wohnt in einem Güterwagen auf der Bahnstation Breckij Most, dem Abzweig nach Gniesdovo – also ganz in der Nähe jenes Bahnhofs, wo sich die Spur der Gefangenen des Lagers Kozielsk verloren hatte. [48]

In der »Organisation Todt« hat der polnische Untergrund seine Leute. Und die nutzen nun die Gelegenheit, nach den Spuren ihrer Landsleute zu suchen.

In einer abgelegenen Kate in der Zähe des Ziegenhügels wohnt der 69jährige Bauer Parfeon Gawrilowitsch Kisseljew. Im Juli erhält er ungewöhnlichen und zahlenstarken Besuch. Es sind zehn polnische Zwangsarbeiter. Sie wollen das wissen, was Kisseljew weiß. Und er vertraut ihnen an, wie im Frühjahr 1940 die Gefangenentransporte in Gniesdovo ankamen, die Polen auf die »Schwarzen Raben« geladen wurden und er die Schüsse und Schreie bis in sein Haus gehört hatte. Sie bitten ihn, den Ort der Gräber anzugeben sowie ihnen eine Hakke und eine Schaufel zu leihen. Die Polen beginnen an der Stelle zu

graben, wo junge Kiefern auf Erdwällen stehen. Schnell stoßen sie
auf die erste Leiche eines polnischen Offiziers. Sie füllen das Erd-
reich wieder auf und stellen zwei Kreuze aus Birkenholz auf. Anschließend bringen sie Kisseljew seine Geräte zurück. Aufgebracht
schimpfen sie dabei auf das NKWD. [49]
Die deutsche Einheit, der die Polen zugeteilt waren, verläßt die Gegend bald darauf. Die Polen müssen ihre Nachforschungen einstel-
len. Aber klar ist, daß es sich nach der Größe der Erdwälle um ein
Massengrab handelt. [50] Die Leitung der polnischen Untergrundbewegung verfügt im Juli/August 1942 über schwerwiegende Anhaltspunkte, daß die Spur der Vermißten des Lagers Kozielsk vom Bahnhof Gniesdovo nicht weiter zu irgendwelchen Lagern im Norden
führt, sondern nur wenige Kilometer weiter zu den Gräbern.
Angesichts der enormen Effizienz des polnischen Untergrundes
dürfte die Nachricht sehr schnell General Anders erreicht haben.
Die polnische Untergrundarmee (Armija Krajowa) steht außerdem
in ständigem Funkkontakt mit der Exilregierung in London. Erst in
den letzten Tagen des September 1942 wird eine solche Funkstelle
bei Warschau ausgehoben. Über solche Funkkontakte ist die polnische Regierung über die Lage der Zwangsarbeiter und alle anderen
Fragen stets unterrichtet. [51] Man muß davon ausgehen, daß der Bericht in einer für Polen und seine Armee derart lebenswichtigen Sache auch in kurzer Zeit der Regierung Sikorski bekannt ist.
Die Mitglieder des polnischen Untergrundes in der »Organisation
Todt« haben die Gräber gefunden. Aber was können die Polen in
dem von den Deutschen besetzten Gebieten tun, um endgültig Klarheit zu schaffen? In ihrer Verzweiflung läßt sich die polnische Exilregierung sogar auf Kontakte zu deutschen Stellen im besetzten Polen
ein. Im Generalgouvernement war im Frühjahr 1942 ein kleines Sonderkommando (Soko IV A) von zunächst fünf Leuten unter Leitung
des Kriminalrates Alfred Spilker eingerichtet worden. Das »Soko
Spilker« ist der Gestapo und dem Sicherheitsdienst angegliedert und
untersteht somit dem Reichssicherheitshauptamt. Die Aufgabe Spilkers besteht darin, angesichts der verfahrenen Polenpolitik unter den
polnischen Untergrundgruppen zu sondieren, um wenigstens auf

antikommunistischem Gebiet doch noch eine Zusammenarbeit herzustellen sowie gleichzeitig darin, Material über die Arbeit des polnischen Untergrundes auszuwerten, um ihn zu bekämpfen.

Ende Oktober 1942 kommt tatsächlich ein Kontakt zwischen dem Soko Spilker und der polnischen Regierungsdelegatur in Warschau zustande. Beim dritten Treffen Ende November 1942 begegnen sich drei Mitarbeiter des Sonderkommandos Spilker mit zwei Polen unter Zusicherung freien Geleits am Rand eines Flugplatzes ohne Deckungsmöglichkeiten wie Gräben oder Gebüsch, damit jeder vor einem Hinterhalt sicher sein kann. Die beiden Polen stellen sich unter den Decknamen »Eugeniusz« und »Wacek« als Angehörige des Gegennachrichtendienstes des polnischen Innenministeriums, »antikommunistisches Referat« (Antyk), vor.

(Es scheint heute erwiesen, daß »Eugeniusz« Tadeusz Gitterman, der Abwehrchef der Regierungsdelegatur von Mai 1943 bis Mai 1944, und »Wacek« Waclaw Iwaskiewicz waren. Gitterman wurde am 9. Mai 1945 von unbekannten Tätern in Krakau erschossen. Einige Historiker gehen davon aus, daß es die eigenen Leute waren. Gitterman hatte auch mit dem NKWD Kontakte, und man befürchtete, daß die Aufdeckung dieser Kontakte kompromittierend sein könnte. Iwaskiewicz lebte nach dem Krieg in Warschau. [52])

»Eugeniusz« und »Wacek« äußern sich in dem Gespräch besorgt über das Schicksal der polnischen Offiziere jenseits des Bugs. Dabei betonen sie ausdrücklich, daß es sich dabei um die Intelligenz Polens handle. Schließlich bitten sie ihre deutschen Gesprächspartner darum, die deutschen Besatzungstruppen beziehungsweise die Geheime Feldpolizei möge nach den vermißten Offizieren im Raum Smolensk, wo sich ihre Spur verliere, suchen. Der Bericht des Sonderkommandos Spilker über das Treffen wird als »geheime Reichssache« fernschriftlich an das Reichssicherheitshauptamt weitergeleitet. [53]

Über die Geheimkontakte zwischen der polnischen Regierungsdelegatur und dem Sonderkommando Spilker ist auch Moskau informiert. Ende 1941 waren Agenten der Roten Armee unter Führung des Oberstleutnant Matysiewicz als Fallschirmspringer ins Generalgouvernement geschleust worden. Die Hauptaufgabe Matysiewicz war es, ein Spionagenetz aufzubauen, das über die Gestapo sowie der Regierungsdelegatur Nachrichten beschaffen sollte; nach der Gründung der Kommunistischen Polnischen Arbeiterpartei (PPR) Anfang 1942 waren auch die polnischen Kommunisten – der spätere Parteichef Gomulka war 1941 ins Generalgouvernement zurückgekehrt –, denen Moskau doch mißtraute, Ziel der sowjetischen Spionage. Matysiewicz konnte den sowjetischen Agenten Rola-Zymierski, der polnischer Herkunft war, später zum Marschall von Polen ernannt und am 28. Juni 1945 Verteidigungsminister der Provisorischen Regierung Volkspolens werden wird, auf Spilker ansetzen. So ist das NKWD über die Arbeit der Gestapo und Spilkers unterrichtet. [54]

Es ist bis heute nicht geklärt, wie der Bericht des Soko Spilker vom Reichssicherheitshauptamt behandelt wurde. Geschehen ist aufgrund des Berichts offenbar nichts.

Aus der Zeit der Monate des Winters 1942/43 liegen mehrere Berichte vor, daß sowohl Einheimische als auch deutsche Soldaten beobachten, wie Hunde und Wölfe an bestimmten Stellen scharren und dadurch Aufmerksamkeit erregen. Der Boden ist zwar gefroren, aber die Leichen sind teils mehr, teils weniger stark mit Erde bedeckt. Und die polnischen Arbeiter hatten im Sommer 1942 dort bereits gegraben, so daß Hunde und Wölfe eine starke Spur haben müssen. Die Pferde einer Reiterbrigade unter Major von Böselager müssen täglich bewegt werden. Einige Offiziere und Unteroffiziere bemerken beim Ritt durch den Wald von Katyn, daß es ihre Hunde immer zu einer bestimmten Stelle zieht, wo sie scharren. Von Böselager gibt Befehl, die Stellen gründlich zu untersuchen. So streifen Pioniere mit Minensuchgeräten durch den jungen Fichtenbestand und stoßen auf die Gräber. [55]

Eine andere Geschichte stammt von Oberst Ahrends. Er ist passionierter Jäger. Anfang 1943 beobachtet er, wie ein Wolf wiederholt genau an jener Stelle scharrt, wo eines der Birkenkreuze steht. Ahrends schaut sich die Stelle genauer an und findet Knochen, die von einem Arzt sofort als Menschenknochen erkannt werden. Der Oberst glaubt zunächst, daß es sich um ein deutsches Soldatengrab handle und benachrichtigt den Offizier für Kriegsgräberfürsorge. [56] Aber auch das ist nicht der entscheidende Schritt.

Der Jäger Ahrends ist nicht der einzige, der auf die Gräber stößt. Auch Einheimische berichten, daß ihre Hunde an dieser Stelle scharren und dort offensichtlich Leichen liegen. Der rußland-deutsche Wehrmachtsangehörige Konstantin Mayer erfährt von der Geschichte in Gesprächen mit Einheimischen und macht General Richard Wagner Meldung, der sie an Generalfeldmarschall von Bock weiterleitet. [57] Auch anderen deutschen Soldaten ergeht es ähnlich. Aber nie geschieht tatsächlich etwas.

Zu dieser Zeit fällt Iwan Kriwoserzow, der auf der Kolchose »Kranaja Zoria« (Morgenröte) arbeitet, ein deutsches Flugblatt in die Hände, in dem um Zusammenarbeit mit den Einheimischen geworben wird. Der 27jährige Bauernsohn und Eisendreher aus dem Dorf Nowo-Bateki, Hausnummer 119, nicht weit von der Bahnstation Gniesdo-vo, hat allen Grund, auf die Sowjets schlecht zu sprechen zu sein. Seine Eltern waren 1929 während der Zeit der Kollektivierung der »Kulaken« aus Angst vor einer Einweisung in eines der zahllosen La-ger mit der jüngeren Tochter in den Ural geflohen. [58] Der Vater wurde gefaßt, eingesperrt und später erschossen. [59]

Der Sohn Iwan hielt es in der Fremde nicht aus. Heimweh trieb ihn zurück. Er wurde verhaftet und wegen Zuwiderhandlung gegen Pa-ragraph 56, Absatz 10 verurteilt. Was in Paragraph 56, Absatz 10 stand, hatte man ihm nicht gesagt. Iwan lernte die Töpferei, arbeitete als Schmied, als Schlosser oder als Landarbeiter, um sein Brot zu ha-ben. Wegen seiner schwachen Augen wurde er zu Beginn des Krie-ges nicht eingezogen. [60] Im Juli 1942 stellt er sich den Deutschen für den russischen Ordnungsdienst zur Verfügung. [61]

In der Gegend um Smolensk nehmen Partisanenaktivitäten zu. Deutsche Flugblätter werben um Zusammenarbeit mit den Einhei-mischen. Iwan Kriwoserzow steckt sich ein Flugblatt in die Tasche und meldet sich Mitte Februar 1943 bei der Geheimen Feldpolizei in Gniesdovo. Schließlich ist er Mitglied des Ordnungsdienstes. Er bit-tet um einen Dolmetscher und erzählt, daß er im Frühjahr auf dem

Bahnhof Gniesdovo Gefangenenwagen aus Richtung Smolensk habe kommen sehen. Seine Schwester Daria habe ihm erzählt, daß sie Verladung von polnischen Soldaten und Zivilisten auf die »Schwarzen Raben« beobachtet habe, die dann in Richtung Ziegenhügel abgefahren seien. [62]

Iwans Schwester Daria selbst kann nicht als Zeugin vernommen werden. Beim Nahen der deutschen Truppen war sie von der Roten Armee zum Abtransport von Vieh aus der Kolchose verschleppt worden. [63] Zwei andere Einheimische werden deshalb hinzugezogen, der Schlosser Iwan Andrejew und Gregory Wasilkow. [64] Feldpolizeisekretär Ludwig Voß läßt Hacken und Schaufeln auf einen Panjewagen laden und macht sich mit den Zeugen auf in den Katyn-Wald, um sich ein eigenes Bild zu machen.

Anschließend nimmt der Polizeibeamte Gustav Plonka aus Wien die Aussagen zur Protokoll. Doch als es so förmlich wird, überkommt Wasilkow plötzlich Angst, und er verweigert die Unterschrift. Schließlich könnten die Sowjets ja zurückkommen. Und was dann? Plonka besteht nicht darauf und läßt ihn gehen. Da wird auch Andrejew, der die Transporte vom Bahnhof Gniesdovo zum Katyner Wald beobachtet hatte, unsicher, doch Iwan Kriwoserzow kann ihn zur Unterschrift überreden. [65]

Und der alte Parfeon Kisseljew, jetzt bereits im 72. Lebensjahr, gibt alles zur Protokoll, was er weiß: Wie er die Transporte zum Katyner Wald beobachtet, wie er die Schüsse und Schreie bis in sein Haus gehört, wie er die Gräber nach der deutschen Besetzung gesucht hatte und wie die polnischen Arbeiter der »Organisation Todt« ihn aufgesucht hatten. [66]

Voß macht sich auf nach Smolensk zu höheren deutschen Dienststellen. Nun werden Probegrabungen vorgenommen. Die Aussagen der Einheimischen über Massenerschießungen im Frühjahr 1940 waren also richtig. Aber noch ist der Boden gefroren. Erst am 29. März 1943 wird auf Befehl des Oberkommandos des Heeres (OKH) mit der systematischen Exhumierung begonnen. [67] Aus den benachbarten Dörfern werden 35 Einheimische zu den Erdarbeiten befohlen. [68] Iwan Kriwoserzow hilft bei der Anwerbung. Um Leichenplünderungen zu verhindern, halten sieben Mann vom russischen Ordnungsdienst nachts Wache.

Bodenfeuchtigkeit und Verwesungszustand der Leichen machen das Unterfangen schwierig. Zunächst werden zwei Gräber freigelegt. Unter den ersten Leichen wird Brigadegeneral Smorawinski identifiziert. Zahlreiche Tote tragen die Abzeichen des Traditionsregiments Pilsudsky. In den Taschen der polnischen Soldaten und Offiziere werden Notizbücher und Tagebücher gefunden. Alle Eintragungen enden zwischen dem 6. und 20. April 1940. Keine der Postkarten, die nicht mehr nach Polen abgeschickt wurden, ist später als April 1940 datiert. In einem der Briefe, die gefunden werden, heißt es: »12. Februar 1940. Lieber Papa, der Krieg wird nun sicher bald zu Ende sein. Wir haben solche Sehnsucht nach Dir, und wir alle küssen und umarmen Dich mit aller Kraft. Irene hat ihr Haar kurz geschnitten, und Mammi war sehr ärgerlich deswegen. Wohnst Du in einem warmen Haus? Denn wir sind knapp an Heizmaterial. Mammi möchte Dir gerne warme Wollhandschuhe schicken, aber . . .« [69] Weitere Zeugen werden von der Feldpolizeidienststelle vorgeladen. Der Bauer Kuzma Godonow berichtet am 5. April, daß der Ziegenhügel seit der Revolutionszeit Richtstätte von Tscheka und GPU war, was allen Bewohnern der Umgebung bekannt war. Er erinnert sich an einzelne Erschießungen von Leuten aus seinem eigenen Bekanntenkreis. [70] Iwan Kriwoserzow erweitert seine Aussage am selben Tag um Angaben zu früheren Erschießungen am Ziegenhügel. [71] Michael Schigulow, Mitglied des russischen Ordnungsdienstes, berichtet, wie er schon als Kind Schüsse am Ziegenhügel gehört und Gräber gesehen habe, wo noch Arme und Beine herausragten. [72] Der Dorfälteste von Nowo-Bateki, Matwei Sacharow, berichtet, wie er im Frühjahr als Rangierer die Vorgänge auf dem Bahnhof Gniesdovo beobachten konnte. Aus seinen dienstlichen Aufzeichnungen kann er feststellen, daß die Gefangenentransporte 28 Tage dauerten. [73] Der Hilfsarbeiter Gregori Silwjestroff erzählt, wie er auf dem Heimweg von der Arbeit die Verladungen der Polen von den Waggons in die »Schwarzen Raben« und anschließend die Fahrten zum Wald von Katyn beobachtet hatte. [74]

Untersuchungen am Ziegenhügel und Zeugenaussagen geben ein klares Bild von der Methode: Tötung durch Genickschuß, und auch unter den älteren russischen Leichen finden sich solche, denen die Hände gefesselt und denen Tücher mit Sägemehl über den Kopf gestülpt waren. [75]

Ende März meldet sich der Redakteur des Deutschen Nachrichtenbüros Hans Meyer, der bei einer Propagandaeinheit der Heeresgruppe Mitte eingesetzt ist, bei dem ihm seit längerem bekannten Leiter der Presseabteilung im Reichspropagandaministerium, Ministerialrat Werner Stephan, mit einem ersten Bericht über die Gräber bei Katyn. Er sei nach Berlin gekommen, da »die ganze Sache nicht richtig angepackt wurde und den militärischen Stellen die Bedeutung der Angelegenheit entgangen« sei. Er sei deshalb der Ansicht, daß »die politischen Stellen dafür interessiert werden müssen« und bitte um eine Unterredung mit Goebbels. [76]

Meyer wird von Goebbels empfangen, der sofort die gesamte Brisanz der Funde und die propagandistischen Möglichkeiten erkennt. Er kann »sein Glück kaum fassen«, berichtet Stephan später. Goebbels spricht sich in der Sache mit Hitler ab. Die Wehrmacht wird in der Angelegenheit ausgeschaltet. Von nun an ist allein das Propagandaministerium zuständig. [77] Goebbels hat somit nicht nur ein ihm willkommenes Propagandathema; er kann auch im Rivalitätenkampf zwischen Partei und Wehrmacht einen Erfolg verbuchen. [78]

Für Goebbels kommt die Meldung von der Auffindung der Gräber zu diesem Zeitpunkt aus einer Reihe von Gründen wie gerufen. Er braucht dringend ein großes Propagandathema. Im Februar war die Schlacht um Stalingrad für die Wehrmacht vernichtend ausgegangen. Der Gedanke, daß dies die Wende des Kriegsglücks und der Anfang vom Ende sein könnte, keimte auf. Zweifel an Hitlers militärischen Führungsfähigkeiten hatten eine Bestätigung erfahren. Am 18. Februar 1943 hatte Goebbels in seiner berühmten Sportpalast-Rede in Berlin (»Wollt ihr den totalen Krieg?«) bereits die Phase der Aufbietung aller Reserven eingeleitet. In der Umgebung Hitlers spielt der Gedanke eine Rolle, einen Separatfrieden mit der einen oder anderen Seite aushandeln zu sollen.

Außerdem bietet der Massenmord ausgerechnet an Polen die Möglichkeit, die Welt von der eigenen mörderischen Politik im besetzten Polen abzulenken und gleichzeitig den Polen zu suggerieren, daß sie unter deutscher Herrschaft immer noch besser dran seien als unter bolschewistischer. Für den 17. April ist die Liquidierung des Warschauer Ghettos anberaumt, wird dann allerdings um zwei Tage verschoben. [79] Auch die Reihen der Verbündeten der Achsenmächte ließen sich womöglich dichter schließen und die Moral an der Ostfront stärken. Und schließlich – darum drehen sich die Hoffnungen Goebbels am meisten – ließe sich in die Front der Alliierten ein Keil treiben, zumal die Unstimmigkeiten zwischen der polnischen Exilregierung und Großbritannien, den USA sowie der Sowjetunion bekannt sind. Der Ruf des amerikanischen Präsidenten auf der Konferenz in Casablanca am 23. Januar 1943 nach »bedingungsloser Kapitulation« Deutschlands läßt den Versuch einer Spaltung des alliierten Lagers um so dringlicher erscheinen.

Goebbels weist das Propagandaamt in Warschau an, eine polnische Delegation aus Journalisten, Juristen, Geistlichen und Berufsverbänden zusammenzustellen, die zusammen mit Ärzten die Gräber von Katyn besichtigen sollen. Namhafte Polen werden zu Vorbereitungskonferenzen in Krakau und Lublin geladen. Aber den meisten widerstrebt der Gedanke, an einer von den Deutschen organisierten Reise teilzunehmen. Das polnische Rote Kreuz verweigert zunächst eine Zusammenarbeit, weil es fürchtet, als neutrale Organisation in die deutsche Propaganda eingespannt zu werden. Erzbischof Sapieha lehnt eine Beteiligung durch Kirchenvertreter ab. Pater Kozubski findet eine Entschuldigung, ein angekündigter Vertreter sowie ein Jurist erscheinen erst gar nicht zum Abflug nach Smolensk. [80] Schließlich treffen am 10. April eine polnische Delegation, hauptsächlich Verwaltungsbeamte und Ärzte, und eine deutsche Ärztekommission in Smolensk ein. Unter ihnen sind das Mitglied der Polnischen Literarischen Akademie Ferdynand Goetel sowie Dr. K. Orzechowski, Dr. E. Grodski und K. Prochownik. Sie gehören teils der polnischen Organisation für gegenseitige Hilfe (RGO) an. Sie dürfen bereits geöffnete Gräber untersuchen und alle gefundenen Dokumente wie Tagebücher, Briefe und Ausweispapiere sichten. Auch können sie sich nach Belieben mit Einheimischen in Verbindung setzen. Schon diese erste Delegation kommt zu dem Schluß, daß die Morde nicht später als April 1940 geschehen sein müssen. An den offenen Gräbern hält Ferdynand Goetel eine Ansprache. [81]

Goebbels notiert in seinem Tagebuch: »Jetzt hat der Führer auch die Erlaubnis gegeben, von uns aus eine dramatische Meldung an die deutsche Presse zu geben. Ich gebe Anweisung, dieses Propagandamaterial in weitestem Umfang auszunutzen. Wir werden einige Wochen davon leben können.« [82]

3

Allianz der Lüge

Am 13. April 1943, 15.15 Uhr Mitteleuropäischer Zeit, 14.15 Green-
wich Meantime, 9.15 New Yorker Zeit, meldet der Berliner Rundfunk für alle Radiostationen Großdeutschlands die Sensation:
»Aus Smolensk wird berichtet, daß die einheimische Bevölkerung
den deutschen Behörden einen Ort angezeigt hat, wo die Bolschewiken heimlich Massenexekutionen ausgeführt haben und wo die
GPU 10 000 polnische Offiziere umgebracht hat. Die deutschen Behörden besichtigten den Platz, eine sowjetische Sommerresidenz,
Kosji Gory genannt, und machten eine ganz entsetzliche Entdek-
kung. Man fand eine große Grube, 28 Meter lang und 16 Meter breit,
die mit zwölf Schichten von Leichen polnischer Offiziere angefüllt
war, deren Zahl sich auf etwa 3000 beläuft. Sie waren in voller militä-
rischer Uniform, und während viele von ihnen an den Händen gefesselt waren, hatten alle Schußwunden am Hinterkopf, von Pistolen-
schüssen herrührend. Die Identifizierung der Leichen wird wegen
der konservierenden Bodenbeschaffenheit keine großen Schwierigkeiten machen, besonders auch, da die Bolschewiken den Leichen
die Personalpapiere belassen hatten. Es wurde bereits mit Sicherheit
festgestellt, daß sich unter den Ermordeten General Smorawinski
aus Lublin befand. Diese Offiziere hatten sich vorher in Kozielsk bei
Orel befunden, von wo sie im Februar und März 1940 nach Smolensk
und von dort in Lastwagen nach Kosji Gory transportiert wurden, wo
sie alle miteinander durch die Bolschewiken umgebracht wurden.
Die Auffindung und Suche nach weiteren Massengräbern ist im
Gange. Unter schon ausgegrabenen Schichten wurden neue gefunden . . . Die Gesamtzahl der ermordeten Offiziere wird auf 10 000 geschätzt, eine Zahl, die mehr oder weniger der Gesamtzahl polnischer
Offiziere entsprechen würde, die von den Bolschewiken gefangengenommen wurden. Norwegische Presseberichterstatter, die zur Be-

sichtigung des Ortes ankamen und mit eigenen Augen sich von der Wahrheit überzeugen konnten, haben über das Verbrechen an die Osloer Zeitungen berichtet.« [1]

Die Propagandaschlacht ist eingeläutet. An der Meldung fällt zunächst der sachlich-berichtende Ton auf. Er wird bald in die übliche Propagandasprache umschlagen. Außerdem wird noch von GPU gesprochen, obwohl es NKWD heißen müßte. Weit übertrieben ist die geschätzte Zahl von 10 000. Die Deutschen glauben zunächst, auf die Gräber sämtlicher vermißter Offiziere gestoßen zu sein. Außerdem hatten die Einheimischen die Zahl so hoch angesetzt. [2] Auch in den folgenden deutschen Radiosendungen und Zeitungsberichten ist von 10 000 bis 12 000 Toten im Katyner Wald die Rede. Bemerkenswert ist auch, was nicht erwähnt wird, nämlich daß am Tatort Hülsen deutscher Munition gefunden wurde; ein Schwachpunkt für die propagandistische Ausnutzung des Verbrechens.

Als die Nachricht um die Welt geht, sitzen Churchill und Sikorski beim gemeinsamen Lunch. Sikorski wird nun deutlich und sagt, er selbst besitze »eine Fülle von Beweisen« für die Verantwortlichkeit der Sowjets. [3] Die Meldung der Deutschen ist lediglich die Bestätigung eines lange gehegten Verdachts. Keinesfalls ist die polnische Exilregierung »verblüfft und schockiert«, wie heute noch geschrieben wird. Dem britischen Premier ist die Dimension der möglichen Konsequenzen sofort klar. Die Tatsache, daß Stalin ein Großteil des polnischen Offizierskorps und der Elite Polens hat liquidieren lassen, könnte alle seine Anstrengungen zur Formierung einer geschlossenen Allianz gegen Deutschland, die in der Wiederaufnahme der Beziehungen zwischen der Sikorski-Regierung und Moskau sowie in der Aufstellung einer polnischen Armee zur Unterstützung der britischen Mittelostarmee Erfolge gezeitigt hatten, mit einem Schlag zunichte machen. Unter allen Umständen will Churchill diese Allianz mit der Sowjetunion unbeschadet sehen. So bleibt er betont ruhig und versucht Sikorski an den Gedanken zu gewöhnen, daß ein Zerwürfnis mit Stalin nichts nütze: »Wenn sie tot sind, wird alles, was Sie tun können, sie doch nicht mehr lebendig machen.« [4] In dem Gespräch mit Sikorski am 15. April meint Churchill weiter, die deutschen Meldungen verfolgten offensichtlich den Zweck, Zwietracht zwischen den Verbündeten zu säen, räumt aber gleichzeitig ein, daß »die deutschen Enthüllungen vermutlich leider wahr sind. Die Bolschewiken können sehr grausam sein.« [5]

Als erstes schaltet Churchill wieder die Pressezensur ein – wie schon nach der Reise Sikorskis zu Stalin Anfang Dezember 1941. Er will die vorherrschende Linie der britischen Presse nicht gefährden, daß der Bolschewismus sich in den zurückliegenden Jahren gewandelt habe, daß die Sowjets das Ziel der Weltrevolution nicht mehr ernsthaft verfolgten und auch nicht beabsichtigten, anderen Völkern ihren Willen aufzuzwingen. In Großbritannien erfährt die Öffentlichkeit somit nichts von der Sensationsmeldung des Berliner Rundfunks.

Die Stille auf der Seite der Alliierten wird jedoch bald durchbrochen. TASS gibt eine Erklärung heraus, die über den sowjetischen Rundfunk verbreitet und am 17. April in London vom »Sowjetinformbureau« als Bulletin Nr. 541 veröffentlicht wird: »Die fraglichen Gefangenen waren in der Umgebung von Smolensk in besonderen Lagern untergebracht und beim Straßenbau beschäftigt. Da ihre Evakuierung zur Zeit des Herannahens der deutschen Truppen unmöglich war, fielen sie in deren Hände. Wenn sie also nun ermordet und aufgefunden worden sind, so hat das zu bedeuten, daß sie von den Deutschen ermordet wurden, die nunmehr aus provokatorischen Gründen behaupten, das Verbrechen sei von sowjetischen Stellen verübt worden.« [6]

Die Kommentierung folgt auf dem Fuß und prangert eine »ruchlose Erfindung« der deutschen Propaganda an: »Aha, nun wissen wir endlich, was mit den polnischen Kriegsgefangenen geschehen ist, die wir im Verlauf der Kampfhandlungen in der Gegend von Smolensk, wo sie mit Straßenbau beschäftigt waren, zurücklassen mußten. Die germano-faschistischen Kanaillen haben sie umgebracht und haben jetzt die Frechheit, uns armen unschuldigen Sowjets, den Vorkämpfern für Recht und Freiheit, das Verbrechen in die Schuhe zu schieben.« [7]

Die Haltlosigkeit der Moskauer Version ist offensichtlich. Obwohl die Sowjets seit anderthalb Jahren nichts über den Verbleib der polnischen Gefangenen mitteilen konnten, wissen sie nun auf einmal, daß sie in Lagern gewesen sein sollen, die vor dem deutschen Vormarsch nicht hätten geräumt werden können. Überdies werden die Polen zusätzlich provoziert, denn Offiziere dürfen nach geltendem Kriegsrecht nicht zu Straßenbauarbeiten herangezogen werden. Stalin bereitet bereits jetzt den Bruch mit der polnischen Exilregierung vor. Die Zeiten hatten sich schließlich geändert. Die Deutschen müssen inzwischen zurückweichen. Die militärische Initiative liegt bei ihm. Über dem Gebiet, wo die Gräber entdeckt werden, taucht ein sowjetisches Aufklärungsflugzeug auf. [8]

Die sowjetische Propaganda baut außerdem Verwirrungselemente ein. So teilt TASS mit, es handle sich bei den deutschen Funden »um archäologische Ausgrabungen historischer Gräber«, und die Leichen seien »Skelette aus der Steinzeit, die die Deutschen in polnische Uniformen gekleidet haben«. [9] So grotesk diese Mitteilung ist, sie wird später noch mehrmals in Variationen auftauchen, um Zweifel in jede Richtung zu säen.

Die Veröffentlichung des »Sowjetinformbureaus« vom 15. April ist für die britische Regierung Anlaß, das Schweigen zu beenden. Sie weist die britischen Medien an, eine Erklärung zu verbreiten. Noch am selben Tag meldet BBC: »In einer heute durch Radio Moskau verbreiteten Sendung wird amtlich und mit aller Entschiedenheit die Nachricht bestritten, die von den Deutschen über die angebliche Erschießung polnischer Offiziere durch Sowjetbehörden vorgebracht wurde. Diese Lügen geben einen Anhalt über das Schicksal, das diese Offiziere betroffen hat, welche die Deutschen im Jahre 1941 mit Bauarbeiten in der Umgebung beschäftigten. Die Moskauer Sendung wurde überall von Berlin aus unterbrochen und gestört.« [10] Die BBC übernimmt damit nicht nur die sowjetische Version, sondern »verbessert« sie sogar insofern, als die verbündeten Sowjets von ihrer eigenen Aussagen, sie hätten die polnischen Offiziere zu Bauarbeiten herangezogen, entlastet werden; dies, so BBC, hätten ebenfalls die Deutschen getan. Die Londoner Presse gibt sich gelassen in der Annahme, daß »sich diese schrecklichen, von der deutschen Propaganda ausgestreuten Nachrichten wieder einmal, wie schon so oft in der Vergangenheit, als Lügen erweisen«. [11]

Die Fronten im Propagandakrieg um die Katyn-Morde stehen. Im deutschen Besatzungs- und Einflußbereich gilt die Version des Reichspropagandaministeriums, im gesamten alliierten Lager die sowjetische Version. Die von den Deutschen kontrollierten Radiostationen verbreiten täglich neue Einzelheiten. Insbesondere der deutsche »Transozean«-Sender funkt die Nachrichten auf Kurzwelle in die ganze Welt.

Die deutsche Propaganda zieht ihre schrillsten Register. Der »Völkische Beobachter« macht am 15. April 1943 mit der Schlagzeile »Der Massenmord von Katyn: Das Werk jüdischer Schlächter« auf. [12] In deutschen Zeitungen ist von den »Untermenschen der GPU« zu lesen, die die Morde in Katyn begangen hätten. Oder: »Judas Blutschuld wächst ins Unermeßliche.« [13] Und: »Für die Mentalität der bolschewistischen Massenmörder ist es bezeichnend, daß sich am Rande der Hinrichtungsstätte, kaum 500 Meter von den Massengräbern entfernt, ein Erholungsheim für höhere GPU-Funktionäre männlichen und weiblichen Geschlechts befand, in dem nach Aussagen der Ortsansässigen der näheren Umgebung Orgien gefeiert wurden.« [14] Besonders hervorgehoben werden die Namen der »jüdisch-bolschewistischen Mörder«. In einer Flugschrift mit dem Titel »Massenmord im Katyn-Wald« heißt es: »Niemand wird über die Tatsache erstaunt sein, die durch Zeugenaussagen über jeden Zweifel erhaben ist, daß sämtliche Mörder ohne Ausnahme Juden waren ...« [15]

Abgesehen davon, daß der Beweis dafür nicht tatsächlich erbracht wird, muß es eben doch erstaunen. Zwar setzt die Goebbels-Propaganda Judentum und Bolschewismus gleich, aber in den von den deutschen Stellen veröffentlichten Namen der Toten von Katyn finden sich eine ganze Anzahl jüdischer Namen. Insgesamt sind bei Katyn rund 200 Polen jüdischer Herkunft ermordet worden. [16]

Nicht erwähnt wird in all den Rundfunk- und Radio-Berichten, daß die Polen mit deutscher Munition umgebracht wurden. Das hätte die Glaubwürdigkeit der deutschen Berichte vielleicht erschüttert. Noch am 8. Mai 1943 notiert Goebbels in seinem Tagebuch: »Leider ist in den Gräbern von Katyn deutsche Munition gefunden worden. Es muß noch aufgeklärt werden, wie die dorthin gekommen ist. Entweder handelt es sich um Munition, die von uns während der Zeit des gütlichen Übereinkommens an die Sowjetrussen verkauft worden ist, oder die Sowjets haben selbst diese Munition hineingeworfen.« [17]

Die deutsche Propaganda wünscht eine Bestätigung der sowjetischen Täterschaft durch eine international unanfechtbare Institution. Am 15. April telegrafiert der geschäftsführende Präsident des Deutschen Roten Kreuzes, Dr. Grawitz, an das Internationale Komitee vom Roten Kreuz (IKRK) in Genf die Bitte um eine Untersuchung der Morde von Katyn an Ort und Stelle. [18] Am nächsten Tag trifft um 19.10 Uhr die Antwort des Präsidenten Max Huber ein. Das IKRK sei dazu bereit, vorausgesetzt allerdings, daß auch alle anderen betroffenen Parteien ein ähnliches Ersuchen an das IKRK richteten. Das entspricht den Grundsätzen des IKRK, die in einem Memorandum vom 12. September 1939 an alle kriegführenden Staaten für den Fall derartiger Untersuchungen gerichtet worden waren. [19]

Die Anfrage beim Internationalen Komitee vom Roten Kreuz ist ein geschickter Schachzug der deutschen Propaganda. Sollte das IKRK die Untersuchung durchführen, würde die sowjetische und britische Propaganda in größte Schwierigkeiten geraten. Ja, selbst wenn es nicht dazu käme, würde allein die Anfrage zeigen, daß die Deutschen eine unparteiische Untersuchung nicht scheuten.

Die Nachricht von der Auffindung der ermordeten Offiziere muß vor allem die Exilpolen in einen großen Gewissenskonflikt stürzen, vor allem in Großbritannien, aber auch in den USA. Unter den Ministern der polnischen Exilregierung sind mehrere, die Angehörige unter den Toten haben. Die Polen, die in verschiedenen Armeen gegen die Deutschen kämpfen, erwarten eine Klärung.

Bereits am 15. April gibt General Anders, der sich mit seinen Truppen im Nahen Osten aufhält, um 19 Uhr ein Telegramm an die Exilregierung in London auf, in dem er sie auffordert, »in dieser Angelegenheit zu intervenieren und eine offizielle Erklärung von den

Sowjets zu verlangen, zumal unsere Soldaten überzeugt sind, daß der in der UdSSR verbliebene Rest unseres Volkes ebenfalls ausgerottet wird«. [20] Der spätere Ministerpräsident Stanislaw Mikolajczyk beschreibt die Lage nach Kriegsende so:»In London mußte die polnische Regierung unverzüglich aus tragischer Notwendigkeit heraus alles tun, um den jäh gesunkenen inneren Halt unserer polnischen Mitbürger, die tapfer auf russischer Seite kämpften, wiederaufzurichten.« [21]

Etwas tun. Aber was? Der Spielraum der Exilregierung ist äußerst eng. Einerseits ist die Sowjetunion Verbündeter, und die britische Regierung hat sich auf die sowjetische Version festgelegt. Andererseits dürfen keine Zweifel an der polnischen Loyalität innerhalb der Allianz auftauchen. Aber eine Hinnahme des Verbrechens ist angesichts der Schwere undenkbar. Am 16. April, einen Tag nach der sowjetischen Erklärung über das»Sowjetinformbureau«, berät sich die Exilregierung in einer internen Sitzung. Sie beschließt – ohne Abstimmung mit den Briten –, sich an das Internationale Komitee vom Roten Kreuz als über jeder Parteinahme stehende und von allen kriegführenden Mächten anerkannten Organisation mit der Bitte um eine Untersuchung zu wenden. Die aufgrund der Genfer Konvention 1864 geschaffene Institution hatte sich in den bisher 79 Jahren ihres Bestehens einen unzweifelhaften Ruf gerade in kriegerischen Auseinandersetzungen erworben. Die polnische Regierung einigt sich gleichzeitig auf ein Kommunique, das so abgefaßt ist, daß es der sowjetischen Version nicht widerspricht und somit auch die Briten zufriedenstellen müßte. Auch soll dem sowjetischen Botschafter in London nochmals eine Note mit der Anfrage übergeben werden, ob die Sowjets Licht in die Vorwürfe der Deutschen bringen könnten. Damit aber kommt Bewegung in die Propagandafronten, denn durch die Einschaltung des Roten Kreuzes steht nicht mehr allein Aussage gegen Aussage und der Fall gewinnt international an Publizität.

Aber zunächst geschieht etwas, das für die polnische Regierung erhebliche Konsequenzen haben soll. Noch vor der offiziellen Bekanntgabe des Beschlusses meldet der diplomatische Korrespondent des »Daily Telegraph« das Ergebnis der internen polnischen Kabinettssitzung. Die Meldung wird unverzüglich von Globreuter (Reuters internationale Nachrichtenagentur) übernommen. Nun wissen auch die Deutschen, daß sich die Polen an das IKRK wenden wollen. Hitler gibt unverzüglich Anweisung, dem IKRK »sofort« eine zweite Einladung zugehen zu lassen. Das Telegramm wird vom Präsidenten des Deutschen Roten Kreuzes, Herzog von Coburg und Gotha unterzeichnet, der in England aufgrund seiner verwandtschaftlichen Beziehungen einen Namen hat. [22] Damit schafft die deutsche Propaganda ein scheinbar paralleles Vorgehen mit den Polen. Zufrieden notiert Goebbels in sein Tagebuch, die polnische Absicht, das IKRK anzurufen, stelle »eine grundsätzliche Wendung des ganzen Falles Katyn« dar. [23]

Am nächsten Tag erscheint das Kommuniqué der polnischen Exilregierung, in dem es heißt: »Kein Pole kann sich der tiefen Erschütterung entziehen, welche die nunmehr von den Deutschen der gesamten Öffentlichkeit mitgeteilten Nachricht verursacht hat ... Die polnische Regierung hat ihrem Vertreter in der Schweiz die Weisung erteilt, das Internationale Rote Kreuz in Genf zu ersuchen, eine Abordnung zu delegieren mit der Aufgabe, an Ort und Stelle über den wirklichen Sachverhalt eine Untersuchung vorzunehmen ... Indessen bestreitet die polnische Regierung im Namen der polnischen Nation den Deutschen das Recht, aus den von ihnen anderen zugeschobenen Verbrechen Argumente abzuleiten, zu ihrer eigenen Verteidigung abzuleiten. Die geheuchelte tiefe Entrüstung der deutschen Propaganda wird der Welt die zahlreichen und wiederholten grausamen Verbrechen, die zudem noch anhalten, gegen das polnische Volk nicht zu verheimlichen vermögen.« [24]

Bedeutsam ist, daß der polnische Verteidigungsminister Marian Kukiel, der früher an der Krakauer Universität Geschichte gelehrt hatte, am selben Tag eine Erklärung herausgibt, die weniger politische Rücksichten nimmt. Er verweist darin auf die Gefangennahme der polnischen Offiziere durch die Sowjets, ihre Verbringung in die drei Lager und die erfolglosen Anfragen der Exilregierung nach dem Verbleib der Soldaten. Kukiel schließt: »Wir sind an die Lügen der deutschen Propaganda gewöhnt, und wir verstehen den mit den neuesten Enthüllungen verfolgten Zweck. In Anbetracht überreichlicher und genauer deutscher Informationen bezüglich der Entdeckung der Leichen vieler Tausender von polnischen Offizieren bei Smolensk und angesichts der entschiedenen Behauptung, die seien von den Sowjetbehörden im Frühjahr 1940 ermordet worden, hat sich jedoch die Notwendigkeit ergeben, die entdeckten Massengräber zu untersuchen und die behaupteten Tatsachen auf ihre Wahrheit zu prüfen, und zwar durch eine kompetente internationale Körperschaft, wie es das Rote Kreuz ist. Die polnische Regierung hat sich deshalb an diese Institution gewandt, damit diese eine Delegation an den Ort schicken möge, wo das Massaker polnischer Kriegsgefangener stattgefunden haben soll.« [25]

Diese Erklärung ist aufschlußreich, da sie die bisher diskret behandelten diplomatischen Bemühungen der Exilregierung zu einer öffentlichen Angelegenheit macht. Dadurch wird die Sowjetunion unter Druck gesetzt, ohne des Verbrechens offen bezichtigt zu werden. Auch kollidiert die Erklärung Kukiels nicht direkt mit der sowjetischen und britischen Öffentlichkeitspolitik. Sie wird von der polnischen Telegraphen-Agentur verbreitet und von Reuter übernommen.

Noch am Tag der Veröffentlichung der beiden polnischen Kommuniques überreicht der stellvertretende Repräsentant des Polnischen Roten Kreuzes in Genf, Fürst Stanislaw Radziwill, um 16.30 Uhr das Gesuch seiner Regierung um eine Untersuchung. Es wird vom persönlichen Berater des IKRK-Präsidenten Huber, Paul Rüegger, unverzüglich ausgehändigt. Zu seiner Überraschung erfährt Fürst Radziwill, daß die deutsche Regierung bereits am Vortag ein gleiches Gesuch nach Genf telegrafiert hatte. [26] Nun sieht alles nach einer deutsch-polnischen Absprache aus, was Stalin weidlich auszunutzen wissen wird.

Rüegger teilt Fürst Radziwill wie zuvor schon der deutschen Regierung mit, daß die beiden Anträge höchstwahrscheinlich vom Rat des IKRK erwogen würden. Das IKRK sei »bereit, sich zu beteiligen und eine Gruppe neutraler Experten zu entsenden, allerdings unter der

Voraussetzung, daß alle betroffenen Parteien einen ähnlichen Wunsch äußerten«. [27] Sofort macht sich das IKRK auch daran, eine Kommission zusammenzustellen. Schwedische, portugiesische und schweizer Sachverständige sollen unter Vorsitz eines Spezialisten aus der Schweiz nach Katyn reisen. [28]

Aber daraus wird nichts. Das IKRK sitzt in der Klemme. Erstens kann es nicht ohne Zustimmung aller Beteiligten, also auch der Sowjetunion, die Untersuchung durchführen, und zweitens versuchte es gerade zu dieser Zeit über die Sowjetbotschaft in Ankara und Teheran mit Molotow über die Kriegsgefangenen in der Sowjetunion ins Gespräch zu kommen. Das IKRK muß befürchten, daß Moskau die Verhandlungen abbricht, falls es die Sowjetregierung selbst auffordert, die Untersuchung zu erlauben. Moskau hat zwar die Genfer Verwundetenkonvention von 1929, nicht aber die Kriegsgefangenenkonvention ratifiziert. Die meisten Offerten des »Außenministers« des IKRK, Carl J. Burckhardt, für eine Zusammenarbeit auf dem Gebiet der Kriegsgefangenenfürsorge, waren von den Sowjets nicht einmal beantwortet worden. [29]

Unter der Hand muß Radziwill erfahren, daß das IKRK unter Druck gesetzt wird. Es sei »über dritte Mächte« darüber informiert worden, daß die Sowjetunion eine Untersuchung sehr übel aufnehmen würde. Ein sowjetischer Diplomat in London fordert den ehemaligen polnischen Botschafter in Moskau und jetzigen Informationsminister Stanislaw Kot »auf Anweisung des Kremls« auf, im Namen der polnischen Regierung eine Erklärung zu veröffentlichen, die Deutschen hätten das Massaker in Katyn begangen. [30] Aber dazu sind die Polen nicht bereit.

Jetzt schießt sich die sowjetische Propaganda voll auf die polnische Exilregierung ein. Der Leitartikel der »Prawda« vom 19. April erscheint unter der Überschrift »Hitlers polnische Kollaborateure«. Die polnische Exilregierung wird darin einer »aktiven Teilnahme an einem Verleumdungsfeldzug gegen die Sowjetunion« und einer »verbrecherischen Kollaboration mit dem Kannibalen Hitler« bezichtigt. Man sei in Moskau »sehr empört« darüber, daß sich die Exilregierung »zum Erstaunen aller« an das IRK gewandt habe. Die polnischen Führer seien offensichtlich »Dr. Goebbels auf den Leim gegangen«. Ihr Gesuch an das IRK habe »allgemeines Erstaunen« hervorgerufen und sei »als direkte und offenkundige Unterstützung der Hitlerschen Provokateure« anzusehen. [31]

Über die sowjetischen Sender wird der »Prawda«-Artikel am nächsten Tag weiterverbreitet. TASS schiebt dann noch eine Wiederholung der Attacke gegen das »provokatorische« Kommuniqué Kukiels hinterher. Auch die Erklärung des Ministerrates, die betont Rücksicht auf die Moskauer Verbündeten nahm, wird nicht ausgenommen: »Auf diese Weise wird lediglich den deutschen Okkupationsbehörden geholfen, die gegen das russische und polnische Volk begangenen Verbrechen zu verschleiern. Die Tatsache, daß die gegen die Sowjetunion gerichtete Kampagne gleichzeitig in der deutschen und in der polnischen Presse begann und nach ein und demselben Plan verläuft – eine äußerst erstaunliche Tatsache –, läßt nur die Annahme zu, daß die Antisowjetkampagne nach vorhergehender Vereinbarung zwischen den deutschen Okkupanten und den hitlerfreundlichen Elementen in den Kreisen der Regierung Sikorski durchgeführt wird.« [32]

Schwereres propagandistisches Geschütz läßt sich nicht auffahren. Die Massivität der Attacken läßt erkennen, daß Stalin die polnische Exilregierung über den Hebel Katyn ausschalten will. Er weiß, daß London die Allianz mit ihm wichtiger ist als der polnische Verbündete. Hatte Churchill ihm doch selbst erst vor einigen Monaten das größte Kompliment gemacht, das ein Engländer machen kann, indem er Stalin »einen ausgezeichneten Sinn für Humor« bescheinigte. Und bald wird König Georg VI. ihm einen Ehrensäbel mit goldenem Griff nach Teheran schicken. Und in einer Rede vor dem Unterhaus wird Churchill am 24. Mai 1944 sagen: »Tiefe Wandlungen haben sich in Rußland vollzogen. Die Trotzkische Form des Kommunismus ist völlig ausgetilgt worden. Die Siege der russischen Armeen waren begleitet von einer großen Stärkung des russischen Staates und einer bemerkenswerten Erweiterung seines Ausblicks. Das religiöse Leben hat eine wunderbare Wiedergeburt erfahren.

Zucht und Gehaben der russischen Armeen sind vorbildlich. Es gibt eine neue Nationalhymne . . .«

Nicht weniger werbend um Stalins Gunst verhalten sich Roosevelt und ein Großteil der amerikanischen Medien. Selbst das eher konservative Magazin »Life« hatte erst am 29. März 1943 seine Titelseite mit einem Bild Stalins geschmückt. Im Innenteil war ein ganzseitiges Foto Stalins zu sehen, und im Text wurde er gar als »vielleicht größter Mensch der Neuzeit« gepriesen. Das sowjetische NKWD, so »Life«, sei so etwas wie die amerikanische Bundespolizei FBI. [33]

Am 20. April unterzeichnet der polnische Außenminister Raczynski die Note an die Sowjets, in der gefragt wird, ob Moskau Licht in die deutschen Behauptungen bringen könne, zumal die polnische Regierung nochmals um Auskunft über ihre Offiziere gebeten und nie eine befriedigende Antwort erhalten habe. Am nächsten Tag hält sie der sowjetische Botschafter Bogomolow in London in der Hand, also vier Tage nach der Sitzung des polnischen Ministerrates. Am Schluß der Note heißt es: »Falls jedoch, wie aus dem Communiqué des sowjetischen Informationsamtes vom 15. April 1943 hervorgeht, die Regierung der UdSSR anscheinend im Besitz reichlicheren Informationsmaterials über diese Angelegenheit ist, als den Vertretern der polnischen Regierung schon seit längerer Zeit mitgeteilt wurde, so bitte ich Sie, Herr Botschafter, noch einmal der polnischen Regierung genaue und detaillierte Informationen hinsichtlich des Schicksals der polnischen Kriegsgefangenen zu geben. Die öffentliche Meinung Polens und der ganzen Welt ist mit Recht so tief erschüttert, daß lediglich unwiderlegbare Tatsachen die zahlreichen und ausführlichen deutschen Behauptungen aufwiegen können, welche über die Entdeckung der Leichen vieler Tausender polnischer, im Frühjahr 1940 bei Smolensk ermordeter Offiziere aufgestellt worden sind.« [34]

Am 23. April gibt das IKRK das unumgängliche Kommunique heraus: »Gemäß dem Geiste des Memorandums vom 12. September 1939 kann das Internationale Rote Kreuz prinzipiell die Beteiligung an dem technischen Verfahren der Leichenidentifizierung durch seine eigenen Sachverständigen nicht in Erwägung ziehen, ohne die

Zustimmung aller betroffener Parteien zu besitzen.«[35] Die Verhinderung einer unabhängigen Untersuchung der Katyn-Morde durch
die Sowjetunion bedeutet einen Punktgewinn für die Deutschen im
Propagandakrieg um das Verbrechen. Die Polen haben die Sowjets
zu einem indirekten Schuldbekenntnis gezwungen.

Inzwischen bemüht sich die deutsche Regierung um die Entsendung
weiterer Delegationen nach Katyn. Selbst der Gedanke, Sikorski
nach Katyn einzuladen, wird erörtert. Der Vorschlag stammt vom
Leiter der NSDAP-Auslandsorganisation, Gauleiter Bohle in Berlin.
In einem Brief (»Streng vertraulich!«) an SS-Führer Himmler bereits
vom 14. April greift Bohle die Idee eines »auslandsdeutschen Partei-
genossen« auf und regt an: »Die Reichsregierung oder der Reichs-
propagandaminister machen öffentlich das Angebot an die Regierungen der Feindmächte, sich durch die Entsendung von sachverständigen Ärzten bzw. Gerichtsmedizinern von dieser beispiellosen
Greueltat der Bolschewisten zu überzeugen; selbstverständlich mit
der Zusicherung freien Geleits. Darüber hinaus wäre zu erwägen,
Herrn Sikorski als Privatmann ebenfalls unter freiem Geleit die Gelegenheit zu geben, an der Identifizierung der ermordeten polnischen Offiziere teilzunehmen. Es ist klar, daß die Regierungen der
Feindmächte das Angebot nicht akzeptieren und auch Herr Sikorski,
der es wahrscheinlich annehmen möchte, nicht ausreisen lassen werden. Ich glaube aber, daß die propagandistische Wirkung eines
solchen Angebotes in der Weltöffentlichkeit ungeheuer groß wäre,
zumal Herr Sikorski im Kreml mit allen seinen Nachfragen nach
dem Verbleib der gefangengenommenen Offiziere abgeblitzt ist.
Außerdem wäre es sicher eine gute Propaganda, durch die Identifizierung der Ermordeten den Angehörigen, die zweifellos in großer
Zahl ins Ausland geflüchtet sind, Gewißheit über das Schicksal ihrer
Männer zu geben.« [36]

Bei Himmler liegt der Brief einige Tage herum. Am 22. April schreibt
er an den Außenminister und gibt die Idee sogar noch als seine eigene aus: »Lieber Ribbentrop! Zur Angelegenheit im Walde von Katyn
kommt mir der Gedanke, ob wir nicht die Polen in eine scheußliche
Lage versetzen würden, wenn wir Herrn Sikorski unter Zusicherung

freien Geleites über Spanien einladen würden, mit einer von ihm zu
wählenden Begleitung nach Katyn zu fliegen, um sich von den Tatsachen selbst zu überzeugen. Es ist nur ein Gedanke von mir, der vielleicht nicht durchführbar ist. Ich wollte ihn Dir aber doch mitteilen.« [37] Bohle selbst erhält von Himmler folgenden Schrieb: »Ihre
Anregung betr. die Ermordung polnischer Offiziere hat mich insofern interessiert, als ich dieselbe Anregung von mir aus schon an den
Herrn Reichsaußenminister gegeben habe. Ob sie durchführbar ist,
weiß ich allerdings nicht.« [38]
Ribbentrop will sich auf diese Anregung erst gar nicht einlassen und
schreibt an Himmler: »Ich gebe zu, daß dieser Gedanke unter propagandistischen Gesichtspunkten zunächst etwas Verlockendes hat, jedoch sind die grundsätzlichen Gesichtspunkte für die Behandlung
der polnischen Frage, die jedweden Kontakt mit dem Chef der polnischen Emigrantenregierung für uns zur Unmöglichkeit machen,
doch so wichtig, daß sie nicht zugunsten einer im Augenblick vielleicht ganz verlockenden Propagandaaktion außer acht gelassen werden dürfen.« [39]
Schließlich fliegt eine Delegation von Ärzten und Vertretern des
Polnischen Roten Kreuzes nach Smolensk. [40] Begleitet wird sie
von Pater St. Jasienski, dem Kanonikus von Krakau und Vertrauens-
mann des Fürsten Sapieha, Erzbischof von Krakau. Auch der Redakteur Marjans Martens ist dabei. Zusätzlich läßt die deutsche
Regierung einen polnischen, zwei britische (Captain Gilder und
Oberstleutnant Stevenson) und zwei amerikanische Offiziere
(Oberstleutnant John F. Van Vliet und Oberstleutnant B. Stewart)
aus den Oflags (Offiziersgefangenenlagern) nach Katyn bringen. Die
Deutschen möchten, daß die polnischen Offiziere Ansprachen halten, die auf Grammophonplatten aufgenommen und anschließend
für Propagandaeinsätze wie z.B. Vortragstouren durch polnische
Kriegsgefangenenlager in Deutschland genutzt werden. Aber die
polnischen Offiziere lehnen dies nicht nur ab, sondern stellen vor
ihrer Abreise sogar Bedingungen: keine Ansprachen, keine Inter-
views, keine Veröffentlichung ihrer Namen. Die Deutschen erklären
sich einverstanden. [41]

Die Polen können selbst Leichen freilegen und identifizieren. Die Leichen sind durch die Verwesungssäure zusammengeklumpt und müssen mit Eisenhaken und Schaufeln voneinander getrennt werden. Die Taschen lassen sich nicht öffnen und müssen aufgeschnitten werden. Die gefundenen Gegenstände werden in einen Beutel gesteckt, jede Leiche numeriert und dazu ein maschinengeschriebenes Protokoll verfaßt. [42] Einige Polen erkennen bei der Identifizierungsarbeit Regimentskameraden wieder, von denen sie wußten, daß sie in sowjetische Gefangenschaft geraten waren. [43]

Viele der polnischen Delegierten sprechen Russisch. Ohne Vermittlung von Dolmetschern unterhalten sie sich mit den Einheimischen. Einer der polnischen Besucher Katyns ist Förster. Er entdeckt, daß eine alte Kiefer an einem Grubenrand neue Triebe geschlagen hat, die in die zusammenklebende Leichenmasse hineingewachsen sind. Er schneidet einen Trieb ab und kommt zu dem Schluß, daß er mindestens drei Jahre alt sein muß, die Morde also nicht später als 1940 geschehen sind. [44] Unter den Mitgliedern der polnischen Delegation sind auch Angehörige der polnischen Untergrundarmee (Armija Krajowa). Heimlich nehmen sie mehrere der Hanfstricke, mit denen das NKWD Gefangene gefesselt hatte, und einige Tagebücher an sich. [45]

Den Schluß der Polen, daß die Morde im Frühjahr 1940 von den Sowjets begangen wurden, muß schließlich auch Oberstleutnant John Van Vliet teilen, der als amerikanischer Gefangener und Gruppenältester von etwa 125 Gefangenen des Oflag IX/AZ in Rothenburg nach Katyn geschickt worden war. (Van Vliet lebte 1990 als Pensionär in Florida. [46]). Van Vliet hatte sich zunächst geweigert, nach Katyn zu reisen, weil er überzeugt war, es handle sich um eine reine Propagandaaktion. Er hatte sogar einen Brief an die schweizer Schutzmacht der Genfer Konvention geschrieben und erklärt, daß er nur unter Protest gehe und man seine Teilnahme nicht als Vertretung des Gefangenenlagers, der amerikanischen Armee oder gar der amerikanischen Nation ansehen dürfe. Auch die anderen Offiziere hatten protestiert. Van Vliet berichtet später: »Es war uns allen klar, daß wir hier in einen internationalen Konflikt mit ungeheuren politischen Folgen verwickelt werden sollten.« Noch als er in Katyn ankam, glaubte er, »das Ganze sei eine Verschwörung«.

Doch dann sieht er die Ausgrabungen und die Beweise. Er sieht die Toten, geschichtet »wie Brennholz, mit dem Gesicht nach unten«, in den Gräbern. [47] Er selbst macht eine Beobachtung, die sonst nicht herangezogen wird, um die Tatzeit zu bestimmen: Die Absätze der polnischen Offiziersstiefel sind kaum abgenutzt. Das wäre so gut wie unmöglich, wären die Polen erst im Herbst 1941 ermordet worden. [48] Jahre später sagt Van Vliet: »Ich glaube daran, daß es die Russen gewesen sind. Ich haßte die Deutschen und wollte ihnen keinen Glauben schenken. Ich war überzeugt, die Deutschen würden alles tun, um mich davon zu überzeugen, daß die Russen schuldig wären ... Nur mit großem Widerstreben entschied ich schließlich, daß es doch so ist.« [49]

Während die polnische Delegation und die kriegsgefangenen britischen und amerikanischen Offiziere in Katyn sind, trifft aus Berlin eine weitere Gruppe ein. Es sind Journalisten aus Deutschland, Norwegen, Schweden, der Schweiz, den Niederlanden, Spanien, Belgien und Ungarn, die von der Presseabteilung der Reichskanzlei betreut werden. Die Journalisten sind teils skeptisch. Warum, so fragen sie, beließen die Sowjets den Opfern die persönlichen Papiere, wenn sie die Täter sind? Sie bitten darum, der Öffnung eines weiteren Grabes beiwohnen zu dürfen. Da wird die Leiche jener polnischen Frau gefunden, die bei der polnischen Luftwaffe gedient hatte. Es herrschen Staunen und Raten. [50]

Besondere Bedeutung kommt den Journalisten zu, die nicht aus von Deutschen besetzten oder mit ihnen verbündeten Ländern stammen, also dem Korrespondenten der »Stockholms Tidningen«, Christer Jaederlund, dem Schweizer Korrespondenten Schnetzer und dem spanischen Kollegen von »Informaciones«, Sanchez. Besonders Jaederlund unternimmt unabhängige Recherchen. Er leiht sich sogar ein Pferd aus und reitet in den Wäldern umher, um nicht von irgendjemandem behindert zu werden. [51] Wie die anderen Kollegen glaubt Jaederlund zunächst an einen deutschen Propagandatrick, doch er ändert seine Meinung durch seine Feststellungen

vor Ort. Die »Stockholms Tidningen« zögert anschließend, seinen
Bericht überhaupt zu drucken, weil er ihr zu unglaublich erscheint.
[52]

Die Berichte in der Presse verbündeter oder besetzter Länder, weit
mehr noch aber in den Medien der neutralen Länder, sind der deutschen Propaganda hochwillkommen. Sie werden von den deutschen
Zeitungen ausführlich wiedergegeben. Die rumänische Zeitung
»Curentul«: »Die Bluttaten haben einen einzigen, wenn auch
schmerzlichen Nutzen. Sie öffnen denen die Augen, die sich noch
der Illusion hingegeben haben, daß sie im Falle eines sowjetischen
Erfolges von den Bolschewistenhenkern nicht den gleichen Genickschuß empfangen würden.« Oder das ungarische Blatt »Magyarsag«:
»Die Antwort der Kulturnationen Europas kann nur in einem unerbittlichen Kampf bis zum letzten gegen eine Weltanschauung bestehen, die, wenn sie zur Herrschaft gelangen sollte, den europäischen
Raum mit Hunderten und aber Hunderten von Massengräbern
übersäen würde.«

Besondere Beachtung verlangt zweifellos die polnische Presse sowohl im Generalgouvernement als auch in anderen Ländern der
Welt. Angesichts der Unterdrückung der Polen durch die Deutschen
wird die Nachricht, die Sowjets hätten die Offiziere umgebracht, zunächst als schlechter Witz aufgefaßt, mit dem die Deutschen einen
Keil zwischen die Sowjetunion und ihre Verbündeten treiben wollen. In Polen herrscht zunächst die Ansicht vor, hinter dem Ganzen
stecke eine Goebbels-Machenschaft. [53]

Doch dann erscheinen die Namenlisten der exhumierten Soldaten
und Fotos in der von den deutschen Besatzungsbehörden kontrollierten Tagespresse wie im »Nowy Kurier Warszawski«. Die Ansprache des Mitglieds der Polnischen Literarischen Akademie Ferdynand Goetel an den Gräbern wird wiedergegeben. Die Mitglieder
der ersten polnischen Delegation und zugezogene Journalisten
kommen aus Katyn zurück und bestätigen die Nachrichten. Das Polnische Rote Kreuz wird mit Briefen überschwemmt. Familien wollen Angehörige überführen, andere bitten um die bei den Leichen
gefundenen Briefe und Personalpapiere. Wieder andere erkundigen

sich nach den Vermißten der beiden anderen Lager Starobielsk und Ostaschkow. [54]

Selbst in der Presse neutraler Länder wie der Schweiz, der Türkei oder Schwedens wird unverhohlen oder nur leicht verdeckt davon ausgegangen, daß die Morde von Katyn den Sowjets zuzuschreiben sind. So schreibt die Schweizer »Liberté«: »Die Sowjetunion hat erklärt, daß die im Wald von Katyn aufgefundenen Leichen polnischer Offiziere Opfer einer von den Deutschen begangenen Greueltat wären. Warum widersetzt sie sich dann einer Untersuchung? Warum verwirft sie eine solche schon im vornhinein und bezeichnet sie als Komödie? Alles dies ist nichts weiter als ein plumper Vorwand.«[55]

London und Washington sähen es lieber, wenn die ganze Angelegenheit aus den Medien herausgehalten würde, doch das ist unter diesen Umständen nicht möglich. In den USA leben außerdem mehr als sechs Millionen Amerikaner polnischer Herkunft, die ständig von den Morden sprechen. Sikorski hatte sich gegenüber Roosevelt verpflichtet, die Polen in den USA dahingehend zu beeinflussen, für ihn Partei zu ergreifen. Im Gegenzug sollte Sikorski finanzielle Unterstützung für die Untergrundarmee im Generalgouvernement erhalten.

Auch die Soldaten der Armee Anders sorgen für Gesprächsstoff in den verbündeten Armeen. In den USA instruiert das State Department das Office of War Information (OWI) unter Elmar Davis, daß das OWI in der Katyn-Frage »besser keinen festen Standpunkt bezieht, solange nicht überzeugenderes Beweismaterial zur Verfügung steht«. [56] So sollen offensichtlich Loyalitätskonflikte vermieden werden. In den USA verfügen vor allem die deutschen, polnischen und italienischen Gruppen über eigene Rundfunkprogramme in ihrer Muttersprache, in denen manches anders gesehen und gesagt wird, als es die amerikanische Regierung wünscht. Zwar gibt es im Krieg eine Bundesbehörde zur Überwachung der nicht englischsprachigen Medien, aber die Kontrolle ist schwierig. Als nach der Entdeckung der Gräber von Katyn der polnische, ausgesprochen antikommunistische Radiosprecher Marian Kreutz die Sowjets als Täter beschuldigt, wird er von der Fremdsprachenabteilung aufge-

fordert, »seine Tätigkeit beim Funk ... auf Nachrichten von se-
riösen amerikanischen Drahtnachrichtenagenturen zu beschränken
und keine Funkpropaganda zu betreiben«. Kreutz erhält anschließend Sprechverbot im Rundfunk. [57]

Das Dilemma der alliierten Propaganda beschreibt der Leiter des
amerikanischen OWI in London, Wallace Carroll, so: »Wenn wir die
ganze Wahrheit sagen wollten, würden wir die Deutschen manchmal
ermutigen, unsere Freunde dagegen entmutigen. Wenn wir z.B. offen über die Uneinigkeit der Alliierten über Polen sprächen, würden
wir dadurch Goebbels in die Hände arbeiten, den Widerstand der
Deutschen stärken und das Leben alliierter Soldaten aufs Spiel setzen.« [58] Schließlich sieht das OWI einen Ausweg darin, die Verbrechen der Deutschen um so mehr hochzuspielen, um von den Verbrechen der sowjetischen Alliierten abzulenken. [59]

Während die deutsche Propaganda glaubt, immer mehr Spannungen zwischen den Alliierten zu erkennen, ist Stalin fest entschlossen,
die Auseinandersetzung um Katyn als Vorwand zur Ausschaltung
der polnischen Exilregierung zu nutzen und nimmt das Heft in die
Hand. In einer Botschaft, die »persönlich, geheim« deklariert ist,
wendet er sich am 21. April an US-Präsident Roosevelt und den britischen Premier Churchill. Da die antisowjetische Propaganda in der
deutschen und polnischen Presse zur selben Zeit begonnen habe
und ein und derselben Linie folge, müsse dies als »unzweifelbarer
Beweis für den Kontakt und das heimliche Einverständnis zwischen
Hitler ... und der Regierung Sikorski ... gewertet werden. Die Regierung Sikorski holt zum Schlag aus, sie verrät die Sowjetunion ...
Unter diesen Umständen sieht sich die Sowjetunion zu folgender
Betrachtungsweise genötigt: Die gegenwärtige (sic!) polnische Regierung hat, da sie sich zu einer heimlichen Verständigung mit dem
Hitler-Regime herbeiließ, das Bündnis mit der UdSSR praktisch gelöst und der Sowjetunion gegenüber eine feindliche Einstellung bezogen ... Die Sikorski-Regierung hat es nicht für nötig erachtet, an
die Sowjetunion auch nur Fragen zu richten oder bei ihr in dieser Sache Erkundigungen einzuziehen.« Auf diese glatte Lüge, die Churchill und Roosevelt als solche erkennen müssen, folgt die deut-

liche Warnung, daß er das »unnormale Verhalten der polnischen Regierung« nicht länger dulden werde. [60]

Noch einmal versucht Churchill, massiven Druck auf die Exilpolen und vor allem Sikorski auszuüben. »Ich untersuche die Möglichkeit, jene polnischen Zeitungen in diesem Lande zum Schweigen zu bringen, die die Sowjetunion angreifen.« [61] Vor dem Kabinett erklärt er weiter: »Keine Regierung, die unsere Gastfreundschaft in Anspruch nimmt, hat das Recht, Artikel zu veröffentlichen, die gegen die grundsätzliche Politik der vereinten Nationen verstoßen und diese Regierung in Schwierigkeiten bringen . . . Die gegenwärtigen Umstände in dieser Sache lassen es geraten sein, die Zügel ein wenig anzuziehen.« [62]

Den polnischen Zeitungen werden Auflagen gemacht. Dagegen kann die kommunistische Presse in Großbritannien, voran der »Daily Worker« – die britische KP mit mehr als 55 000 Mitgliedern spielt zu dieser Zeit eine relativ starke Rolle –, die sowjetische Kampagne unterstützen. Die antipolnischen Ausfälle steigern sich derart, daß der britische Informationsminister den Kommunisten sogar eine Rüge wegen Verleumdung erteilen muß. Gleichzeitig aber wirft er der polnischen Presse vor, Uneinigkeit unter den Alliierten stiften zu wollen. [63]

Die Kommunisten mobilisieren die Gewerkschaften, die nun Entschließungen gegen die polnische Exilregierung verfassen. 3000 Arbeiter eines Flugzeugwerkes in Birmingham unterzeichnen eine Resolution, in der es heißt: »Wir sind nicht länger gewillt, jenen Kreisen, die Hitlers Propaganda gegen die Sowjetunion fördern, noch Asyl und Unterstützung zu gewähren.« Die Kantinenangestellten einer anderen Fabrik fordern, man solle den Polen ihre Ration an Zeitungspapier entziehen und sie lieber dem kommunistischen »Daily Worker« zukommen lassen. [64] Aber auch nichtkommunistische Gewerkschaften und Ortsverbände der Labour Party decken Whitehall mit Telegrammen und Briefen ein, in denen sie fordern, nicht »die nazifreundlichen Handlungen der polnischen Regierung zu dulden« und »ihr zu untersagen, das Spiel Goebbels' fortzusetzen«. [65]

Churchill nimmt sich insbesondere Sikorski vor, nachdem Außenminister Anthony Eden schon am 19. April dem britischen Kabinett erklärt hatte, er habe »alles Mögliche getan, um die Polen dazu zu bringen, dies als ein deutsches Propagandastück zu betrachten, das Zwietracht unter den Alliierten säen solle«. [66] Am Karsamstag, den 24. April 1943, so rät Churchill, solle der polnische Regierungschef eine offizielle Erklärung abgeben, in der die Möglichkeit einer Ermordung der Offiziere durch die Sowjets bestritten und die Vorwürfe gegen sie als deutsche Propaganda bezeichnet wird. [67] Sikorski erhält außerdem von Churchill die Empfehlung, in der Frage Katyn keine weiteren Untersuchungen anzustellen. [68]

Daß Sikorski zu Kompromissen aus übergeordneten politischen Gesichtspunkten bereit sein kann, hatte er bewiesen. Schließlich war der sowjetische Einfall in Polen bereits durch das Militärabkommen mit den Sowjets vom 30. Juli 1941 beiseitegewischt worden. Doch diesmal weigert sich Sikorski mitzumachen. Allerdings hat er nun auch nicht mehr die Freundschaft Churchills wie bisher. In seiner Antwort an Stalin weist Churchill zwar den Kollaborationsvorwurf zurück, plädiert aber gleichzeitig für Einigkeit unter den Alliierten. Ähnlich versichert Roosevelt, er könne »nicht glauben, daß Sikorski in irgendeiner Weise mit den Hitler-Gangstern kollaboriert hat. Meiner Meinung nach jedoch war es falsch, mit dieser besonderen Frage an das Internationale Rote Kreuz heranzutreten.« [69]

Auf Stalin wirken derartige Vermittlungsbemühungen nicht. Am 25. April mittags bestellt Außenminister Molotow den neuen polnischen Botschafter Tadeusz Romer zu sich ins Kommissariat für Auswärtige Angelegenheiten. Er hält eine fatale Note in der Hand und liest sie vor. »Herr Botschafter, im Auftrage der Regierung der Union der sozialistischen Sowjet-Republiken habe ich die Ehre, der polnischen Regierung folgendes zur Kenntnis zu bringen:

Die ungeduldige Haltung der polnischen Regierung gegenüber der Sowjetunion wird von der Sowjetregierung als unbedingt anomal und im Widerspruch zu allen Regeln und Gepflogenheiten in den Beziehungen zwischen zwei alliierten Ländern stehend betrachtet. Die von den deutschen Faschisten ausgelöste feindliche Kampagne gegen die Sowjetregierung im Zusammenhang mit den polnischen Offizieren, die bei Smolensk von ihnen selbst auf einem von den Deutschen besetzten Gebiet ermordet wurden, ist von der polnischen Regierung unverzüglich aufgegriffen und von der offiziellen polnischen Presse in jeder Weise aufgebauscht worden. Nicht nur hat es die polnische Regierung unterlassen, die niederträchtigen faschistischen Verleumdungen gegen die Sowjetunion zurückzunehmen, sondern sie hielt es nicht einmal für notwendig, von der Sowjetregierung Erklärungen über eine Untersuchung zu verlangen. Die nationalsozialistischen Behörden, die hinsichtlich der polnischen Offiziere von einem Verbrechen sprechen, verfügen jetzt Nachforschungen, die als Komödie bezeichnet werden müssen, und zu diesem Zweck bedienen sie sich faschistisch eingestellter polnischer Elemente, die im besetzten Polen eigens ausgesucht wurden, wo jedermann unter dem Joche Hitlers steht und wo kein aufrichtiger Pole es wagen kann, sich frei und offen auszudrücken.

Zur Teilnahme an diesen Nachforschungen haben die polnische und die deutsche Regierung das Internationale Rote Kreuz eingeladen. Dieses ist damit gezwungen, unter den Verhältnissen, wie eine Terrorherrschaft mit ihrer Waffenvernichtung der friedlichen Bevölkerung sie mit sich bringt, an dieser von Hitler organisierten Untersuchungskomödie teilzunehmen. Eine derartige, hinter dem Rücken der Sowjetregierung durchgeführte Untersuchung kann augenscheinlich kein Vertrauen bei aufrichtigen Menschen finden. Der Umstand, daß die gegen die Sowjetunion gerichtete Kampagne gleichzeitig von der deutschen und der polnischen Presse ausgelöst wurde und von beiden im gleichen Geiste geführt wird, läßt keinen Zweifel daran übrig, daß zwischen Hitler, dem Feinde der Alliierten, und der polnischen Regierung eine Fühlungnahme und eine Verständigung über die Weiterführung dieser Kampagne besteht. Während die Bevölkerung der Sowjetunion ihr Blut im schweren Kampfe gegen Deutschland vergießt und alles in ihrer Kraft Stehende für die Niederlage des gemeinsamen Feindes des russischen und des polnischen Volkes wie überhaupt aller freiheitliebenden demokratischen Nationen tut, führt die polnische Regierung einen heimtückischen

Schlag gegen die Sowjetunion. Die Sowjetregierung weiß, daß diese Kampagne von der polnischen Regierung eingeleitet wurde, um einen Druck auf die Sowjetregierung auszuüben, damit diese Polen territoriale Zugeständnisse zum Nachteil der Interessen der Sowjetukraine, Weißrußlands und Sowjetlitauens zugestehe.

Durch diese Umstände wird die Sowjetregierung gezwungen, den Standpunkt einzunehmen, daß die gegenwärtige polnische Regierung, die sich auf den Weg der Verständigung mit der Regierung Hitlers begeben hat, in Wirklichkeit die Bündnisbeziehungen abbrach, wie sie aus dem Bündnis mit der Sowjetunion sich ergeben, und daß sie damit eine feindselige Einstellung gegen Sowjetrußland eingenommen hat. Aus diesen Erwägungen hat die Sowjetregierung beschlossen, die Beziehungen zur polnischen Regierung abzubrechen.

Ich bitte Sie, Herr Botschafter, den Ausdruck meiner vorzüglichsten Hochachtung entgegenzunehmen.« [70]

Der polnische Botschafter verweigert die Annahme der Note, denn sie sei »in einer Sprache abgefaßt, die kein Botschafter akzeptieren kann«. [71] Mitten in der Nacht klopft es laut an Romers Tür. Ein Bote überreicht ihm einen Brief und macht sich ohne eine Antwort abzuwarten wieder davon. Im Umschlag liegt Molotows Note. [72] Sofort sucht Romer den britischen und den amerikanischen Botschafter Admiral William Standley auf. Standley zeigt zumindest Humor und schlägt vor, die Note zum Kreml zurückzutragen und einem Boten mit der Bemerkung zurückzugeben, sie sei ihm irrtümlich zugestellt worden. [73] Aber das ändert freilich nichts. Auch wird der Text über Radio Moskau verbreitet.

Der Umstand, daß die polnische Note Botschafter Bogomolow erst mehrere Tage nach der Anfrage beim IKRK um Untersuchung der Katyn-Morde überreicht wurde, wird nun als Waffe gegen die polnische Regierung benutzt. Dabei hatte die polnische Regierung gar nicht anders handeln können. Sich erst an Stalin zu wenden, um anschließend das IKRK anzurufen, wäre sinnlos gewesen, da mit Stalins Ablehnung zu rechnen war. Hätte die polnische Regierung dann trotzdem das IKRK angerufen, hätte sie erst recht den Zorn Stalins wegen mangelnden Vertrauens auf sich gezogen. So jedenfalls konnte Stalin bloßgestellt werden, auch wenn die Exilregierung ansonsten keinen Handlungsspielraum mehr hatte.

Der entscheidende Punkt aber ist, daß Moskau die Polen nicht nur der Zusammenarbeit mit Hitler bezichtigt, sondern ihnen vorhält, mit der Forderung nach Wiederherstellung der Vorkriegsgrenzen Ansprüche auf sowjetisches Territorium zu stellen. Ein Verzicht auf Ostpolen aber ist für die Regierung Sikorski nicht annehmbar. Dagegen kann Stalin in dieser Frage auf Briten und Amerikaner zählen. Erst am 15. April 1943 hatte der amerikanische Außenminister Cordell Hull in Washington auf einer Pressekonferenz erklärt, er wisse nichts davon, daß Roosevelt und Eden darüber übereingekommen wären, Polens Vorkriegsgrenzen wiederherzustellen. Wäre es so, wäre er wohl darüber unterrichtet.

Zu den unmittelbaren Folgen des Abbruchs der Beziehungen gehört, daß der Kurs der polnischen Dollaranleihen in New York stark fällt.

Stalins Absicht ist es nicht, zu einer polnischen Exilregierung grundsätzlich die Beziehungen abzubrechen. Es geht ihm um die Ausschaltung der Regierung Sikorski. Mit einer Regierung, die den Fall Katyn ruhen ließe und die Annexion Ostpolens anerkennen würde, ist er bereit zu reden. Korrespondenten in Moskau entdecken bald eine sprachliche Finesse in der Note, und die Formulierungen ihrer Berichte weisen darauf hin, daß sie von Moskauer Stellen darauf aufmerksam gemacht wurden. »United Press« meldet aus Moskau, daß das entscheidende Wort auch als »Aufhebung« gelesen werden könnte. Dies deute die Möglichkeit einer Wiederaufnahme der Beziehungen an, wenn die Regierung umgebildet und gewisse »rußlandfeindliche« Mitglieder entfernt würden. [74]

Reuter berichtet aus Moskau ebenfalls von dieser Deutbarkeit der Formulierung. Dazu werde in Moskau bemerkt, daß die Tür für eine Wiederaufnahme der Beziehungen offen bleibe, vorausgesetzt, daß die polnische Regierung ihr Gesuch an das IKRK zurückziehe. Auch müsse sie ihre Bereitschaft erklären, Verhandlungen über die Territorialfrage realistisch zu führen. [75] Und der Korrespondent der

»Neuen Zürcher Zeitung« berichtet aus London: »Mit Genugtuung vermerkt man in London, daß ›Radio Moskau‹ in der englischen Übersetzung der Note Molotows ... das im ursprünglichen Text gebrauchte Wort ›Abbruch‹ heute in eine ›Suspendierung der diplomatischen Beziehungen‹ zu der polnischen Regierung abgeschwächt hat ... Es bleibt nun abzuwarten, welches die Voraussetzungen sind, unter denen Moskau die ›Aufhebung‹ der diplomatischen Beziehungen rückgängig zu machen bereit wäre.« [76]

Stalin hat den Briten den Köder hingeworfen. Er weiß, daß Briten und Amerikaner die Schuldfrage der Morde von Katyn in seinem Sinn behandeln werden, weil ihnen die gemeinsame Allianz am wichtigsten ist. So gerät er erst gar nicht in die Defensive, sondern benutzt den Fall Katyn offensiv, um die polnische Exilregierung zu isolieren. Entsprechend muß sich die Sikorski-Regierung schwere Vorwürfe in der internationalen Presse gefallen lassen, die ihr vorhält, ins Netz der deutschen Propaganda gegangen zu sein. Die Frage, ob angesichts der vielen unbeantworteten Anfragen der Polen in Moskau und angesichts auch der deutschen Bitte ans IKRK um eine Untersuchung es vielleicht doch die Sowjets gewesen sein könnten, wird erst gar nicht gestellt.

In einem Leitartikel der Londoner »Times« heißt es: »Es läßt sich ein gewisses Erstaunen und Bedauern nicht unterdrücken, daß Polen, das so viel Ursache hat, die Perfidie Goebbelscher Propaganda zu durchschauen, in das Netz der deutschen Propaganda gegangen ist. Die Polen werden kaum vergessen haben, daß im ersten Kriegswinter einer deutschen Veröffentlichung weiteste Verbreitung gegeben wurde, die in allen Einzelheiten Greueltaten schilderte, die von Polen an friedlichen Deutschen begangen worden sein sollten. Gerade die Erinnerung an diese niederträchtige Erfindung hätte die Polen davon abhalten sollen, einem Dokument ähnlichen Charakters Glauben zu schenken.« Die »Times« erklärt ferner, es sei kaum verständlicher, daß man auch nur einen Augenblick habe glauben können, daß unter deutschen Auspizien eine objektive Untersuchung durchgeführt werden könnte und begrüßt in diesem Zusammenhang die Haltung des Internationalen Roten Kreuzes, das eine Beteiligung an der Untersuchung von einer entsprechenden Aufforderung von Seiten der Sowjetregierung abhängig macht. In dem weiteren grundsätzlichen Teil des Artikels heißt es dann: »Kein Pole kann heute an eine bewußte Zusammenarbeit mit Deutschland denken. Wenn die Anschuldigungen Molotows in diesem Punkt ernst gemeint waren, so besteht aller Grund, sie mit gerechter Entrüstung zurückzuweisen. Doch hat das Verhalten der polnischen Regierung de facto, wenn auch nicht absichtlich, den Deutschen in die Hände gespielt, und die polnische Politik ist einem Kurs gefolgt, den die deutsche Propaganda ihr vorzeichnete. Jeder polnische Streit mit Rußland, was auch immer seine Ursache sein möge, muß notwendigerweise die Interessen Polens und die der vereinten Nationen stören. Polen und Rußland zu entfremden, stellt Goebbels' erstes Ziel dar. Hier hat er einen temporären, wenn auch nur illusorischen Erfolg erzielt. Sein zweites und weitergestecktes Ziel ist, Rußland, England und Amerika auseinanderzubringen. Darin aber wird er keinen Erfolg haben, wenn die Besprechungen mit Rußland, welche die Situation dringend notwendig macht, mit vollkommener Offenheit von beiden Seiten geführt werden. Eine merkliche Vertiefung des Vertrauens in den Beziehungen zwischen Moskau und London ist gerade in den letzten Wochen deutlich zu spüren gewesen. Der Schaden läßt sich mit gutem Willen auf beiden Seiten wieder gutmachen. Meinungsverschiedenheiten in einer Frage, in der die Interessen Großbritanniens und Rußlands ebenso wie die Polens völlig identisch sind, müssen sich überbrücken lassen. Zu keinem Zeitpunkt des Kriegs, zu keinem Zeitpunkt der Weltgeschichte ist das rückhaltlose Vertrauen und die engste Zusammenarbeit zwischen England und der Sowjetunion wichtiger gewesen als gerade jetzt.« [77]

Die »New York Times« schreibt, der Abbruch der diplomatischen Beziehungen stelle einen »Erfolg der deutschen Propaganda« dar. »Es ist bedauerlich, daß die Polen diese Frage aufgeworfen haben. Immerhin dürfte diese Differenz keinen Einfluß haben auf die Strategie oder auf den Ausgang des Krieges. Es ist nicht zu zweifeln, daß die russische und die polnische Regierung in eine von den Deutschen gestellte Falle gegangen sind.« Und die »New York Herald

Tribune« bemerkt: »Die polnische Exilregierung und die Sowjetregierung haben eine Lage geschaffen, über die lediglich Hitler Freude haben kann. Die beiden Parteien haben ausgerechnet den Fehler gemacht, zu dem sie Hitler schon seit langer Zeit verleiten wollte.« [78] Der Korrespondent der »Neuen Zürcher Zeitung« beschreibt die Stimmung in London: »In englischen Kreisen ist man der Auffassung, daß der möglichst rasche Zusammenschluß der gelockerten Front der Alliierten vor allem anderen wichtig sei. Deshalb nimmt man auch an, daß die britischen Stellen nichts unterlassen werden, was zu einer Wiederaussöhnung der Russen und Polen beitragen kann . . . Man ist auch der Meinung, daß der Appell der polnischen Regierung an das Internationale Rote Kreuz sicher nicht die Zustimmung der britischen Regierung gehabt habe.« [79]

Nervöse diplomatische und politische Aktivitäten bestimmen diese Tage. In Washington sucht der polnische Botschafter Ciechanowski den Under Secretary of State Sumner Welles auf. Erstmals erlebt er ihn verärgert und aufgebracht. Sumner Welles sagt, er könne nicht verstehen, wie die polnische Regierung das Internationale Komitee des Roten Kreuzes habe anrufen können, um eine Angelegenheit zu untersuchen, die »von der deutschen Propagandamaschine« in Szene gesetzt worden sei. So sei den Sowjets ein geeigneter Vorwand zum Abbruch der Beziehungen geliefert worden. Ciechanowski kann angesichts der Vorwürfe nur auf die Unparteilichkeit des IKRK verweisen. [80]

In London sucht der amerikanische Botschafter Winant Außenminister Eden auf. Das britische Parlament will der Angelegenheit eine Sitzung widmen. Churchill und Eden setzen sich mit Sikorski und seinem Außenminister Raczynski zusammen. Der amerikanische Botschafter Drexel Biddle ist dabei. Eigentlich soll eine Erklärung der polnischen Regierung veröffentlicht werden, aber die Beratungen ziehen sich bis in die Nacht hinein. Die Erklärung wird auf den folgenden Tag verschoben und zunächst nur auf britischen Druck hin eine kurze Stellungnahme abgegeben, in der die polnische Regierung versichert, daß »die Verhandlungstüren zwischen den Polen und den Sowjets keinesfalls endgültig verschlossen« seien und daß

Polen »nach Kriegsende keinerlei sowjetisches Gebiet in Besitz zu nehmen gedenkt«. [81]

Churchill schreibt an Stalin: »Eden und ich haben die polnische Regierung darauf hingewiesen, daß eine Wiederherstellung freundlicher oder normaler Beziehungen mit Sowjetrußland unmöglich ist, solange sie gegen die Sowjetregierung verletzende Beschuldigungen erhebt und dadurch abscheuliche Nazi-Propaganda zu unterstützen scheint. Erst recht wäre es für jeden von uns unmöglich, Untersuchungen des Internationalen Roten Kreuzes zu dulden, die unter Nazi-Auspizien stattfinden und vom Nazi-Terror beherrscht würden. Es freut mich, Ihnen sagen zu können, daß sie unseren Standpunkt eingesehen hat und mit Ihnen loyal zusammenarbeiten will.« [82]

Am 28. April erscheint dann die erwartete polnische Erklärung: »Die polnische Regierung erklärt, daß ihre Politik einer freundschaftlichen Einigung zwischen Polen und der Sowjetunion auf der Grundlage der Integrität und der vollen Souveränität der polnischen Republik von der polnischen Nation in vollem Maß unterstützt wurde und auch weiterhin unterstützt wird. Ihrer Verantwortung gegenüber dem eigenen Land und gegenüber ihren Verbündeten bewußt, deren Einigkeit und Solidarität sie als den Eckpfeiler des künftigen Sieges betrachtet, trat die polnische Regierung zuerst an die Sowjetregierung heran, trotz zahlreicher dramatischer Ereignisse, die sich seit dem Einmarsch der russischen Truppen vom 17. September 1939 in das Gebiet der Republik ereigneten. Nach der Regelung ihrer Beziehungen zu Sowjetrußland durch das Abkommen vom 30. Juli 1941 und durch das Übereinkommen vom 4. Dezember 1941 erfüllt die polnische Regierung ihre Verpflichtungen gewissenhaft. Das polnische Volk brachte – in enger Verbindung mit seiner Regierung – das höchste Opfer eines unerbittlichen Kampfes gegen den deutschen Angreifer in Polen und außerhalb der Grenzen des Landes. Kein verräterischer Quisling erhob sich aus den Reihen der Polen. Jede Zusammenarbeit mit den Deutschen wurde zurückgewiesen. Im Lichte der in der ganzen Welt bekannten Tatsachen haben es die polnische Regierung und das polnische Volk nicht nötig, sich gegen den Vorwurf einer Fühlungnahme oder eines Einvernehmens mit Hitler zu verteidigen. In ihrer öffentlichen Erklärung vom 17. April 1943 sprach die polnische Regierung Deutschland kategorisch das Recht ab, das Drama der polnischen Offiziere für seine eigenen heimtückischen Pläne zu mißbrauchen. Sie verurteilt ohne Zögern die deutsche Propaganda, die das Ziel verfolgt, zwischen den Alliierten Mißtrauen zu säen.

An den bei der polnischen Regierung akkreditierten russischen Botschafter wurde eine Note gerichtet, in der er abermals um Informationen gebeten wurde, die helfen würden, das Schicksal der vermißten Offiziere abzuklären. Die polnische Regierung und das polnische Volk richten im Namen der Solidarität der alliierten Nationen und der elementarsten Humanität einen Appell um Freilassung von Tausenden in der Sowjetunion befindlichen Familien der Angehörigen der polnischen Streitkräfte, die im Kampfe stehen oder die in Großbritannien und im Mittleren Osten Vorbereitungen treffen, um in den Kampf einzutreten, der Zehntausende polnischer Waisen und Kinder, für deren Erziehung die polnische Regierung die volle Verantwortung übernehmen würde und jetzt – in Anbetracht der Waffenniedermetzelung durch die Deutschen – für das polnische Volk besonders wertvoll sind. Bei der Kriegführung gegen Deutschland wird die polnische Armee als Verstärkung auch alle polnischen Kämpfer benötigen, die sich gegenwärtig auf sowjetrussischem Boden befinden, und die polnische Regierung richtet deshalb einen Appell um ihre Freilassung. Sie behält sich das Recht vor, die Sache aller dieser Polen vor der Welt zu verteidigen. Infolgedessen verlangt die polnische Regierung die Fortsetzung der Hilfsaktionen für die Masse der Polen, die noch in Rußland sind.

Bei der Verteidigung der Integrität der polnischen Republik, die den Krieg mit dem Dritten Reich auf sich genommen hat, hat die polnische Regierung niemals verlangt und verlangt auch jetzt nicht – entsprechend ihrer Erklärung vom 25. Februar 1943 – irgendwelche sowjetrussischen Gebiete. Es ist und wird die Pflicht aller polnischen Regierungen sein, die Rechte Polens und der polnischen Staatsbürger zu verteidigen. Die Grundsätze, für welche die alliierten

Nationen kämpfen, sowie die Bemühungen für die Verstärkung ihrer Solidarität im gegenwärtigen Kampf gegen den gemeinsamen Feind bilden weiterhin die unerschütterliche Grundlage der Politik der polnischen Regierung.« [83]

Die Erklärung wirkt hilflos. Die Ohnmacht der polnischen Exilregierung wird in keinem Satz deutlicher, als in der Drohung, die Sache der Polen »vor aller Welt« zu verteidigen. Schließlich ist die Presse der alliierten Propaganda auf die sowjetische Version eingeschworen. Entsprechend negativ ist das Echo in der britischen Presse. Der »Daily Telegraph«, Sprachrohr des Kabinetts Churchill, kommentiert: »Auf der Basis der polnischen Regierungserklärung läßt sich kein Fortschritt zur Lösung des russisch-polnischen Konfliktes erhoffen. Die polnische Regierung nimmt mit dieser Erklärung den Bruch als gegeben an und ersucht um die Expatriierung ihrer Staatsangehörigen aus der Sowjetunion. Der unmittelbare Anlaß zum Streit, Polens Appell an das Internationale Rote Kreuz, wird übergangen und es werden keine Vorschläge gemacht, wie sich die Beziehungen wiederherstellen lassen. Die Angelegenheit darf nicht mehr sich selbst überlassen bleiben, wenn man ernste Folgen vermeiden will. Es ist offenbar, daß es nicht leicht sein wird, den Bruch zu heilen. Um so dringender ist es, daß die britische und die amerikanische Diplomatie Mittel und Wege finden, um eine Versöhnung herbeizuführen, bevor der Sache der Alliierten noch ernsthafterer Schaden zugefügt wird.« [84]

Der Korrespondent der »Neuen Zürcher Zeitung« faßt die Stimmung in London zusammen: »Als ersten Eindruck der Erklärung, welche die polnische Regierung herausgegeben hat, kann man in London überall nur Enttäuschung feststellen. Die polnische Regierung hat sich nicht mit einer sachlichen Stellungnahme zu der zänkerischen und verunglimpfenden Note der Sowjetregierung begnügt, sondern vielmehr auch diese Gelegenheit wahrgenommen, um ihren Standpunkt in allen Fragen, die ihre Beziehungen zu Rußland belasten, von neuem zu bekräftigen, ohne daß dazu nach englischer Ansicht eine Notwendigkeit bestünde. Von einem Versuch zu einer konzilianten Haltung ist keine Spur zu entdecken.« [85]

Unter diesem Druck läßt die polnische Exilregierung am 29. April ihren an das IKRK gerichteten Antrag endgültig fallen. [86] Sie erklärt gegenüber »United Press«: »Die Szene hat jetzt gewechselt und befindet sich nunmehr in Moskau, bis wir die russische Stellungnahme erfahren.« [87] Am 4. Mai folgt eine offizielle Erklärung. [88]

Während die polnische Regierung gelähmt abseits steht, sucht der sowjetische Botschafter in London, Iwan Maisky, den britischen Außenminister Anthony Eden zur ersten Besprechung seit dem Abbruch der Beziehungen zwischen Moskau und der Regierung Sikorski auf. [89] In Moskau kommen parallel die Botschafter Großbritanniens und der USA mit sowjetischen Regierungsstellen zusammen. Sie erhalten dazu genaue Anweisungen ihrer Regierungen für ihre Stellungnahmen. [90]

Goebbels weist unterdessen die deutschen Medien an, angesichts des Bruches zwischen Moskau und der polnischen Exilregierung keine Triumphgefühle zu zeigen. Der Bruch sei zwar ein großer Erfolg der deutschen psychologischen Kriegführung, aber es wäre unklug, dies in der Öffentlichkeit demonstrativ hochzuspielen. Auf einer Konferenz im Propagandaministerium erläutert er am 28. April, daß offene Schadenfreude nur dazu beitragen könnte, den Bruch zu heilen. Alle Propagandaämter hätten die größte Zurückhaltung zu wahren. Am Tag zuvor hatte er in seinem Tagebuch vermerkt, wie sehr gerade er selbst Triumphgefühle verspürt: »Das wichtigste Thema der gesamten internationalen Debatte ist natürlich der Bruch zwischen Moskau und der polnischen Emigrantenregierung. Einheitlich ist die Meinung aller Feindsender und Feindzeitungen darüber, daß der Bruch als ein totaler Erfolg der deutschen Propaganda, insbesondere meiner Person, anzusehen sei. Man bewundert die außerordentliche List und Geschicklichkeit, mit der wir es verstanden haben, an dem Fall Katyn eine hochpolitische Frage aufzuhängen. In London ist man über diesen Erfolg der deutschen Propaganda auf das äußerste bestürzt. Man sieht jetzt mit einem Male Risse im alliierten Lager auftauchen, die man vorher nicht wahrhaben wollte. Man spricht von einem vollkommenen Sieg Goebbels'. Sogar die maßgeblichen USA-Senatoren geben sehr ernste Kommentare.« [91]

Die deutsche Propaganda versucht, weiter Spannungen zwischen den gegnerischen Verbündeten zu schüren. Außenminister Ribbentrops Beauftragter für Propaganda, Megerle, läßt über deutsche Vertretungen in neutralen Ländern das Gerücht ausstreuen, das polnische Ersuchen an das IKRK um eine Untersuchung sei auf Empfehlung der britischen Regierung zustandegekommen. So soll Mißtrauen zwischen London und der Sowjetunion gesät werden. Tatsächlich sieht sich Lordsiegelbewahrer Viscount Cranborne veranlaßt, am 25. Mai 1943 im Unterhaus ausdrücklich festzustellen, daß die polnische Regierung ohne Kontaktaufnahme mit der britischen Regierung gehandelt habe. [92]

Im deutschen Machtbereich verfehlt die Propaganda insgesamt ihre Wirkung, auch wenn besonders in der Frühphase gewisse Erfolge registriert werden. Das Amt III beim Chef der Sicherheitspolizei und des SD ist mit der ständigen Auswertung der Stimmungslage befaßt. In dem Aktenkomplex »Meldungen aus dem Reich« wird am 19. April protokolliert:

»Die Einstellung vieler Volksgenossen wird den Meldungen zufolge nach wie vor durch eine minder rege Beschäftigung mit den einzelnen Frontereignissen sowie durch bestimmte festgefahrene Ansichten gekennzeichnet: ›Im Osten muß die Sommeroffensive die Entscheidung bringen.‹ – ›In Tunesien steht ein deutsches Dünkirchen bevor.‹ – ›Im Luftkrieg sind wir z. Zt. so gut wie ohnmächtig.‹ In dieser Situation habe die Nachricht von dem Massengräberfund im Walde von Katyn als sensationelle Neuigkeit einen großen Teil der Volksgenossen stark beschäftigt. Die zu diesem Ereignis besonders zahlreich vorliegenden Meldungen besagen übereinstimmend folgendes:

1. Die in letzter Zeit bei nicht wenigen Volksgenossen unter der Wirkung von Parolen wie ›die Sowjets sind nicht so schlimm, wie sie hingestellt werden‹ schwächer gewordenen Gefühle des Hasses und der Angst vor dem Bolschewismus seien wieder stark belebt. Das Schicksal der 12 000 Polen werde als Beispiel dafür betrachtet, wie es großen Teilen des deutschen Volkes bei einem Sieg der Russen ergehen würde.

2. Unter den Angehörigen der Ostfront-Soldaten, besonders von Offizieren, die seit Stalingrad vermißt sind, herrsche äußerste Besorgnis, daß die Sowjets mit den deutschen Kriegsgefangenen verfahren würden wie seinerzeit mit den polnischen Offizieren.

3. Im übrigen erörtere ein großer Teil der Bevölkerung die Liquidierung des polnischen Offizierskorps unter humanitären Gesichtspunkten und gelange deshalb zu der Schlußfolgerung, es sei ›merkwürdig‹ oder gar ›heuchlerisch‹, daß die deutsche Propaganda nunmehr ›ihr Herz für die Polen entdeckt habe‹. Dabei verweise man einerseits auf die Tatsache, daß von den Polen 60 000 Volksgenossen in Bromberg und anderen Orten ermordet worden sind, andererseits erkläre man, ›wir haben kein Recht, uns über diese Maßnahme der Sowjets aufzuregen, weil deutscherseits in viel größerem Umfang Polen und Juden beseitigt worden sind‹. Mit der letzteren Argumentation werde besonders in intellektuellen und konfessionell orientierten Kreisen gegen die ›propagandistische Ausschlachtung‹ des Fundes im Wald von Katyn geeifert.

4. In gegnerisch eingestellten Kreisen werde, so heißt es in vielen Meldungen, ›die ganze Geschichte als ein Ablenkungsmanöver für die nordafrikanische Schlappe‹ bezeichnet. Die Leichenfunde seien gewiß schon seit längerer Zeit bekanntgewesen. Man habe sich ihre Auswertung auf einen Zeitpunkt aufgespart, wo man dem deutschen Volke ›wieder einmal etwas vorsetzen mußte, um eine ungünstige Entwicklung zu vertuschen‹.

5. Die Ansichten über die Wirkung des Falles auf das neutrale und feindliche Ausland seien zunächst noch geteilt. Vielfach verspreche man sich außerordentlich viel davon, insbesondere eine grundsätzliche Änderung in der anglo-amerikanischen Einstellung zur Sowjetunion.«

Unter »Aufnahme und Auswirkung der allgemeinen Propaganda, Presse- und Rundfunklenkung« heißt es weiter:

»1. Die Behandlung des Massenmordes von Katyn hat in der gesamten Bevölkerung einen starken Widerhall gefunden. Auf viele Volksgenossen, besonders auf Frauen, hätten die in den Veröffentlichungen mitgeteilten Tatsachen erschütternd gewirkt. Erwähnt werden u.a. Aufsätze wie der in der Kieler Zeitung vom 15. 4. ›GPU-Mord im Wald von Katyn‹ oder im Freiheitskampf vom 15. 4. ›Aufschluß über den Geist der jüdischen Rasse‹. In der Fülle der Berichte, die sich nach gleichartigen Beobachtungen gegenseitig stark an Wirkung nehmen, wenn sie nicht neue Tatsachen enthalten, habe der Augenzeugenbericht, den Major Balzer im Rundfunk gab, besonders beeindruckt. Viele Volksgenossen hätten bei diesen grauenvollen Schilderungen allerdings ›kaum noch hinhören‹ können, und insbesondere im Anschluß an diesen Bericht seien viele Stimmen der Besorgnis über das Schicksal der deutschen Kriegsgefangenen in der Sowjetunion angetroffen worden. Der Leichenfund von Katyn habe zweifellos allen Kreisen der Bevölkerung erneut Anlaß gegeben, über das Vorgehen des Bolschewismus und des Judentums nachzudenken, und viele Volksgenossen äußerten sich mit Abscheu über diese Herrschaftsmethoden, durch die unser Kampf in überzeugender Weise seinen Sinn und seine Berechtigung erhalte.

Der weitaus größere Teil der Bevölkerung nimmt über die mitgeteilten Tatsachen hinweg dahingehend Stellung, daß die Entdeckung der Massengräber unter dem Gesichtspunkt einer deutschen Auslandspropaganda geradezu ein ›Geschenk des Himmels‹ sei, um unsere Auffassungen über Bolschewismus und Judentum wirkungsvoll zu belegen. Zumeist wird daran die Hoffnung geknüpft, daß es uns mit diesem Material diesmal gelingen könnte, das neutrale und feindliche Ausland weitgehend in unserem Sinne zu beeinflussen. Man lasse daher die Propagandaaktion, in der die Toten von Katyn ›nach allen Regeln der Kunst ausgeschlachtet werden‹, ›über sich ergehen‹, und nehme es in Kauf, daß man den Mord von Katyn ›in jedem Nachrichtendienst vorgesetzt‹ bekomme, wobei die Sowjets, die Engländer und die Juden in gleicher Weise mit der Verantwortung belastet würden. Es wird der Propaganda verschiedentlich ›mit einem Augenblinzeln‹ unterstellt, daß ›nicht alles haargenau zu stimmen‹ brauche. Allerdings sprächen die weitgehende Heranziehung der ausländischen Presse, die herbeigeführten Besichtigungen durch Polen und die angeforderte Beteiligung des Roten Kreuzes wie auch das bisher verzeichnete Echo auf seiten der Bolschewisten, der Eng-

länder und der polnischen Emigrantenregierung in London dafür,
daß wir in Bezug auf die Mordtat von Katyn ›sehr handfeste‹ Unterlagen in der Hand hätten. Im Hinblick auf das Ausland sei es wohl notwendig, daß durch Presse und Rundfunk derartig ›toll aufgedreht‹
werde, und die Presse Aufsätze in Formulierungen bringe, die man
an sich ›kaum noch lesen‹ könne, so z.B. wenn die »Oberdonau-
Zeitung« vom 15. 4. einen weiteren Bericht unter die Überschrift
stelle »die Genickschußorgie von Katyn«.

Mit einem weiteren Augenblinzeln wird zugestimmt, daß die deutsche Propaganda sich ›keine Schwachheit anmerken‹ lasse, daß sie
die toten Polen gegen die Sowjets und die Juden benutze, obwohl
wir selbst mit den Polen, Juden und Bolschewisten ›nicht gerade
wählerisch umgegangen‹ seien . . .«

Am 22. April heißt es dann ebenfalls unter »Aufnahme und Auswirkung der allgemeinen Propaganda-, Presse- und Rundfunklenkung«:
»!. Die Veröffentlichung zur Auffindung der Massengräber polnischer Offiziere sind weiterhin stark besprochen worden. In den einfachsten Kreisen der Bevölkerung wird vielfach geäußert: ›Da kann
man sehen, was uns geblüht hätte, wenn die Sowjets nach Deutschland gekommen wären.‹ . . . Viele Beobachtungen gehen dahin, daß
bei den Frauen und besonders in den Gebieten mit überwiegend
bäuerlicher Bevölkerung der Eindruck der Berichte am stärksten gewesen sei. Zum Teil wirkt noch der als erschütternd empfundene Er-
lebnisbericht von Major Balzer nach. Gut eingeschlagen hat auch das
Hörspiel ›Moskau dementiert Katyn‹, in das die Rolle der Frau eines
ehemaligen polnischen Offiziers wirkungsvoll eingebaut gewesen
sei, und das mit dem gebotenen ›Blick hinter die Kulissen‹ das Wirken der Juden eindringlich dargestellt habe . . .

Wenig durchschlagend habe der Einsatz von Dichtern gewirkt, wie
er in dem Artikel ›Europäische Dichter in Katyn‹ im VB (»Völkischer
Beobachter«) vom 25. 4. von Dr. Koch behandelt wurde. Vielfach
werde es schon als ›sonderbar‹ bezeichnet, daß man einen Tsche-
chen, einen Polen, einen Spanier und zwei Finnen als ›europäische
Dichter‹ nach Katyn entsandt habe. Z.T. werde sehr ironisch von
dem ›Dichtertreffen von Katyn‹ gesprochen.«

Zu trösten versucht sich die deutsche Propaganda deshalb mit ihren Beobachtungen unter Polen. So wird am 13. Mai protokolliert: »Nach übereinstimmenden Meldungen aus allen Teilen des Reiches ... habe die Nachricht von dem bolschewistischen Verbrechen Katyn bei einem großen Teil der im Reich eingesetzten polnischen Zivilarbeiter starke, aber unterschiedliche Beachtung gefunden. Besonders in der Industrie arbeitende Polen hätten jede Einzelheit mit betontem Interesse verfolgt, während die in der Landwirtschaft tätigen Polen teilweise über Katyn überhaupt nicht unterrichtet gewesen seien.

Der Massenmord von Katyn, der als ein national-polnisches Unglück angesehen wird, habe zum großen Teil eine tiefe Niedergeschlagenheit mit sich gebracht. Empörung und Haß gegen den Bolschewismus, verbunden mit Rachegefühlen, werden aus dem ganzen Reichsgebiet gemeldet. Selbst Polen, die noch vor kurzem mit dem Bolschewismus sympathisierten, hätten ihre Meinung korrigiert ...

Wie aus den zahlreichen Meldungen weiter ersichtlich ist, hätten die Polen ihre im Laufe der Zeit angebahnten Freundschaften zu den Ostarbeitern ostentativ abgebrochen. Es sind sogar Fälle berichtet worden, wo es zwischen Ostarbeitern und Polen zu regelrechten Schlägereien gekommen sei. Aus Saarbrücken wird hierzu berichtet: In Weinheim, wo sich ein größeres Ausländerlager befindet, kam es zu einer Schlägerei zwischen Polen und Ostarbeitern, wobei von seiten der Polen Worte fielen wie: Das sind die Mörder unserer Offiziere. Aus Königsberg liegt eine ähnliche Meldung vor ...

Bemerkenswert erscheine auch die Tatsache, daß viele Polen die Schuld an diesem Massenmord den Juden geben ... Wie groß die Erbitterung bei vielen Polen gegen die Sowjetunion ist, geht aus den zahlreichen Wünschen, im Heer gegen den Bolschewismus kämpfen zu dürfen, hervor ...

Besonders erfreuliche Auswirkungen seien auch insofern festzustellen, als die Arbeitswilligkeit und das Benehmen seit Katyn sich beachtlich gebessert hätten ...

Verschiedentlich konnten auch Briefe der Polen erfaßt werden, deren Inhalt sich mit Katyn befaßte. Im allgemeinen war im Ton der Briefe eine große Trauer festzustellen, die im weiteren Verlauf zu einer sichtlichen Empörung umschlug. Man schrieb von ›roten Henkern‹, ›bolschewistischen Verbrechern‹ und ›bestialischen Mördern‹ . . .

Neben der großen Zahl der polnischen Arbeiter, die den deutschen Berichten über Katyn restlos Glauben schenken würden, seien aber noch genug Polen vorhanden, die Katyn als eine aufgebauschte deutsche Zweckpropaganda hinstellten. Es handelt sich hier in der Hauptsache um kommunistische Elemente. Von diesen werde vor allem die Zahl der ermordeten polnischen Offiziere angezweifelt. Aussprüche wie ›Soviel Offiziere hat die polnische Armee gar nicht gehabt.‹ seien immer wieder zu hören. Diese sowjetfreundlichen Polen führen an, daß Deutschland neue Soldaten brauche und gezwungen sei, auf die Polen zurückzugreifen . . . Nach vielen Meldungen sei ein Teil der Polen vollkommen uninteressiert oder zumindest abwartend eingestellt . . .«

Wovon die Auswerter der Propagandawirkung nichts wissen, ist eine Begebenheit im Kriegsgefangenenlager Lübeck. Polen und Belgier sind dort interniert. Dort war im Frühjahr 1942 der einzige Russe eingeliefert worden. Er erhielt einen Raum für sich, und vor seinem Fenster wurde ein besonderer Posten aufgestellt. Der Name des Gefangenen ist Jakob Dschugaschwili – der Sohn Stalins. Die polnischen und belgischen Offiziere drängen sich, ihn zu besuchen. Sie müssen sich vorher anmelden und sogar förmlich in ein »Gästebuch« eintragen. Als 1943 die Entdeckung der Gräber bekannt gegeben wird, sucht der polnische Oberleutnant Lewszecki, der fließend russisch spricht, Dschugaschwili in der Hoffnung auf, vielleicht mehr erfahren zu können. Schnoddrig ist die Antwort des Sohnes Stalins: »Was soll all das Geschrei um 10 000 oder 15 000 Polen? Bei der Kollektivierung der Ukraine gingen rund drei Millionen Menschen zugrunde. Was sollen uns die polnischen Offiziere . . . Es war die Intelligentia, das gefährlichste Element für uns, sie mußten ausgeschaltet werden.« Zum Trost versichert er, sie seien »auf eine menschliche

Art, nicht mit den brutalen Methoden der Deutschen« liquidiert
worden. [93]

In Polen können die antideutschen Gefühle angesichts der brutalen
Unterdrückung, Ausbeutung und Umsiedlungspolitik unter Gene-
ralgouverneur Hans Frank und SS-Obergruppenführer Friedrich
Wilhelm Krüger durch die Propaganda kaum gemindert werden. [94]
Die Morde an Deutschen nehmen zu dieser Zeit in erschreckender
Weise zu. Züge werden überfallen, die Straßen sind unsicher. Am
19. April hatte die Liquidierung des Warschauer Ghettos begonnen.
Die Niederschlagung des Aufstandes zieht sich bis Ende März hin.
Frank wird schließlich am 10. Dezember 1943 in seinem Tagebuch
festhalten, »daß die Propaganda im Fall Katyn keine durchschlagen-
de Wirkung gezeigt« habe. [95] Die westliche Öffentlichkeit ist von
Politik und Medien eher prosowjetisch gestimmt und glaubt eher die
sowjetische Version. Außerdem sieht sie den Zusammenhalt des alliierten Lagers als vordringlich an. Die Eindrücke der aus den Kriegsgefangenenlagern nach Katyn delegierten Offiziere bedeuten für die
Aufklärung in den Heimatländern USA und Großbritannien praktisch nichts.

Während in Großbritannien zumindest nach außen hin noch die Rede davon ist, daß der sowjetisch-polnische Bruch möglichst irgendwie wieder gekittet werden sollte, visiert Moskau bereits das nächste
Ziel an, nämlich die Aufstellung einer sowjetpolnischen Armee. Die
Kommentare der britischen und amerikanischen Presse werden in
Moskau nicht veröffentlicht. Nicht einmal der Hinweis des IKRK,
daß es ohne Zustimmung aller Beteiligten keine Untersuchung der
Gräber von Katyn vornehmen könne, ist in Moskau allgemein bekannt. [96]

Das Tagesgespräch in Moskau bildet ein Artikel der »Iswestija« aus
der Feder von Wanda Wassilewska, Ehefrau des kürzlich zum stellvertretenden Außenkommissar der Ukrainer ernannten ukrainischen Dichters Korneytschuk, Vorsitzender der »Union polnischer
Patrioten«. In dem Beitrag wird die Aufstellung einer polnischen Armee auf sowjetischem Boden gefordert. Wanda Wassilewska behauptet, daß »die polnische Regierung in London niemals Polen,

sondern nur eine kleine Gruppe von Emigranten vertrat, die nichts mit dem besetzten Polen gemeinsam hat«. Weiter schreibt sie: »Wir wünschen nicht, daß durch die Taten dieser Regierung ein Schatten auf die polnische Nation fällt. Als General Anders seine Truppen nach Bagdad führte, verlangten wir die Aufstellung einer polnischen Streitmacht auf Sowjetgebiet. Wir wollten Truppen bilden, die nicht monatelang in Zelten sitzen, sondern Schulter an Schulter mit der russischen Armee kämpfen. Wir glauben, die Sowjetregierung wird uns erlauben, von hier aus für unser Land mit den Waffen zu kämpfen.« [97] Um Wanda Wassilewskas Bedeutung zu unterstreichen, erhält sie in diesen Tagen den Kulturpreis der Sowjetunion. Und für die »neue« polnische Armee steht auch schon ein Führer bereit – »General« Berling.

Und parallel zur »Iswestija« veröffentlicht TASS einen Leitartikel in der »Prawda«, in dem die polnische Exilregierung einer perfiden Haltung gegenüber der Sowjetunion bezichtigt wird. »Seit langem«, heißt es in der »Prawda«, »schämen sich die imperialistischen polnischen Kreise nicht, in Presse und Radio sowie durch Reden polnischer Minister ihre Ansprüche auf Territorien der Sowjet-Ukraine, Sowjet-Weißrußland und Sowjet-Litauen bekanntzugeben. Am 25. Februar 1943 hat die polnische Regierung eine offizielle Erklärung veröffentlicht, aus der hervorgeht, daß sie nicht gewillt ist, die historischen Rechte der ukrainischen und der weißrussischen Völker auf ihre Staatszugehörigkeit anzuerkennen. Diese Erklärung zeigt, daß die polnische Regierung die Eroberungspolitik der imperialistischen Staaten billigt, obwohl diese Staaten Gebiete unter sich verteilt haben, die von jeher ukrainisch oder weißrussische Territorien waren, und daß die polnische Regierung den ukrainischen und weißrussischen Völkern das Recht abspricht, sich mit den Völkern gleicher Rasse zu vereinigen. Diese Erklärungen dienen einzig und allein der Sache der Feinde der slawischen Völker. Sie brechen die einheitliche Front der slawischen Völker im Kampfe gegen die deutsche Invasion. Die Tatsachen beweisen, daß die aggressiven Absichten der polnischen Imperialisten die wahre Ursache für die feindliche Kampagne der polnischen Regierung gegen die Sowjetunion bilden und daß diese ganze Kampagne von der polnischen Regierung unternommen wurde, um bei ihr Konzessionen territorialer Natur, die den Interessen der Sowjet-Ukraine, Sowjet-Weißrußlands und Sowjet-Litauens widersprechen, zu erpressen. Durch ihr perfides Vorgehen hat die polnische Regierung ihre Beziehungen zur Sowjetunion de facto abgebrochen und eine ausgesprochen feindliche Haltung eingenommen. Es besteht kein Zweifel, daß das polnische Volk, das so tapfer gegen die deutschen Eindringlinge für seine Ehre, Freiheit, Unabhängigkeit und sein Recht ums Dasein kämpft, die verräterische Haltung General Sikorskis verdammen und brandmarken wird, da er der Sache der freiheitsliebenden Völker einen schweren Schlag versetzt hat. Die Note der Sowjetregierung vom 26. April bekräftigt den unbeugsamen Willen der Sowjetunion, sich aufs energischste einem Versuch zu widersetzen, der die souveränen Rechte des Sowjetstaates und der Völker der Sowjetunion tangiert.« [98]

So weiß Stalin die Entdeckung der Gräber von Katyn für sich zu nutzen. Daß bereits zu diesem Zeitpunkt – und nicht erst nach Jalta oder noch später – erkennbar ist, daß diese Politik zur Sowjetisierung Nachkriegspolens führen wird, belegt die klarsichtige Analyse der »Neuen Zürcher Zeitung«: »Das Gebäude der russisch-polnischen Freundschaft, das vor über einem Jahr mit dem Besuch Sikorskis bei Stalin aufgerichtet worden war, ist zusammengebrochen . . . Die Gereiztheit, die aus den amtlichen und halbamtlichen Moskauer Verlautbarungen sprach und die sich im Abbruch der diplomatischen Beziehungen zu Polen so verhängnisvoll ausgewirkt hat, ist zweifellos nicht allein mit der Kränkung zu erklären, die Rußland durch die Verdächtigung, daß es tatsächlich die ›Liquidierung‹ der polnischen Offiziere vorgenommen haben könnte, zugefügt wurde. Man darf wohl annehmen, daß der Entschluß der polnischen Exilregierung den Fehdehandschuh hinzuwerfen, schon durch die ganze Entwicklung vorbereitet war, die das russisch-polnische Verhältnis in der letzten Zeit genommen hatte, daß der ›Fall‹ von Katyn für Stalin auch einen willkommenen Anlaß darstellt, um die Kontroverse mit Polen, die bisher aus Rücksicht auf die angelsächsischen Verbündeten von der Sowjetregierung immer noch in diplomatischen Formen fortge-

setzt werden mußte, nunmehr gewaltsam abzubrechen. Die polnischen Gebietsforderungen haben in Rußland eine steigende Verstimmung hervorgerufen. Durch die Ernennung des ukrainischen Dichters Korneytschuk, der unlängst Polens Anspruch auf die Westukraine und Weißrußland als ›lächerlich‹ bezeichnet hatte, zum stellvertretenden russischen Außenkommissar hat Stalin neuerdings zu verstehen gegeben, daß er diese 1939 Rußland einverleibten Gebiete nach seinem Siege nicht wieder an Polen herausgeben werde. Soll jetzt die Kennzeichnung der Regierung Sikorski als einer ›faschistenfreundlichen‹ Regierung, die mit Deutschland unter einer Decke stecke, etwa die neue Wendung vorbereiten, daß Stalin ein ›großes, starkes Polen‹, wie er es einst Sikorski gegenüber zugesichert hat, nur wiedererstehen lassen will, wenn es mit der Exilregierung nichts Gemeinsames mehr hat? Das hieße, daß man in Moskau ein Sowjetpolen erstrebt. Daß Rußland sich der Regierung Sikorski, die den Schutz Englands genießt, als Verhandlungspartner entledigen will und sich an Zusagen, die es Sikorski gegeben haben mag, nicht mehr gebunden fühlt, das kann man aus den maßlosen Anschuldigungen an die Adresse der Regierung ohne weiteres ablesen. Die angelsächsischen Mächte, die im Interesse der reibungslosen gemeinschaftlichen Kriegsführung wohl am liebsten jede Diskussion über den Massenmord von Katyn vertagen würden, stehen nun, da der Gegensatz zwischen Rußland und Polen so unverhüllt zum Ausbruch gekommen ist und leicht wieder zu dem alten russisch-europäischen Antagonismus auswachsen könnte, vor einem der schwersten Probleme, die ihnen während dieses Krieges erwachsen sind.« [99]
Briten und Amerikaner sehen Stalins Betreiben der Bildung einer polnischen Gegenarmee und der Aussicht einer polnischen Gegenregierung mit Unbehagen zu. Noch einmal versuchen sie sich im aussichtslosen Unterfangen, die Allianz mit der polnischen Exilregierung zu retten.
Am 4. Mai gibt der britische Außenminister Anthony Eden vor dem Unterhaus in wohlüberlegten Worten eine Erklärung ab: »Das Haus wünscht, daß ich eine kurze Erklärung über die unglücklichen Schwierigkeiten abgebe, die zwischen der polnischen und der russi-

schen Regierung entstanden sind. Ich brauche nicht auf den unmittelbaren Grund des Zwistes einzugehen. Ich möchte nur darauf aufmerksam machen, wie es die polnische und die russische Regierung in ihren amtlichen Bekanntmachungen auch getan haben, mit welchem Zynismus die nationalsozialistischen Mörder von Hunderttausenden von unschuldigen Polen und Russen eine Massenmordgeschichte verwenden, um zu versuchen, die Einheit der Alliierten zu stören. (Beifall.) Von Anfang an hat die britische Regierung alle Anstrengungen gemacht, um sowohl die Polen als auch die Russen davon zu überzeugen, daß den deutschen Manövern auch der Schein eines Erfolges versagt bleiben müsse. Demzufolge hat die Regierung auch mit Bedauern zur Kenntnis nehmen müssen, daß nach einem Appell der polnischen Regierung an das Internationale Rote Kreuz auf Überprüfung der deutschen Behauptungen die russische Regierung sich gezwungen fühlte, die Beziehungen mit der polnischen Regierung zu unterbrechen.« [100] Großbritannien wünsche »keineswegs, irgend jemanden außer dem gemeinsamen Feind mit der Schuld für diese Ereignisse zu belasten ... Eines ist zumindest sicher: Die Deutschen dürfen sich nicht in der Hoffnung wiegen, daß ihre Manöver die gemeinsame Offensive der Alliierten oder den wachsenden Widerstand der versklavten Völker Europas schwächen werden.« [101]

Am folgenden Tag kann Reuter aus Moskau berichten: »Die vom britischen Außenminister Eden im Unterhaus abgegebenen Erklärungen werden in Moskau voll und ganz gebilligt. Wie hier mitgeteilt worden ist, kann in der Frage der polnisch-russischen Beziehungen ein Fortschritt nicht erzielt werden, bis die polnische Regierung in druchgreifender Weise umgebildet sein wird; der Regierung müßten Persönlichkeiten angehören, die in der Lage seien, in realistischer Weise den Tatsachen ins Auge zu blicken. In Moskau ist man gespannt darauf, ob nach den Erklärungen Edens eine solche Umbildung der polnischen Regierung stattfindet.« [102]

Die Brücke zum diplomatischen Eingreifen der USA schlägt nicht ein Politiker, sondern der Moskauer Korrespondent der »Times« und der »New York Times«, Parker – offensichtlich vom Londoner

Foreign Office oder dem State Department inspiriert. Er schreibt einen Brief an »Dear Mister Stalin« und stellt zwei Fragen. Die erste lautet: »Wünscht die Regierung der UdSSR nach der Besiegung des hitlerischen Deutschlands ein starkes und unabhängiges Polen?« Und die zweite: »Auf welchen Grundlagen sollten Ihrer Meinung nach die Beziehungen zwischen Polen und der UdSSR nach dem Krieg gestellt werden?«

Prompt antwortet Stalin »Mr. Parker« – das »dear« läßt er weg. Zur ersten Frage sagt er lediglich: »Ja. Unbestreitbar wünscht sie das.« Auf die zweite diesen Satz: »Auf die Grundlage fester, gutnachbarlicher Beziehungen und gegenseitiger Achtung, oder falls das polnische Volk das wünscht, auf die Grundlage einer Allianz, die gegenseitigen Beistand gegen die Deutschen als Hauptfeinde der Sowjetunion und Polens vorsieht. Hochachtungsvoll J. Stalin.« [103] Parker ist zufrieden. Seiner Ansicht nach hat Stalin nämlich deutlich gemacht, daß die Brücke zwischen ihm und der polnischen Exilregierung wiederhergestellt werden könne.

Der Briefwechsel löst Geschäftigkeit in London aus. Sofort macht sich Außenminister Eden zum sowjetischen Botschafter Maisky in dessen Wohnung auf. Ein etwas ungewöhnlicher Vorgang, denn üblicherweise bestellt ein Außenminister einen Botschafter zu sich. Eden begrüßt die Verbesserung, die durch den Brief Stalins im sowjetisch-polnischen Verhältnis angezeigt worden sei. Gleichzeitig eilt der britische Botschafter in Moskau zu Stalin, um das gleiche auszudrücken.

Die »New York Times« bemerkt, daß der Umstand, daß sich in Stalins Antwort der Begriff Nachbarschaft finde, »schon beruhigend« sei. Und die Londoner »Times« befindet in ihrem Leitartikel, daß der Brief »eine neue, positive Phase in einem Zwist darstellt, der bisher nur dem Feind genutzt hat und aus dem dieser Nutzen ziehen wird, solange dieser Zwist existiert. Der Schaden, der der Sache der Anglo-Amerikaner und damit den Siegesaussichten der Anglo-Amerikaner zugefügt worden ist, daß der Zwist in einen offenen Bruch ausartete, ist ernst genug gewesen; obwohl es nun scheint, daß er repariert werden kann. Jedoch ist klar geworden, daß die Einheit der

Anglo-Amerikaner nicht bloß ein Gerede oder eine diplomatische Fiktion ist, sondern ein politisches Faktum, genügend widerstandsfähig, um auch eine Probe harter Belastung zu bestehen. Der ersten Phase des Zwistes, die von ernster Vorbereitung beider Seiten geprägt war, folgte eine Überbrückungsphase, die nun durch den Brief Stalins einen bedeutenden Schritt vorwärts gebracht worden ist. Es ist nun von größtem Gewicht, daß nichts gesagt oder getan wird, was die Fortsetzung dieser Überbrückungsphase hindern könnte.«

Das bedeutet zusätzlichen Druck auf die Sikorski-Regierung. Indirekt wird sie aufgefordert, die ganze Angelegenheit Katyn beiseite zu lassen. Noch am selben Tag gibt Sikorski dem Korrespondenten Parker eine Erklärung ab. Er versichert, daß die Deutschen stets der gemeinsame Feind der Polen und der Sowjets gewesen seien und daß die Polen ihre freundschaftlichen Beziehungen zur Sowjetunion aufrechterhalten wollten, basierend auf einer gegen Deutschland gerichteten Allianz. Sikorski fügt allerdings hinzu: »Immerhin ist es für mich schwer, nicht meine eigene Auffassung gegenüber einer so günstigen Erklärung Stalins zu haben im gleichen Augenblick, da der polnische Botschafter die Sowjetunion verläßt und Massen von Polen in der Sowjetunion zurückbleiben ohne Schutz und Hilfe durch ihre Regierung. Trotzdem und trotz zahlreicher anderer Faktoren ist die polnische Regierung jedoch bereit, eine positive Antwort auf jede sowjetische Initiative zu geben, die mit den Interessen der polnischen Republik sich vereinbaren läßt.«

Doch Moskau macht unmißverständlich klar, daß es an einer Zusammenarbeit mit der polnischen Regierung nicht im mindesten interessiert ist. Der stellvertretende Außenkommissar Wyschinski gibt vor den Vertretern der internationalen Presse in Moskau eine Erklärung ab, die die »Neue Zürcher Zeitung« so zusammenfaßt: »Wyschinski wies zunächst darauf hin, daß nach dem Abschluß des polnisch-russischen Abkommens am 30. Juli 1941 die Bildung einer polnischen Armee auf russischem Boden begann, deren Stärke nach Vereinbarung zwischen dem polnischen und dem russischen Oberbefehlshaber auf 30 000 Mann festgesetzt wurde. Der polnische General Anders schlug damals vor, daß, sobald die erste Division aktionsbereit sei, die Truppen sofort an die deutsch-russische Front abgehen sollten. ›Die Sowjetregierung finanzierte‹, so führte Wyschinski aus, ›die Aufstellung der polnischen Armee und gewährte eine zinsfreie Anleihe von insgesamt 300 Millionen Rubel, wozu noch fünfzehn Millionen Rubel kommen, die polnischen Offizieren geliehen wurden. Im Dezember 1941 schlug General Sikorski vor, die polnische Armee in der Sowjetunion auf 96 000 Mann zu bringen, woraus sechs Divisionen gebildet werden sollten. Die Sowjetregierung stimmte zu. Als jedoch im Februar 1942 die polnische Armee in der Sowjetunion sechs Divisionen erreicht hatte, wurde entgegen allen Zusagen des polnischen Oberkommandos die Absendung an die Front dauernd verschoben, obwohl anfangs die Bereitschaftszeit auf den 1. Oktober 1941 festgesetzt worden war. Als die Sowjetregierung anfragte, erwiderte General Anders, er halte es nicht für wünschenswert, einzelne Divisionen in den Kampf zu senden, versprach aber den Einsatz der gesamten polnischen Armee für den 1. Juli 1942. Dennoch zeigten das polnische Kommando und die polnische Regierung auch nach diesem Datum keine Bereitschaft, die polnische Armee in den deutsch-russischen Kampf zu schicken. Inzwischen führte die Verschlechterung der Lebensmittellage infolge des Ausbruchs des Pazifikkrieges zu der Notwendigkeit, die Rationen für Nichtkämpfende in der Sowjetunion herabzusetzen. Da das polnische Kommando sich nicht willens zeigte, die Truppen an die Front zu senden, mußte die Sowjetregierung sie als Nichtkämpfende betrachten, weshalb sie am 1. April 1942 beschloß, ihnen nur die für diese vorgesehene Rationen zu erteilen.

Entsprechend den Wünschen der polnischen Regierung begann im März 1942 die Evakuierung der polnischen Truppen mit Ausnahme von 44 000 Mann, die in der Sowjetunion bleiben sollten. 31 000 Mann wurden nach dem Iran geschickt. Außerdem wurden 12 000 Familienmitglieder polnischer Militärangehöriger ermächtigt, die Sowjetunion zu verlassen. Am 10. Juni 1942 informierte die Sowjetregierung die polnische Regierung, daß sie mit Rücksicht darauf, daß den polnischen Truppen der Einsatz an der deutsch-russischen Front nicht ermöglicht worden sei, keine weitere Aufstellung polnischer Formationen in der Sowjetunion gestatten könne, worum die polnische Regierung ersucht hatte. Gleichzeitig erhob sich die Frage der Gesamtevakuierung der polnischen Armee nach dem Nahen Osten, worauf weitere 44 000 Mann evakuiert wurden. Auch den Wunsch der polnischen Regierung, daß 25 000 Familienmitglieder polnischer Militärangehöriger mit den Truppen die Sowjetunion verlassen könnten, wurde von der Sowjetregierung stattgegeben, worauf bis 1. September 1942 tatsächlich über 25 000 Familienmitglieder evakuiert wurden. Auch als kürzlich der polnische Botschafter Romer die Frage nach 110 Familienmitgliedern, die nicht rechtzeitig in den Evakuierungszentren eintrafen, aufwarf, entschied die Sowjetregierung im positiven Sinne. Die Behauptungen, die Sowjetregierung habe die Abreise solcher Familienmitglieder behindert, sind unwahr.‹

Zur Frage der Staatsbürgerschaft der Polen aus den Westprovinzen der Ukraine und Weißrußlands erklärte Wyschinski: ›Das Präsidium der Obersten Sowjets verordnete im November 1939, daß die Einwohner jener Gebiete Sowjetbürger seien, aber die Sowjetregierung erklärte am 14. August 1941 ihre Bereitwilligkeit, die Polen aus jenen Gebieten als polnische Bürger zu betrachten, um die Aufstellung der polnischen Armee zu erleichtern. Die polnische Regierung erklärte sich damit jedoch nicht zufrieden und erhob Territorialansprüche auf die besagten Gebiete. Als mit der Evakuierung der polnischen Truppen im August 1942 die Notwendigkeit der Aufstellung polnischer Formationen in der Sowjetunion dahinfiel, fiel auch der Grund für eine Ausnahmebehandlung der Polen aus der Ukraine und Weißrußland dahin, weshalb die Sowjetregierung im Januar 1943 die polnische Regierung informierte, daß die Erklärung vom August 1942 ungültig geworden sei.‹

Wyschinski ging dann auf das Hilfswerk für Polen in der Sowjetunion ein und erklärte, die polnischen Vertreter hätten weitgehende Möglichkeiten erhalten, das Werk durchzuführen, aber ›es ergab sich‹, erklärte der Minister, daß die örtlichen Vertreter und eine Anzahl der Mitglieder des Stabes die Pflichten der loyalen Zusammenarbeit mit den Sowjetbehörden nicht ehrlich erfüllten, sondern eine sowjetfeindliche Tätigkeit, ja sogar Spionage betrieben. Die Schuldigen sind dann vor ein Gericht gestellt worden, das feststellte, daß die örtlichen Vertreter der Botschaft unter dem Deckmantel der Wohltätigkeit – dabei bedienten sie sich bedürftiger Polen – Spionage ausübten. Die Hauptorganisatoren dieser feindseligen Tätigkeit waren einige Mitglieder des Botschaftspersonals. Einige dieser Personen wurden aus der Sowjetunion deportiert, andere zu Freiheitsstrafen von verschiedener Dauer verurteilt.« [104]

Die Verurteilung von Botschaftsangehörigen wegen »Spionage« ist ein neuer Schlag gegen die polnische Exilregierung. Gleich nach dem Erhalt der sowjetischen Note über den Abbruch der Beziehungen hatte Botschafter Romer alle Vorbereitungen treffen lassen, um nach Kuibyschew zu fahren, wo sich das weitere Botschaftspersonal, mit Angehörigen etwa hundert Personen, befand. Sie sollten alle in den Iran abreisen. Am 29. April fuhr Romer mit der Bahn nach Kuibyschew. Auf dem Bahnhof nahmen neben anderen Diplomaten auch der britische und der amerikanische Botschafter Abschied von Romer. Doch in letzter Minute schlagen die Sowjets nochmal zu. Zu den Verurteilten oder Ausgewiesenen gehören General Wolibowski, die Botschaftssekretäre Arlad, Isolenski, Grouja, Glawowski sowie zahlreiche Attaches. [105]

Der polnische Außenminister Graf Raczynski reagiert auf die sowjetischen Anschuldigungen empört:»Ich befürchte, daß die Erklärungen des stellvertretenden russischen Außenkommissars Wyschinski nicht dazu beitragen können, die so wünschbare Harmonie der russisch-polnischen Beziehungen und der Beziehungen unter den vereinten Nationen im allgemeinen zu fördern. Da ich für meine Ausführungen ein derartiges Ergebnis nicht wünsche, will ich mich auf einige Richtigstellungen beschränken. Die Wegschaffung der polnischen Armee im Sowjetrußland erfolgte nicht auf Verlangen der polnischen Regierung, sondern sie wurde vielmehr durch die russische Regierung veranlaßt. Das Übereinkommen vom 14. August 1941 sieht die Rekrutierung durch Einstellung von Freiwilligen unter den diensttauglichen Polen vor. Im Frühjahr 1942 veranlaßte die russische Regierung, die Lebensmittel vorschützend, die Rationen für die polnische Armee in dem Sinne herab, daß die Lieferungen nur für 44 000 Mann erfolgten. Da die polnische Armee in diesem Zeitpunkt über 70 000 Mann zählte, wurden ungefähr 30 000 Offiziere und Soldaten im Einvernehmen mit der britischen Regierung nach dem Mittleren Osten übergeführt. Die weggeschafften Truppen hatten von den russischen Behörden keine Waffenausrüstung erhalten.« [106]

Noch deutlicher als in all den diplomatischen Noten und Erklärungen kommt die polnische Verzweiflung in einem Offenen Brief des polnischen Generalmajors Kazimir Schally zum Ausdruck, der nicht in der »Times« oder im »Daily Telegraph«, sondern bezeichnenderweise in der schottischen Zeitung »Scotsman« in Edinburgh veröffentlicht wird: »Der Zweck dieses Offenen Briefes ist es, zu erklären, was die überwiegende Mehrheit der in England lebenden Polen von der Ermordung jener 10 000 polnischen Offiziere denkt. Der Tod dieser 10 000 Offiziere ist für das polnische Volk eine nationale Tragödie. Es ist die Blüte unseres Volkes, die uns genommen wurde. Ergriffen von dieser Tragödie und in tiefer Trauer lehnen wir jede Propaganda ab. Wir fordern Gerechtigkeit und hoffen, daß die Mörder bestraft werden. Überrascht aber sind wir und können es nicht begreifen, daß die Führer der zivilisierten Welt – die Ihr Engländer und Amerikaner sein wollt – von diesem Verbrechen nicht beeindruckt sind. Wir hatten erwartet, daß alle zivilisierten Nationen in einen Schrei der Entrüstung und des Entsetzens ausbrechen würden. Wir dachten, dieses schwere Verbrechen würde sofort in entschiedener Weise verurteilt, und daß die zivilisierte Welt eine genaue Nachprüfung verlangte. Das englische und das amerikanische Volk behaupten, in erster Linie für die christlichen Lebensideale des einzelnen und der Nation zu kämpfen. Warum übergeht man da dieses fürchterliche Verbrechen, das an 10 000 polnischen Offizieren verübt wurde, mit Stillschweigen? Wir erwarten von Euch, daß Ihr mithelft, damit man die Mörder der Gerechtigkeit überliefert.« [107]

In London und Washington sieht man sich zu der nüchternen Einsicht gezwungen, daß die polnische Exilregierung nicht gegen den Willen Stalins zu halten ist. Inzwischen hat Roosevelt eine Sondermission seines alten Freundes und ehemaligen Botschafters in Moskau, den bekanntermaßen ausgesprochen sowjetfreundlichen Joseph E. Davies, vorbereitet. Mit einer Botschaft des Präsidenten soll er zusammen mit dem Sonderbeauftragten Wendell Willkie in den nächsten Tagen zu Stalin reisen. Roosevelt verweigert jede Auskunft über Einzelheiten und teilt mit, daß selbst Davies von dem Inhalt des Schreibens keine Kenntnis habe. Erst bei der Übergabe an Stalin werde er den Inhalt erfahren und könne ihn dann mit dem Sowjetführer diskutieren. Dies ist ein höchst ungewöhnlicher Vorgang, denn Roosevelt übergeht damit seinen eigenen Botschafter in Moskau, Admiral William Standley. Nicht einmal bei der Übergabe des Briefes wünscht Roosevelt die Anwesenheit Standleys.

Erst neun Jahre später wird der Inhalt des Briefes an Stalin bekannt. Roosevelt schlägt Stalin darin vor, sich irgendwo in der Nähe der Bering-Straße zu treffen. Und zwar ohne Churchill; statt dessen sollte Harry Hopkins dabei sein. [108] Und weiter schreibt Roosevelt: »Ich hoffe, Churchill kann Sikorski dazu bewegen, in Zukunft mehr gesunden Menschenverstand an den Tag zu legen.« Der Präsident ersucht Stalin, seinem Schritt gegenüber der Exilregierung den Charakter der Einstellung von Gesprächen und nicht denjenigen eines völligen Abbruches zu geben. [109]

(Die Intrige Roosevelts spielt sich vor dem Vorschlag Churchills Anfang Mai in Washington ab, die »Großen Drei« sollten sich persönlich kennenlernen und treffen. Der von Stalin so überaus angetane Roosevelt wollte die ersehnte Begegnung mit Stalin aber nicht mit Churchill »teilen«. Die spätere zuneigungsvolle Äußerung Roosevelts über Stalin: »Ich mag ihn; und ich glaube, er mag mich auch« dürfte Psychologen Stoff zu Analysen liefern. Stalin ging sogar auf den Vorschlag ein und nannte den 15. Juli für ein Treffen. Als er aber hörte, daß die Eröffnung der zweiten Front verschoben würde, sagte er ab. Bei den Westmächten verstärkte das die Furcht vor einer deutsch-sowjetischen Annäherung und einem Separatfrieden.)

Die gesamte Aufmerksamkeit in London und Washington konzentriert sich auf die Frage, wie der Bruch Moskaus mit der polnischen Exilregierung politisch zu bewältigen sei. Die Frage nach den Mördern der polnischen Offiziere spielt dabei keine Rolle. Die Allianz mit Stalin ist auch eine Allianz der Lüge, die Deutschen hätten das Massaker verübt.

Dabei wird in diesen Tagen ein Bericht vorgelegt, der die Sowjets überzeugend überführt. Das deutsche Propagandaministerium hatte den Reichsgesundheitsführer Dr. Conti beauftragt, eine internationale Kommission gerichtsmedizinischer Sachverständiger von europäischen Universitäten an die Mordstätte einzuladen. Die internationale Kommission war nicht als Alternative zur undurchführbaren Untersuchung des IKRK gedacht, sondern von vornherein parallel organisiert worden. [110]

Der Wunsch der Deutschen, möglichst viele Experten aus Ländern außerhalb der deutschen Machtsphäre zu gewinnen, läßt sich nicht erfüllen. In Schweden hatte sich kein Mediziner bereitgefunden, an der Kommission teilzunehmen. Vertreter aus Spanien, Portugal und der Türkei hatten zwar zunächst zugesagt, ließen sich dann aber wegen transporttechnischer oder gesundheitlicher Probleme – ob zutreffend oder vorgegeben, sei dahingestellt – entschuldigen. [111]

Die Kommission setzt sich schließlich aus folgenden Mitgliedern zusammen:

1. Belgien: Dr. Speleers, Ordentlicher Professor der Augenheilkunde an der Universität Gent;

2. Bulgarien: Dr. Markow, Ordentlicher Dozent für gerichtliche Medizin und Kriminalistik an der Universität Sofia;

3. Dänemark: Dr. Tramsen, Prorektor am Institut für gerichtliche Medizin in Kopenhagen;

4. Finnland: Dr. Saxen, Ordentlicher Professor der pathologischen Anatomie an der Universität in Helsinki;

5. Italien: Dr. Palmieri, Ordentlicher Professor der gerichtlichen Medizin und Kriminalistik an der Universität Neapel;

6. Kroatien: Dr. Milaslawich, Ordentlicher Professor der gerichtlichen Medizin und Kriminalistik an der Universität Agram;

7. Niederlande: Dr. de Burlet, Ordentlicher Professor der Anatomie an der Universität in Groningen;

8. Protektorat Böhmen und Mähren: Dr. Hajek, Ordentlicher Professor der gerichtlichen Medizin und Kriminalistik in Prag;

9. Rumänien: Dr. Birkle, Gerichtsarzt des rumänischen Justizministeriums und Erster Assistent am Institut für gerichtliche Medizin und Kriminalistik in Bukarest;

10. Schweiz: Dr. Naville, Ordentlicher Professor der gerichtlichen Medizin an der Universität Genf;

11. Slowakei: Dr. Subik, Ordentlicher Professor der pathologischen Anatomie an der Universität in Preßburg, Chef des staatlichen Gesundheitswesens der Slowakei;

12. Ungarn: Dr. Orsos, Ordentlicher Professor der gerichtlichen Medizin und Kriminalistik an der Universität Budapest.

Mit Ausnahme des Schweizer Gerichtsmediziners Naville stammen also sämtliche Sachverständige aus Ländern, die mit den Deutschen verbündet oder von deutschen Truppen besetzt waren. Dennoch war an der Integrität der Mitglieder nicht zu zweifeln. Professor Naville von der Genfer Universität hatte eine direkte Anfrage vom Amtsarzt des früheren deutschen Generalkonsulats, Dr. Steiner, erhalten. Zunächst weigerte sich Naville und verwies auf Namen anderer Gerichtsmediziner in der Schweiz. Er selbst nahm persönlich Fühlung mit verschiedenen Fachleuten auf. In den Gesprächen wuchs die Einsicht, daß es nicht darum gehe, den Deutschen einen Dienst zu erweisen, sondern darum, dem Wunsch der Polen nach einer unparteiischen Untersuchung zu entsprechen. Naville holte sich alle notwendigen Ermächtigungen von den politischen und militärischen eidgenössischen und kantonalen Stellen, vor allem dem Eidgenössischen Politischen Departement (EPD), und sagte schließlich zu. [112]

Aus dem besetzten Dänemark nimmt der Pathologe Helge Tramsen an der Kommission teil. Er war nicht von den deutschen Dienststellen, sondern vom dänischen Außenministerium benannt worden. Tramsen war schon deshalb unverdächtig, weil er als Mitglied der dänischen Widerstandsbewegung ein Jahr lang von der Gestapo in einem Konzentrationslager festgehalten worden war. [113]

Von deutscher Seite begleitet Dr. Buhtz, Professor für Gerichtsmedizin und Kriminalistik an der Universität Breslau, die Kommission.

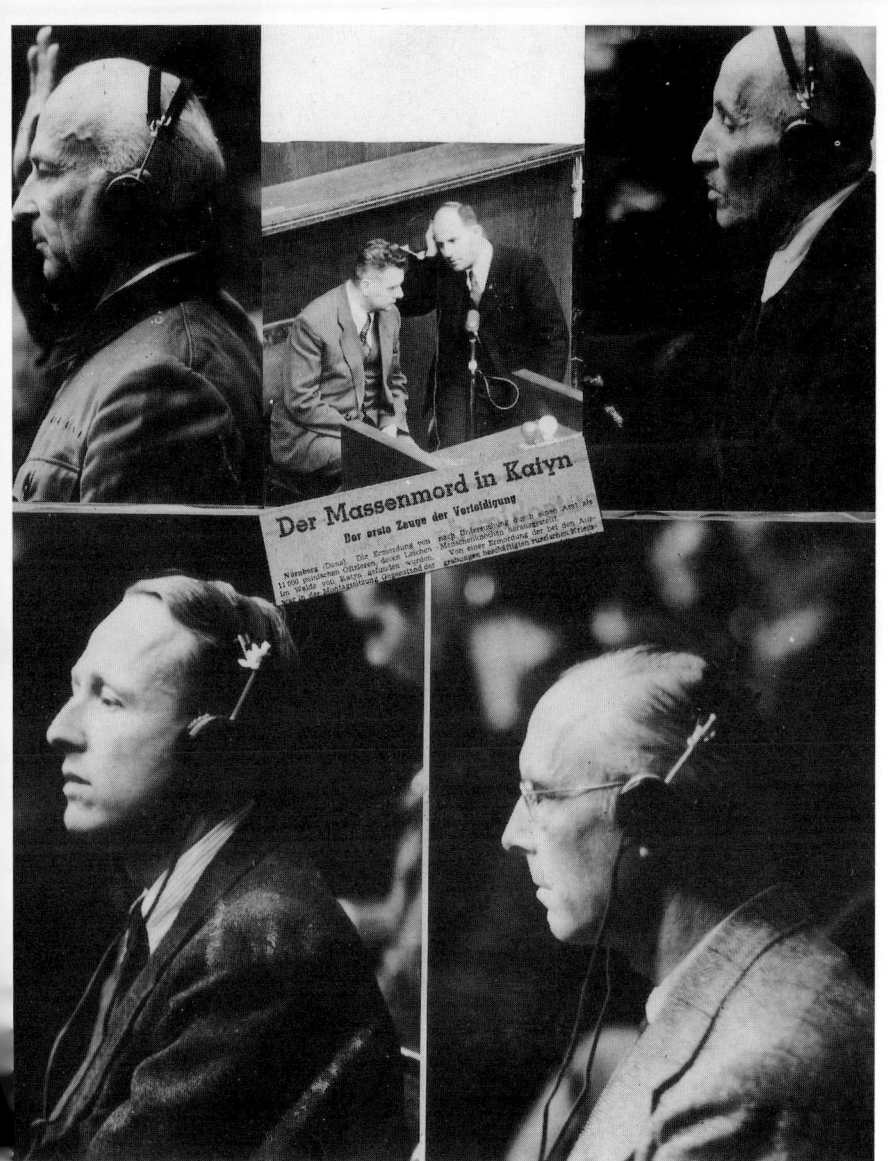

6 Bei den Nürnberger Kriegsverbrecher-Prozessen lasten die Sowjets die Morde von Katyn der
deutschen Wehrmacht an. Für die sowjetische Anklagevertretung sagen der bulgarische Gerichts-
mediziner Professor Markow (oben Mitte, links) und Professor Basilewski (oben rechts) aus
Smolensk aus. Als Zeugen der deutschen Verteidigung treten der ehemalige Generalleutnant
Oberhäuser (oben links), der frühere Leutnant von Eichborn (unten links) und der ehemalige
Oberst Ahrends auf.

8 Der Sonderausschuß des US-Kongresses vernimmt in Washington einen Polen, der Zeuge des Massakers im Wald von Katyn gewesen sein will. Da er Angehörige in Polen hat, wird seine Identität nicht öffentlich bekannt gegeben.

Folgende Seite:
9 Um sich vor Racheakten der Sowjets zu schützen, hat sich dieser polnische Zeuge einen Kissenbezug über den Kopf gestülpt, in den Löcher für Augen und Mund geschnitten sind.

Linke Seite:
7 1952 rollt ein Sonderausschuß des amerikanischen Repräsentantenhauses den Fall Katyn wieder auf. Bei den Vernehmungen in Frankfurt am Main sagt auch der ehemalige amerikanische Ankläger von Nürnberg, Robert Kempner, aus.

Er war vom Oberkommando der deutschen Wehrmacht bereits mit der Exhumierung der Leichen beauftragt worden. Der Professor für Gerichtsmedizin in Wilna, Sengaliewicz, ein früherer Schulkamerad von Buhtz, urteilt über den deutschen Gerichtsmediziner: »Ein Gelehrter von europäischem Ruf und ein über jeden Zweifel erhabener Ehrenmann, der unter keinen Umständen eine zurechtgesetzte Erklärung unterschreiben würde.« [114]

Außerdem war der Medizin-Inspektor Dr. Costedost von der französischen Vichy-Regierung beauftragt worden, den Arbeiten der Kommission beizuwohnen. [115]

Die Kommission kommt am 27. April in Berlin zusammen und fliegt am nächsten Tag nach Smolensk. Im Katyn-Wald obduzieren die Mediziner neun von den Deutschen unberührte Leichen. Außerdem untersuchen sie zahlreiche der 982 bereits exhumierten Toten. Auch Zeugen aus der Umgebung werden gesprochen. Besonderes Gewicht kommt den Feststellungen von Dr. Orsos zu. Er hatte bereits vor geraumer Zeit die Theorie entwickelt, daß sich anhand der Entkalkung des Gehirns der Zeitpunkt des Todeseintritts mit relativer Genauigkeit feststellen lasse. Zwei Jahre vor den Untersuchungen in Katyn hatte er darüber eine Abhandlung auf Ungarisch veröffentlicht. [116] An der Mordstätte verweist er darauf, daß sich an den Schädeln eine mehrschichtige, kalkhaltige Kruste gebildet hatte. Dieser Prozeß sei nur möglich, wenn ein Schädel mindestens drei Jahre lang vergraben liegt. Da an den Leichen keine Insekten oder Insektenreste zu finden sind, die aus der Zeit der Einscharrung stammen könnten, steht fest, daß die Ermordung in einer kalten Jahreszeit geschehen war.

Am 30. April 1943 legen sich die Sachverständigen einstimmig darauf fest, daß die polnischen Offiziere im Jahre 1940 ermordet worden sind und unterschreiben ein gemeinsames Gutachten. Es enthält neben den medizinischen Schlußfolgerungen den Hinweis auf den Umstand, daß in den Taschen keine Papiere mit späteren Daten als vom April 1940 gefunden wurden, Zeugenaussagen der Einheimischen und schließlich die Feststellung des als Sachverständigen hinzugezogenen Forstmeisters von Herff, daß die Kiefern auf den

Gräbern vor drei Jahren umgepflanzt worden sein müssen, da sich zwischen dem Kern und den äußeren drei Jahresringen eine dunkle Abgrenzung ausmachen lasse. In den ersten Maitagen folgt ein Kommunique mit einem ausführlichen Bericht über die Untersuchungen in Katyn. [117] Anschließend gibt die Deutsche Informationsstelle im Auftrage des Auswärtigen Amtes unter dem Titel »Amtliches Material zum Massenmord von Katyn« eine 331 Seiten starke Dokumentation, angereichert mit 67 Fotos, im Berliner Franz Eher Verlag heraus. [118]

Die Frage der Täterschaft ist somit durch internationale und in ihrem Ruf unanfechtbare Wissenschaftler zwar eindeutig geklärt, aber die Hoffnungen der deutschen Führung in die propagandistische Wirkung erfüllen sich nicht. Das ungarische Mitglied Dr. Ferenc Orsos sagt später: »Nach unserer Rückkehr von Katyn nach Berlin und nachdem wir das Protokoll dem Dr. Conti übergeben hatten, beschlossen wir alle, d.h. die ganze Kommission, weder mündlich noch schriftlich irgendetwas über unsere Untersuchungen in Katyn zu äußern, wenn nicht neue wissenschaftliche Erkenntnisse bekannt werden und wir es für nötig erachten sollten, unser Protokoll zu ergänzen ... Uns war die Tatsache bewußt, daß wir den wissenschaftlichen Wert unseres Protokolls zerstören und wahrscheinlich zu Helfern von Propaganda würden, wenn wir über die Dinge reden sollten, die wir gesehen hatten.« Professor Naville aus der Schweiz lehnt den deutschen Vorschlag rundheraus ab, im Rundfunk über seine Eindrücke in Katyn zu sprechen. Entsprechend verhält sich der Däne Tramsen nach einem Angebot des deutschen Reichskommissars Dr. Best. Lediglich das tschechische Kommissionsmitglied Frantisek Hajek spricht im tschechischen Regionalrundfunk über seine Reise nach Katyn. [119] So hat die Untersuchung der Internationalen Ärztekommission in der westlichen Öffentlichkeit kaum Wirkung und schon gar keinen Einfluß auf die politische Haltung Großbritanniens und der USA.

Allerdings will Churchill doch Genaueres wissen. Er schickt eine persönliche Botschaft an den Außenminister, um über den Botschafter bei der polnischen Exilregierung Auskünfte anzufordern: »Mir scheint, Sir O'Malley sollte in aller Heimlichkeit gebeten werden, seine Meinung über die Untersuchung im Wald von Katyn zu äußern. Was hat man von dem Argument, die Birken seien vor einer bestimmten Zeit auf die Gräber verpflanzt worden, zu halten? Hat irgend jemand die Birken gesehen?« [118]

Entsprechend fertigt Owen O'Malley im Mai 1943 einen geheimen Bericht für das Foreign Office an. Ihm steht Material der polnischen Exilregierung zur Verfügung. O'Malley schreibt: »Die Deutschen eroberten Smolensk im Juli 1941, und man wird keine einfache Antwort auf die Frage finden, warum es keinen einzigen der 10000 Offiziere, falls er die Zeit vom Mai 1940 bis zum Juli 1941 überlebt haben sollte, gelungen ist, irgendein Wort an seine Familie durchzubekommen.« Dann behandelt er die widerspruchsvollen Ausflüchte der Sowjets als Antwort auf polnisches Nachfragen und verweist auf die Gewohnheit des NKWD, über jeden Gefangenen genauestens Buch zu führen. [121]

Anschließend liefert O'Malley eine Beschreibung des Grauens, wie es sich in Katyn zugetragen hat: »Setzte sich ein Mann zur Wehr, wurde ihm anscheinend sein Mantel vom Henker über den Kopf gestülpt und um den Hals zusammengebunden, so daß er mit verhülltem Gesicht an den Rand der Grube geführt wurde . . . Der Mantel war an der Stelle, wo er die Schädelbasis bedeckte, von einer Kugel durchlöchert. Jenen hingegen, die gefaßt in den Tod gingen, muß sich der ungeheuerlichste Anblick geboten haben. In der breiten Grube lagen ihre Kameraden, rund um den Innenrand zusammengepreßt, Kopf bei Fuß, wie Sardinen in einer Büchse, nur in der Mitte des Grabens waren sie nicht so ordentlich hingelegt. Auf den Körpern trampelten die Henkersknechte herum, zerrten andere Leichen herunter und stapften im Blut wie Metzger auf einem Schlachthof. Als alles vorüber war, der letzte Schuß gefallen und das letzte polnische Haupt punktiert, da wandten sich die Schlächter der unschuldigsten Beschäftigung zu – vielleicht waren sie in ihrer Jugend in der Landwirtschaft ausgebildet worden –, jedenfalls glätteten sie die Erdklumpen und bepflanzten das Schlachthaus mit kleinen Koniferen.« [122]

Der Ständige Staatssekretär des Foreign Office, Alexander Cadogan, ist erschüttert und notiert: »Dies ist eine tief beunruhigende Angelegenheit. Und ich gebe zu, daß ich mich auf feige Weise von der Szene in Katyn abgewandt habe, aus Angst vor dem, was ich dort hätte vorfinden können. Vielleicht ist noch unbekanntes Beweismaterial vorhanden, das in eine andere Richtung weist, aber angesichts der Beweise, die uns vorliegen, kann man sich schwerlich der Vermutung einer russischen Schuld entziehen.« Außerdem gibt er zu bedenken: »Falls sich die russische Schuld erweisen sollte, können wir dann noch erwarten, daß die Polen in den kommenden Generationen Seite an Seite mit den Russen zusammenleben? Ich fürchte, auf diese Frage gibt es keine Antwort.« Und klarsichtig formuliert er weiter, der Gedanke sei ihm entsetzlich, daß »wir womöglich, nach Vereinbarung und in Zusammenarbeit mit den Russen, gegen die ›Kriegsverbrecher‹ der Achsenmächte einen Prozeß führen und sie vielleicht sogar hinrichten, während wir diese Greuel stillschweigend vergeben. Ich muß zugeben, daß es mir sehr schwerfallen würde, dies schlucken zu müssen.« [123] Der britische Historiker Nicholas Bethell merkt dazu Jahre später an: »Aber er hat es geschluckt. Jahre danach hat er sich weder den Nürnberger Prozessen widersetzt noch ist er gegen den anderen großen Verrat aufgestanden, der in Jalta an den Polen verübt wurde.« [124]

Woran Cadogan dachte, ist eine Konferenz im Januar 1942 in London, als Vertreter Belgiens, Frankreichs, Griechenlands, der Niederlande, Jugoslawiens, Luxemburgs, Norwegens, Polens und der Tschechoslowakei in der sogenannten Erklärung von St. James verlangt hatten, »daß im Geiste internationaler Solidarität die Schuldigen oder Verantwortlichen ohne Ansehen der Nationalität gesucht und vor Gericht gestellt und abgeurteilt und daß die verkündeten Urteile auch vollstreckt würden«. Anschließend war im Oktober 1942 in London eine »Kriegsverbrechenskommission der Vereinten Nationen« gebildet worden, der 17 Nationen angehörten. Die Sowjetunion war nicht beteiligt, weil ihre Forderung, jede einzelne ihrer 16 Republiken solle vertreten sein, von den übrigen Ländern nicht angenommen wurde. Im November 1943 folgt dann eine Kon-

ferenz in Moskau, auf der Großbritannien, die USA und die Sowjetunion beschließen, die Verfolgung von Kriegsverbrechen auf die
Achsenmächte zu beschränken. [125]

Auch Roosevelt ist nicht auf den Bericht der Internationalen Ärztekommission angewiesen, um sich ein Bild über die Hintergründe der
Morde von Katyn zu machen. Der amerikanische Geheimdienst verfügt über eine Anzahl von Berichten; einmal vom Verbindungsoffizier zur polnischen Exilarmee, dem Militärattaché bei der amerikanischen Botschaft in Kairo, Oberstleutnant Szymanski, weiterhin
vom britischen Verbindungsoffizier Hull und schließlich vom Botschafter bei der polnischen Exilregierung und in Belgien, Anthony
J. Drexel Biddle.

Szymanski hatte sich nämlich inzwischen nach Palästina und in den
Irak begeben, wo ihm General Anders umfangreiches Material über
die vermißten Offiziere übergeben hatte. [126] Am 30. April schickt
Szymanski einen Bericht an den Chef des amerikanischen Nachrich-
tendienstes, General George V. Strong, in dem auch noch einmal auf
die Äußerung Berijas im Gespräch mit Berling und Czapski, man habe mit den Polen »einen großen Fehler gemacht«, verwiesen wird.
(Einen gleichlautenden Bericht hatte Oberstleutnant Hulls den britischen vorgesetzten Behörden zugeleitet.)

Aber Szymanski zieht ausgerechnet mit der intensiven Wahrneh-
mung seiner Aufgabe, nämlich Informationen zu sammeln, in diesem Fall den Unmut seiner Vorgesetzten auf sich. Am 19. Dezember
1943 wird das Pentagon ein Telegramm an die US-Heerestruppen im
Nahen Osten funken, in dem Szymanski aufs schärfste kritisiert wird.
Er liefere zu wenig Informationen, heißt es. Gemeint ist allerdings
offensichtlich, nicht die gewünschten Informationen. Denn in einem Atemzug folgt der Vorwurf gegen Szymanski, »für die antisowjetische Gruppe von Polen voreingenommen zu sein«. [127]

Abgesehen von dem Material, das die amerikanischen Geheimdienste zu Katyn bisher gesammelt haben, kommt Roosevelts persönlicher, ausgewählter Mitarbeiterstab unter Leitung von John F. Carter, dem auch Deutschland-Experten angehören, aufgrund eigener
Untersuchungen zu dem Schluß, daß die deutsche Propaganda sich

im Falle Katyn mit der Wahrheit deckt. Carter erstattet Roosevelt mündlich Bericht über die Einschätzung der Hintergründe des Massakers. Anschließend reicht er eine schriftliche Fassung seines Rapports nach und legt einen umfassenden Bericht des polnischen Geheimdienstes bei. [128]

In Katyn gehen nach der Abreise der internationalen Ärztekommission die Exhumierungen weiter. Sie werden zwar von den Deutschen bewacht, ansonsten aber selbständig von einer polnischen Rot-Kreuz-Delegation durchgeführt. Der Leiter dieser Delegation ist Dr. Marian Wodzinski aus Krakau. Was die Deutschen nicht wissen, ist die Tatsache, daß Wodzinski Mitglied der polnischen Untergrundbewegung und der Geheimarmee ist. [129]

Wodzinski stehen freiwillige Arbeiter aus den Dörfern der Umgebung sowie eine Gruppe ihm zugewiesener russischer Kriegsgefangener zur Verfügung. Die Toten werden aus den Gruben herausgeholt, in einer Reihe nebeneinandergelegt und anschließend anhand der Tascheninhalte identifiziert. Alles, was einen Wert für die Identifizierung oder als Erinnerungsstück für die Familie haben könnte, wird in Umschläge gesteckt, die mit einer laufenden Nummer versehen werden. Schließlich werden die Toten in einem neuausgehobenen Gemeinschaftsgrab wieder neu bestattet. Die beiden Brigade-Generäle Bogaterewitsch und Smorawinski erhalten ein Einzelgrab. [130]

Gleichzeitig bringen die Deutschen Journalisten nach Katyn, zum Beispiel zwei aus Portugal und einen aus Schweden. Auch eine Gruppe von zehn Warschauer Fabrikarbeitern wird zur Mordstätte gebracht, damit sie ihre Erlebnisse unter ihren polnischen Landsleuten verbreiten. [131]

Ein Gesprächspartner der Besucher ist Iwan Kriwoserzow, der den Deutschen viele Hinweise gegeben hatte. Er erzählt später: »Wenn sie uns ausfragten, entfernten sich die Deutschen absichtlich mit Ausnahme des Dolmetschers. Später empfahlen sie uns sogar die Wahl eines eigenen Dolmetschers, um so jeden Verdacht, daß ein Druck ausgeübt werde, zu vermeiden.« [132]

Am 6. Juni 1943 werden die Ausgrabungen eingestellt. Kurz zuvor hatten die Arbeiter begonnen, die achte Grube auszuheben, in der schätzungsweise hundert Leichen lagen. Nur 13 von ihnen wurden exhumiert. [133] Sie trugen im Gegensatz zu den anderen Leichen keine warme Unterwäsche und keine Winterkleidung. In ihren Taschen werden Zeitungen mit Daten zwischen dem 1. und 6. Mai 1940 gefunden. Ganz offensichtlich sind es jene Gefangenen, die am 10. und 11. Mai aus Kozielsk abtransportiert worden waren. [134] Offiziell wird der Abbruch der Exhumierung mit dem drückenden Gestank in der Hitze und mit der Fliegenplage begründet. [135] Aber die Deutschen haben noch einen anderen Grund, das letzte Grab nicht vollständig auszuheben. Die deutsche Propaganda hatte schließlich stets von 10 000 bis 12 000 Toten im Katyner Wald gesprochen. Die Deutschen ließen rund 50 sowjetische Kriegsgefangene an verschiedenen Stellen graben, um weiter Tote zu finden. [136] Aber es wurde klar, daß nur knapp 4500 in Katyn liegen. Ein Abbruch der Exhumierungen läßt die genaue Zahl offen und verhindert eine Desavouierung der eigenen Propaganda . . .

Am 7. Juni 1943 werden die letzten Leichen wieder bestattet. Insgesamt sind bis zu diesem Zeitpunkt 4143 Leichen exhumiert worden. 2815 waren vom Polnischen Roten Kreuz identifiziert worden. [137] Dazu hatte Professor Buhtz aufwendige Methoden angewandt und Apparaturen besorgt. Er faßt in seinem Bericht zusammen: »In jedem Falle war das Material infolge restloser Durchtränkung mit später eingedickten Fäulnisflüssigkeiten und Leichenfettsäuren fest miteinander verklebt und von den Rändern her zumeist krustig verbacken. In der Regel gelang es demzufolge nicht, auf mechanischem Wege die einzelnen Schriftstücke unversehrt voneinander zu lösen. Spiritus als lösendes Material zu verwenden, schien nicht angeraten, sonst wären Tinten- und Kopierstiftschriften beseitigt worden. Die Dokumente wurden vielmehr zunächst mit Xylol oder Petroläther, dann mit Chloroform bei Zimmertemperatur behandelt, wodurch erwartungsgemäß infolge Ablösung reichlicher Fettsäuremengen eine bequeme Isolierung der einzelnen Schriftstücke erreicht und infolge starker Aufhellung auch bereits in weitem Maße die Möglichkeit erschlossen wurde, Schriftteile und ganze Texte zu lesen.

Zweifel bei der Identifizierung schriftlicher Eintragungen oder Aufzeichnungen ließen sich nach der beschriebenen Vorbehandlung der Urkunden mittels der Ultralampe oder auf dem Wege der Infrarotphotographie beheben. In wichtigen Fällen wurden auch chemische Hilfsmittel zur Wiedersichtbarmachung von Namenszügen in Ausweisen, auf Familienurkunden u. dergl. angewandt. So gelang es beispielsweise in einem Falle, die über einer Unterschrift lagernde Schicht eines Lichtbildes nach Aufweichung in heißem Wasser mittels Zyankali zu gleichzeitiger Erhaltung der Unterschrift zu beseitigen, während in anderen Fällen ausgebleichte Tintenschriften durch Begasung mit Rhodanwasserstoff wieder deutlich lesbar hervortraten.« [138]

Der deutsche Feldpolizeisekretär Ludwig Voß verfaßt einen Abschlußbericht. [139] Darin wird die Gesamtzahl der Toten auf 8000 bis 9000 geschätzt, bleibt also unter der deutschen Propagandazahl und überschreitet gleichzeitig die tatsächlich gefundene Totenzahl. Das Polnische Rote Kreuz hat rund 3000 Briefe und Postkarten gesammelt. Nirgends ist ein Stempel oder ein Datum aus der Zeit nach April 1940 zu finden. Tagebücher reißen spätestens Anfang Mai 1940 ab. Auch die Polen verfassen einen Bericht. Dem Delegationsteilnehmer Mackiewicz war vor allem nicht entgangen, daß die Gesamtzahl der Toten im Katyner Wald 4500 nicht überschreiten konnte, also in etwa ziemlich genau der Zahl der Inhaftierten des Lagers Kozielsk entspricht. Das Polnische Rote Kreuz veröffentlicht den Bericht zwar nicht, aber die Aufzeichnungen der Augenzeugen gelangen über geheime Kanäle nach London an die Exilregierung. Mackiewicz selbst leitet seine Informationen an die Führung der polnischen Untergrundbewegung in Warschau und Wilna weiter. [140] Sikorski selbst gibt sogar die Hoffnung nicht auf, doch wieder mit Stalin ins Gespräch kommen zu können. Er bittet die amerikanische und die britische Regierung Anfang Juni 1943 um Vermittlung. Als diese zustimmen, läßt die sowjetische Presse sich über den »Faschisten« Sikorski aus. [141] Anschließend besucht Sikorski die polnischen Truppen unter General Anders im Nahen Osten. Im Hauptquartier des polnischen Vertreters in Kairo gibt es eine Pressekonferenz. Anschließend geht er auf einen kleinen Balkon, um etwas frische Luft zu schöpfen. Dem kleinen Kreis von Vertrauten offenbart er, wie sehr er sich erschöpft und enttäuscht fühle. »Morgen muß ich nach London zurück. Seltsam, wie mir der Gedanke zuwider ist.«

Am folgenden Tag fliegt Sikorski von Kairo aus nach Gibraltar. Dort wird er noch einmal gedemütigt. Zufällig ist zur selben Zeit der sowjetische Botschafter Iwan Maisky zu Gast beim britischen Befehlshaber von Gibraltar. Sikorski wird im Hause des Briten so untergebracht, daß er Maisky nicht begegnen kann. [142]

Als Sikorskis Liberator-Maschine am 4. Juli 1943 um elf Uhr abends in der Dunkelheit auf Gibraltar startet, stürzt sie ins Meer. Sikorski, seine Tochter, sein Beraterstab und ein englisches Parlamentsmitglied sterben. Nur der tschechische Pilot kann sich retten. Die Hintergründe des Absturzes werden nie geklärt. Der amerikanische Unter-Staatssekretär Sumner Welles äußert noch Jahre später die Überzeugung: »Das war bestimmt Sabotage.« Im Zusammenhang mit der Frage, wem der Tod Sikorskis nütze, wird auch Churchill in den Verdacht gerückt werden, etwas mit dem »Unfall« zu tun gehabt zu haben. Allerdings bleibt zu bedenken, daß zu dieser Zeit Kim Philby für das Mittelmeer zuständig ist. Daß Kim Philby sowjetischer Agent ist, ahnt zu dieser Zeit noch niemand.

Premierminister der polnischen Exilregierung wird nach dem Tod Sikorskis der bisherige Vizepremier Stanislaw Mikolajczyk, Oberbefehlshaber der polnischen Streitkräfte General Marian Kukiel. Als Mikolajczyk seinen Antrittsbesuch bei Churchill macht, erklärt der britische Premier: »Ich werde für die Freiheit Polens kämpfen. Ich werde kämpfen für ein starkes und unabhängiges Polen; und ich werde niemals aufhören, dafür zu kämpfen. Wir werden viel Ärger mit ihnen (den Russen) haben, glauben Sie mir. Aber glauben Sie mir auch, wenn ich sage, daß ich stets an Ihrer Seite sein werde.« [143] Es sind noch 19 Monate bis Jalta. Dann werden sich die »Großen Drei« darauf verständigen, die kummunistische Gegenregierung, das Lubliner Komitee, zum Kern der »Polnischen Provisorischen Regierung der Nationalen Einheit« zu machen.

Stanislaw Mikolajczyk war übrigens in Deutschland geboren worden. Seine Eltern waren mit ihren insgesamt 15 Kindern ins Kohlerevier des Ruhrgebiets gezogen, doch Vater und Mutter zog es auf den kleinen Bauernhof in Posen zurück. 1920 nahm Mikolajczyk am Krieg mit der Sowjetunion teil und wurde verwundet. Später schloß er sich der Polnischen Bauernpartei an. [144] Nach dem sowjetischen Einmarsch in Ostpolen flüchtete er mit 4000 Mann auf ungarisches Gebiet, wo er interniert wurde. Auf abenteuerliche Weise gelang es ihm, sich zu General Sikorski nach Frankreich durchzuschlagen. Nach der Übersetzung der polnischen Exilregierung nach Großbritannien beauftragte Sikorski ihn mit der Reorganisation der polnischen Untergrundbewegung. [145]

Fast wäre in diesem Sommer 1943 auch das Massengrab der Insassen des Lagers Starobielsk nördlich von Charkow entdeckt worden. Bei Rückzugsgefechten der deutschen und mit Deutschland verbündeten Streitkräften geraten die Gräber in dem NKWD-Waldstück unter Beschuß. Ein mit der Wehrmacht verbündeter Offizier berichtet: »Wir lagen mit unserem Bataillon bei Dergatschi auf einem 3,5 Kilometer breiten Frontabschnitt. Am 13. 7. 1943 (es wurde dort vom 3. bis 22. 8. 1943 gekämpft; deshalb ist wahrscheinlich der 13. 8. 1943 gemeint) gab es morgens ein schweres Artillerieduell mit angreifenden Sowjets, die dann von der deutschen Division »Todt« (gemeint ist wahrscheinlich die 3. SS-Panzerdivision »Totenkopf«) zurück in Richtung Osten abgedrängt wurden. Gegen Mittag am selben Tag meldete mir ein Feldwebel, daß man auf den durch die deutschen 152,5-mm-Haubitzen beschossenen Felder in den Einschlagskratern Leichen in Militäruniformen sehe. Ich fuhr mit ihm in seinen Panzerwagen unverzüglich dorthin und sah als erstes an einem Kraterrand die – unverwechselbare, da viereckige – polnische Offiziersmütze. Ein schwerer Leichengeruch lag in der Luft. Man sah Leichen im Verwesungszustand, Beine in Offiziersstiefeln. Es konnte kein Zweifel daran bestehen, daß sich dort ein Massengrab polnischer Soldaten befand. Auf dem Felde sah man keine Häuser, nur Gebüsch und Gras. Die Leichen waren etwa 1,5 Meter unter der Erde . . . Diesen schrecklichen Anblick werde ich nie vergessen.« [146].

4

Manipulation und Deckung

Im September 1943 müssen sich die deutschen Truppen aus der Gegend von Smolensk zurückziehen. Diejenigen Einheimischen, die vor den deutschen Behörden und Besuchern der Mordstätte im Katyner Wald Aussagen gemacht haben, packt die Angst. Freunde und Nachbarn raten ihnen zu fliehen. Inzwischen hat das NKWD seine Agenten und Parteigänger der Kommunisten angewiesen, alles zu tun, um die Zeugen zum Bleiben zu bewegen. Nichts werde ihnen geschehen, so wird verbreitet, wenn sie nur sagten, daß sie von den Deutschen zu den Aussagen gezwungen worden seien. [1] Auch der alte Kisseljew, der den polnischen Angehörigen der Organisation Todt die entscheidenden Hinweise zur Auffindung der Gräber gegeben hatte, und Iwan Kriwoserzow, der den Deutschen bei der Entdeckung der Gräber behilflich war, hören freundliche Worte. Kisseljew bleibt. Später werden ihn die NKWD-Leute schlagen, daß er auf einem Ohr taub bleibt, und sie werden ihm den Arm brechen. [2] Den Iwan Kriwoserzow, dessen Eltern einst vor den Sowjets in den Ural geflohen waren und den das Heimweh zurückgetrieben hatte, hält diesmal nichts. Am 24. September sehen sich Kisseljew und Kriwoserzow zum letztenmal. Sie schütteln sich die Hände und wünschen sich ein Lebewohl. Kriwoserzow nimmt seine Mutter und seine kleine Nichte bei der Hand und bittet eine deutsche Lastwagenkolonne, sie mitzunehmen. In Minsk trifft er überraschend Iwan Andrejew und Eugen Siemienkow, die als Zeugen vor den deutschen Behörden ausgesagt hatten. Auch sie hatten sich entschlossen, vor der Roten Armee zu fliehen. [3] Goebbels weiß, was die Rückeroberung der Gegend von Katyn nach sich ziehen wird. Er notiert in sein Tagebuch: »Unglücklicherweise mußten wir Katyn aufgeben. Die Bolschewisten werden zweifellos bald ›ermitteln‹, daß wir 12.000 polnische Offiziere erschossen hätten. Diese Episode scheint sich so zu entwickeln, daß sie uns in Zukunft einige Schwierigkeiten machen wird.« [4] Goebbels erteilt Anweisung, das Beweismaterial, das in Smolensk gelagert wird, zu sichern und in Richtung Westen zu transportieren, damit es nicht den Sowjets in die Hände fällt. [5]

Unmittelbar nach der Rückeroberung des Raumes Smolensk nimmt sich eine »Außerordentliche Kommission zur Feststellung und Untersuchung der Missetaten der faschistischen deutschen Okkupanten und ihrer Helfershelfer« der Gräber von Katyn an. Diese »Außerordentliche Kommission« benennt eine weitere »Sonderkommission zur Feststellung und Untersuchung des Tatbestandes der Erschießung kriegsgefangener polnischer Offiziere durch die faschistischen deutschen Okkupanten im Wald von Katyn«. Der »Sonderkommission« gehören an: als Vorsitzender der Angehörige der Außerordentlichen Kommission, Akademiemitglied Nikolai N. Burdenko, gleichzeitig Leibarzt Stalins und Generalarzt der sowjetischen Armee, der auch Molotow und andere Sowjetprominente behandelt (Burdenko war erst 1939 der Partei beigetreten); der Angehörige der Außerordentlichen Kommission, Akademiemitglied Alexej Tolstoi; das Mitglied der Außerordentlichen Kommission, Metropolit Nikolai; der Präsident des Panslawistischen Komitees, Generalleutnant A.S. Gundorow; der Vorsitzende des Exekutivkomitees der Rot-Kreuz-Vereinigung und Rot-Halbmond-Gesellschaften, S.A. Kolessnikow; der Volkskommissar für das Erziehungswesen der russischen Republik, W.P. Potemkin; der Leiter der Hauptverwaltung des Sanitätswesens der Roten Armee, Generaloberst J.I. Smirnow; der Vorsitzende des Smolensker Disktrikt-Exekutivkomitees, R.J. Melnikow.

Zu diesen beiden Kommissionen wird eine weitere aus Gerichtsmedizinern hinzugezogen. Dazu gehören: der Erste gerichtsmedizinische Sachverständige des Volkskommissariats für Gesundheitswesen der UdSSR, der Direktor des Wissenschaftliche Forschungsinstituts für Gerichtsmedizin, V.I. Posorowski; der Leiter der gerichtsmedizinischen Fakultät am Zweiten Moskauer Medizinischen Institut, W.M. Smolyaniow; der Wissenschaftliche Mitarbeiter des Staatlichen Wissenschaftlichen Forschungsinstituts für Gerichtsmedizin beim Volkskommissariat für Gesundheitswesen der UdSSR, P.S. Semjonowski; die ebenfalls dort tätige Wissenschaftliche Mitarbeiterin M.D. Schwajkowa; der Hauptpathologe der Front, Major des Sanitätsdienstes, N.N. Wyropajew. [6]

Schon die Zusammensetzung dieser Kommission spricht für sich. Alle Mitglieder sind Sowjets. Weder Vertreter des Roten Kreuzes noch Delegierte anderer Regierungen werden hinzugezogen, nicht einmal polnische Kommunisten werden beteiligt.

Nach den sowjetischen Angaben treffen Mitglieder der Kommissionen bereits am 26. September im Wald von Katyn ein. Bis Januar 1944 werden demnach zahlreiche Zeugen verhört und 925 exhumierte Leichen untersucht. Die eigentlichen gerichtsmedizinischen Untersuchungen werden angeblich zwischen dem 16. und 23. Januar 1944 vorgenommen, also mehr als drei Monate nach der Rückeroberung des Gebietes und mitten im Winter. Am 26. Januar 1944 verkünden Radio Moskau und die »Prawda« das »Ergebnis« der »Untersuchungen«. [7]

Der sowjetische »Untersuchungsbericht« wiederholt im Kern die Behauptungen des Kommuniqués vom 15. April 1943 nach der Entdeckung der Gräber: Die Polen seien den vorrückenden Deutschen in die Hände gefallen und von ihnen ermordet worden. Diese These wird nun weiter ausgeschmückt, doch strotzt der Bericht von teils hanebüchenen Ungereimtheiten und Widersprüchen.

Der Katyner Wald mit dem berüchtigten NKWD-Gelände, wo seit der Revolutionszeit Erschießungen stattgefunden hatten, wird so beschrieben: »Seit jeher war der Wald von Katyn ein beliebter Ausflugsort, wo die Einwohner von Smolensk an Feiertagen auszuruhen pflegten. Die Bevölkerung der Umgebung ließ ihr Vieh im Wald von Katyn weiden und sammelte dort Brennholz. Verbote oder Einschränkungen für das Betreten des Waldes von Katyn gab es nicht.« Das habe sich erst mit der deutschen Besetzung geändert. Der Bericht erwähnt drei »besondere Lager« mit der Bezeichnung »1-ON, 2-ON und 3-ON« für kriegsgefangene polnische Offiziere und Soldaten, die zum Straßenbau herangezogen worden seien. Eine genaue Ortsangabe gibt es nicht; es ist von »25 bis 45 Kilometer westlich von Smolensk« die Rede.

Hier verquickt die sowjetische Propaganda Wahres und Falsches miteinander. Es gab bei Smolensk zwar Lager für polnische Soldaten und Unteroffiziere, die in der Umgebung im Straßenbau arbeiteten; aber diese Soldaten waren etwa ein dreiviertel Jahr vor der deutschen Invasion evakuiert worden und hatten auch nichts mit dem Lager Kozielsk zu tun. [8]

Als »Zeugen« werden der Leiter des Lagers »1-ON«, der Major der Staatlichen Sicherheit W.M. Wietoschnikow, und ein Ingenieur namens S.W. Iwanow genannt, der im Juli 1941 Chef des Verkehrswesens im Smolensker Abschnitt war. Nach ihren Aussagen hatten sie sich bemüht, die Polen vor den anrückenden Deutschen zu evakuieren, was angesichts des Tempos des deutschen Vorstoßes leider mißlungen sei.

Allein die Nennung solcher nicht näher beschriebenen »Lager« muß mehr als suspekt erscheinen, da höchste sowjetische Stellen in allen Unterredungen mit dem polnischen Botschafter Kot, General Sikorski oder Major Czapski niemals diese Lager erwähnt hatten. Die Denkschrift spricht zwar nur sehr ungenau von Juli 1941 als dem Zeitpunkt der angeblichen gescheiterten Evakuierung, widerspricht aber dennoch gleichzeitig den sowjetischen Heeresberichten. Denn dort heißt es am 18. Juli 1941: »In der Gegend von Witebsk sind die Anstrengungen des Feindes, weiter östlich vorzudringen, gescheitert.« Die »Lager« sollen sich aber zwischen 80 und 100 Kilometer östlich von Witebsk befunden haben. Und noch am 28. Juli 1943 meldet der sowjetische Heeresbericht: »Smolensk wird noch von uns gehalten.« [9]

Die sowjetische Untersuchungskommission »findet« bei den Leichen sogar Dokumente, die vom Herbst 1940 und Sommer 1941 stammen: einen Brief, zwei Postkarten, Quittungen, ein kleines Christus-Bild. Möglicherweise sind diese Papiere nicht einmal als solche gefälscht. Es könnte sich um einen Brief handeln, der aus Polen abgeschickt war, jedoch von den sowjetischen Poststellen zurückgehalten und dem NKWD übergeben worden war. Auffällig ist jedenfalls, daß eine der Karten von Stanislaw Kuczinski stammen soll. Nur war Kuczinski gar nicht im Lager Kozielsk, sondern bereits 1939 aus dem Lager Starobielsk fortgeschafft und seither nicht mehr gesehen worden. Wahrscheinlich wurde er von den Sowjets in einem Gefängnis festgehalten und hatte am fraglichen 20. Juli 1941 tatsächlich noch gelebt. Dennoch bleibt die sowjetische Version auch hier im eigenen Netz hängen. Hätte es tatsächlich bis zum Sommer 1941 Briefverkehr gegeben, so hätte die deutsche These, die Polen seien bereits 1940 umgebracht worden, sehr schnell als Machwerk auffliegen müssen, weil genügend Post in Polen bei Verwandten vorhanden gewesen wäre. [10]

Die sowjetische Denkschrift läßt auch eine ganze Anzahl von »Zeugen« auftreten, die kriegsgefangene Polen noch 1941 gesehen und Geflohene gesprochen haben wollen. Zum Teil hatten sie schon vor deutschen Behörden ausgesagt, nur, daß sie diesmal genau das Gegenteil sagen und beschreiben, wie sie teils durch Folter und unter Todesdrohungen von der Gestapo zu ihren früheren Aussagen gezwungen worden seien. So »berichtet« der Bauer Kisseljew, der im Herbst 1942 die polnischen Arbeiter der »Organisation Todt« zu den Gräbern geführt hatte, von Schlägen, die ihn fast taub machten und den rechten Arm erlahmen ließen. Kisseljew hat tatsächlich unter Taubheit und einem steifen Arm zu leiden, nur daß ihm das alles offensichtlich jüngst durch das NKWD beigebracht wurde. Der »Untersuchungsbericht« gibt den »Aussagen« von Kisseljew besonders viel Raum, offensichtlich weil er einer der Schlüsselzeugen war. Kisseljew mußte nach seinen neuen Angaben seine früheren Aussagen vor Mitgliedern der Kommission, die 1943 die Gräber besucht hatten, auswendig lernen, brachte aber alles bei unerwarteten Fragen durcheinander, so daß ihn die Deutschen schließlich davonjagten.

Nach den »Zeugenaussagen« hatte es angeblich im Herbst 1941 Razzien der Deutschen gegeben, um entwichene polnische Gefangene wieder einzufangen. Das wollen der Zimmermann Kartoschkin, der ehemalige Gemeindevorsteher von Nowo-Bateki, Sacharow, und der Bauer der Kolchose »Krasnaja Sarja«, Danilenkow, gesehen ha-

ben. In den Wäldern fanden bekanntlich tausende von Partisanen
Schutz. Daß die Deutschen Razzien veranstalteten, aber niemals ein
Pole sich erfolgreich verstecken konnte, macht diese Aussagen ganz
und gar unglaubwürdig.

Das Personal der deutschen Einheit im Dnepr-Schlößchen habe
bald gemerkt, so heißt es in dem »Untersuchungsbericht«, daß sich
»irgendwelche dunklen Dinge« abspielten. Die »Zeugin« A.M.
Alexejewa will Schüsse gehört haben, als »Ende August und längere
Zeit im September 1941« Lastwagen kamen und dann in den Wald
fuhren. Anschließend hätten die zurückkehrenden Deutschen stets
gebadet und ein Saufgelage veranstaltet. An der Kleidung von zwei
Gefreiten habe sie – wie auch ihre Freundin O.A. Michailowa ähnlich bekundet – mehrmals »frische Blutspuren« bemerkt. Und so
typisch deutsch hätten die beiden Deutschen ausgesehen: »Einer
von ihnen war groß und rothaarig, der andere mittelgroß und blond.«
Zur Zeit der Besetzung hatten die Deutschen den Rechtsanwalt B.G.
Menschagin zum Bürgermeister von Smolensk und den Astrono-
mie-Professor und Leiter der Smolensker Sternwarte B.W. Basilewski zu seinem Stellvertreter gemacht. Menschagin hat sich inzwischen mit den Deutschen vor der Roten Armee zurückgezogen.
Basilewski sagt nun angeblich aus, Menschagin habe ihm anvertraut
gehabt, daß »aus Berlin« eine Anweisung an die deutschen Truppen
ergangen sei, die Polen umzubringen. Eindringlich habe Menschagin ihn gebeten, »um Himmels willen niemandem darüber etwas zu
sagen«. Zwei Wochen später habe Menschagin ihm mitgeteilt, die
Polen seien alle »irgendwo in der Nähe von Smolensk« erschossen
worden, was Menschagin vom deutschen Kommandeur von
Schwetz erfahren haben wollte. Der »Untersuchungsbericht« weiß
sogar von einem Notizbuch Menschagins, das nach der Rückeroberung Smolensks gefunden worden sei und in dem Menschagin alles
festgehalten habe. Die Echtheit sei durch ein graphologisches Sach-
verständigengutachten bestätigt worden.

Auch zahlreiche andere »Zeugen« sprechen von polnischen Kriegsgefangenen in der Gegend von Smolensk, so als ob ihre Existenz
ganz allgemein bekannt war. Neben anderen wird der Geistliche der

Kuprinoer Kirche, A.P. Ogloblin, zitiert. Nach ihren Aussagen wurden die Erschießungen im August und im September 1941 durchgeführt. In dem medizinischen »Gutachten« des »Untersuchungsberichts« heißt es dann jedoch, »daß die Erschießung in eine Zeit fällt, die etwa zwei Jahre zurückliegt, d.h. zwischen September und Dezember 1941 stattfand«. Nanu? Niemand der »Zeugen« hatte etwas von Oktober, November oder gar Dezember gesagt.

Im Kommuniqué vom 15. April 1943 hieß es, die Deutschen hätten die Polen im August und September 1941 ermordet. Diese alte Version war allerdings nicht ganz gelungen, da die Polen ja Winterkleidung trugen. Also mußte das NKWD die Version nochmals überarbeiten und alles ein wenig weiter gen Winterzeit legen. Die Zeugenaussagen waren allerdings offenbar schon lange vor der Abfassung des »Untersuchungsberichtes« vorbereitet und ihre »Korrektur« vergessen worden. Wahrscheinlich stammen sie sogar aus derselben Feder wie das Kommuniqué vom 15. April. [11]

Wie dilettantisch allein mit den Zeitangaben in der sowjetischen Schrift umgegangen wird, zeigt besonders kraß die »Zeugin« Alexandra Michailowna Moskowskaja, über die nur gesagt wird, daß sie »während der Besatzungszeit in der Küche einer deutschen militärischen Einheit beschäftigt war« und ansonsten »in den Außenbezirken von Smolensk wohnte«. Diese »Zeugin« will nun einen russischen Kriegsgefangenen namens »Nikolai Jegorow aus Leningrad« rein zufällig beim Brennholzsammeln »Anfang März 1943« am Dnepr-Ufer getroffen haben. Und der »Gefangene« habe ihr folgendes berichtet: Er habe zusammen mit mehreren hundert gefangenen Kameraden für die Deutschen bei Katyn Gräber ausheben müssen, in denen die Leichen in polnischen Uniformen lagen. Sie hätten anschließend alles aus den Taschen der Polen herausnehmen müssen und seien dann von deutschen Offizieren gezwungen worden, einen Teil der Sachen wieder in die Taschen zurückzustecken. Das andere Material habe man verbrannt. Weiterhin hätten die deutschen Kisten mit Papieren mitgebracht. Diese Papiere hätten sie den Polen ebenfalls in die Taschen stecken und als Einlage in die Stiefel legen müssen – schon technisch eine Unmöglichkeit. Und woher hätten

die Deutschen überhaupt die vielen Hunderte von Exemplaren der
»Glos Radziecki« des Frühjahrs 1940 überhaupt her haben sollen?
Sie waren zu dieser Zeit gar nicht in der Sowjetunion. Diese Arbeit,
so sagt der sowjetische Bericht, sei »Anfang April 1943 vollendet«
gewesen. Als alle russischen Gefangenen dann erschossen werden
sollten, sei Aufruhr ausgebrochen und dem Gefangenen Nikolai
Jegorow sei die Flucht geglückt.

Die Denkschrift benutzt diese »Zeugenaussage« als Beleg dafür, daß
die Deutschen alle Dokumente hätten entfernen lassen, die später
als April 1940 datiert waren, um den Sowjets die Schuld an den Morden in die Schuhe schieben zu können. Ganz abgesehen davon, daß
von den angeblich erschossenen rund 500 russischen »Gefangenen«
des Lagers »Nr. 126« niemals ein Grab entdeckt wurde, haben die
Sowjets selbst Dokumente »gefunden«, die später als April 1940
datiert waren. Der peinlichste Fehler bei der Konstruktion dieser
»Zeugenaussage« aber ist, daß die »Zeugin« den Mann »Anfang
März« getroffen haben will, der ihr aber von Geschehnissen von
»Anfang April« berichtet!

Der sowjetische Bericht übernimmt die Zahl von 11000 Toten im
Wald von Katyn und weicht dadurch Fragen nach weiteren Gräbern
aus. Er lastet die Morde schließlich sogar namentlich der unter der
angeblichen Tarnbezeichnung »Stab des 537. Baubataillons« (gemeint ist das Nachrichtenregiment 537) operierenden Einheit unter
»Oberstleutnant Arnes« (gemeint ist Oberst Ahrends) an und nennt
auch Oberleutnant »Rext« (gemeint ist Rex) und Leutnant »Hott«
(gemeint ist Hoth). Nur war Ahrends zur fraglichen Zeit – Herbst
1941 – gar nicht im Raum Smolensk, sondern in Deutschland. Über
viele Fragen geht der Bericht einfach hinweg: die Tannen auf den
Gräbern, die kaum abgelaufenen Stiefel der Offiziere, die angeblich
im Straßenbau eingesetzt waren.

Trotz aller offensichtlichen Ungereimtheiten und Widersprüchlich-
keiten bleibt diese sowjetische Denkschrift die amtliche sowjetische
Version bis April 1990. So plump und grotesk zugleich die sowjetischen Fälschungen und Inszenierungen sind, werden sie doch auch
im Westen weithin geglaubt. [12] Der Boden war dafür durch die

Übernahme der sowjetischen Lüge und die Unterdrückung anderen Beweismaterials vorbereitet. In London wird der sowjetische »Untersuchungsbericht« durch die »Sowjet War News« veröffentlicht. Und Mackiewicz stellt fest, daß »von den maßgeblichen Kreisen der Alliierten alles getan (wird), um die ganze Angelegenheit zu vertuschen, und man gab sogar stillschweigend seine Zustimmung zu der im Bericht der Sowjetkommission veröffentlichten Darstellung.« [13] Noch Jahre nach Kriegsende wird sie von Briten und Amerikanern gedeckt werden.

Der Zeitpunkt der sowjetischen Veröffentlichung ist wohlüberlegt. Vom 27. November bis zum 1. Dezember 1943 hatten sich Stalin, Roosevelt und Churchill in Teheran getroffen, um über die Nachkriegsordnung nachzudenken. Es war ihre erste persönliche Begegnung. Die drei sprachen von der »Weltfamilie demokratischer Nationen« und einem Frieden für »viele Generationen« in Freiheit. Die Westmächte versprachen, im Mai 1944 in Frankreich zu landen und nahmen Stalins Forderung auf Anerkennung der Annexion ganz Ostpolens billigend zur Kenntnis. Churchill ließ sich das Streichholzspiel einfallen, um die »Entschädigung« Polens durch die deutschen Ostprovinzen zu illustrieren. Die Atlantik-Charta war offensichtlich vergessen. Die polnische Exilregierung mußte sich endgültig verraten sehen. Für Stalin war Polens künftige Rolle somit geregelt. Jetzt mußte nur noch der »Schuldige« an den Morden von Katyn amtlich »überführt« werden.

Wie sehr Stalin an das Massaker von Katyn dachte, ohne freilich das Wort auch nur in den Mund zu nehmen, zeigt eine makabre Begebenheit in Teheran während eines gemeinsamen Diners. Bei einem Trinkspruch macht Stalin den Vorschlag, nach dem Sieg »sollten 50000 deutsche Offiziere und Techniker zusammengetrieben und erschossen werden«. Den Anwesenden dürfte die Parallele kaum entgangen sein. Warum sollte Stalin auch zurückhaltend sein. Churchill und Roosevelt hatten die Ermordung von 15000 Offizieren und Intellektuellen hingenommen; was sollten sie gegen die Ermordung – nach dem Krieg – gegen 50000 ihres gemeinsamen Feindes haben?

Allein Churchill zeigt sich verärgert, vielleicht weil ihm der Gedanke kommt, daß Stalin es ernst meint und die Westmächte als Komplizen an sich binden will: »Das britische Volk wird niemals einen Massenmord dulden.« Roosevelt findet die Entrüstung unverständlich, Stalin scheint überaus belustigt. Der amerikanische Präsident versucht, die Stimmung durch »Witzigkeit« wieder zu heben und schlägt vor, die Zahl von 50000 auf 49500 zu senken. Allerdings wird Roosevelt auf der Konferenz von Jalta Anfang 1945 die Hoffnung aussprechen, Stalin möge doch einen weiteren Trinkspruch auf die Ermordung von 50000 Deutschen ausbringen. [14]

Auch der London-Korrespondent der »Neue Zürcher Zeitung« beschäftigt sich nach der Veröffentlichung des sowjetischen »Untersuchungsberichts« mit dem Zeitpunkt: »Der Befund der russischen Untersuchungskommission über die Massengräber von Katyn entspricht dem, was von seiten der Sowjetregierung schon vorher zur Erklärung der Vorgänge festgestellt worden war. Die Tatsache aber, daß eine Untersuchung stattgefunden und zu einem eindeutigen Bericht geführt hat, stellt nach hiesiger Auffassung gerade in diesem Augenblick einen wesentlichen politischen Faktor dar. Über seine Bedeutung ist man sich in London vollkommen im klaren. Die neue Sachlage gibt den Polen eine Möglichkeit, offiziell von ihrer seinerzeitigen Stellungnahme abzurücken und den russischen Befund anzuerkennen. Damit wäre, wie man in London sagt, eines der Haupthindernisse auf dem Wege zu einer russisch-polnischen Annäherung beseitigt.

In bezug auf die Frage der polnischen Grenzen ist es für den Augenblick in London still geworden. Eine Ausnahme machen nur die Kommunisten, die von neuem energisch zu dem Problem Stellung nehmen. Der diplomatische Mitarbeiter des »Daily Worker« greift auf seine letzte Attacke gegen den »Observer«, den »Economist« und die »Tribune« zurück und geht dann dazu über, der ganzen englischen Presse ihr diskretes Schweigen zu der Frage der Westgrenzen Polens vorzuwerfen. Das kommunistische Blatt vertritt die Meinung, daß die Forderung nach einer Polonisierung Ostpreußens, Pommerns und Schlesiens zeige, wie ernst es den »polnischen Patrioten« in Moskau mit der Größe und Macht Polens und zugleich mit der Liquidierung des Junkertums sei . . .« [15]

Die Sowjets scheuen sich nicht einmal, in ihre Katyn-Propaganda einen besonders rührseligen Effekt einzubauen. An den polnischen Massengräbern veranstalten sie einen Gedenkgottesdienst, an dem Armeeangehörige teilnehmen. Ein polnischer Feldkaplan zelebriert die Messe. Neben ihm stehen General Swerczewski und – »General« Berling. [16] Berling hatte Berija sagen hören, daß man mit den Polen »einen großen Fehler« gemacht habe. An den Gräbern von Katyn hält er nun eine Ansprache:»Diejenigen, deren Andenken wir heute ehren, sind dem unversöhnlichen Feind – Deutschland – in die Hände gefallen . . . Die Gräber der von den Deutschen ermordeten Polen schreien nach Rache. Uns fällt es zu, sie zu rächen. Und wir werden sie rächen.« [17] Dann spricht ein NKWD-Major an den Gräbern. Es wird beschlossen, Geld für eine Panzereinheit zu sammeln, die den Namen »Rächer von Katyn« erhalten solle. [18]

Nach dieser Veranstaltung rufen die Sowjets ausländische Journalisten und Korrespondenten aus Moskau zu einer »Pressekonferenz« nach Katyn – einen Polen, einen Franzosen, Briten und Amerikaner. Die Londoner BBC ist durch Werth vertreten, die »New York Times« durch Lawrence, Reuters durch Duncan-Hooper und der »Toronto Star« durch Davies. 17 Pressevertreter aus alliierten Ländern erscheinen, der dritte Botschaftssekretär der US-Botschaft John Melby und Fräulein Kathleen Harriman, die 25jährige Tochter des amerikanischen Botschafters in Moskau. Botschafter Harriman hatte sie geschickt, weil – so jedenfalls sagt er – das Diplomatische Corps gewöhnlich nicht zu Pressekonferenzen eingeladen wird und die Sowjets »sie eher durchlassen würden . . . als einen Beamten der Botschaft«. [19]

Im Wald von Katyn stehen vier grau-grüne Zelte. Der Gestank ist überwältigend. Der Gerichtsmediziner Posorowski öffnet die Leiche Nr. 808, schneidet ein Stück vom Gehirn ab, sticht in die Brust, zieht ein atrophiertes Organ heraus. »Herz!« sagt er und hält es Fräulein Harriman hin. Dann schlitzt er einen Beinmuskel ab. »Sehen Sie, wie gut das Fleisch erhalten ist.« [20] Die sowjetischen Ärzte »weisen nach«, daß die Körper keinesfalls schon im März 1940 in den Gräbern gelegen haben können.

»Zeugen« treten auf, die in ihrem Haus deutsche Einquartierungen zu erdulden und »gesehen« hätten, wie Polen in den Wald von Katyn getrieben worden seien. Anna Alexejewa will Schüsse »gehört« haben. Auch ein Ehepaar ist anwesend, das vor den deutschen Behörden bestätigt hatte, daß die Sowjets die Morde verübt hatten und nun das Gegenteil »bezeugt«. [21]

Ein Journalist schnarcht geräuschvoll während dieser Vorführung. Es ist der polnische Korrespondent, ein im Rang eines Hauptmannes stehender Redakteur der »Wolna Polska« (Freies Polen), die von den polnischen Kommunisten in der Sowjetunion herausgegeben und von Wanda Wassilewska protegiert wird.

Ein anderer Teilnehmer dieser »Pressekonferenz« ist der amerikanische Schriftsteller und Journalist W.L. White. In seinem Buch »Report on the Russians« beschreibt er die Voreingenommenheit seiner Kollegen und die »Pressefreiheit«, die sie genossen: »Die meisten der englisch-amerikanischen Berichterstatter – geschulte Beobachter – glaubten schon bevor sie sich dorthin begaben, die Deutschen hätten diesen Massenmord begangen. Es war schwierig, mit Sicherheit zu sagen, wann die Erschießungen stattgefunden hatten, aber ein aufmerksamer Berichterstatter stellte fest, daß eine polnische Leiche lange, schwere Unterwäsche trug, und erwähnte dies auch dem führenden sowjetischen Arzt gegenüber. Der Arzt bemerkte darauf, daß die meisten Leichen entweder dicke Unterwäsche oder Mäntel oder sogar beides trügen. Das scheint die Behauptung, die die Deutschen in Anspruch nehmen, zu erhärten, nach deren Theorie die Polen während des April 1940 erschossen worden sein müßten, und nicht, wie die Sowjets behaupten, nach dem deutschen Einmarsch im August und September 1941. Als dieser Punkt mit den sowjetischen Offizieren erörtert wurde, die die Untersuchung leiteten, entstand eine beträchtliche Verwirrung, und die Russen wandten schließlich ein, daß die Witterungsverhältnisse in Rußland unsicher wären, so daß Pelze, Mäntel und lange Unterhosen recht gut im September getragen werden könnten.

Die Berichterstatter zogen es vor, diese Erzählungen ihres Verbündeten zu glauben, die darauf hinausliefen, die Schuld der Deutschen unter Beweis zu stellen. Trotzdem ließ die Moskauer Zensurstelle keine einschränkenden Bemerkungen durchgehen. Wenn ein Reporter etwa schrieb: »*Ich bin kein medizinischer Fachmann, aber die Ärzte sagen,* der Zustand dieser Leiche beweist, daß sie durch die Deutschen ermordet wurden«, – dann strich der Zensor die Einschränkungen aus (die ich in Kursiv angeführt habe), so daß nur die nackte Beschuldigung übrigblieb.

Ebenso wurden sämtliche Ausdrücke gestrichen, die einen Zweifel an der persönlichen Auffassung des Korrespondenten zuließen, also Wörter wie z.B. ›meiner Meinung nach‹, ›wahrscheinlich‹ oder ›die beigebrachten Unterlagen scheinen zu beweisen‹ . . . Das Ergebnis war, daß die Berichte, wie sie in Amerika eingingen, die Deutschen genauso verdammten wie die Leitartikel der ›Prawda‹.« [22]

Allein die Behauptung, im August sei es noch recht kalt, war grotesk. Die Durchschnittstemperatur für Smolensk liegt in dieser Zeit um 28 Grad Celsius. Einer der Journalisten macht die ungebührliche Bemerkung, daß die Deutschen bei Exekutionen doch sonst immer Maschinengewehre benutzten, in Katyn jedoch alle Toten durch Genickschuß ermordet worden seien. Darauf antwortet der Leiter der »Pressekonferenz« kurz, daß eine Untersuchung der deutschen Greueltaten in Orel und Woronesch ergeben habe, daß die Deutschen auch dort die Katyn-Genickschuß-Methode angewandt hätten. [23]

Der amerikanische Reporter Henry Clarence Cassidy wird sich einige Jahre später offener zu dieser Pressekonferenz äußern: »Wir kamen zurück mit dem Gefühl, daß das, was die Russen uns gezeigt hatten, kein Beweis für ihre Darstellung gewesen war. Ich glaube, es gibt dafür schon ein Vorbild aus der russischen Geschichte und zwar die Geschichte mit den Potemkinschen Dörfern.« [24]

Ein Teilnehmer jedenfalls glaubt den Sowjets, ohne den leisesten Zweifel zu spüren: Kathleen Harriman. Zurück in Moskau setzen sich Vater Harriman, Tochter Kathleen und Sekretär Melby zusammen. Harriman schickt ein Telegramm an den Außenminister:

»Allgemeiner Augenschein nicht überzeugend, aber Kathleen und Botschaftsmitglied halten für wahrscheinlich, daß Massaker von Deutschen begangen.« [25] Kathleen Harriman schreibt einen persönlichen Bericht, der zwar nicht in den Zeitungen veröffentlicht wird, dafür aber bei Präsident Franklin D. Roosevelt besonderes Gewicht hat. Kathleen Harrimans Bericht gelangt auch ins Außenministerium und erregt dort Aufsehen. [26] Er wird als einziger offiziöser Bericht der amerikanischen Regierung behandelt. In dem Papier heißt es kurz und bündig: »Meiner Meinung nach wurden die Polen von den Deutschen umgebracht.« Kathleen Harriman fügt das sowjetische »Untersuchungsergebnis« bei. Auch Melby zitiert ihr »Urteil« und versichert devot: »Alles in allem wirkt die Version der Russen trotz einiger Ausflüchte überzeugend.« [27]

Kritischere Geister werden dennoch mißtrauisch. 1944 fordern neun Kongreßabgeordnete polnischer Abstammung vom Pentagon die Berichte des Verbindungsoffiziers zur polnischen Exilarmee, Oberst Szymanski, an. Aber ihr Anliegen wird abgelehnt. Die Sache sei »geheim«. [28]

Der britische Botschafter bei der polnischen Exilregierung, Owen O'Malley, weist in einem vertraulichen Schreiben an Außenminister Anthony Eden vom 11. Februar 1944 auf die gravierenden Ungereimtheiten in dem sowjetischen Bericht hin und empfiehlt, über die britische Gesandtschaft in Bern von Professor Naville als dem »einzigen wirklich neutralen und erreichbaren Experten« eine klärende Stellungnahme zu erbitten. [29] Aber über eine Nachfrage bei Naville ist nichts bekannt.

Auch dem britischen Abgeordneten D.L. Savory läßt die Sache keine Ruhe. Die Frage nach der Täterschaft und damit der Wahrheit erschöpft sich für ihn nicht in der Propagandaräson seines kriegführenden Landes, denn er ist im anglopolnischen Parlamentarier-Komitee engagiert. Savory bittet den Informationsminister der polnischen Exilregierung um Erlaubnis, eigene Untersuchungen im Fall Katyn anzustellen und erhält auch alle gewünschten Unterlagen wie Fotos, Briefe, Zeitungen. Er faßt einen Bericht ab und übergibt ihn Premierminister Churchill und Außenminister Eden. Und siehe da, prompt wendet sich der amerikanische Präsident Roosevelt mit einem Kabel an den polnischen Informationsminister und bittet um eine Kopie des Berichts. Sie wird ihm nach Rücksprache mit Savory auch umgehend zugesandt. [30]

Im Mai 1944 nun ergibt es sich, daß Roosevelts Sonderbotschafter George Howard Earle, früherer Gesandter in Österreich und Bulgarien sowie seit 1943 Sonderbotschafter für Balkanangelegenheiten in der Türkei, seinen Präsidenten persönlich sprechen kann. Dank seiner guten Beziehungen in Bulgarien und Rumänien hatte er von dortigen hohen Rot-Kreuz-Vertretern Material einschließlich Fotografien zu den Katyn-Morden erhalten, das die Sowjets schwer belastet. Angesichts der bereits erheblichen politischen Folgen, besonders des Abbruchs der diplomatischen Beziehungen Moskaus zur polnischen Exilregierung, legt er Roosevelt die Dokumente vor. Aber der Präsident will damit nicht behelligt werden: »George, das ist doch alles deutsche Propaganda und von den Deutschen ausgeheckt. Ich bin überzeugt, daß die Russen es nicht waren.« Und Roosevelt fügt eine weitere Überlegung hinzu: »Wenn dieser Krieg vorbei ist, fliegen die Russen wie in einer Zentrifuge in hundert Stücke auseinander.« [31]

Earle ist bestürzt, muß sich aber zunächst fügen. Doch die Sache mit Katyn läßt ihm keine Ruhe. Er schreibt alles auf, was er weiß. Am 22. März 1945 – das Ende des Krieges in Europa steht bevor, die Abmachungen von Jalta sind getroffen – schickt er Roosevelt einen persönlichen Brief. Falls er nicht bis zum 28. März gegenteilige Anweisung erhalte, werde er einen Artikel über die Morde von Katyn veröffentlichen. Die Antwort Roosevelts liegt schon zwei Tage später auf Earles Schreibtisch. »Ihr Vorhaben, Ihre abträgliche Meinung über einen unserer Verbündeten zu veröffentlichen, erfüllt mich mit Besorgnis . . . Ich wünsche es nicht nur nicht, ich verbiete Ihnen ausdrücklich, über einen Verbündeten irgendeine Information oder irgendeine Ansicht zu veröffentlichen, die während Ihrer Dienstzeit als Gesandter oder als Offizier der US-Marine zu Ihrer Kenntnis gelangt sein mag.« [32]

Damit nicht genug. Roosevelt will auf Nummer Sicher gehen und stellt den weltläufigen Diplomaten kalt. Earle wird nach Samoa im Pazifik »versetzt«. Earle teilt Roosevelt zwar mit, daß er nicht nach Samoa gehen möchte, aber es hilft nichts.

Am 12. April 1945 stirbt Roosevelt. Sofort wird Earle in die USA zurückgerufen. Der Berater des Präsidenten in Angelegenheiten der Marine und Leiter der Personalabteilung, Vardaman, entschuldigt sich bei Earle und versichert ihm ausdrücklich, daß er nicht auf Veranlassung des Kriegsmarineamtes nach Samoa geschickt worden sei. [33]

Nicht nur der Präsident selbst, auch andere hohe Stellen der USA unterdrücken wichtiges Material über die Morde von Katyn und lassen als »Information« über Katyn lediglich den Bericht von Kathleen Harriman heraus. Als sich Arthur Bliss Lane vom 21. September 1944 bis zum 5. Juli 1945 im State Department aufhält, um sich auf seine künftige Aufgabe als Botschafter in Nachkriegspolen vorzubereiten, und um Unterlagen über Katyn bittet, erhält er als einziges »Dokument« den Bericht der Tochter des Botschafters W. Averell Harriman. [34]

Als der amerikanische Oberst John H. Van Vliet, der 1943 von den Deutschen zur Besichtigung der Gräber nach Katyn gebracht worden war, im Frühjahr 1945 befreit wird, berichtet er umgehend der Nachrichtenabteilung (G-2) der 104. Division über seine Reise nach Katyn. Die schickt ihn nach Leipzig zum Hauptquartier des VII. Korps. Von dort aus sorgt General J. Lawton Collins, den Van Vliet seit seiner Kindheit kannte, dafür, daß Van Vliet zum Pentagon nach Washington geschickt wird. [35]

Im Pentagon wendet sich Van Vliet an den Chef der Abwehr (Abteilung G-2), Generalmajor Clayton Bissell, von Februar 1944 bis Januar 1946 stellvertretender Personalamtsleiter des US-Geheimdienstes im Pentagon. Er berichtet von seinen Erlebnissen in Katyn und übergibt Bissell am 22. Mai 1945 ein schriftliches Protokoll. Doch was macht Bissell? Er stempelt den Bericht »top secret« und belegt Van Vliet mit einem Schweigegebot, das dieser in seiner Gegenwart unterzeichnen muß. [36]

Das Pentagon schickt drei Tage später eine Kopie des Reports an General Homes, Assistant Secretary im State Department. Später verschwinden beide Dokumente, Original im Pentagon wie Kopie im State Department, auf ungeklärte Weise, obwohl beide Dokumente durch den Vermerk »top secret« als besonders wichtig ausgewiesen sind. Das Außenministerium erklärt später, den Bericht nie erhalten zu haben. [37]

Als Bissell den Bericht Van Vliets erhält, konzentriert sich die politische Aufmerksamkeit gerade auf die erste Konferenz der Vereinten Nationen in San Francisco. Die USA fürchten, die Sowjets könnten im Fall des Bekanntwerdens des Katyn-Beweismaterials die in Jalta eingegangenen Verpflichtungen nicht einhalten, am Kampf gegen Japan nicht teilnehmen sowie der UNO nicht beitreten. [38] Schließlich hatte Stalin schon beim Abbruch der Beziehungen zur polnischen Exilregierung gezeigt, daß er in der Katyn-Frage kompromißlos reagiert.

Aber es gab noch einen anderen Beweggrund für Bissell, Van Vliet lieber mit einem Schweigeeid belegt zu sehen. Der Generalmajor hatte am Tag vor der Berichterstattung Van Vliets von der polnischen Exilregierung einen ihrer höchsten Orden, »Krzyz Komandorski Orderu Odrodzenia Polski«, erhalten. [39]

Auch ein erstes Buchmanuskript liegt 1945 nach Kriegsende in London druckfertig bereit. Der Autor ist Josef Mackiewicz, der hauptsächlich auf das Material der polnischen Exilregierung zurückgreifen kann und zahlreiche Zeitzeugen gesprochen hat. Aber das Ende des Krieges bedeutet nicht das Ende der Allianz von Lüge und Deckung im Fall Katyn. Mackiewicz schreibt 1949, als ihm die Veröffentlichung doch noch in deutscher Übersetzung in der Schweiz gelingt, die bitteren Worte: »Die Veröffentlichung dieses gesamten Materials war schon 1945 spruchreif; der Schriftsatz war fertig für den Druck. Statt dessen wanderte er in den Ofen und wurde wieder eingeschmolzen. Das Buch wurde nicht gedruckt. Warum? Auch auf diese Frage wird die Antwort nichts Neues offenbaren. Aus der Praxis wissen wir, daß jemand, der sehr mächtig ist und etwas erreichen will, in der Regel Mittel und Wege findet, seinen Willen durchzusetzen. Heute ist die Sojetunion eine der größten Weltmächte. Und sie ist sehr darauf bedacht, die Welt nicht die Wahrheit über den Katyn-Mord erfahren zu lassen. War es etwa so, daß die Sowjetregierung alle maßgeblichen Stellen darauf hinwies, die Enthüllung der Wahrheit in den demokratischen Ländern könnte politische Komplikationen mit sich bringen, könnte die Beziehungen zwischen den Alliierten abkühlen oder sogar als Beweis bösen Willens und Unterstützung der ›faschistischen Propaganda‹ aufgefaßt werden? Niemand weiß Genaues darüber, aber es erscheint höchst wahrscheinlich. Ganz ebenso wahrscheinlich ist, daß auch ohne jede sowjetische Intervention die amtlichen, die Regierungsanschauungen repräsentierenden Kreise in London es für besser hielten, lieber die Wahrheit zu vertuschen, als etwas zu riskieren, das im Widerspruch zu ihrer amtlich verkündeten Politik gegenüber Sowjetrußland stünde, die eine Politik ›guten Willens und gegenseitigen Vertrauens‹ sein sollte.« [40]

Weniger zurückhaltend äußert sich ein Freund Mackiewicz', Harry Schulze-Wilde: »Die bereits fertigen Druckstöcke mußten jedoch auf Befehl von Churchill wieder eingeschmolzen werden. Aber ein Fahnenabzug gelangte nach der Schweiz. Dort wurde der Text übersetzt, der dann 1949 im Thomas-Verlag, Zürich, als Buch erschien, angereichert mit einer Reihe dokumentarischer Fotos.« Die Druckfahnen hat Harry Schulze-Wilde nach eigenen Angaben 1947 erhalten. [41]

Wundersamste Pressemeldungen tauchen in der Zeit kurz nach Kriegsende auf. So ist in der »Neuen Hamburger Presse« in der britischen Besatzungszone am 30. Juni 1945 unter der Überschrift »Katyn: Massengrab von KZ-Opfern« eine Meldung aus Oslo zu lesen: »Die vielen tausend Leichen, die im ›Massengrab von Katyn‹ in Weißrußland aufgefunden wurden, waren ermordete Gefangene des Konzentrationslagers Sachsenhausen. Dies geht aus Berichten von aus Sachsenhausen befreiten Norwegern hervor, die erzählen, daß die Gestapo den Leichen der ermordeten Gefangenen des KZs Beuteuniformen polnischer Offiziere anzog, gefälschte polnische Ausweispapiere in die Uniformtaschen steckte und die Leichen dann im Massengrab von Katyn verscharrte. Die Goebbels-Propaganda hatte bekanntlich im April 1943 behauptet, deutsche Truppen hätten bei Katyn in einem Massengrab die Leichen von Tausenden von polnischen Offizieren entdeckt, die angeblich von den Russen ermordet wurden.« [42]

Offensichtlich war diese Geschichte von sowjetischen Agenten in Umlauf gesetzt worden. Von den genannten »Norwegern« jedenfalls hörte man nichts mehr. Die Version erinnert sehr an die vorausgegangene sowjetische Propaganda, wird aber um weitere Verwirrungselemente erweitert, was sowjetischer Desinformationstechnik nicht fremd ist.

Natürlich sind die Sowjets hochgradig daran interessiert, das in deutschem Besitz befindliche Material, das in Katyn gesammelt worden war, in ihre Hände zu bekommen. Aber alle Versuche scheitern – denn es existiert nicht mehr. Goebbels hatte zur Zeit des deutschen Rückzugs aus Rußland befohlen, das Material in Richtung Westen in Sicherheit zu bringen. Neun große Holzkisten mit Tausenden von Briefen, Kennkarten, Fotos und persönlichen Habseligkeiten werden streng bewacht, denn es ist das einzige Beweismaterial, das nach der Rückeroberung des Raumes Smolensk durch die Rote Armee den Deutschen zur Verfügung steht. Allerdings versuchen sowohl das NKWD als auch der polnische Untergrund, es an sich zu bringen. Der polnisch-amerikanische Historiker Zawodny hat den abenteuerlichen Weg der Dokumente detailliert nachgezeichnet. [43] Die Kisten werden zunächst nach Krakau ins Polnische Institut für Gerichtsmedizin und Wissenschaftliche Kriminologie geschafft. Dort analysieren Dr. Robel und sein Stab die Unterlagen noch einmal, teils mit chemischen Methoden. Von vielen Dokumenten werden Abschriften angefertigt. An den Arbeiten sind auch Polen beteiligt. Und wieder gehören einige zum Untergrund, die sich ein eigenes Bild machen können. Der Generalsekretär des Polnischen Roten Kreuzes, Kazimierz Skarzynski, selbst mit dem Untergrund verbunden, liest selbst zweiundzwanzig handgeschriebene Tagebücher. Aber die Bewachung des Materials durch die Deutschen ist so gut, daß die Polen nichts entwenden können. (Skarzynski lebt nach dem Krieg in Kanada.)

Inzwischen zeichnet sich die Niederlage der Deutschen immer mehr ab. Die Polen befürchten, das Material könnte den Sowjets in die Hände fallen. Sie beschließen, durch einen gerissenen Plan alles auf einmal in ihre Hände zu bekommen. Sie lassen neun Kisten zimmern, die den ursprünglichen äußerlich genau gleichen. Innen sind die neuen, luftdicht verschließbaren Kisten mit Zinn ausgeschlagen. So soll das Material von den Deutschen in die polnischen Kisten wandern, um in einem See versenkt zu werden, bis der Krieg vorbei ist. Das Material war schon halb umgepackt, als die Deutschen den Plan entdecken. [44]

Als die Sowjets in einer Zangenoperation die Einnahme Krakaus vorbereiten, weist der Chef der deutschen Polizei, Dr. Beck, den deutschen Leiter des Instituts für Gerichtsmedizin, an, das Beweismaterial lieber zu vernichten als es den Sowjets zu überlassen. Noch einmal versucht man, die Dokumente durch Lagerung in Privathäusern in Krakau zu verstecken, doch der Gestank ist nicht zu ertragen. Dr. Beck beschließt, alles aus dem Generalgouvernment nach Deutschland zu schaffen. Auf zwei Lastwagen werden nun vierzehn (nach der Aussage des deutschen Wachmannes Karl Herrmann sechzehn) Kisten verladen, und unter Begleitung Becks geht es nach Deutschland. Beck bricht sich unterwegs ein Bein und muß zurück nach Krakau. Die Polen forschen ihn aus. Schließlich wollen sie den Bestimmungsort wissen. Sie erfahren es: Breslau. Halbwegs genesen, macht sich Beck nach Breslau auf, um sich seiner Kisten wieder anzunehmen, die inzwischen im ersten Stock der Universität ungeschützt abgestellt worden waren. Unterdessen erobert die Rote Armee Krakau. Die sowjetischen Agenten wissen offensichtlich über die Kisten Bescheid und suchen nach ihnen. Als erstes wird der Leiter der polnischen Überprüfungsarbeiten, der Arzt Dr. Robel, von den Sicherheitskräften der polnischen kommunistischen Regierung verhaftet.

Kaum ist auch die »Festung Breslau« gefallen, tauchen sowohl Angehörige des NKWD als auch des polnischen Untergrundes auf, um nach den Kisten zu forschen. Ein Mitglied des Polnischen Roten Kreuzes findet auch die richtige Spur. Aber im ersten Stock der Universität sind keine Kisten mehr zu finden. In den letzten Tagen vor der Einnahme der Stadt durch die Sowjets war ein SS-Kommando erschienen und hatte sie weiter westwärts transportiert. Dr. Beck ist immer noch bei seinen Kisten. Der polnische Rot-Kreuz-Mann sucht ihn vergebens.

Beck will sich mit den Kisten nach Berlin durchschlagen. Er kommt zunächst bis Dresden. Dort werden die Kisten auf einen anderen, vom Gestapo-Hauptquartier gestellten Lkw umgeladen. Vor sowjetischen Flugzeugen muß Deckung gesucht werden. Einmal versperren Flüchtlingsmassen die Straßen, dann wiederum sind es die letzten Panzer, die von einer Frontstelle zur nächsten des zusammenbrechenden Reiches fahren. Anfang Mai steht der Lkw in Radebeul. Der totale Zusammenbruch ist abzusehen. Wozu noch nach Berlin, das vor der Eroberung durch die Rote Armee steht? Beck läßt die Kisten auf dem Bahnhof lagern und erteilt den Befehl, sie im Falle einer sowjetischen Einnahme der Stadt »vollständig zu verbrennen«.

Beck selbst macht sich noch in der Hoffnung nach Prag auf, dort Vertreter des IRK oder der amerikanischen Armee zu erreichen, denen er die Kisten anvertrauen könnte. Er kommt bis Pilsen, wo er sich mit dem Kommandeur einer amerikanischen Einheit in Verbindung setzt. Es ist zu spät. Vor Radebeul stehen die Sowjets. Der Bahnhofsspediteur zündet gemäß dem Befehl die Kisten an. Er und seine Familie werden von der sowjetischen Polizei verhaftet und nie mehr gesehen. Natürlich wollen die Sowjets auch Beck. Überall, wo er Station gemacht hatte, hatte die sowjetische Sicherheitspolizei bereits nach ihm gefahndet. Sein Elternhaus und die Wohnungen seiner Freunde, die er während der Flucht aus Krakau aufgesucht hatte, werden mehrmals durchsucht. Selbst seine 62jährige Mutter wird über ein halbes Jahr lang gefangen gehalten, weil die Sowjets glauben, über sie seinen Aufenthaltsort in Erfahrung bringen zu können. Inzwischen aber gelangt Beck nach Westdeutschland. Die Sowjets bekommen ihn nicht.

So wie die Sowjets nach dem Material jagen, versuchen sie während ihres militärischen Vormarsches all derjenigen habhaft zu werden, die Genaues über die Katyn-Morde wissen. Die Verfolgung der Wissenden wird auch in den künftigen Satellitenstaaten betrieben. Als die Rote Armee 1944 in Bulgarien einmarschiert, wird Professor Markow von der Universität Sofia, der als Gerichtsmediziner an der internationalen Ärztekommission beteiligt war, als »Volksfeind« verhaftet. Nach mehreren Monaten Haft »bekennt« er vor Gericht: »Ich bin schuldig vor dem Bulgarischen Volk und seinen Befreiern...« Er sei gezwungen worden, nach Katyn zu fahren und das Smolensker Protokoll zu unterschreiben. Alle Mitglieder der Internationalen Kommission seien überzeugt gewesen, daß das Beweismaterial gefälscht war. Nach diesem Bekenntnis läßt das Gericht die Anklage fallen. [45]

Auch der Prager Gerichtsmediziner Hajek, der 1943 wie Markow an der internationalen Ärztekommission teilgenommen hatte, ist nach der »Befreiung« ein anderer und widerruft seine Aussage in einem Beitrag »Katyn – eine Tat der Deutschen« im »Zielony Sztandar«. [46] Professor Vasiliu aus Bukarest, der ebenfalls in Katyn war, wird 1948 sofort nach der Ausrufung der rumänischen »Volksrepublik« verhaftet. Man hat nie wieder von ihm gehört. [47]

Am schwierigsten stellt sich für die Sowjets zweifellos die Lage der Polen dar. Dort hat ihre Propaganda praktisch keine Chance, überhaupt ernsthaft in Erwägung gezogen zu werden. Deshalb geht die provisorische, kommunistisch beherrschte Koalitionsregierung gleich nach Kriegsende daran, einen großen Schauprozeß zu organisieren. Die Kommunisten wissen, daß die Polen den Stalinschen Mördern niemals vergeben würden. Also muß Stalin um jeden Preis reingewaschen werden. Aber noch haben die polnischen Kommunisten keine vollständige Handlungsfreiheit. In der am 28. Juni 1945 gebildeten Koalitionsregierung unter Osobka-Morawski sitzt auch die Bauernpartei. Und ihr Führer Stanislaw Mikolajczyk, ehemaliger Ministerpräsident der Exilregierung in London, wird nun stellvertretender Premierminister nach seiner Rückkehr nach Warschau im Juni 1945. Bereits im Juli wird die »Warschauer Regierung« von den wichtigsten Ländern des Westens anerkannt, der Exilregierung in London die Anerkennung entzogen.

Kaum ist Mikolajczyk wieder in Warschau, tritt der polnische Generalstaatsanwalt Jerzy Sawicki an ihn heran und läßt ihn wissen, daß er dies in Abstimmung mit Justizminister Swiatkowsky tue. Scheinheilig fragt er Mikolajcyk, ob er einen solchen Prozeß als gute Idee ansehe. Mikolajczyk beschreibt später den weiteren Verlauf des Gesprächs. »Der Gedanke an Katyn hat sich in den Herzen des polnischen Volkes festgesetzt«, sagt der besorgte Kommunist. »Wir sollten einen genauen Prozeß durchführen.« – »In der Tat«, antwortet Mikolajczyk. »Ich bin sehr dafür, daß in einem öffentlichen Prozeß alle Dokumente, die es in dieser Angelegenheit gibt, beigebracht werden. In einem fairen Prozeß muß sich herausstellen, wer die Mörder waren.« Sawicki zögert einen Augenblick, bevor er Mikolajczyk fragt, was für eine Aussage er machen würde, sollte er als Zeuge gehört werden. »Nur das, was ich genau weiß«, antwortete er. »Ich weiß zum Beispiel positiv, daß ein Geheimabkommen zwischen den Deutschen und den Russen bestanden hat, das vorsah, daß die Deutschen 30 000 Ukrainer ausliefern; als Gegenleistung dafür hatten sie unsere elftausend Offiziere gefordert. Dergleichen würde ich bezeugen, daß wir in London verschiedentlich versuchten, etwas über den Verbleib unserer Offiziere zu erfahren. Ich würde darauf hinweisen, daß der russische Botschafter Bogomolow ein Jahr nach ihrer Ermordung offiziell erklärte, daß man sie »entlassen« habe. Und ich würde die Bemühungen schildern, die von den sich zurückziehenden Deutschen gemacht wurden, um alle auf dies Verbrechen bezüglichen Dokumente zu retten.« Sawicki will nun wissen, was Mikolajczyk denn über etwa vorhandene Dokumente wisse. Er ist sichtlich besorgt. »Die Katyn-Dokumente wurden von den zurückgehenden Deutschen von Krakau nach Breslau gebracht. Von Breslau wurden sie nach der Tschechoslowakei gebracht, wo sie aller Wahrscheinlichkeit nach von den Amerikanern gefunden wurden.« Mikolajczyk erwähnt auch Dokumente, die seines Wissens im Besitze des Polnischen Roten Kreuzes sind und ebenfalls in Richtung Westen geschickt worden waren.

Sawicki weiß genug. Er murmelt, daß eine solche Zeugenaussage hinsichtlich der Täterschaft nichts beweisen würde. Anschließend teilt er die Unterredung der polnischen Sicherheitspolizei mit und begibt sich mit Justizminister Swiatkowsky nach Moskau. Nach dieser Demarche wird das ganze Prozeßprojekt aufgegeben. [48] Zwei Jahre später wird die polnische Regierung jedoch einen neuen Anlauf zu einem Schauprozeß starten.

Zu der Zeit, als das Gespräch Sawickis mit Mikolajczyk stattfindet, fordern die Warschauer Behörden den Schriftsteller Goetel, der 1943 die Gräber von Katyn besucht hatte, auf, eine Erklärung zu unterschreiben, daß er zwangsweise dorthin gebracht worden sei und sich des Eindrucks nicht hätte erwehren können, die Deutschen hätten das Massaker verübt. Goetel flüchtet schleunigst in den Westen. [49] Mit Mikolajczyks politischer Karriere ist es vorbei, als für den 18. Januar 1947 Parlamentswahlen angesetzt werden, die den Kommunisten einen Schein von Legitimität geben sollen. Die Kandidaten der Bauernpartei (PSL) werden von den Wahllisten gestrichen und 142 von ihnen kurzerhand verhaftet, um einen zu erwartenden Wahlerfolg Mikolajczyks zu verhindern. Der am 7. Februar gebildeten Regierung unter Jozef Cyrankiewicz gehört Mikolajczyk nicht mehr an. [50] Er soll sogar ganz beseitigt werden. Im März 1947 bereiten die polnischen Sicherheitsbehörden gemeinsam mit dem NKWD seine Verhaftung vor. Wegen »Hochverrats« soll er liquidiert werden. Mikolajczyk erfährt von den Plänen und flieht im Oktober 1947 in den Westen. Dort schreibt er sein vielbeachtetes Buch »The Rape of Poland: Pattern of Soviet Aggression«. [51] Auch Botschafter Kot, der in der Zwischenzeit als Botschafter der Warschauer Nachkriegsregierung in Rom tätig ist, demissioniert und geht ins Exil.

Ein anderer dagegen macht Karriere: General Zygmunt Berling. Nachdem er für eine Weile von der Bildfläche verschwunden war – angeblich, weil er sich während des Warschauer Aufstandes nicht im Sinn der Sowjets verhalten hatte –, taucht er 1947 als Leiter des Wissenschaftlichen Instituts der Polnischen Armee wieder auf. [52] Später wird er der erste Oberbefehlshaber der Polnischen Volksarmee.

Am 2. Januar 1946 lesen die Käufer der »Neuen Hamburger Presse« unter der Überschrift »Katyn-Massenmord von deutschem Offizier zugegeben« eine Meldung aus Moskau: »Die Nazischuld an dem Massenmord von Katyn wurde von einem deutschen Offizier vor

einem Leningrader Gerichtshof zugegeben. Aus einer Gruppe von deutschen Offizieren, die in Leningrad unter der Anklage des Kriegsverbrechens vor Gericht stehen, beschrieb der Angeklagte Düre, wie russische Frauen, Kinder und Greise von den flüchtenden deutschen Truppen ermordet wurden und erklärte, daß dabei im Wald von Katyn 15000 bis 20000 Menschen, darunter polnische Offiziere und Juden, von den deutschen Truppen erschossen und begraben wurden. Deutsche Stellen hatten am 12. April 1942 behauptet, daß deutsche Truppen die Massengräber von Katyn entdeckt hätten und beschuldigten die russische geheime Staatspolizei, diese Abscheulichkeit nach dem sowjetischen Einmarsch in Ost-Polen 1939 begangen zu haben. Ein anderer Angeklagter, Janicke, bestätigte, daß ein Befehl von Generalmajor Remlinger die Niederbrennung aller Dörfer auf dem Rückzugswege und die Ausrottung aller Zivilisten anordnete, die sich ihrer Verschleppung nach Deutschland widersetzten. Bevor der Gerichtshof sich vertagte, gab ein anderer Angeklagter, der ehemalige Stabschef Wiese, die Plünderungen der Nahrungsmittel- und Viehbestände der Bevölkerung zu.« [53]
Wieder verwebt die sowjetische Propaganda den Katyn-Mord mit anderen Verbrechen, um Verwirrung zu stiften. Sie bedient sich inzwischen nicht zum erstenmal bei der Verbreitung der Lüge der Presse im Westen. In dem Leningrader Schauprozeß gegen zehn deutsche Offiziere werden sieben zum Tod durch Erhängen und drei zu 15 beziehungsweise 20 Jahren Zwangsarbeit – nicht viel weniger als ein Todesurteil auf Raten – verurteilt.
Dann stehen die Nürnberger Kriegsverbrecherprozesse an. Im Sommer 1945 hatten sich die Vertreter der vier Siegermächte auf einer Sondersitzung in London über das Vorgehen bei der Verfolgung und Aburteilung der »Hauptkriegsverbrecher« der Achsenmächte geeinigt. Die Morde von Katyn, die während des Krieges die Propaganda monatelang bestimmt hatten, können nicht einfach unerwähnt bleiben. Im Gegenteil bietet sich der Sowjetunion eine große Chance. Da ohnehin nur deutsche Verbrechen und keine der Alliierten zur Verhandlung stehen, besteht keine Gefahr, daß der Spieß umgedreht würde und die Sowjets beschuldigt würden. Die verabredeten Ver-

fahrensregeln lassen dies von vornherein gar nicht zu. Außerdem hatten nationalsozialistische Greueltaten in Polen und der Sowjetunion dazu beigetragen, daß man die Schuld der Deutschen kaum bezweifeln würde. Gerade im rückwärtigen Bereich der Heeresgruppe Mitte im Gebiet von Smolensk hatten Einsatzgruppen des SD Massaker verübt, eines davon in der Nähe von Borissow, wo der Stab der Heeresgruppe im Sommer 1941 kampiert hatte. 5000 Juden waren dort mit Hilfe lettischer SS-Truppen ermordet worden, was für einige Offiziere der Heeresgruppe Anlaß war, sich dem Widerstand um Henning von Tresckow anzuschließen. [54]

Einer Anklage der Deutschen könnten die Westalliierten sowieso kaum entgegentreten, da sie während des Krieges die sowjetische Propagandaversion mitgetragen hatten. Außerdem konnten sie den Sowjets nicht ins Handwerk pfuschen. Gemäß der Londoner Vereinbarung gibt es eine Arbeitsteilung: die Amerikaner verfolgen die Vorbereitung und Führung von Angriffskriegen, Großbritannien die auf hoher See begangenen Verbrechen und die Verletzung von Verträgen, und die Sowjetunion zusammen mit Frankreich »Verbrechen gegen die Menschlichkeit«, wobei die Sowjetunion im Osten und Frankreich im Westen begangene Verbrechen zur Anklage bringen. Mehr noch: Eine gemeinsame Verurteilung der Deutschen vor dem Nürnberger Tribunal, so kann die Sowjetunion hoffen, würde die Westalliierten auf Dauer an die sowjetische Lüge binden, jede Korrektur zumindest gewaltig erschweren. Und fast wäre es auch so gekommen – wenn da nicht ein Leutnant namens Reinhard von Eichborn gewesen wäre.

Die Mörder sitzen also selbst auf der Richterbank. Die Anklage gegen die Deutschen wird zunächst stümperhaft eingefädelt. Bei der Vorbereitung der Anklageschrift kommt Katyn erst auf der Schlußsitzung in London zur Sprache. Die sowjetischen Vertreter verlangen, die Ermordung von 925 polnischen Offizieren im Wald von Katyn mit einzubeziehen. [55] Das war eigenartigerweise lediglich die Anzahl der Leichen, die von der sowjetischen »Untersuchungskommission« angeblich exhumiert worden waren. Den britischen und amerikanischen Vertretern ist die Brisanz der Angelegenheit klar, und sie protestieren gegen die Einbeziehung. Aber die Sowjets bleiben bei ihrer Forderung.

Die Panne mit der Zahl wird rechtzeitig bemerkt, und zwölf Tage später verlangt der sowjetische Chefankläger Roman Rudenko auf einer Sitzung in Berlin, daß von 11000 ermordeten polnischen Offizieren die Rede sein solle. Der amerikanische Ankläger Jackson wehrt sich nochmals gegen die Einbeziehung Katyns in die Anklage und kann den Sowjets schließlich nur antworten, daß »wir die Finger davon lassen würden und den Wettkampf den deutschen und sowjetischen Juristen überlassen«. [56]

Von den Polen hatten die Westalliierten nämlich ein Weißbuch erhalten, das wichtige Dokumente der erfolglosen Nachforschungen der Exilregierung einschließlich der Protokolle der Gespräche Sikorskis, Kots und Anders mit Stalin, Molotow und Wyschinski enthielt. [57] Der »Report on the Massacre of Polish Officers in Katyn Wood« war in London mit dem Vermerk »For private circulation only« erschienen. Autoren und Druckerei blieben anonym. Schließlich muß die Exilregierung auf die britische Regierung Rücksicht nehmen, die sich der sowjetischen Propagandaversion angeschlossen hatte. Auch die daran folgende 454 Seiten starke Dokumentation »Facts and Documents Concerning Polish Prisoners of War Captured by the U.S.S.R. during the 1939 Campaign«, die 1946 in London von Dr. Viktor Sukiennicki für die polnische Exilregierung zusammengestellt wird, verzichtet auf die Nennung des Bearbeiters und enthält den Vermerk »strictly confindential«. Rücksichtnahmen zwingen dazu. (Sukiennicki lebt später in den USA.)

Elf polnische Senatoren und zehn Abgeordnete der Exilregierung wenden sich direkt an den amerikanischen Ankläger Robert H. Jackson. Vorsichtig formulieren sie: »Es wäre unangebracht, den Fall Katyn in den Aufgabenkreis des Nürnberger Gerichtshofes einzubeziehen. Dieser besonders gelagerte Fall bedarf . . . einer eigenen Untersuchung und Verhandlung . . .« [58]

Außerdem hatte Jackson bereits am 21. Januar 1946 vom US-Militärgouverneur General Lucius D. Clay einen streng vertraulichen Bericht zugestellt bekommen, den die amerikanische Botschaft in Warschau zusammengestellt hatte. Darin wurde darauf verwiesen, daß polnische Kreise nicht die Deutschen als die Schuldigen für die Morde von Katyn ansähen. [59] Und am 26. Februar 1946 hatte Jackson von der Military Intelligence »geheime Dokumente« zum Fall Katyn erhalten. Nach Jacksons späteren Aussagen war er selbst im Besitz lediglich von: »Die deutsche Darstellung, die die Sowjets beschuldigt, zwei sowjetische Dokumente, die die Nazis beschuldigen, und einen Akt mit der Aufschrift ›Auszüge aus Gespräche zwischen Sikorski, Anders, Stalin und Molotow‹.« [60] Das ist zwar ein offensichtlich bereits »sortiertes« Material, aber ausreichend, um sich ein Bild zu machen.

Jackson behauptet später gleichzeitig, das Material nie zu Gesicht bekommen zu haben. Ob das stimmt oder nicht, läßt sich wohl nicht mehr feststellen. Daß das Material schon auf dem Weg zu ihm »hängengeblieben« sein soll, ist zwar nicht auszuschließen, aber die Ablehnung Jacksons, den Punkt in die Anklage einzubauen, zeigt doch, was er von dem ganzen Fall Katyn hält.

Auch einen ganz besonderen Zeugen gibt es, der sich selbst den Amerikanern anbietet. Doch er hatte keine Chance, überhaupt ernstgenommen zu werden. Es ist Iwan Kriwoserzow, der den Deutschen die Gräber gezeigt hatte und vor der anrückenden Roten Armee geflohen war. Inzwischen war er als Zwangsarbeiter mit »Arbeitskarte« in Deutschland gelandet und seit Mitte 1944 in Berlin in Werkstätten eingesetzt. Als die Rote Armee auf Berlin vorrückte, zog er es vor, der »Befreiung« durch die Sowjets ein zweitesmal zu entgehen und machte sich zu Fuß nach Hamburg und anschließend nach Bremen auf. Dort erfuhr er, daß in Nürnberg der Massenmord von Katyn verhandelt werden solle. [61]

Mit einem anderen Russen, einem Ingenieur, der mehrsprachig ist und als Dolmetscher vermitteln kann, meldet sich Iwan Kriwoserzow nun beim amerikanischen Hauptquartier in Bremen. Dort steht er vor einem US-Soldaten – die Beine auf dem Tisch, die Arme vor der Brust verschränkt, im Mund ein Kaugummi. »Ich habe etwas sehr Wichtiges zu berichten«, übersetzt der Dolmetscher für Iwan Kriwoserzow. Der Soldat nimmt den Kaugummi aus dem Mund, zündet sich eine Zigarette an und zieht seine Beine mühsam vom Tisch. Dann holt er einen Offizier. Iwan Kriwoserzow erzählt, was er weiß. Zuerst grinsen die beiden Amerikaner, dann brechen sie in schallendes Gelächter aus. Doch einer wird schnell wieder ernsthaft: »Ich glaube, wir sollten ihn lieber zur russischen Front zurückschicken. Die werden sicher wissen, was sie mit all dem anfangen und wie sie seine Zeugenaussage verwerten können ...«

Iwan Kriwoserzow rennt davon. [62] Bald darauf begegnet er Josef Mackiewicz, der selbst die Gräber von Katyn besichtigt hatte und einen Bericht für die polnische Untergrundbewegung verfaßt hatte. [63] Die Polen wissen seine Kenntnisse über die Wahrheit besser zu schätzen. Und sie wissen auch um seine Gefährdung. Mackiewicz schreibt 1945: »Zu der Zeit, da ich diese Worte schreibe, ist die politische Lage in Europa derart, daß ich es nicht für klug halte, offen zu sagen, wo und wie mir Iwan Kriwoserzow in den Weg lief, der zur gleichen Zeit, als in Nürnberg der Katyn-Fall vor den Gerichtshof kam, mir die Geschichte ausführlich erzählte.« [64]

Kriwoserzow sagt auch vor dem britischen Geheimdienst aus und besucht anschließend General Anders in seinem italienischen Hauptquartier. Schließlich gelangt er nach England, nimmt den Namen Michail Loboda an und läßt sich bei Bristol nieder. Am 30. Oktober 1947 findet man ihn erhängt im Geräteschuppen eines Obstgartens. Der Gerichtsbeamte erkennt auf »Selbstmord«. Dazu der polnische Autor Rudolph Chelminski: »Leute, die die Arbeit des NKWD kennen, glauben, daß er ermordet wurde.« Auch der beste Freund Kriwoserzows, ein Landsmann, verschwindet spurlos. [65] Auch andere polnische Zeugen könnte man in Nürnberg vorladen: Zum Beispiel Professor Swianiewicz, Hauptmann Czapski, Major Kaczkowski, die Leute der Armee Anders; sie alle sind im Westen. Aber man will die Wahrheit nicht. Außerdem hatten die Geheimdienste der Amerikaner und der Briten genügend eigenes Material gesammelt.

Der Massenmord von Katyn wird kurzerhand in die Anklageschrift gegen Hermann Göring eingebaut. So heißt es dann auch am 18. Oktober 1945 unter Punkt III, Abschnitt C (Mord und Mißhandlungen an Kriegsgefangenen und Angehörigen der Streitkräfte, mit denen Deutschland Krieg führte sowie von Personen auf Hoher See) in nur einem einzigen Satz:»Im September 1941 wurden 11000 kriegsgefangene polnische Offiziere im Wald von Katyn bei Smolensk getötet.« Am 14. Februar 1946 – es ist der 59. Verhandlungstag – bildet das Massaker von Katyn einen Höhepunkt bei der Aufzählung deutscher Morde und Greueltaten, die der sowjetische Ankläger Oberst Pokrowsky mit großem Aufwand an Pathos und Rhetorik vorträgt. Grundlage seiner Ausführungen ist der sowjetische »Untersuchungsbericht« von 1944, der dem Gericht als »Beweismittel« unter der Registraturnummer 0-54-UdSSR vorliegt.

Pokrowsky wiederholt die bekannten Behauptungen: Die Deutschen hätten 1943 die Leichen von ermordeten polnischen Kriegsgefangenen aus ihren Gräbern geholt und in Katyn in offene Gruben geworfen, um den Sowjets das ungeheure Verbrechen anzuhängen. Dann nennt Prokrowsky die »Täter«: Eine Sondereinheit »Stab 537, Pionierbataillon« unter dem Befehl der Offiziere »Arnes«, »Rechts« und »Hott«. Anschließend schildert der sowjetische Ankläger Oberst Smirnow mit vor Erregung zitternder Stimme die Zustände im KZ Janowski, in dem die SS russische Kinder als lebende Zielscheibe benutzt haben soll, in dem am 55. Geburtstag Hitlers 55 Gefangene erschossen worden seien und in dem der Lagerkommandant, um seinem neunjährigen Töchterchen eine Freude zu machen, kleine Kinder in die Luft werfen ließ und dann nach ihnen geschossen habe. »Vater, noch einmal«, habe die Kleine dabei gejauchzt. [66]

Einen Bericht über die sowjetischen Anklagen liest in Bayern der Gerichtsassessor Reinhard von Eichborn in der amerikanisch lizensierten »Neuen Zeitung«. [67] Der junge ehemalige Leutnant, Wirtschaftsprüfer und Lexikograph, sieht sofort, daß mit dem »Stab 537, Pionierbataillon« das Nachrichtenregiment 537 der Heeresgruppe Mitte gemeint ist, in dem er selbst von Dezember 1941 bis Januar 1943 als Fernsprechsachbearbeiter tätig war. Und von Eichborn weiß auch, daß mit »Arnes« Oberst Ahrends, mit »Rechts« Oberleutnant Rex und mit »Hott« Leutnant Hoth gemeint sind. Ihm ist klar, daß diesen »Tätern« die Auslieferung an die Sowjets droht, was ihren sicheren Tod bedeutet.

Von Eichborn holt sich in Nürnberg umgehend juristischen Rat und hinterlegt eine eidesstattliche Erklärung. Er nimmt Kontakt mit allen früheren Offizieren und Soldaten seines ehemaligen Regiments auf, die er in den drei Westzonen aufspüren kann. Dazu gehört auch sein Freund Fabian von Schlabrendorff, der in der Heeresgruppe Mitte als Ordonnanzoffizier gedient hatte und zu den Verschwörern gegen Hitler zählte. Von Schlabrendorff seinerseits unterrichtet daraufhin den amerikanischen General William Donovan als Chef des Geheimdienstes OSS, ein Vorläufer der CIA.

Die deutsche Verteidigung ersucht das Gericht, auch andere Beweise als den sowjetischen »Untersuchungsbericht« zuzulassen. Rudenko ist aufgebracht: »Die sowjetische Anklage besteht kategorisch auf der Ablehnung des Antrags der Verteidigung. Wir stehen auf dem Standpunkt, daß dieser verbrecherische Akt der Hitler-Anhänger durch das von der sowjetischen Anklage vorgelegte Beweismaterial eindeutig nachgewiesen worden ist.« [68] Der Vorschlag der deutschen Verteidigung, den ehemaligen Hauptmann Böhmert vom 537. Nachrichtenregiment vorzuladen, weist Rudenko mit dieser grotesken Begründung zurück: »Hauptmann Böhmert ist selbst in die Verbrechen von Katyn verwickelt. Da er zu den Beteiligten gehört, ist seine Aussage ohne Wert.« [69]

Die Verteidiger in Nürnberg scheuen unterdessen das Thema Katyn. Insbesondere Görings Verteidiger Dr. Stahmer fürchtet, die Sowjets könnten die SD-Massaker von Borissow mit Katyn vergleichen und den Katyner Massenmord dann ebenfalls der Wehrmacht anlasten. So stellen sich paradoxerweise ausgerechnet die Verteidiger des Oberkommandos der Wehrmacht und des Generalstabs gegen eine öffentliche Verhandlung der Katyn-Anklage. Im März, zu Beginn der Beweisaufnahme der Anklage gegen Göring, beantragt Stahmer, den Fall Katyn nach Abschluß der Beweisaufnahme von den anderen Anklagepunkten getrennt zu behandeln, und der ehemalige Oberst Ahrends seinerseits wendet sich an amerikanische Dienststellen in Frankfurt mit der Bitte, seine Angehörigen irgendwie aus der Sowjetzone nach Berlin in Sicherheit zu bringen, bevor er seine Aussage in Nürnberg mache.

Den Sowjets wird der ganze Fall inzwischen doch zu heiß, und der sowjetische Mitankläger Oberst Prochovnik bietet Görings Verteidiger Stahmer in Übereinstimmung mit Jodls Verteidiger Exner einen Kuhhandel an. Zur »Verkürzung des Prozesses« solle auf eine mündliche Verhandlung verzichtet und statt dessen lediglich Affidavits eingereicht werden. Von Eichborn gewinnt in Nürnberg den Eindruck, daß Stahmer sich darauf einlassen will. Aber es ist keine Zeit mehr zu diskutieren. Am folgenden Tag muß Stahmer dem Gericht mitteilen, was er wolle. Die Sache läßt von Eichborn keine Ruhe. Mitten in der Nacht setzt er sich an seine Reiseschreibmaschine und setzt einen offenen Brief an Stahmer auf. Durchschläge sind für sechs andere Verteidiger bestimmt. Für sich und Oberst Ahrends stellt er in dem Schreiben fest, daß die Anklage im Fall Katyn die Ehre der deutschen Wehrmacht berühre, das Verhältnis zu Polen belaste und Deutschlands Ansehen in der Welt noch mehr schädige. Angesichts der historischen Bedeutung der Angelegenheit sei es unangebracht, auf Vermittlungsangebote der Sowjets einzugehen. Die Zeugen jedenfalls fürchteten das Kreuzverhör nicht. Halte Stahmer selbst die Sache für zu gefährlich, solle er das Mandat abgeben. Eichborn verlangt eine klare Antwort und droht, den Sachverhalt der Weltöffentlichkeit vorzutragen.

Als er den Brief nochmals durchliest, ist er sich nicht ganz sicher, ob er nicht zu weit gehe. Er weckt seinen alten Strafrechtslehrer Professor Schwinge, der als Prozeßbeobachter ebenfalls im Zeugenhaus wohnt. Er erklärt ihm, daß er fürchte, der Fall Katyn werde aus Feigheit nicht öffentlich verhandelt und fragt, ob das Schreiben schon den Tatbestand der Erpressung darstelle. »Erpressung nicht, aber ziemlich am Rande«, meint Schwinge. »Dann ist er genau so, wie ich ihn haben möchte,« gibt von Eichborn zufrieden zurück.

Als von Eichborn den Verteidigerraum im Nürnberger Justizpalast erreicht, teilt ihm Stahmers Assessor Bross mit, die Sache sei leider schon gelaufen. Stahmer habe den Verzicht auf eine mündliche Verhandlung schriftlich niedergelegt und wolle gleich in den Gerichtssaal gehen. In aller Eile verteilt von Eichborn die Durchschläge seines Briefes und greift zu einem Bluff: Er sei mittags mit einem Korrespondenten der »Times« verabredet. In Wirklichkeit weiß er nicht einmal, ob es überhaupt einen in Nürnberg gibt.

Das sitzt. Eiligst beraumen die Verteidiger eine Besprechung an, lassen Richter und Angeklagte einfach warten. Stahmer zieht zurück. Er teilt dem Gericht mit, man wünsche eine öffentliche Verhandlung des Anklagepunktes Katyn.

Auch Stahmer hat das polnische Weißbuch. Auf dem Weg von seinem Amtszimmer zum Gerichtssaal hatte es ihm ein polnischer Offizier zugesteckt, allerdings mit der Bemerkung: »Bitte sagen Sie nicht, daß Sie es von mir haben«. [70] Verständlich, denn der polnische Offizier trug eine amerikanische Uniform.

Stahmer traut sich jedoch nicht, das polnische Weißbuch dem Gericht zu übergeben. Wieder ist es von Eichborn, der die Initiative ergreift. Er hatte sich das Buch ausgeliehen und so vorbereitet, daß die wichtigen Stellen sofort zu finden waren. Auch Flottenrichter Kranzbühler, der als Verteidiger des Großadmirals Dönitz fungiert, hatte es von einem polnischen Offizier auf der Straße zugesteckt bekommen.

Nach Absprache mit von Eichborn präsentiert Kranzbühler das Weißbuch dem amerikanischen Richter Biddle, der sich immerhin bei der Durchsicht Notizen macht. In diesem Moment wird der sowjetische Ankläger Rudenko so wütend wie noch nie jemand in diesem Prozeß und protestiert zitternd vor Erregung gegen das »faschistische Propagandablatt«. Hilfe findet er in Jackson, der dafür sorgt, daß das polnische Weißbuch aus dem Prozeßverlauf wieder herausmanövriert wird. [71]

Am 1. und 2. Juli 1946 werden drei deutsche und drei sowjetische Zeugen vernommen. [72] Der britische Lordrichter Lawrence hatte im Streit um die Zahl der Zeugen – die Sowjets wollten mehr als die Deutschen vorladen können – ein Machtwort gesprochen und sie auf drei für jede Seite begrenzt. [73] Die deutsche Verteidigung hatte sich bemüht, Professor Naville aus Genf als neutrale Persönlichkeit zu gewinnen, doch Naville lehnte mit dem Hinweis ab, er habe dem

Smolensker Protokoll von 1943 nichts hinzuzufügen, noch etwas daran zu ändern. [74]

Ende Mai hatte Stahmer General Anders, zu dieser Zeit Kommandeur des Zweiten Polnischen Korps der Achten Britischen Armee, brieflich um Material zur Klärung der Schuldfrage gebeten. Da Anders als Korpskommandant alliierter Streitkräfte schlecht den Verteidigern der als Kriegsverbrecher angeklagten Deutschen direkt helfen kann, nimmt er den Weg über den amerikanischen Verbindungsoffizier Oberst John Tappin. In einem Schreiben bietet er jede Hilfe an, falls der Internationale Militärgerichtshof ihn darum ersuchen würde. General Anders erhält überhaupt keine Antwort. [75]

Als erster deutscher Zeuge tritt der ehemalige Oberst Friedrich Ahrends auf. Er war zwar von den Sowjets direkt beschuldigt worden, befand sich aber tatsächlich zu dem fraglichen Zeitpunkt im Herbst 1941 noch gar nicht im Raum Smolenks als Leiter des Stabes beim Heeresnachrichtenregiment 537, sondern tat in Halle an der Saale als Kommandeur der Heeresnachrichtenschule Dienst. [76] Ahrends erklärt nun, daß ein Befehl zur Erschießung von Polen weder von Berlin noch von irgendeiner anderen Stelle an sein Regiment gegeben worden sei. Auch habe er selbst nie solche Befehle gegeben. Weiter berichtet er, wie er 1943 beim Jagen durch die Beobachtung eines Wolfes auf die Gräber von Katyn gestoßen war. [77]

Anschließend wird Reinhard von Eichborn in den Zeugenstand gerufen, der von Kriegsbeginn an dem Nachrichtenregiment 537 angehört hatte. Auch nach seiner Abordnung zum Stab der Heeresgruppe Mitte habe er Kontakt zu seinen alten Regimentskameraden gehalten, dessen Stab im Dnepr-Schlößchen am Wald von Katyn einquartiert war. Er habe sämtliche Befehle, die an den Stab als geheime Fernschreiben einliefen, gesehen, doch niemals von einem Befehl zur Erschießung polnischer Gefangener erfahren. Auch von den Offizieren des Regiments 537 sei ihm niemals so etwas zu Ohren gekommen. [78]

Als letzter deutscher Entlastungszeuge sagt der ehemalige Generalleutnant Eugen Oberhäuser aus, der Nachrichtenführer in verschiedenen Heeresgruppen war und gegen Ende September 1941 mit seinem Stab in der Nähe von Katyn gelegen hatte. Auch er bekräftigt, daß er von einem Befehl, Polen zu erschießen, schlechthin nichts wisse. Außerdem hätte die Bewaffnung des auseinandergezogenen Regiments – Pistolen für Unteroffiziere und Offiziere – für eine derartige Massenerschießung gar nicht ausgereicht. [79]

Dann sind die sowjetischen Belastungszeugen an der Reihe. Als ester wird Viktor Basilewski, Professor der Universität Smolensk und Direktor des dortigen Observatoriums, aufgerufen. Er war während der deutschen Besatzungszeit stellvertretender Bürgermeister von Smolensk. Zum Bürgermeister hatten die Deutschen damals den Russen Menschagin gemacht. Von diesem nun wollte Basilewski von dem Gulag 126 erfahren haben, jenem in dem sowjetischen »Untersuchungsbericht« erwähnten Gefangenenlager für Russen und Polen. Menschagin habe gesagt, so erklärt Basilewski, »daß die Russen von selbst im Lager starben, aber die polnischen Kriegsgefangenen vernichtet werden sollten«. Erfahren habe Menschagin dies wiederum von dem deutschen Kommandanten von Schwedt. Ende September 1941 habe Menschagin dann mitgeteilt, daß die Polen »in der Nähe von Smolensk erschossen wurden«. Außerdem sagt Basilewski, er habe im August 1941 in Kozielsk Urlaub gemacht. Alle Gefangenen, die er auch im Frühjahr 1941 beim Straßenbau gesehen haben will, seien dort gewesen. [80]

Und siehe da, die Sowjets haben sogar ein Notizbuch Menschagins von 1941 »gefunden«, in dem sich die entsprechenden Eintragungen über die Ausrottung aller Polen in der Gegend von Smolensk befinden. Menschagin selbst wird nicht vorgeführt. Er hatte sich vor der Rückkehr der Roten Armee in Richtung Deutschland abgesetzt und war nach Kriegsende von der sowjetischen Polizei im Westen festgenommen worden. [81]

Den zweiten Belastungszeugen haben die Sowjets eigens aus dem bulgarischen Sofia herbeischaffen lassen. Es ist Professor Antonow Markow. Er ist die Sensation, da er 1943 der internationalen Ärztekommission angehört und das gemeinsame Protokoll von Smolensk mitunterzeichnet hatte. Markow zeigt nun, daß er seine Lektion aus der Verhaftung und dem Prozeß nach dem Einmarsch der Roten

Armee in Bulgarien gelernt hatte. Er erklärt, er sei 1943 von der Universität Sofia nach Katyn »abkommandiert« worden. Er habe zuvor versucht, die Teilnahme auszuschlagen, weil er darin mehr eine politische als eine wissenschaftliche Angelegenheit gesehen habe. Und tatsächlich hätte die Kommission innerhalb von zwei Tagen nur acht Leichen prüfen dürfen. Die Untersuchungen seien unwissenschaftlich durchgeführt worden, außer seiner eigenen. Nur etwa sechs Stunden hätten die Sachverständigen insgesamt an den Gräbern zubringen können. Das Ganze sei ein »Touristenspaziergang, aber keine wissenschaftliche Untersuchung« gewesen. Ihm sei dennoch erkennbar gewesen, daß die Leichen höchstens anderthalb Jahre in der Erde gelegen haben konnten. »Es war mir klar, daß uns von vornherein die Behauptung eingeflößt werden sollte, die Leichen befänden sich mindestens drei Jahre in der Erde.« Das Protokoll über die Untersuchungsergebnisse sei auf der Rückfahrt nach Berlin während eines Aufenthaltes auf einem verlassenen Flugplatz verfertigt worden und von den Teilnehmern unter deutschem Druck unterzeichnet worden. »Ich hatte nicht den Mut, meine Unterschrift zu verweigern, obgleich nach meiner Meinung das Todesdatum nicht der Wahrheit entsprach.« [82]

Der sowjetische Ankläger stellt seine Fragen so, daß Markow eigentlich nur noch mit Ja oder Nein zu antworten braucht. Zum Beispiel: »Man hat Ihnen bereits geöffnete Gräber gezeigt, neben denen bereits Leichen lagen, stimmt das?« Markow: »Ja, das stimmt. Neben den geöffneten Gräbern lagen bereits exhumierte Leichen.« Als Oberst Smirnow diese Befragung in diesem Stil fortsetzt und schließlich sagt: »Sie unterzeichneten (das Protokoll der Ärztekommission), weil Sie sich dazu genötigt fühlten«, wurde es Lordrichter Lawrence doch zuviel: »Oberst Smirnow, ich halte es nicht für angebracht, daß Sie ihm Suggestivfragen stellen.« [83]

(Professor Markows Sohn Atanas Markow ist heute Vizepräsident der Gesellschaft für Metallurgie und Mineralogie in Sofia. Die Geschehnisse um Katyn seien für seinen Vater »das größte Drama seines Lebens« gewesen, sagt er. Bis in die fünfziger Jahre habe sein Vater Kontakt mit westlichen Kollegen unterhalten. Er habe ihn als stets verschwiegenen Mann kennengelernt. Professor Markow erlitt 1953 einen ersten Herzinfarkt und starb 1967 nach mehreren weiteren Infarkten. [84])

Als letzten Zeugen bieten die Sowjets den Gerichtsmediziner Viktor Ilja Posorowski auf, der 1943/44 zur sowjetischen »Untersuchungskommission« gehört hatte. Er sagt, bei den Leichen Schriftstücke mit Daten von Ende 1940, Anfang 1941 und sogar eine Postkarte vom Mai 1941 gefunden zu haben. In den Gräbern hätten außerdem deutsche Patronenhülsen mit der Gravur »Geco« gelegen.

Der sowjetische Ankläger legt zu diesem Punkt ein deutsches Telegramm vor, das die Deutschen belasten soll. »An die Regierung des Generalgouvernements – Hauptabt. Innere Verwaltung z. Hd. Herrn Oberverwaltungsrat Weirauch Krakau. Dringend sofort auf den Tisch – Geheim. Ein Teil des Polnischen Roten Kreuzes aus Katyn ist gestern zurückgekehrt. Die Angestellten des Polnischen Roten Kreuzes haben Hülsen der Patronen mitgebracht, mit denen die Opfer von Katyn erschossen wurden. Es stellte sich heraus, daß es deutsche Munition ist. Kaliber 7,65 der ›Geco‹. Brief folgt. (gez. Heinrich)«. [85] Dieses Telegramm hatten die Amerikaner der sowjetischen Anklage zur Verfügung gestellt. [86]

So steht am Ende der Vernehmungen Aussage gegen Aussage. Die sowjetischen Ankläger bieten sich an, weitere Zeugen vorzuladen, wenn nötig 120. Aber Lordrichter Lawrence erklärt die Beweisaufnahme für abgeschlossen, da man sich auf je drei Zeugen für jede Seite zuvor entschieden habe.

Die »Beweisaufnahme« ist abgeschlossen. Aber die wichtigsten Beweismittel waren gar nicht vorgelegt, sondern gezielt aus dem Verfahren herausgehalten worden. Nicht nur die Sowjets, sondern auch Amerikaner und Briten wußten genau, welche Farce in Nürnberg ablief.

Am 18. Oktober 1945 hatten alle Mitglieder des Gerichtshofes bei seiner Konstituierung gelobt: »Ich erkläre feierlich, daß ich alle meine Befugnisse und Pflichten als Mitglied des Internationalen Militärgerichtshofes ehrenhaft, unparteiisch und gewissenhaft erfüllen werde.« [87]

In Nürnberg verschwindet der Fall aus dem Prozeß. Dr. Hans Laternser, Verteidiger des deutschen Generalstabs und des Oberkommandos der Wehrmacht, erkundigt sich: »Darf ich der Anklage die Frage vorlegen, wer für den Fall Katyn verantwortlich gemacht werden muß?« Lordrichter Lawrence: »Ich rate ab, diese Frage zu beantworten.« [88] Die Möglichkeit eines Freispruchs mangels Beweises ist nach der Nürnberger Verfahrensordnung nicht möglich. Das Gericht entscheidet schließlich mit Mehrheit, ein ganz besonderes Urteil zu fällen – nämlich gar keins. Am 30. September und 1. Oktober 1946 wird Katyn weder im Plädoyer noch im eigentlichen Urteil mit auch nur einem Wort erwähnt.

Das ist sowohl ein unausgesprochener Freispruch für die Deutschen als auch ein unausgesprochenes Urteil über die fortgesetzte Vertuschungspolitik und die moralische Autorität der Ankläger und Richter von Nürnberg, auch wenn der von den Alliierten offiziell eingesetzte Rundfunkkommentator Oulman Stalin durch seine Meinung entlastet, wer auch immer die polnischen Offiziere umgebracht habe, schuld daran sei Hitler, denn er habe den Krieg gegen Polen begonnen. [89]

Es ist das Verdienst Reinhard von Eichborns, diesen Ausgang erzwungen zu haben. Die Folgen eines Schuldspruches wären für die weitere Aufhellung der Wahrheit über Katyn und die Bekämpfung der Manipulation und Tabuisierung auch durch westliche Politiker sicherlich fatal gewesen. Von Eichborn zu seiner Rolle später in einem Aufsatz von Karl-Heinz Janßen in der »Zeit«: »Eigentlich war es eine Frechheit von mir. Ein kleiner Oberleutnant drehte am Rad der Weltgeschichte. Aber ich fühlte mich meinen Regimentskameraden, meinen Freunden aus der Widerstandsbewegung und dem deutschen Volke verpflichtet, den Gerichtshof dabei zu unterstützen, die Wahrheit herauszufinden. Und gerade als Schlesier konnte es mir nicht gleichgültig sein, daß nach all den fürchterlichen Verbrechen, die wir Deutsche den Polen zugefügt haben, auch noch dieses einer Versöhnung der beiden Nachbarvölker im Wege stehen sollte.« [90]

Trotzdem bleibt der Fall Katyn im öffentlichen Bewußtsein mit einem großen Fragezeichen behaftet. Überschriften der Tageszeitungen lauten »Die Geheimnisse im Wald von Katyn« oder »Wer ist an Katyn schuld?« [91] Hier muß freilich in Rechnung gestellt werden, daß zu dieser Zeit die Zeitungen streng unter Kontrolle der Lizenzmächte stehen und Sowjets sowie Westalliierte als Verbündete per Militärregierung Deutschland verwalten.

Für eine tendenziöse Berichterstattung sorgt schon die Protokollierung durch die DANA, die den Zeitungen weitgehend als Grundlage dient. [92] Der Protokollant Hellschreiber faßt den Sachverhalt in der Einleitung so zusammen: »Bekanntlich fanden die Sowjettruppen im Walde von Katyn die Leichen von 11000 polnischen Soldaten, die, wie die sowjetische Anklagebehörde zu beweisen versucht, von den Deutschen im Jahre 1941 erschossen wurden.« Die Wortwahl läßt in den Deutschen Lügner vermuten, während die sowjetischen »Zeugen« seriös präsentiert werden. So heißt es, Oberst Ahrends »behauptete«, daß sein Regiment mit dieser Tat nichts zu tun hatte. Entlastende Passagen werden nur indirekt zitiert, was belastend interpretiert werden könnte, dagegen direkt. So heißt es: »Dr. Stahmer: Ist in dem Wald geschossen worden? Ahrends: Ja, es waren eine Reihe von Schießanlagen in der Nähe, auf denen geübt wurde.« Der Protokollant erlaubt sich sogar, abwertende Beurteilungen mit einzuflechten und die Sprechweise durch die Orthographie zu verspotten. Er schreibt: »Ahrends, der in Auftreten und Sprechweise wie die Karikatur eines preußischen Offiziers wirkte, erklärte dann auf eine Frage Dr. Stahmers: Ich habe mich um die Ausjrabung nich mehr jekümmert, weil dieser pestilenzartije Jestank dauernd um unser Haus war.« Um Ahrends als beschränkte Figur erscheinen zu lassen, werden sogar eher banalen Nebensächlichkeiten durch direktes Zitieren besonderes Gewicht gegeben. Als Ahrends über seinen Kontakt mit Einheimischen spricht, vermerkt der Protokollant: »Diese Leute sind Imker. Ich bin auch Imker.«

Ebenso unfair wird von Eichborn behandelt. Von seiner Aussage, daß er zu seinen früheren Regimentskameraden nach seiner Verlegung Kontakt hielt, wird der Ausdruck »alte Regimentskameraden«

als Zitat hervorgehoben, was offensichtlich den Eindruck militaristischer Kumpanei erwecken soll.

Dieses DANA-Protokoll erfährt erhebliche Verbreitung. So wird es beispielsweise in der »Frankfurter Rundschau« in fast voller Länge nur ganz unwesentlich redigiert abgedruckt. [93]

Der britische Autor F.J.P. Veale, selbst Jurist, hat die höchst interessante Frage aufgeworfen, warum die Sowjets überhaupt und gerade auf diese Weise den Fall Katyn vor das Nürnberger Tribunal gebracht haben. Zuweilen mit dem ihm eigenen ironischen Unterton schreibt er: »Durch den Artikel 19 der sogenannten Charta, durch die das Internationale Militärgericht geschaffen wurde, wurde es ermächtigt, alle Regeln der Beweisführung außer acht zu lassen und jedes ihm vorgelegte Beweismittel, von dem es glaubte, es sei beweiskräftig, anzunehmen. Unter Berufung auf diesen Artikel nahm der Gerichtshof Gerede und andere Aussagen, die von jedem nach den Regeln arbeitenden Gericht als unzulässig oder wertlos zurückgewiesen worden wären, als vollwertig an. Insbesondere ließ das Gericht bereitwilligst Beweise durch eidesstattliche Erklärungen zu und lehnte es ab, von den Ausstellern zu verlangen, vor Gericht zu erscheinen, um diese eidesstattlichen Erklärungen zu beeiden und sie einem Kreuzverhör zugunsten der Angeklagten zu unterziehen.

Nachdem alle üblichen Schutzbestimmungen gegen Meineid ausgeräumt waren, wäre es für den sowjetischen Ankläger ein Leichtes gewesen, die Schuld der Angeklagten an dem Blutbad von Katyn zur Zufriedenheit des Gerichtshofes zu beweisen. Die sowjetische politische Polizei hätte so viele eidesstattliche Erklärungen von Augenzeugen des Verbrechens beigebracht, wie der Gerichtshof nur Geduld hätte, zu lesen. Wäre es gewünscht worden, so hätten dem Gerichtshof eidesstattliche Versicherungen vorgelegt werden können, die von Personen nach dem Besuch der Folterkammer des NKWD abgegeben wurden, die beschworen hätten, sie könnten sich erinnern, gesehen zu haben, daß Reichsmarschall Göring selbst mit seiner eigenen Pistole das Blutbad angerichtet habe.

Anstatt aber einen Fall vorzubringen, der unwiderlegbar war, und den das Gericht nach den Bestimmungen der Charta als vollwertig hätte annehmen müssen, brachte der sowjetische Ankläger Dinge vor, die völlig belanglos waren! Zuerst unterbreitete er dem Gerichtshof den Bericht eines sowjetischen Staatsausschusses, der besagte, er habe den Sachverhalt untersucht. Bestenfalls konnte dies als eine Aussage aus dritter Hand bezeichnet werden. Dann rief er einen älteren Professor von der Universität Sofia, einen Dr. Markow, der Mitglied der neutralen Kommission gewesen war, die das Verbrechen untersucht hatte, als Zeugen auf. Bulgarien war damals von Rußland besetzt worden, und das Leben des Dr. Markow war verwirkt, weil er den Bericht unterschrieben hatte, der von Tatsachen ausging, die die sowjetische Schuld bewiesen ... Welchem möglichen Zweck hoffte die sowjetische Regierung zu dienen, als sie diese Anschuldigung vorbrachte? Und da sie so unvorsichtig gewesen war, diese Klage einzureichen, warum wurden keine passenden Vorkehrungen getroffen, um Beweise beizubringen, auf die hin das Gericht nach den Bestimmungen der Charta genötigt gewesen wäre, einen Schuldspruch herbeizuführen?

Es konnte nicht die Absicht gewesen sein, die Härte des Vorgehens der deutschen Verwaltung in den besetzt gewesenen Ostgebieten nachzuweisen, weil dies mit echten Beweismitteln zur Stütze anderer Anklagepunkte in der Anklageschrift leicht zu beweisen war. Es konnte auch nicht die Absicht gewesen sein, die sowjetische Regierung in den Augen des polnischen Volkes von der Verantwortung für das Verbrechen loszusprechen, weil in diesem Fall dafür gesorgt worden wäre, eine Verurteilung sicherzustellen.

Die einzige mögliche Erklärung ist, daß die Beschuldigung nicht gegen die Angeklagten gerichtet war – deren Schicksal bereits feststand – sondern gegen die kapitalistischen Verbündeten der sowjetischen Regierung. Die Feindschaft zwischen ihnen war stets versteckt geblieben, aber sie war scharf unterdrückt worden, solange der gemeinsame Gegner noch vorhanden war. Vielleicht werden Historiker auf diese überraschende Einbeziehung eines Anklagepunktes über das Blutbad von Katyn in der Anklageschrift von Nürnberg als dem ersten unverhüllten Anzeichen dieser Feindschaft hinweisen, aus der sich innerhalb weniger Jahre jener Zustand offener Feindseligkeit entwickelte, der als ›Kalter Krieg‹ bekannt ist.

Selbst wenn man dieser Auffassung von der Angelegenheit zustimmt, bliebe es doch schwer zu verstehen, welches politische Ziel die Machthaber im Kreml durch die Verärgerung ihrer kapitalistischen Verbündeten zu erreichen hofften. Wenn ein solches Ziel bestand, war es wahrscheinlich nicht in einem sorgfältig geplanten und ausgedachten Vorhaben enthalten. Von Anfang an haben die sowjetischen Behörden sich wohl kaum die Mühe gemacht, ihre Meinung zu verhehlen, daß die Kriegsgerichtsverfahren, auf denen ihre kapitalistischen Verbündeten beharrten, nichts anderes seien als ein prunkvoller und scheinheiliger Ersatz für die einfache Art des Verfügens über ihre gefangengenommenen Feinde, wie sie von Stalin auf der Konferenz von Teheran vorgeschlagen wurde, nämlich sie ›sofort nach ihrer Gefangennahme vor ein Erschießungskommando zu stellen‹ ... So erklärte der sowjetische Richter, General Nikitschenko, seinen Kollegen, die die Nürnberger Verfahren vorbereiteten, ganz offen seinen eigenen Standpunkt und denjenigen seiner Regierung in diesem Prozeß. Die Angeklagten, so erklärte er, seien schon von den Vertretern bei den Konferenzen in Moskau und Jalta anwesenden Regierungen für schuldig befunden worden. Die einzige Pflicht des Gerichts bestehe darin, ihre Strafe zu bestimmen und sie auszusprechen. Wenn der Leser einen Augenblick versuchen will, das Gerichtsverfahren mit den Augen des Generals Nikitschenko zu betrachten, wird er erkennen, welche alberne Komödie dieses Gerichtsverfahren, das sich über mehr als zehn Monate erstreckte, für die sowjetischen Vertreter sein mußte.

Es ist auch möglich, daß der Sinn für Humor ein Faktor gewesen sein kann, der von größerem Einfluß auf den Gang der Geschichte war, als einige Geschichtsschreiber zugeben wollten. Die Wichtigkeit, welche die Vertreter der Westmächte sich selbst und anderen beimaßen, mußte marxistischen Augen äußerst drollig vorgekommen sein. General Nikitschenko hatte erklärt, daß bei dem Gerichtsverfahren ›keine Rede davon sein könne, ob ein Richter den Charakter einer unparteiischen Person habe‹. Die von den Westmächten ernannten Richter schienen sich nicht aller Schwierigkeiten in dieser Richtung bewußt zu sein und hatten sich vorgenommen, als unparteiische Personen zu handeln. Die Feierlichkeit, mit der sie die Gesetzesvorschriften diskutierten und die unbedeutendsten Einzelheiten der Beweisführung erwogen, mußte einem Marxisten einfach lächerlich vorgekommen sein.

Wenn das Gericht seinerseits beschlossen hätte, die Angeklagten hinsichtlich dieses Anklagepunktes, der nicht durch den geringsten Fetzen eines echten Beweises gestützt wurde, unter offener Mißachtung der allen bekannten Wahrheit schuldig zu sprechen, so wäre das ganze Verfahren in Nürnberg in schlechten Ruf geraten. Ein Schuldspruch unter diesen Umständen wäre darauf hinausgelaufen, daß General Nikitschenko Recht gehabt hätte, als er behauptete, die einzige Aufgabe des Gerichtshofes sei, den bereits verurteilten Personen Strafen aufzuerlegen.

Hätte andererseits das Gericht den Anklagepunkt gegen die deutschen Angeklagten abgelehnt, so wäre dies einer stillschweigend miteinbezogenen Verurteilung der russischen Regierung gleichgekommen. Ein Verbrechen war unbestreitbar verübt worden, denn diese unglücklichen Polen konnten offensichtlich keinen Selbstmord begangen und sich dann auch noch selbst bestattet haben. Falls die Deutschen unschuldig waren, mußte das Verbrechen also von den russischen Verwahrern der Opfer begangen worden sein. Das Ergebnis eines solchen Beschlusses des Gerichts wäre zu einer internationalen Krise erster Ordnung geworden. Wahrscheinlich hätte die sowjetische Regierung ihre Vertreter aus Nürnberg zurückgezogen und sich geweigert, weiter an dem Verfahren teilzunehmen. Die bereits erschütterte ›Große Allianz‹ wäre in Gefahr geraten, auseinanderzufallen.

Mit Befriedigung kann berichtet werden, daß das Gericht der Lage gewachsen war: die Würde seines Präsidenten, des Oberrichters Lawrence, blieb unerschüttert. Nachdem es mit bewundernswerter Geduld angehört hatte, was der sowjetische Ankläger über das Blutbad von Katyn zu sagen hatte, ging es ohne Kommentar zur Behandlung anderer Dinge über.« [94]

Die Überlegung Veales, daß die Behandlung der Morde von Katyn bereits das kommende Zerwürfnis im Kalten Krieg anzeige, ist sicherlich nicht ohne Grund. Noch zur Zeit der Prozesse hält US-Außenminister James Byrnes seine berühmte Rede in Stuttgart, die eine neue Deutschlandpolitik einleitet. Und bereits im März 1947 verkündet Truman, Präsident der bisher einzigen Atommacht, die nach ihm benannte Doktrin, wonach die USA anderen Völkern in ihrem Befreiungskampf helfen würden.

Die Vertuschung der Verantwortlichkeit für den Katyner Massenmord in Nürnberg erlaubt es Moskau-hörigen Abgeordneten im Westen, Mitglieder der internationalen Ärztekommission von 1943 zu diskreditieren und gesellschaftlich zu erledigen zu versuchen. Besonders Professor François Naville aus Genf muß die Zielscheibe sein, denn er war der einzige Vertreter eines neutralen Landes gewesen, und deshalb hatte seine Unterschrift großes Gewicht.

So eröffnet die kommunistische Partei der Arbeit (PdA) der Schweiz am 11. September 1946 – also nach der Zeugenvernehmung in Nürnberg und vor der Urteilsverkündung – einen Nebenschauplatz zu Nürnberg. Die Stellung der PdA im Kanton Genf ist zu dieser Zeit beachtlich. Bei den ersten Nachkriegswahlen im Herbst 1945 hatte sie auf Anhieb 36 der hundert Mandate im Großen Rat des Kantons Genf errungen und sich damit als stärkste politische Kraft im Kanton erwiesen.

Der PdA-Abgeordnete Jean Vincent, von Beruf Rechtsanwalt, »interpelliert« nun Naville im Großen Rat des Kantons Genf. Er beruft sich inbesondere auf die Aussagen von Professor Markow vor dem Nürnberger Gerichtshof und äußert den Verdacht, Naville habe damals an den schweizerischen Behörden vorbeigehandelt, sich von der Gestapo einspannen lassen und von den Deutschen Geld entgegengenommen. Er fragt, ob sich ein solches Verhalten mit der Würde eines Genfer Professors vereinbaren lasse. Er spricht fälschlich von »nach Kriegsende (sic!) eingesetzten Untersuchungskommissionen«, die die Schuld der Deutschen unbestreitbar festgestellt hätten. Schließlich fordert er Navilles Rücktritt beziehungsweise seine Entfernung aus der Universität. [95]

Naville legt dem für Universitätsangelegenheiten zuständigen kantonalen Erziehungsdirektor, Staatsrat Albert Picot, bereits am 24. September 1946 seine Stellungnahme vor. Er macht nochmals klar, daß er lediglich dem Wunsch der Polen nach unparteiischer Untersuchung gefolgt sei und betont, daß es aus der Vehemenz seiner antideutschen Gefühle seit 1914 und erst recht seit 1933 kein Hehl gemacht habe. Er betont weiterhin, daß er es trotz der Berechtigung einer Honorarforderung abgelehnt hatte, von den Deutschen oder auch von den Polen Geld zu fordern und daß er auch weder Geschenke noch eine Belohnung erhalten hatte. Weiter heißt es in der Antwort Navilles: »Ich kann versichern, daß unsere Untersuchungen in voller Freiheit ausgeführt wurden. Niemals verspürte ich die leiseste Spur eines Druckes auf mich selbst oder auf irgendwelche anderen Kommissionsmitglieder. Wir besprachen unsere Beobachtungen untereinander in Abwesenheit jedes Deutschen. Sowohl in Katyn wie in Berlin durfte ich mich ohne Begleiter oder irgendeinen Führer frei bewegen. Dank dem Umstand, daß zwei Kommissionsmitglieder russisch sprachen, war ich in der Lage, durch ihre Vermittlung oftmals mit einheimischen Bauern und russischen Gefangenen zu reden. In völliger Freiheit führten wir persönlich die Leichenschau an zehn Toten aus, die nach unseren eigenen Anweisungen in unserem Beisein aus den unteren Schichten eines noch unberührten Grabteiles ausgegraben wurden. Wir diktierten die Ergebnisse dieser Leichenschau ebenfalls in absoluter Freiheit ohne jeden Einspruch von Seiten der deutschen Sanitätsoffiziere. Desgleichen prüften wir in absoluter Freiheit etwa hundert Leichen von denen, die in unserer Gegenwart aus den Gräbern herausgeholt wurden. Ich selbst entdeckte in der Tasche einer Leiche eine hölzerne Zigarettendose mit der eingeschnitzten Inschrift ›Kozielsk‹, während ich aus einer anderen Uniform eine Zündholzschachtel herausnahm, die aus einer russischen im Bezirk Orel gelegenen Fabrik stammte.
Sämliche anwesenden Sachverständigen versammelten sich am Freitagvormittag, 30. April 1943, um den Text unseres Berichtes zu besprechen und uns darüber zu einigen. An der in absoluter Freiheit durchgeführten Diskussion beteiligten sich lediglich medizinische

Sachverständige. Der endgültige Text des Berichtes wurde von einigen aus unserer Mitte Ausgewählten ausgearbeitet, und ich erhielt ihn zur Begutachtung und Unterzeichnung am 1. Mai gegen drei Uhr nachmittags. Ich machte einige Bemerkungen und ersuchte um ein paar kleine Änderungen und Verbesserungen, die sofort eingefügt wurden. Ich entsinne mich nicht, daß Dr. Markow während unserer Besprechungen irgendwelche Einwände erhob. Ich war aber bei seiner Unterzeichnung des Protokollentwurfes zugegen und kann bezeugen, daß er auch da keine Einwände machte. Auch war er keinem Druck oder einer Beeinflussung von irgendwelcher Seite bei der Ausübung seiner Arbeit ausgesetzt. Tatsächlich führte er persönlich die Leichenschau des Toten Nr. 827 durch und gab persönlich in unserem Beisein seine Beobachtungen zu Protokoll, von dem ich eine Abschrift in Händen habe.« [96] Und schließlich setzt sich Naville kritisch mit dem sowjetischen »Untersuchungsbericht« auseinander.

Der ganze Vorgang ist für die Schweiz außenpolitisch höchst brisant. Erst sieben Monate zuvor war es nach äußerst schwierigen Verhandlungen gelungen, die Wiederherstellung diplomatischer Beziehungen zur Sowjetunion zu erreichen. Staatsrat Picot legt deshalb auf Anraten Navilles die Stellungnahme allen zuständigen Leuten des Eidgenössischen Politischen Departments (EPD) bis hinauf zu Bundesrat Max Petitpierre zur Begutachtung vor. Im EPD ist man sich einig: Eine Verlesung vor dem Genfer Kantonsparlament in extenso, woran Picot dachte, und eine öffentliche Diskussion der Katyn-Angelegenheit könnten unerfreulichste Auswirkungen auf das schweizerisch-sowjetische Verhältnis haben.

Aber Picot setzt sich über die Bedenken hinweg und entschließt sich zu einem Kompromiß im Alleingang. Am 17. Januar 1947 verliest er auf der Sitzung des Großen Rates den größten Teil der Stellungnahme Navilles, läßt indes die Passagen, die sich mit dem sowjetischen »Untersuchungsbericht« auseinandersetzen, weg. Anschließend erklärt Staatsrat Picot im Namen der Kantonsregierung, daß Professor Naville in voller Übereinstimmung mit den ethischen Grundsätzen seines Berufes und durchaus ehrenhaft gehandelt habe. Sein Bericht liefere Klarheit und erkläre seine Unterschrift unter dem Smolensker Protokoll von 1943. Am Schluß kann Picot sich einiger ironischer Bemerkungen nicht enthalten: »Sollte es wahr sein, daß Dr. Markow durch Druck zu seinem Verhalten veranlaßt wurde, so bleibt es fraglich, ob der Druck vor drei Jahren durch deutsche Bajonette ausgeübt wurde, oder ob es sich um einen Druck handelt, der jetzt . . . durch sowjetische Bajonette ausgeübt wird.« [97]

Der blamierte Interpellant von der Partei der Arbeit, Jean Vincent, versucht es noch einmal. Er bestreitet nochmals, daß die Untersuchung im Wald von Katyn unparteiisch vor sich ging, zumal lediglich Naville aus einem neutralen Land an der Kommission teilgenommen habe. Er schließt seine Erwiderung mit dem Ersuchen an Naville, die »Lehre aus dem begangenen Fehler« zu ziehen und seine Demission einzureichen. Das hat Naville freilich nicht nötig, und die Sache ist ausgestanden. [98]

Das Berner Außenamt erfährt zu seiner Überraschung aus der Genfer Presse vom 19. Januar 1947 vom Alleingang Picots. Und prompt stellt sich Ärger ein. Sowohl der polnische Gesandte beim EPD als auch sein sowjetischer Kollege Minister Anatoli Kulazenkov sprechen persönlich bei Petitpierre vor, um heftig dagegen zu protestieren, daß der Präsident eines Kantonsparlaments und zudem Vizepräsident des Nationalrates die Katyn-These der Nazis vertreten habe. Die von Picot damit eingenommene feindselige Haltung gegenüber der Sowjetunion, so Kulazenkov, sei dazu angetan, normale diplomatische Beziehungen zwischen der Schweiz und seinem Land zu verunmöglichen. [99] Allerdings läßt man die Angelegenheit seitens der Sowjetunion dann doch ruhen. Man weiß, warum.

Nicht nur kommunistische Abgeordnete im Westen werden aktiv, sondern auch Botschaften, um die Sowjetunion von dem Massenmord reinzuwaschen. In Riccione in Italien lebt Wladyslaw Kawecki. Er hatte als Leutnant in der polnischen Armee gedient und im Auftrag des Polnischen Roten Kreuzes selbst als Journalist zweimal die Gräber von Katyn aufgesucht. 1947 taucht bei ihm eines Tages ein Alex Dobrowolski, Adjudant beim polnischen Militärattaché Sawatzki in Rom, mit dem Angebot auf, für rund 2000 Dollar seine Aussagen von 1943 zu widerrufen und die Schuld auf die deutsche

Wehrmacht zu schieben. Dobrowolski hat auch schon eine vorbereitete, maschinengeschriebene Erklärung in zwei Ausführungen mitgebracht. Da fehlt nur noch eine kleine Unterschrift. Der Militärattaché schiebt ein Bündel mit Dollarnoten über den Tisch. Aber Kawecki lehnt dankend ab. [100]

In Polen selbst greift die Regierung den alten Plan eines großen Schauprozesses auf, der unmittelbar nach dem Krieg an Mikolajczyk gescheitert war. Anfang 1947 bittet Generalstaatsanwalt Sawicki den Krakauer Anwalt Roman Martini zu sich zu einem Besuch. Martini scheint der geeignete Mann zu sein, denn er steht dem Regime eigentlich recht wohlwollend gegenüber. Sawicki betraut den Anwalt mit der neuerlichen Untersuchung der Morde von Katyn. Martini erhält sogar von den Sowjets die Erlaubnis, an die Mordstätte zu fahren und dort die Gräber ein weiteres Mal zu öffnen.

Doch die Sowjets und ihre Partner in Warschau waren sich zu sicher. Martini kommt mit einem ganz anderen Ergebnis zurück, als es sich seine Auftraggeber vorgestellt hatten: Sämtliche Offiziere seien während der Monate März, April und Mai 1940 erschossen worden. Martini bringt sogar Namen von sechs Mitgliedern des Minsker NKWD bei, die die Erschießungen geleitet haben sollen: Lew Rybak, Chaim Feinberg, Abraham Bomsovich, Boris Kutsov, Ivan Siekanov und Ossip Lisak. Verantwortlich für die Aktion sei ein NKWD-Offizier aus Moskau namen Burianow gewesen.

Roman Martini übergibt seinen Bericht nach seiner Rückkehr Justizminister Swiatkowski in Warschau. Ein paar Tage später, nach seiner Rückkehr nach Krakau, wird Martini in seiner Wohnung in der Krupnica-Str. 10 ermordet. Der Mord erregt zuviel Aufsehen, um vertuscht zu werden. Die Täter werden gefaßt. Es sind zwei fanatische Jungkommunisten: der 19jährige Stanislaw Wroblewski und seine 17 Jahre alte Verlobte Jolanta Slapianka (Maklakiewicz), Tochter des bekannten Kommunisten und Dirigenten der Philharmonischen Orchester von Krakau sowie Warschau.

Es dauert wieder nur wenige Tage, und die Mörder »entkommen« aus dem St.-Michaels-Gefängnis – eine der bestbewachten Haftanstalten Polens. [101]

Die Sache scheint für die Kommunisten in Warschau und Moskau erledigt zu sein. Aber sie hatten Martini unterschätzt. Der Anwalt hatte eine Kopie seines Berichts einem befreundeten Landsmann und Kollegen in Stockholm zugeschickt. Der übergibt das Material der Zeitung »Dagens Nyheter«. Am 13. Februar 1948 erscheint ein aufsehenerregender Artikel unter der Überschrift »Der Katyner Massenmord – ein russisches Verbrechen«. Er markiert den Beginn des publizistischen und anschließend politischen Kampfes gegen die Katyn-Lüge.

5

Kampf gegen das Schweigen

Eine Wende in der öffentlichen Behandlung des Massenmordes von
Katyn tritt im Westen in den Jahren 1948 und 1949 ein. Marksteine
bilden die Bücher des früheren Befehlshabers der polnischen Exilarmee Anders, des ehemaligen Ministerpräsidenten der polnischen
Exilregierung Wladyslaw Mikolajczyk, des polnischen Schriftstellers
Josef Mackiewicz sowie Aufsätze des amerikanischen Journalisten
Julius Epstein. Das Thema kommt auch in anderen viel beachteten
Büchern zur Sprache wie in »Stalin and the Poles« des ehemaligen
polnischen Justizministers unter General Bor-Komorowski, Broni-
slaw Kusniersz, der einem Kapitel die Überschrift »Ein Land sucht
seine Armee« gibt. [1] Die Zeiten haben sich inzwischen geändert.
Der Kalte Krieg hat die Periode der Anti-Deutschland-Koalition abgelöst. Die Zeit ist vorbei, daß Mackiewicz an der Veröffentlichung
seines Manuskriptes gehindert werden kann wie noch 1945. Zwar
hatte es auch schon kurz nach dem Krieg einige Veröffentlichungen
gegeben wie zum Beispiel die »Starobielsker Erinnerungen« [2] des
Malers und Schriftstellers Josef Czapski, der von General Anders
mit der Suche nach den vermißten Offizieren beauftragt worden war;
aber es handelte sich bei diesen Veröffentlichungen um Teilaspekte
und nicht um eine eingehende Klärung der Schuldfrage. Czapskis
Buch wurde in mehrere Sprachen übersetzt, doch Mackiewicz vermerkt bedauernd: »Obwohl sie (Czapskis Erinnerungen) damals im
Druck erschienen, brachten sie nicht den erwünschten Erfolg.« [3]
Erste aufrüttelnde Veröffentlichungen kommen aus Schweden.
Schon einige Tage, bevor in der Zeitung »Dagens Nyheter« der Artikel über den Mordfall Martini und die Hintergründe des Massenmordes von Katyn erscheint, hatte der frühere Militärattaché an der
schwedischen Botschaft in Warschau, Oberst Erik de Laval, versucht, eine Bresche in die Front des Schweigens über die Katyn-Lüge

zu schlagen. In der schwedischen Zeitung »Samtid och Framtid« hatte er einen Artikel geschrieben, der im »Newsletter from behind the Iron Curtain« nachgedruckt wurde. Der Beitrag wurde auch vom Sozialdemokratischen Informationsdienst (Sopade) des Vorstandes der SPD in den Westzonen Deutschlands in hektographierter Form verbreitet. [4] De Laval faßte die ganze Geschichte einschließlich der Behandlung bei den Nürnberger Kriegsverbrecherprozessen zusammen und schließt: »Hat das ›Weltgewissen‹ versagt, in diesem Punkt zu reagieren? Oder ist es möglich, daß alle jene, die es betrifft, nicht wirklich bereit sind, den ›Fall von Katyn‹ vor ein interalliiertes Gericht zu bringen und damit eine neue und gründliche Untersuchung des Schuldigen an dieser Tragödie herbeizuführen? Vielleicht würden diese russischen ›Beweise‹ der deutschen Schuld in diesem besonderen Fall doch schließlich keine nähere Untersuchung vertragen?« Damit hat de Laval ein Leitthema angeschlagen, das die weitere Diskussion begleiten wird: Die Forderung nach einer Wiederaufnahme des Falles durch ein internationales Gericht.

Zu dieser Zeit sitzt der ehemalige Premier der polnischen Exilregierung, Wladyslaw Mikolajczyk, bereits in den Vereinigten Staaten und schreibt seine Erinnerungen. Nur Monate nach seiner Flucht erscheint sein Buch zunächst in Paris [5] und dann im November 1948 unter dem Titel »The Rape of Poland« in New York und Toronto. [6] Es ist die erste größere Arbeit, die sich mit Katyn auseinandersetzt. Mikolajczyk schreibt: »Die Untersuchung des entsetzlichen Dramas, das die Ermordung von Tausenden polnischer Offiziere in dem Wald von Katyn darstellt, ist in seiner Gesamtheit bis jetzt nicht vollzogen worden. Es bedeutet ein Rätsel, dessen Lösung allen demokratischen Völkern angelegen sein müßte.« Mit dem Begriff »Rätsel« hat Mikolajczyk ein Schlüsselwort gebraucht, das die Behandlung des Falles Katyn noch viele Jahre bestimmen wird – obwohl es in Wahrheit nie ein echtes Rätsel gab, sondern nur Manipulation.

Schon die Popularität des Autors sichert weltweites Interesse. Die Pariser Zeitung »Le Monde« zitiert weite Passagen aus dem Buch. [7] Auch in Deutschland befassen sich Zeitungen mit der Erinnerung Mikolajczyks unter Überschriften wie »Das Geheimnis von Katyn«.

[8] Der Berliner »Tagesspiegel« druckt bereits von Januar bis April 1948 Auszüge und gibt sie anschließend zusammengefaßt als Broschüre unter dem Titel »Der Kampf gegen die Freiheit« heraus. [9] Zur selben Zeit, wo das Buch von Mikolajczyk diskutiert wird, schaltet sich in Großbritannien General Anders in eine öffentliche Kontroverse ein, die in Form von Leserbriefen im »Daily Telegraph« ausgetragen wird. Die Abgeordneten Tofton Beamish und Kerr hatten zuvor die sowjetische Version, die Großbritannien gedeckt hatte, öffentlich angezweifelt. In der Wochenendausgabe vom 10. Januar 1949 lesen die Käufer des »Daily Telegraph« den Brief von Anders: »Das Katyn-Verbrechen sollte nicht, wie es oft geschieht, vom Standpunkt des ›Propagandaerfolges‹ von jemandem behandelt werden. Es geht gegenwärtig nicht darum, ob Goebbels oder Stalin oder sonst jemand den Vorfall für politische Zwecke ausgeschlachtet hat, sondern darum, wer Schuld am Mord von mehreren tausend polnischen Kriegsgefangenen, meist Offiziere, ist und ob die Übeltäter entsprechend bestraft worden sind. Zweitens scheint es mir so zu sein, daß irgendeine Meinungsäußerung über die Angelegenheit eine gründliche und unparteiische Prüfung aller verfügbaren Beweise vorausgehen sollte, und bedauerlicherweise kann ich einigen Autoren von Artikeln über diese Angelegenheit nicht tatsächliche Kenntnis der Fakten zuschreiben.«

Der »Daily Telegraph« stellt neben dem Leserbrief von Anders ein Schreiben des kommunistischen Abgeordneten und Rechtsanwaltes D.N. Pritt. Er verteidigt darin den sowjetischen »Untersuchungsbericht« von 1944 so: »Dieser Bericht war zu seiner Zeit von der britischen öffentlichen Meinung einschließlich eines großen Teils der Rechtspresse als schlüssig akzeptiert, und er zeigt (aufgrund eines großen Umfangs an unmittelbaren Beweismaterials, das vor einem britischen Gericht zulässig wäre) gewiß, daß, um nur ein paar Punkte zu nennen, die Polen, die ermordet gewesen sein sollen, noch längst in großer Zahl da waren, nachdem die Deutschen das Gebiet erobert hätten ... Die Geschichte stammte von Goebbels ...« Pritt wirft den Bezweiflern der sowjetischen Version vor, sie wollten offensichtlich »die Alliierten, die mit ihnen gekämpft hatten, verurteilen und die

Nazis, die Massenmord zur Tagespolitik gemacht hatten, freisprechen«. Auch Nürnberg, so versteigt sich Pritt, habe gezeigt, wo die Schuld liege. [10]

Zwei der Angesprochenen antworten umgehend. Schon in der Montagsausgabe des »Daily Telegraph« stehen ihre Repliken. Der Abgeordnete Beamish schreibt, er habe die drei Versionen über den Fall – die deutsche, die polnische und die sowjetische – lediglich miteinander verglichen. Dagegen berufe sich Pritt allein auf die sowjetische. Der Fall müsse geklärt werden, zumal noch mehrere tausend polnischer Offiziere vermißt würden. Außerdem sei bisher niemand wegen der Morde von Katyn verurteilt worden. Dann folgt die ironische Spitze, die Pritt treffen muß: Wenn Pritt denn so schlagende Beweise für die Schuld der Deutschen habe, könnten genau diese zu einer Verurteilung der Deutschen führen. Und dies könne doch nur in seinem Sinne sein und wäre für ihn und seine kommunistischen Freunde eine größere Genugtuung, als sie bisher gehabt hätten.

Der andere Briefschreiber, W.R. Titterton, macht seinem Zorn Luft: »Was soll das Gerede von ›unsere Alliierten verunglimpfen‹? Die Sowjets haben unsere Alliierten, die Polen unsere ersten Verbündeten im letzten Krieg, während Rußland mit Deutschland verbündet war, verunglimpft, und sie verunglimpften sie weiter, bis sie Polen vereinnahmt hatten … Wenn wir Rußland etwas früher verunglimpft hätten, wäre es heute etwas ruhiger in der Welt.« [11]

Die Debatte rollt. Eine Woche später bringt der »Daily Telegraph« wieder zwei Leserbriefe. Der Abgeordnete Guy Lloyd verweist darauf, daß die Schuldigen bisher nicht bloßgestellt wurden. »Das christliche Gewissen hätte schon viel früher wachgerüttelt werden müssen.« Ausdrücklich unterstützt Lloyd General Anders in der Forderung nach einer internationalen Untersuchung. Von der UNO sei allerdings nichts zu erwarten, da ein Vorstoß dort nur ein weiteres sowjetisches Veto provozieren würde. Der Abgeordnete zielt auf die Mächtigeren in der Politik und attackiert »die bewußt betriebene Verschwörung des Schweigens, die hier und anderswo so erfolgreich aufrechterhalten wird aus Furcht, daß irgendeine Initiative für eine öffentliche Untersuchung den Kreml verärgern könnte«. [12] Damit ist ein weiteres Schlüsselwort gefallen, das immer wieder auftauchen wird: Die Verschwörung des Schweigens.

Der andere Leserbriefschreiber ist der Abgeordnete D.L. Savory, der 1943 bis 1945 dem englisch-polnischen Parlamentarier-Komitee angehört und bereits 1944 eigene Untersuchungen angestellt hatte, nachdem er über die Ungereimtheiten im sowjetischen »Untersuchungsbericht« gestolpert war. Savory verweist darauf, daß er seinem Premierminister Churchill im Februar 1944 einen Bericht über seine Erkenntnisse übergeben und Präsident Roosevelt auf Wunsch hin ebenfalls einen Durchschlag zugestellt habe. Aufgrund der Äußerungen des Abgeordneten Pritt und wegen des Wunsches anderer Abgeordneter im Unterhaus lege er nun den aktualisierten Bericht dem »Daily Telegraph« zur Veröffentlichung bei.

Churchill und Roosevelt werden von der Wahrheit eingeholt. Das aber geht dem »Daily Telegraph« offensichtlich doch zu weit. Auch auszugsweise wird der Text nicht veröffentlicht. In einer redaktionellen Anmerkung zum Leserbrief Savorys vermerkt der »Daily Telegraph«, daß der Bericht wegen seiner Länge nicht gedruckt werden könne und zitiert lediglich einen Satz Savorys: »Es scheint, daß die polnische Regierung völlig zu Recht gefordert hatte, daß eine unparteiische Untersuchung stattfinden und die Fakten von einem geeigneten internationalem Gremium wie durch das Internationale Rote Kreuz überprüft werden sollten.«

Noch einmal legt sich der Abgeordnete Pritt ins Zeug und greift im »Daily Telegraph« den Journalisten Christopher Buckley an, der zum Fall Katyn unangenehme Fragen gestellt hatte: »Ich bin schokkiert über die Tatsache, daß ein angesehener englischer Journalist so willig ist, üblen Massenmord, Teil der üblichen Routinearbeit der Nazis, den Alliierten seines Landes zuzuschreiben, die gegen Faschismus und für ihre eigene wie seine Freiheit bei Leningrad, Sewastopol, Stalingrad und anderswo gekämpft haben . . .« Und noch einmal lobt Pritt den sowjetischen »Untersuchungsbericht«, der doch eine »umfassende Erklärung« für alle Umstände der Morde von Katyn geliefert habe. [13]

General Anders beläßt es nicht beim Schreiben eines Vorworts für die angekündigte polnische Dokumentation. Er verfaßt selbst neben dem Buch »An Army in Exile. The Story of the Second Polish Corps« [14] ein weiteres über die Ermordung der 15000 Intellektuellen und Offiziere. Damit tritt nach Mikolajczyk ein zweiter international bekannter und angesehener Pole als Buchautor auf, um der Lüge über den Massenmord entgegenzutreten. Nachdem die Pariser Wochenschrift »Carrefour« bereits vorab Teile des Manuskripts veröffentlicht hatte, [15] erscheint das Buch »Armee in der Verbannung« im Herbst 1949 sowohl in Paris als auch in London. [16] Das Fazit: Die deutschen Angaben von 1943 treffen zu; der Nürnberger Gerichtshof hat versagt; die Morde sind ungesühnt.

Viele Zeitungen beschäftigen sich mit der Veröffentlichung. Die »Neue Zürcher Zeitung« lobt das Buch, das sich mit den »immer noch undurchsichtigen Vorgängen« um Katyn befaßt: »Im Buch von General Anders werden alle Rapporte und weitere Aussagen einer eingehenden Prüfung unterzogen, die mit außerordentlichem kriminalistischem Scharfsinn geführt werden ... Aufgrund dieser Feststellung kommt das Buch von General Anders zum Schluß, daß es die Russen waren, die 4200 bis 4500 Kriegsgefangene durch Genickschüsse ermordeten.« [17]

Noch direkter äußert sich Peter Schmid in der amerikanisch lizenzierten »Neuen Zeitung«, die der Besprechung des Buches unter der Überschrift »Katyn – das Werk des NKWD« einen großen Beitrag widmet. Die Schlußfolgerung: »Katyn war das Werk des NKWD. Darüber dürfte kein Zweifel mehr bestehen.« [18]

Der bei weitem wichtigste Beitrag in der deutschen Presselandschaft dieser Zeit erscheint am 9. Juni 1949 in der Hamburger »Zeit«. [19] Autor ist der amerikanische Journalist Julius Epstein, der mehrere Jahre lang in Europa gearbeitet und im amerikanischen Office of War Information (OWI) beschäftigt war. [20] 1943, als die Gräber von Katyn entdeckt wurden, hatte er als »Language Editor« bei der »Voice of America« die Aufgabe, deutsche Publikationen auszuwerten. So bekam er den deutschen Untersuchungsbericht der internationalen Ärztekommission in die Hände. Er selbst hatte den Eindruck, daß der Bericht überzeugend war. Vor allem schien ihm die

Unterschrift von Professor Naville für die Richtigkeit der Schlußfolgerungen zu bürgen. Seitdem sammelte er alles, was er zu dem
Thema auftreiben konnte. [21]

Unter der Überschrift »Das Geheimnis der polnischen Massengräber bei Katyn« läßt Epstein auf einer ganzen Zeitungsseite die Fakten
Revue passieren. Auch der Beitrag in »Dagens Nyheter« nach der
Ermordung des Rechtsanwalts Martini wird jetzt einer breiteren Öffentlichkeit bekannt. Zweifellos ist der Kollege Martinis in Stockholm gefährdet. Um ihn zu schützen, vermeidet Epstein die Nennung seines Namens: ».. . den wir Mr. X nennen wollen.«

Epstein äußert sich klar zu den Absichten, die er mit seinen Recherchen verbindet. Offizielle und private Untersuchungen in Europa
und den USA seien »von einer Verschwörung des Schweigens begleitet (worden), wie sie wohl selten ein Verbrechen so ungeheuren
Ausmaßes begleitet hat«. Die Veröffentlichung habe den Zweck,
»die seltsame Verschwörung des Schweigens, die dieses Verbrechen
noch immer umgibt, zu durchbrechen. Die Welt sollte endlich in
einer jedem Zweifel entrückten Weise erfahren, wer die Mörder von
Katyn sind.«

Epstein weist auch den Weg dazu: »Ich schlage vor, daß ein amerikanisches Komitee zur Untersuchung des Massenmordes von Katyn
gegründet werde. Dieses Komitee sollte in die Lage versetzt werden,
alle noch lebenden direkten und indirekten Zeugen einzuladen, um
sie in öffentlichen Verhören zu vernehmen. Es sollte ebenfalls die
Aussagen von General Anders und Stanislaw Mikolajczyk hören. Ja,
es sollte sogar die Sowjetregierung auffordern, Vertreter des russischen Standpunktes zu dem Sitz der Verhöre zu entsenden, damit
auch diese gehört und konfrontiert werden können. Selbstverständlich sollten alle Dokumente, die sich auf den Massenmord von Katyn
beziehen, freigegeben werden, mögen sie sich nun im Pentagon-
Building des amerikanischen Kriegsdepartements oder sonstwo finden. Sollte dieses ›American Committee for the Investigation of the
Katyn Murder‹ zu denselben Resultaten gelangen wie die von den
Deutschen im Jahre 1943 eingesetzte Kommission und wie die Erhe-
bung Mikolajczyks und Dr. Martinis, dann sollte die Sowjetregie-

rung feierlich aufgefordert werden, eine unparteiische neue Untersuchung am Schauplatz des Verbrechens zu gestatten. Diese Untersuchung wäre vom Internationalen Roten Kreuz durchzuführen, wie die Londoner polnische Regierung dies 1943 vorgeschlagen hatte. – Dies scheint mir der einzige Weg, der zur endgültigen Lösung des ›Rätsels von Katyn‹ führt.«

Wenn Epstein ein amerikanisches Untersuchungskomitee will, muß auch dort die Öffentlichkeit angesprochen werden. Mitte Juli erscheint das Ergebnis seiner Recherchen in zwei Folgen in der »New York Herald Tribune«. [22] Die Redaktion hält die Überschrift betont vorsichtig: »Katyn-Massaker noch ungeklärt. Deutsche und Russen beschuldigen sich gegenseitig des Mordes an zehntausend polnischen Offizieren.« Im Text schreibt Epstein: »Zumindest offiziell handelt es sich heute ebenso um ein Geheimnis wie zur Zeit, als es vor sechs Jahren ans Licht kam.« Wieder bringt er die Gründung eines Untersuchungskomitees ins Spiel, dessen Arbeit dann von der UNO weitergeführt werden könne.

Die kommunistische Seite ist aufs höchste alarmiert und startet einen Gegenangriff. Julius Epstein und die »Zeit« werden wüst beschimpft. Die »Hamburger Volkszeitung« bringt zwischen dem 22. Juni 1949 und dem 16. Juli 1949 sage und schreibe neun Beiträge unter der stets gleichen, verzweifelt hämmernd wirkenden Überschrift »Katyn – kein Rätsel«, um der sowjetischen Lüge neue Autorität zu verschaffen. [23] »Dagens Nyheter« wird als eine »seit jeher als pronazistisch bekannte schwedische Zeitung« abqualifiziert. [24] Die Einleitung der Artikelserie besteht aus Anwürfen gegen Epstein und die »Zeit«: »Mit der Wiederbelebung der Goebbel'schen Lügenpropaganda und Kriegshetze gegen die Sowjetunion greift man jetzt auf ein Verbrechen der Nazis zurück, das noch infamer war als Görings Reichstagsbrandstiftung zur Einleitung der Massenmorde und Prügelexzesse von 1933, die jetzt Gegenstand vieler Prozesse gegen die SA- und SS-Rollkommandos vor deutschen Gerichten sind. Es sind die Massenmorde an mehr als 10000 polnischen Kriegsgefangenen, deren Gräber Frühjahr 1943 im Katyner Wäldchen bei Smolensk von den Nazis geöffnet wurden, um damit die Lüge von der Ermordung dieser Polen durch die Russen zu verbreiten. ›Die Zeit‹, jenes britisch lizenzierte Organ, das vom Tage seines Erscheinens an sich in Angriffen gegen die Entnazifizierung als Schützer von Naziverbrechern zeigte, wärmt am 9. Juni in großer Aufmachung in einem Artikel eines Herrn Julius Epstein, New York, die Nazilüge von Katyn wieder auf. Nebenbei sei bemerkt, daß in derselben Ausgabe der ›Zeit‹ derselbe Ernst Samhaber als Leitartikler und Korrespondent aus Argentinien wieder erscheint, der 1946 durch die Entnazifizierung als schwerbelasteter Nazi aus der Redaktion der ›Zeit‹ entfernt werden mußte. Er hat sich wie andere Nazis, auch z.B. der aus der Haft entflohene SS-Obersturmbannführer Skorzeny, nach Argentinien abgesetzt. So sehen die Auslandsvertreter der ›Zeit‹ aus. Der Artikel des Herrn Epstein trägt die Überschrift ›Das Geheimnis der polnischen Massengräber bei Katyn‹. Herr Epstein lügt, und die Redaktion der ›Zeit‹ weiß das. Es gibt kein ›Geheimnis‹ und es gibt auch kein ›Rätsel‹ von Katyn, wie dies andere Zeitungen bei der Wiedergabe der Epstein'schen Lügen behaupten. Beweise der Blutschuld der Nazis an den mehr als 10000 Morden von Katyn sind in öffentlicher Verhandlung im Nürnberger Prozeß gegen die Hauptkriegsverbrecher vorgelegt, durch einwandfreie Zeugenaussagen und Dokumente erhärtet worden. Die Protokolle und Dokumente des Nürnberger Prozesses sind für jedermann zugänglich, der sich um die Wahrheit über Katyn bemüht. Wenn die ›Zeit‹ in der Überschrift des Lügenartikels Epsteins von ›Ergebnis wissenschaftlicher Untersuchungen‹ spricht, aber diese Dokumente und Zeugenaussagen mit keiner Silbe erwähnt, so ist die Bezeichnung dieser Untersuchungsmethode als ›wissenschaftlich‹ der Gipfel der Frechheit.

Epstein stützt seine Lügen unter Verschweigen der vorhandenen, allgemein zugänglichen Beweise auf die Behauptungen der Nazipropaganda und der Londoner Exilpolen. Nun ist jedermann bekannt, daß die in London sitzenden Reste der ehemaligen Pilsudski-Polen nicht nur gewerbsmäßige Antibolschewisten, sondern auch passionierte Antisemiten sind. Darin waren sie sich mit Hitler einig. Diese Lügenfabrikanten haben nun auch die Namen der angeblichen

NKWD-Offiziere erfunden, sie lauten: Lew Rybak, Chaim Feinberg, Abraham Bomsovich, Boris Kutsow, Ivan Siekanov und Ossip Lisak. Der Mann mit dem Namen Epstein ist durch seinen krankhaften Antibolschewismus so sehr mit selbstmörderischer Blindheit geschlagen, daß er gar nicht merkt, daß diese Namen offensichtlich zum Zwecke der Progromhetze gegen die Juden erfunden wurden. Und nun mögen die Beweise sprechen.«

Die »Beweise« der »Hamburger Volkszeitung« sind die »Untersuchungsergebnisse« der sowjetischen Kommission von 1944, die auf diese Weise erstmals detailliert der westdeutschen Öffentlichkeit bekannt gemacht werden. Sogar die Panne, daß eine Zeugin über Ereignisse vom April 1943 spricht, die sie schon im März erfahren haben will, bleibt in dem Text der »Hamburger Volkszeitung« erhalten. Auf der Grundlage der Nürnberger Anklagedokumente sowie des Widerrufs des Professors Markow spinnt die Darstellung den sowjetischen Bericht von 1944 weiter. Katyn wird mit der deutschen Mordpolitik im Generalgouvernement in Zusammenhang gebracht und Aufzeichnungen von Hans Frank und anderer Nazi-Größen zitiert, die das Ziel der Ausrottung der polnischen Intelligenz belegen. Schließlich werden die Verbrechen der Einsatzgruppen des Sicherheitsdienstes hinter der Front beschrieben und – im Gegensatz zum sowjetischen Kommissionsbericht und der Nürnberger Anklage, die die Morde dem Nachrichtenregiment 537 unter Oberst Ahrends anlasten wollen – ein neuer Täter benannt: Die Einsatzgruppe B mit Sitz in Smolensk unter ihrem Chef Nebe, Chef des Amtes V im Reichssicherheitshauptamt, sei für den Massenmord von Katyn verantwortlich. »Es ist mit Sicherheit anzunehmen, daß dasselbe Mordkommando, das mit dem Sitz in Smolensk im Oktober 1941 37180 Personen ermordete, im vorausgegangenen Monat neben anderen auch die 10000 polnischen Kriegsgefangenen aus dem Smolensker Lager ›liquidierte‹.« [25]

Die »Hamburger Volkszeitung« findet auch ein neues »Motiv« für die Morde. Die Deutschen hätten nach dem ersten sowjetischen Kriegsverbrecherprozeß gegen Deutsche vom 15. bis 19. Dezember in Charkow einen Gegenschauprozeß veranstalten wollen, aber kein

Material finden können – was durch Dokumente aus dem Nürnberger Prozeß gegen Keitel belegt werde –, denn die Sowjetunion »achtete« bei der Behandlung von Kriegsgefangenen die Grundsätze des Völkerrechts. So hätten die Deutschen Katyn inszeniert, um die Sowjets der Verletzung des Völkerrechts beschuldigen zu können. Dazu seien wahrscheinlich sogar Leichen von in Polen ermordeten Kriegsgefangenen eigens nach Katyn geschafft worden.

Am Schluß der Artikelserie werden noch einmal die schrillsten Register einer primitiven Propagandasprache gezogen:»Warum aber erweckt man jetzt die längst widerlegte Goebbelslüge zu neuem Leben? Warum kann Herr Epstein aus New York in der in Deutschland erscheinenden ›Zeit‹ in öffentlichem Widerspruch zu der Tatsache der ausführlichen Behandlung und Aufklärung des ›Falles Katyn‹ im Nürnberger Prozeß heute schreiben: ›... die seltsame Verschwörung des Schweigens, die dieses Verbrechen noch immer umgibt‹? Die Neuaufstellung der Nazilüge von Katyn ist genauso dummdreist, als wollte man etwa die Göringlüge von der kommunistischen Reichstagsbrandstiftung wieder aufwärmen. Der Zweck ist Kriegs- und Mordhetze. Die Verbreiter der Nazilügen von Katyn müssen darum vor aller Welt als das gebrandmarkt werden, was sie sind: Feinde des Friedens, Feinde der Menschheit und Feinde vor allem des deutschen Volkes. Agenten der Rüstungskapitalisten, die aus Blut und Tränen Profit gewinnen wollen.« [26]

Ob Zufall oder nicht. Zur selben Zeit gehen Meldungen durch die Presse, daß im Juni 1949 in Krakau ein Prozeß gegen fünf Polen, vier Männer und eine Frau, wegen Kollaboration eröffnet werde. Die fünf hatten während der deutschen Besatzung für die unter deutscher Kontrolle arbeitende Presse gearbeitet. Dem Angeklagten Maak wird vorgeworfen, 1943 mit einer Gruppe polnischer Journalisten die Gräber von Katyn besucht zu haben. [27] Ähnlich hatten bereits im November 1948 deutsche Zeitungen gemeldet, daß der Volksgerichtshof in Preßburg drei Slowaken, darunter einen Priester, wegen ihrer Teilnahme an den Untersuchungen in Katyn zum Verlust der bürgerlichen Ehrenrechte auf drei beziehungsweise vier Jahre verurteilt habe. [28]

Aber solche platten Propagandaaktionen können auch durch ihren Umfang nicht mehr wirken. Sie brechen sich an einer freien Publizistik. Vielbeachtet ist ein Leitartikel vom 20. Oktober 1949 in der Züricher »Die Tat« aus der Feder des G. von Uxkull, der sich mit den Büchern von Anders und Mikolajczyk beschäftigt hatte: »Das ›Rätsel von Katyn‹ ist längst gelöst. Über wenige der ›großen Schandtaten des letzten Krieges‹ wissen wir heute so genau Bescheid wie gerade über den Massenmord von Katyn. Um so rätselhafter ist es, warum nichts geschieht, um aus diesem unserem Wissen die logischen Folgerungen zu ziehen. Was ist die Erklärung dieser – wie die polnischen Patrioten es nennen – ›Verschwörung des Schweigens‹? Es ist, als ob man mit großer Mühe endlich ein Verbrechen aufgeklärt hat und dann ›vergißt‹, den Haftbefehl auszustellen.

Fast hat man den Eindruck, daß diejenigen Kreise und Personen, die berufen und imstande wären, als Ankläger aufzutreten und den Prozeß gegen die Mörder von Katyn endlich ins Rollen zu bringen, die letzten dünnen Nebelschwaden des Zweifels sorgfältig hüteten, weil ihnen der Anblick der nackten Wahrheit (wegen der damit verbundenen Verantwortung) unangenehm ist. Es gab in Nazi-Deutschland Leute, die aus dem gleichen Grunde sich scheuten, den ›Gerüchten‹ über die Konzentrationslager und die Ermordung der Juden auf den Grund zu gehen. Man sagt: ›Schaffen Sie uns erst Beweise für Ihre Behauptungen‹ und meint im Grunde: ›So genau wollen wir das gar nicht wissen.‹ Im Augenblick, wo ein Verdacht einen gewissen Grad von Wahrscheinlichkeit erreicht, besteht die Verpflichtung, die moralische, und, handelt es sich um ein juristisch greifbares Verbrechen, auch die rechtliche, dem Verdacht nachzugehen. Diesen Grad der Wahrscheinlichkeit hat der Verdacht im Falle des Verbrechens von Katyn längst überschritten. Wer heute noch zweifelt, setzt sich seinerseits dem Verdacht aus, daß ihm der Zweifel – ebenso wie den Deutschen, die ›nichts von den Konzentrationslagern wußten‹ – als Alibi zur Entlastung eines schlechten Gewissens dient. Wer aber etwa heute noch ehrlich zweifelt, sollte die Punkte nennen, die angeblich noch dunkel sind . . .« [29]

Von Uxkull präsentiert noch einmal die bekannten Fakten und setzt

an den Schluß eine bemerkenswerte Anregung: »Eine Klärung des
Sachverhalts wäre am einfachsten dadurch zu erreichen, daß ein
deutsches Gericht gegen die von den Russen als verantwortlich be-
zeichneten deutschen Offiziere, vor allem den Nürnberger Katyn-
Zeugen, Oberst Ahrens, ein Strafverfahren wegen Mordes einleitete.
Das, was in Warschau nicht zustande kam, der große öffentliche
Katyn-Prozeß, könnte – und müßte logischerweise – jetzt in Frankfurt oder München stattfinden. Dieser Freundschaftsdienst wäre
eigentlich das mindeste, was Deutschland tun könnte, um wenigstens einen Bruchteil seiner Verbrechen an der polnischen Nation
wiedergutzumachen. – Ja, und die übrige Welt? Warum beteiligt sie
sich an der ›Verschwörung des Schweigens‹ über Katyn? Wiederholt
sich hier das Schauspiel von 1938/39, wo die Eingeweihten über die
Nazi-Verbrechen schwiegen, weil sie, wie es in dem englischen
Weißbuch des Jahres 1940 über die Behandlung der Juden in Bu-
chenwald heißt, ›es falsch finden, irgend etwas zu tun, was die Beziehungen (in diesem Fall zur Sowjetunion, damals zu Hitler-Deutsch-
land) verschärfen könnte?‹« [30]

In einem Beitrag der »Bayerischen Volkszeitung« wird die Bedeutung dieses Leitartikels in der Züricher »Die Tat« aus deutscher Sicht
in einem nicht namentlich gezeichneten Artikel behandelt: »Für den
Großteil des deutschen Volkes ist die Ermordung der elftausend
polnischen Offiziere in Katyn ein offiziell nicht aufgeklärtes Verbrechen. Während des Krieges schob die Goebbels-Propaganda Ur-
heberschaft und Durchführung dieses Massenmordes den Sowjetrussen zu. Im Verlauf des Nürnberger Kriegsverbrecher-Prozesses
hatte es den Anschein, als würden die Deutschen mit der Verantwortung dafür belastet. Dann begann ein Schweigen aus dem deutlich zu
spüren war, daß es von unbekannten Stellen bewußt und peinlich ge-
hütet wurde. Der Erfolg konnte in einem Lande, das von der Welt so
gut wie hermetisch abgeschlossen war, nicht zweifelhaft sein. Von
Katyn wurde bei uns nur noch geflüstert. Auf um so größeres Interesse gerade in Deutschland darf daher ein Leitartikel rechnen, in dem
sich G. von Uxkull in der schweizerischen unabhängigen Tageszeitung ›Die Tat‹ am 20. Oktober noch einmal mit Katyn beschäftigt.

Aus diesem Artikel geht nicht nur hervor, daß das Schweigen um die dortigen Massengräber einer ›Weltverschwörung des Schweigens‹ gleichkommt; was uns Deutsche in erster Linie aufhorchen läßt, ist die Tatsache, daß für die Welt außerhalb unserer engen Grenzen der Fall Katyn keine Zweifel mehr enthält, sondern im Gegenteil völlig aufgeklärt worden ist.« [31]

Der Autor geht auch auf die Anregung ein, ein deutsches Gericht solle den Fall Katyn aufrollen: »Bei diesem Vorschlag scheint denn doch allzusehr das mangelnde Vertrauen in die großen internationalen Tribunale Pate gestanden zu haben. Es sei ganz davon abgesehen, daß wir selber nur zögernd die derzeitige bayerische, von Justizminister Dr. Joseph Müller repräsentierte Gerechtigkeit empfehlen könnten, wenn es darum gehen soll, Sowjetrussen statt vor den internationalen Gerichtshöfen von Den Haag oder Nürnberg vor einem Münchner Gericht anzuklagen. Wenn aber schon in der großen Welt sich niemand findet, der bereit wäre, die Kastanien von Katyn aus dem Feuer zu holen, so glauben wir, daß es gerade uns Deutschen als den allerletzten zugemutet werden darf, Finger, die so verbrannt sind, daß sie jedes Feuer scheuen, schon wieder zu riskieren. Noch gelten wir allzuvielen Staaten als Angeklagte. Noch wird uns von der Welt nicht zugebilligt, in eigenen Sachen als Kläger aufzutreten. Um wieviel mehr würden wir den Unwillen dieser Welt herausfordern, wollten wir uns anmaßen, es in einer so umstrittenen fremden zu tun!« So trägt der gesamte Beitrag auch die Überschrift »Wer holt die Kastanien von Katyn aus dem Feuer?«

Einer, der zumindest publizistisch für die Deutschen die »Kastanien von Katyn« aus dem Feuer holt, ist der polnische Schriftsteller Josef Mackiewicz, der das erste Buch in deutscher Sprache über Katyn herausgibt. Mackiewicz hatte sich 1918 als Freiwilliger den Ulanen angeschlossen und 1920 gegen die Bolschewisten gekämpft. [32] Für den Nationalpolen war es keine Frage, daß die ostpolnischen Gebiete gemäß der Grenzziehung von Riga »untrennbar zum polnischen Staat« gehörten. [33] Mackiewicz studierte Biologie, wurde dann jedoch Journalist und Schriftsteller. Während des Zweiten Weltkrieges schloß er sich der Untergrundbewegung an und lebte als Kutscher in der Nähe von Wila. Die Deutschen kannten seinen Aufenthaltsort, behelligten ihn aber ansonsten nicht. Nach der Entdeckung der Massengräber von Katyn bemühten sie sich um seine Teilnahme an der Delegation des Polnischen Roten Kreuzes. Die Untergrundorganisation erlaubt es ihm und erhielt einen ausführlichen Bericht. [34] 1944 floh Mackiewicz mit seiner Frau vor der anrückenden Roten Armee. Anfang 1945 gelangte er über Krakau nach Wien, dann nach Mailand und schließlich nach Rom, wo er Anschluß an die polnische Armee unter General Anders fand. Zu dieser Zeit schrieb Mackiewicz ein Buch über Katyn, das in Großbritannien erscheinen sollte. Aber der Verlag schmolz, offensichtlich auf Druck von höchsten britischen Stellen hin, die fertigen Druckplatten wieder ein. [35] Wäre das nicht geschehen, wäre das Buch Mackiewiczs das erste über Katyn überhaupt gewesen.

1947 siedelte Mackiewicz nach London über. Zu dieser Zeit gelangen Druckfahnen, die bewahrt bleiben konnten, in die Schweiz. Dort wird der Text ins Deutsche übersetzt und 1949 im Züricher Thomas-Verlag unter dem Titel »Katyn – ungesühnte Verbrechen« veröffentlicht. [36] Später wird er auch in englisch, polnisch, französisch, italienisch, spanisch und portugiesisch gedruckt. [37] Mackiewicz' Buch ist für viele Jahre das einzige Buch über Katyn in deutscher Sprache, wenn man von dem deutschen Weißbuch des Jahres 1943 absieht. Außerdem ist das Weißbuch schon zu dieser Zeit kaum aufzutreiben. Hendrik van Bergh äußert sogar den Verdacht, daß man das Weißbuch beseitigte, wo es ging: »In Deutschland wurde der ›Katyn-Bericht‹ des Auswärtigen Amtes nach dem Krieg ein Opfer der Entnazifizierung. So schnell wie möglich: Weg damit!« [38] In Deutschland selbst findet das Buch von Mackiewicz allerdings kaum Verbreitung. Harry Schulze-Wilde, ein Freund des Autors, schreibt: »Einige hundert Exemplare dieses Buches schmuggelte ich nach Deutschland und versandte sie an alle alliierten Dienststellen und eine Reihe Zeitungen.« [39]
Ausdrücklich betont Mackiewicz in dem Buch, »daß der ganze Katyn-Fall, alle darauf bezüglichen Dokumente, alles in diesem Buch angeführte Beweismaterial keine Enthüllungen mehr sind. Seit

Jahren sind sie nun schon bekannt, in verschiedene Sprachen übersetzt, und viele Staatsmänner in London, Washington und Paris haben Kenntnis davon. Der einzige Haken daran ist, daß sie nicht veröffentlicht worden sind und nicht veröffentlicht werden oder nur in losen Bruchstücken herauskommen. Diese aber ergeben kein vollständiges Bild und genügen nicht, um die öffentliche Meinung der freien Welt davon zu überzeugen, wer der wirklich Schuldige an diesem größten Kriegsverbrechen ist – wenn man von der Ausrottung der Juden absieht.« [40]

Während in der amerikanischen und westeuropäischen Öffentlichkeit Publizisten um Aufklärung des Massenmordes bemüht sind, nimmt in New York das Katyn-Komitee, das Julius Epstein in seinen Beiträgen für die »Zeit« und in der »New York Herald Tribune« angeregt hatte, seine Arbeit auf. Bei der Gründung im November 1949 im New Yorker Waldorf-Astoria-Hotel übernimmt Arthur Bliss Lane, der von 1945 bis 1947 als Botschafter in Warschau tätig war, den Vorsitz. Zu seiner Zeit als Diplomat in Moskau hatte er zwar seine Regierung in Washington gebeten, keine Hinweise auf die sowjetische Täterschaft zu veröffentlichen, aber nach dem Kriege seine Haltung geändert. Die Leitung der Gründungsversammlung des »American Comittee for the Investigation of the Katyn Massacre« übernimmt der antistalinistische Autor Max Eastman. Er wird anschließend zum stellvertretenden Vorsitzenden gewählt. Zum Komitee gehören weiterhin die Kolumnisten Dorothy Thomson, die ebenfalls die Funktion einer stellvertretenden Vorsitzenden übernimmt, und Montgomery M. Green als Schatzmeister. Generalsekretär wird Julius Epstein.

Bliss Lane nennt den Massenmord von Katyn eines »der größten Verbrechen des Zweiten Weltkrieges, vergleichbar mit Hitlers Genozid-Handlungen«. Er bemängelt, daß diese Verbrechen niemals ordnungsgemäß untersucht worden und bisher niemand vor Gericht gestellt worden sei. Lane sagte, das Komitee verfüge über »eine große Menge an neuem, dokumentarischem Beweismaterial«. Er bittet alle, dem Komitee weitere Dokumente zur Verfügung zu stellen. Insbesondere forderte er den früheren sowjetischen Vizeaußenkommissar Wyschinski auf, vor dem Komitee auszusagen. Der Stellvertreter Molotows sei jemand, der »zweifellos wertvolles Licht in die Umstände des Katyn-Massakers bringen könnte«. Und: »Das amerikanische Volk hat eine moralische Verpflichtung, darauf zu bestehen, daß die Wahrheit über Katyn bekannt gemacht wird und daß der Schuldige von der öffentlichen Meinung gerichtet wird.« [41]

Die Zeitumstände für ein öffentlichkeitswirksames Auftreten des Komitees sind überaus günstig. Nicht nur ist der Kalte Krieg im Gange, hat die Berlin-Krise den Westen vor eine große Belastungsprobe gestellt – in Korea wird mit den Waffen gekämpft. Die Behandlung von Kriegsgefangenen ist ein erregendes Thema. (Es starben in deutschen Lagern von amerikanischen Angehörigen der Luftwaffe und des Heeres im Zweiten Weltkrieg 1,2 Prozent; in kommunistischer Gefangenschaft im Korea-Krieg 38 Prozent der Amerikaner [42]). Außerdem stehen Wahlen bevor, und die Amerikaner polnischer Herkunft, die an der öffentlichen Brandmarkung der Mörder interessiert sind, stellen rund sechs Millionen Wähler. Nicht zuletzt sitzen im Kongreß Abgeordnete polnischer Herkunft. Über sie besteht die Möglichkeit, den Fall Katyn zum Gegenstand der Politik zu machen. Und genau dafür hat das Komitee auch gesorgt.

Als das Komitee sich der Öffentlichkeit vorstellt, ist nämlich bereits ein hartnäckig geführter Kampf um die Freigabe von immer noch als »streng geheim« eingestuften Dokumenten zwischen den beiden republikanischen Abgeordneten George A. Dondero (Michigan) und John Davis Lodge (Connecticut) auf der einen Seite und dem Verteidigungsministerium unter Louis Johnson sowie dem Außenministerium unter Dean Acheson auf der anderen Seite im Gange. [43]

Das Komitee hatte nach der Veröffentlichung des Artikels von Julius Epstein in der »New York Herald Tribune« einen Brief von Harry Thomas Shultz aus Hanover (New Hamshire) erhalten. Shultz war in einem deutschen Kriegsgefangenenlager gewesen und wußte, daß der Oberst Van Vliet zu den Gräbern von Katyn gebracht worden war. Dem Katyn-Komitee gelingt es nun, Van Vliet ausfindig zu machen. Er ist auf Fort Lewis im Staate Washington stationiert. Van Vliet verweist auf seinen Schweigeeid vom Mai 1945 und empfiehlt, sich an das Pentagon zu wenden. [44] Am 6. Oktober 1949 schreibt der Abgeordnete Dondero an den Leiter der Aufklärungsabteilung der Armee, Generalmajor S. LeRoy Irwin. Er verweist darauf, daß die beiden amerikanischen Offiziere Oberstleutnant John Van Vliet jr. und der Lieutenant Colonel Donald B. Stewart, beide West-Pointer, 1943 von den Deutschen zu den Gräbern von Katyn geschickt worden waren. Van Vliet habe 1945 unmittelbar nach seiner Befreiung einen Bericht über seine Beobachtungen verfaßt, der als geheim eingestuft wurde, und außerdem einen Schweigeeid leisten müssen. Dondero fragt jetzt nach eben diesem Bericht.

Am 19. Oktober antwortet Generalmajor Irwin: »Unter Bezugnahme auf Ihren Brief vom 16. Oktober 1949, in dem Sie Auskünfte über einen Katyn-Bericht verlangen, teile ich Ihnen mit, daß die Intelligence Division vor kurzem einen solchen Bericht tatsächlich erhalten hat. Dieser Bericht basiert zum Teil auf den Beobachtungen des Oberstleutnants Van Vliet, die er im Jahre 1943 während der Freilegung der polnischen Gräber in Katyn gemacht hat. Der Bericht ist als geheim klassifiziert und kann deshalb zur Zeit nicht zugänglich gemacht werden. Sollte der Bericht aus der Kategorie der geheimen Dokumente gestrichen werden, so wird es mir ein Vergnügen sein, Ihnen eine Abschrift zugehen zu lassen.«

Diese Antwort macht den Abgeordneten überaus stutzig. Wieso hatte das Büro Irwins den Bericht »vor kurzem« erhalten? Seit der Abfassung waren fast fünf Jahre verstrichen. Und warum heißt es, dieser Bericht basiere »zum Teil« auf den Beobachtungen Van Vliets? Was für ein Bericht ist hier gemeint, wer ist der Autor jener Teile, die nicht von Van Vliet stammten, und wie lauten sie?

Dondero schreibt am 31. Oktober einen weiteren Brief und fragt, warum der Bericht unter den Geheimakten des Pentagon sei und ob das State Department dafür verantwortlich sei. In der Antwort Irwins vom 8. November 1949 heißt es: »Da die Verüber dieses Verbrechens nicht endgültig festgestellt sind und da der Bericht außerordentlich sensitive Informationen enthält, deren vorzeitige Enthüllung im Hinblick auf die internationale Lage sehr unklug wäre, hält es das Heeres-Department für unangebracht, den Bericht freizugeben.«

Nach dieser Absage, die die Angelegenheit nur noch mysteriöser macht, wendet sich Dondero am 9. Januar 1950 direkt an Verteidigungsminister Louis Johnson: »Seit einiger Zeit bin ich daran interessiert, sich auf das Massaker von Katyn beziehende Berichte zu erhalten. Ich erlaube mir daher die Anfrage, ob der von Oberstleutnant Van Vliet stammende Bericht mir jetzt zum Zwecke des Studiums zugänglich gemacht werden kann. Wie man mir mitteilt, hat Stanislaw Mikolajczik in seinem Buch ›Die Vergewaltigung Polens‹ die Behauptung aufgestellt, daß ein offizieller russischer Bericht über Katyn sowie dessen Übersetzung ins Deutsche von den Deutschen beim Rückzug von Smolensk mitgenommen und später von den amerikanischen Streitkräften gefunden wurde. Diese Dokumente sollen in die Vereinigten Staaten gebracht worden sein. Die Bedeutung solcher Dokumente kann kaum überschätzt werden, und ich wäre Ihnen für eine Auskunft über die Möglichkeit, diese Dokumente zu sehen, sehr verbunden.«

Johnson reagiert mit folgendem Brief vom 18. Januar: »Von den beiden Dokumenten, die sie erwähnen, haben wir im Verteidigungsdepartment nur eines. Es ist ein Bericht, der vom Generalstab des Heeres angefertigt wurde. Dieser Bericht enthält Informationen verschiedener Quellen; obwohl er gewöhnlich auf Oberstleutnant Van Vliet zurückgeführt wird, möchte ich feststellen, daß Oberstleutnant Van Vliet an seiner Abfassung nur insofern beteiligt ist, als er den Inhalt des Berichts überprüfte. Wie ich sehe, haben Sie bereits die Heeresverwaltung ersucht, diesen Bericht Ihnen zugänglich zu machen, und erhielten den Bescheid, daß dies im Hinblick auf die äußerst heikle Natur des Materials nicht opportun erscheine. Kurz vor Erhalt Ihres Briefes hat jedoch der Heeres-Sekretär Gray die Frage der Freigabe dieses Berichts erneut aufgeworfen. Die Frage wurde bis jetzt nicht entschieden, ich hoffe jedoch, bald in der Lage zu sein, Ihnen eine endgültige Entscheidung mitteilen zu können.«

Allein dieser Brief, auch wenn er nicht die Freigabe der gewünschten Dokumente bedeutet, ist für das Katyn-Komitee und den Abgeordneten Dondero ein Erfolg. Julius Epstein deutet ihn so: »Dieser Brief ist aus mehreren Gründen bemerkenswert. Zunächst, weil er die Tür zur Freigabe des Dokuments offenläßt und so das apodyktische Urteil General Irwins, daß es ›sehr unweise‹ wäre, den Bericht freizugeben, stark abschwächt. Es bleibt natürlich abzuwarten, wie die Entscheidung Johnsons und Grays ausfallen wird.

Der Brief des amerikanischen Kriegsministers an den Abgeordneten Dondero stellt ferner die erste offizielle Stellungnahme eines Kabinettsmitgliedes zur Behauptung Mikolajczyks dar, daß das amerikanische Kriegsministerium im Besitz von russischen Katyn-Dokumenten sei, welche die amerikanischen Truppen in der Tschechoslowakei gefunden hätten. Der Verteidigungsminister leugnet dies und fordert daher den ehemaligen polnischen Minister auf, seine Behauptung zu verteidigen und zu erhärten. Man darf auf die Reaktion Mikolajczyks gespannt sein. Er wird kaum umhin können, zur Behauptung Johnsons Stellung zu nehmen, das heißt, den Beweis für seine mehrfach gemachte Behauptung anzutreten. Gelingt ihm dies, das heißt, gelingt ihm zu beweisen, daß die Katyn-Akten sich unter den Tausenden von Tonnen von Aktenmaterial befinden, die von amerikanischen Truppen aus Europa nach Washington gebracht wurden, so wäre Johnson in der peinlichen Lage, zugeben zu müssen, daß Mikolajczyk mehr wußte als der amerikanische Verteidigungsminister. Gelingt es Mikolajczyk nicht, diesen Beweis anzutreten, so wäre seine Glaubwürdigkeit nicht unerheblich erschüttert. Es bleibt allerdings die Möglichkeit, daß die Akten von den Amerikanern in der Tschechoslowakei gefunden und nach Washington geschickt wurden, daß sie dann aber aus unbekanntem Grunde verschwunden oder aber in die Archive des State Departments oder einer anderen Regierungsbehörde gekommen sind. In diesem Falle hätten Johnson und Mikolajczyk recht gehabt.«

Gleichzeitig schreibt der Abgeordnete John Davis Lodge an den Verteidigungsminister und an das Außenministerium: »Im Hinblick auf die Tatsache, daß das Katyn-Massaker vor zehn Jahren stattfand, und im Hinblick auf die weitere Tatsache, daß wir uns gegenwärtig in einem weltweiten Konflikt mit Sowjet-Rußland befinden, glaube ich, daß es keinen Grund für eine weitere Geheimhaltung des Katyn-

Materials gibt, sondern daß, ganz im Gegenteil, seine rasche Veröffentlichung im öffentlichen Interesse liegt.«

Am 27. Januar 1950 publiziert der Abgeordnete Dondero seine bisherigen Untersuchungen im Fall Katyn und den Stand der Korrespondenz mit Pentagon und State Department im »Congressional Record«, dem offiziellen Parlamentsbericht: »Wohlunterrichtete und sich ihrer Verantwortung bewußte Kreise haben behauptet, daß diese schrecklichen Verbrechen von der Sowjet-Armee begangen wurden. Vor kurzem wurde ein Untersuchungsausschuß gegründet, der die Wahrheit über diese Verbrechen feststellen soll. An der Spitze dieses Untersuchungsausschusses steht Arthur Bliss Lane, der ehemalige amerikanische Botschafter in Polen. In Unterstützung dieses Untersuchungsausschusses habe ich verschiedentlich versucht, Zutritt zu Dokumenten zu erlangen, die sich im Besitze des Verteidigungsdepartments unserer Regierung befinden. Jedes Mal ist mein Ersuchen abgelehnt worden und zwar mit der Begründung, daß das Informationsmaterial geheim sei. Ich erlaube mir, zum Zwecke der Information des amerikanischen Volkes, die diese Angelegenheit betreffende gesamte Korrespondenz meinen Bemerkungen anzuschließen.

Ich glaube, daß das amerikanische Volk ein Recht hat, zu wissen, warum Informationsmaterial über dieses schreckliche Verbrechen geheimgehalten wird. Welche Berechtigung gibt es, dies Material geheimzuhalten und in den Aktenschränken totzuschweigen? Ich möchte wissen, wer für die Entscheidung verantwortlich ist, dieses Informationsmaterial der Welt vorzuenthalten, und welches die Gründe dafür sind. Mehr als vier Jahre nach Kriegsende, in einer Zeit, da die Sowjet-Regierung eine ununterbrochene und unerhörte Verleumdungskampagne gegen die Vereinigten Staaten durchführt, ist es ganz unverständlich, warum wir nicht endlich die Wahrheit über Katyn aussprechen sollen. Oder ist dies ein neuer Beweis unserer Appeasement-Politik den Sowjets gegenüber?«

Das Komitee ist in Hochstimmung. Daran kann auch der Versuch des State Departments, die öffentliche Behandlung des Falles Katyn aufzuhalten, nichts ändern. Als Jozef Czapski im Frühjahr 1950 die

USA besucht und auf Bitten der polnischen Abteilung der »Stimme Amerikas« eine Sendung gestalten soll, wird jede Anspielung auf Katyn – offensichtlich auf Weisung des State Departments – aus dem Manuskript gestrichen. Er durfte nicht einmal das Wort »Katyn« verwenden. [45]

Julius Epstein veröffentlicht in den »Stuttgarter Nachrichten« einen ausführlichen Bericht über den Stand der Dinge und schließt nahezu euphorisch: »Mit den hier geschilderten Bemühungen der beiden amerikanischen Mitglieder des Repräsentantenhauses Dondero und Lodge ist der Kampf um die Wahrheit über Katyn in ein neues Stadium getreten. Von nun an wird dieser Kampf nicht mehr aus dem amerikanischen Kongreß verschwinden. Die beiden Abgeordneten werden nicht ruhen, bis ihre Bemühungen von Erfolg gekrönt sein werden. Wir haben sogar Grund zu der Hoffnung, daß sich andere Mitglieder beider Häuser ihnen zugesellen werden und ihnen helfen werden, ›die fürchterlichen Details eines der größten Verbrechen in der Geschichte‹ ein für allemal klarzustellen.« [46]

Am 18. September 1951 ist es soweit. Das Repräsentantenhaus des amerikanischen Kongresses setzt einen Sonderausschuß zur Untersuchung des Massenmordes von Katyn ein. Die Mitglieder dieses »Select Committee to Conduct an Investigation of the Facts, Evidence, and Circumstances of the Katyn Forest Massacre« sind vier Demokraten und drei Republikaner: Ray J. Madden (D) als Vorsitzender, Daniel J. Flood (D) als stellvertretender Vorsitzender, Thaddeus M. Machrowicz (D), Foster Furcolo (D), Alvin E. O'Konski (R), George A. Dondero (R) und Timothy P. Sheehan (R).; den Rechtsbeistand übernimmt John J. Mitchell. [47]

Am selben Tag wird ein Bericht des Obersten John Van Vliet der Öffentlichkeit übergeben. Es ist allerdings nicht der Bericht von 1945, denn es hat sich inzwischen herausgestellt, daß dieser Bericht mit dem Vermerk »top secret« nicht mehr auffindbar ist. Aber der Druck der Abgeordneten und des Katyn-Komitees hatte dennoch Wirkung gezeigt. Am 26. April 1950 hatte der Chef der Nachrichtenabteilung des Heeres Van Vliet gebeten, einen neuen Bericht abzufassen. Der zweite Bericht Van Vliets ist mit dem 11. Mai 1950 datiert. [48]

Die Einsetzung des amerikanischen Untersuchungsausschusses findet in der deutschen Publizistik große Beachtung. Zwar wird sie begrüßt, aber gleichzeitig darauf hingewiesen, daß der Zeitpunkt aus Gründen der politischen Opportunität erfolge und daß das Nürnberger Gericht moralisch versagt habe. Die Wochenzeitung »Christ und Welt« schreibt: »Das Weltgewissen schwieg. Es schwieg auch 1946, als die Sowjets es wagten, Katyn vor das große Nürnberger Tribunal zu bringen und offiziell Deutschland des Massenmordes am polnischen Offizierskorps bezichtigten. Jetzt wäre für die Westmächte der Zeitpunkt gekommen gewesen, Licht in das Geheimnis zu bringen. Dem Gericht lag die große Dokumentensammlung der polnischen Exilregierung vor, die alle bis dahin erreichbaren Unterlagen zur Klärung des Falles enthielten. Aber die Richter wiesen das polnische Beweismaterial zurück. Katyn wurde beiseite geschoben und im Urteilsspruch einfach übergangen – denn der Schuldige saß ja unter den Richtern. Die ›Gerechtigkeit von Nürnberg‹ hatte einen unheilbaren, vielleicht ihren unheilbarsten Stoß empfangen.« Und zur angekündigten Untersuchung der Katyn-Morde durch den Sonderausschuß des Repräsentantenhauses heißt es: »Dieses Verfahren kommt spät, um Jahre zu spät. Es hätte kommen müssen, als es noch nicht politisch opportun war, die Sowjets als die Verantwortlichen zu entlarven. Dann wäre es wirklich ein Sieg der Gerechtigkeit gewesen, welche die Wahrheit um ihrer selbst willen sucht und sich nicht nach Erwägungen politischer Nützlichkeit richtet. Aber wenn es auch heute im Zeichen des Kalten Krieges keine große Tat mehr ist – zu spät kommt deshalb das amerikanische Verfahren immer noch nicht.« [49]

»Die andere Seite« meint: »Der wesentliche Beweggrund, die Untersuchung durchzuführen, dürfte weniger in dem Bemühen zu suchen sein, die wahren Tatsachen des Falles Katyn endlich autoritativ festzustellen und dadurch das moralische Verantwortungsbewußtsein der westlichen Welt zu festigen. Vielmehr erhofft man sich von der Behandlung des Falles Katyn wohl vor allem eine gute Propagandawirkung gegen den Osten, die gerade zu einem Zeitpunkt, wo die Morde an den amerikanischen Kriegsgefangenen in Korea die amerikanische Öffentlichkeit bewegen, im Gegensatz zu früher sehr erwünscht sein kann. Des weiteren kommt man damit auch dem Drängen der polnischen Volksgruppe in den USA entgegen, die mit ihren fünf Millionen Wählern ein erhebliches innenpolitisches Gewicht besitzt.« [50]

Aus einem anderen Betrachtungswinkel meint die »Evangelische Freie Presse«: »Für die Führung der Exil-Polen bedeutet die Washingtoner Katyn-Untersuchung einen großen Erfolg, dessen politische Bedeutung noch größer ist als die moralische.« [51]

Und die »Zeitschrift für Wehrkunde« schreibt: »Die USA sind heute die erste Weltmacht. Sie haben damit eine politische Verantwortung von unübersehbarer Weite zu tragen. Welche Gründe auch immer bestimmend gewesen sein mögen, den Sonderausschuß einzusetzen: er untersucht eine Frage, welche die ganze freie Welt angeht; er enthüllt eine Gefahr, welche die ganze freie Welt bedroht. Wahrscheinlich werden weder die Vereinigten Staaten noch die Vereinten Nationen die Möglichkeit oder die Macht haben, jemals die Mörder von Katyn einer gerechten irdischen Strafe zuzuführen. Das ist auch nicht das Entscheidende. Entscheidend ist, daß endlich der Schleier zerrissen wird, hinter dem Unwissenheit, Gleichgültigkeit und nackte politische Interessen bisher die Wahrheit über Katyn zu verbergen suchten.« [52]

Einen ganz besonderen Akzent angesichts der bisher bekannten Zuverlässigkeit sowjetischer Zeugen setzt dagegen die Schweizer Zeitung »Der Bund« (Bern). Der Washingtoner Ausschuß sei nur Propagandarummel, denn ohne russische Zeugen könne kein objektiver Schuldbeweis zustande kommen. [53]

Die ersten öffentlichen Verhöre des Ausschusses des Repräsentantenhauses – alle Zeugen sagen unter Eid aus, die Vernehmungen sind öffentlich – finden bereits am 11. Oktober 1951 in Washington statt. Der Oberstleutnant B. Steward, der 1943 als Kriegsgefangener an die Gräber von Katyn geführt worden war, erklärt: »Wir liebten die Deutschen nicht. Diejenigen, die länger in ihrer Gefangenschaft gewesen sind, hatten eine ganz ausgeprägte Abneigung. Je länger ich Gefangener war, desto mehr haßte ich die Deutschen. Und dennoch . . . es konnte die Überzeugung, die ich mir damals gebildet hatte, nicht ändern, nämlich, daß in diesem einen Falle nicht die Deutschen verantwortlich waren, daß diese Menschen von den Russen umgebracht worden sind.« [54]

Ähnlich äußert sich Van Vliet: »Zu jener Zeit wollte ich wie viele andere Rußland als Freund und Bundesgenossen betrachten. Und ich sah zunächst darin eine ausgezeichnete Gelegenheit, dem Widerwillen gegen die Deutschen neuen Grund zu geben. Als Kriegsgefangener hatte ich einen persönlichen Haß gegen sie; und als amerikanischer Offizier hatte ich außerdem sozusagen einen beruflichen Haß gegen sie. Mehr hassen konnte ich nicht. Aber nun wurde ich durch meine eigenen Beobachtungen . . . gezwungen, ihnen doch zu glauben.« Er sei überzeugt worden, daß die Sowjets verantwortlich für diesen »größten Massenmord in der modernen Geschichte« seien. Nachdem sein Bericht von 1945 für das Pentagon verschwunden war, sei er 1950 aufgefordert worden, einen neuen Bericht abzufassen. [55] Dann tritt eine Pause ein. Bevor die Untersuchung weitergeht, spricht sich der Ausschußvorsitzende Madden zunächst mit Präsident Harry Truman ab. Nach einem Treffen teilt er am 23. Januar 1952 mit, Truman habe alle Regierungsstellen angewiesen, die Arbeit des Sonderausschusses in jeder Hinsicht zu unterstützen. Auch sollten Polen und die Sowjetunion offiziell aufgefordert werden, Vertreter zu den Sitzungen des Ausschusses zu entsenden. [56]

Noch vor Beginn der weiteren Vernehmung von Zeugen vom 4. bis 7. Februar 1952 in Washington und acht weiteren am 13. und 14. März in Chicago kündigt Madden eine Sensation an: das Erscheinen des »einzigen überlebenden Augenzeugen unter den Opfern« von Katyn. Das Verfahren, so weiß Madden schon vorher zu sagen, werde »das Beweismaterial für den größten Massenvölkermord der Geschichte beibringen und das verbrecherische Hirn hinter der kommunistischen Führung bloßstellen«. Und der Rechtssachverständige des Ausschusses, John Mitchell, teilt mit, daß er »völlig ausreichende Unterlagen« für den Beweis habe, daß das Verbrechen nicht von den Deutschen, sondern von den Sowjets begangen wurde. [57] Unmittelbar vor Beginn der weiteren Vernehmung erklärt

Madden: »Eines Tages müssen die Verantwortlichen dieser Massenvernichtung menschlicher Lebewesen zur Verantwortung gezogen
werden – und dies schließt Josef Stalin und seine Henker ein.« (58)
Anschließend stehen Polen im Zeugenstand. Der frühere Kadett der
polnischen Armee Marian Gawiak wird vernommen. Er berichtete,
wie er im Lager Kozielsk war und die Gefangenen gruppenweise
abtransportiert wurden. [59] Der frühere polnische Botschafter in
Moskau, Tadeusz Romer, berichtete, wie er sich vergeblich um Klärung des Verbleibs der polnischen Offiziere gekümmert hatte. Auch
erzählt er die Begegnung mit Berija und dessen Äußerung vom »großen Fehler«, den man mit den Polen gemacht habe. [60]

Die große Sensation, die Madden angekündigt hatte, ist angeblich
ein ehemaliger polnischer Offizier, der erst im Jahr zuvor als Dis-
placed Person in die USA eingewandert war und dort jetzt als Farmer
lebt. Er sagt mit einem Kissenbezug über dem Kopf aus, in das zwei
Löcher für die Augen und eines für den Mund geschnitten sind – das
große Objekt für alle Pressefotografen. Auf solche Weise hatte sich
noch nie jemand vor einem US-Ausschuß präsentiert. Die Maske
trage der 44jährige Mann, heißt es, weil er Angehörige in Polen habe,
die er nicht gefährden wolle. Den Ausschußmitgliedern sei die Identität des Mannes bekannt. In der Öffentlichkeit wird er mit dem
Tarnnamen »Joe Doe« bezeichnet.

Der Mann erzählt eine bewegende Geschichte. Im September 1939
sei er von den Sowjets gefangengenommen worden. Im Lager
Kozielsk habe ihm ein katholischer Priester einen Fluchtplan unter-
breitet. Etwa am 20. Oktober sei er dann mit dem Priester und einem
weiteren Gefangenen geflohen. Sie hätten sich nach Katyn aufgemacht, um Gerüchten von sowjetischen Mordtaten auf die Spur zu
kommen. Sie seien dann an eine große Grube gelangt und hätten
sich in einem Baum versteckt, um abzuwarten, was geschehe. Um
etwa zehn Uhr abends sei die Grube beleuchtet worden und habe das
Morden begonnen. Jeweils zwei polnische Offiziere seien von jeweils zwei Sowjets in Paaren an die Grube geführt worden. Dann
seien ihnen die Hände mit Draht zusammengebunden worden.
Einer der Sowjets habe einen der beiden Polen festgehalten, wäh-

rend der andere ihm Sägemehl in den Mund gestopft habe. Diejenigen, die sich wehrten, seien in den Hinterkopf geschossen worden,
die anderen ohne Schuß in die Grube geworfen worden, wo sie wohl
durch Strangulation starben. Die meisten hätten sich gewehrt. Das
Ganze habe etwa anderthalb Stunden gedauert, in denen rund 200
Mann ermordet worden seien. Beim Morgengrauen, nachdem das
sowjetische Mordkommando abgezogen sei, hätten er und die beiden anderen Polen sich in Richtung polnische Grenze aufgemacht.
Sechs oder sieben Tage später seien sie allerdings wieder aufgegriffen
worden und in ein Gefängnis nahe Siubjuch in Sibirien gebracht
worden. Vierzehn Monate später sei er selbst nach Tatischchevo gebracht worden und habe sich der Armee von General Anders angeschlossen, in der er bis zum Ende des Krieges gedient habe. [61]
Dreimal muß die Anhörung unterbrochen werden, weil der Mann
offensichtlich nervlich am Ende ist. Nach der Vernehmung führen
ihn Sicherheitsbeamte in einen abgeschirmten Raum im Kapitol, wo
er die Kleidung wechselt, bevor er heimlich das Gebäude verläßt.
Die Geschichte wirft indes zahlreiche Fragen auf. Der Mann will die
Ermordung im Oktober 1939 mitangesehen haben. Die Morde von
Katyn geschahen aber im Frühjahr 1940. Auch will er um den 15. September 1939 gefangengenommen worden sein. Die Sowjets waren
aber erst am 17. September in Ostpolen eingefallen. Außerdem war
das Gelände, wo die Morde stattfanden, von NKWD-Leuten mit
Hunden bewacht. Wie waren die drei da hineingekommen? Wie will
er von Morden im Wald von Katyn überhaupt erfahren haben? Auch
die Aussage, daß ein NKWD-Offizier dem Priester geraten habe, er
solle alles tun, um aus dem Lager auszubrechen, weil er sich um ihn
»große Sorgen« mache, da er »auch Katholik« sei, aber sich »in den
Händen der Roten« befinde und als NKWD-Offizier tun müsse, was
ihm befohlen werde – das alles klingt mehr als abenteuerlich.
Aufsehen erregt die Aussage des ehemaligen polnischen Obersten
Jerzy Grobicki, der jetzt in Toronto in Kanada ein Weingeschäft
betreibt, daß eine führende Person in Kozielsk der NKWD-Brigade-
general namens Zarubin war, der dem jetzigen sowjetischen Botschafter in London namens Zarubin sehr ähnlich sehe. [62]

Auch der Journalist Henry Clarence Cassidy, der als AP-Korrespondent 1944 an der sowjetischen Pressekonferenz teilgenommen hatte, sagt nun aus. Er räumt ein, daß die Untersuchung manipuliert ausgesehen und nicht zu der Überzeugung geführt habe, die Schuld läge bei den Deutschen. [63]

Ende Februar 1952, nach einer ersten Auswertung der Vernehmungen, ergeht eine offizielle Einladung der amerikanischen Regierung an die Sowjetunion zur Mitarbeit an der Aufklärung. Die Sowjetunion wird darin aufgefordert, alles in ihrem Besitz befindliche Material zu Katyn vorzulegen. Außerdem solle sie Zeugen beibringen, wodurch sie Gelegenheit erhalte, die bisherigen Aussagen zu entkräften. Die Einladung wird dem sowjetischen Botschafter in Washington, Panjuschkin, vom State Department zugestellt und richtet sich insbesondere an den 1949 zum Außenminister avancierten Andrej Wyschinski, der sich gerade in New York zur Teilnahme an der Vollversammlung der UNO aufhält. Es ist das erste Mal, daß eine fremde Regierung aufgefordert wird, vor einem Untersuchungsausschuß des Kongresses auszusagen. Der Ausschußvorsitzende Madden übersendet Wyschinski den 236 Seiten starken Zwischenbericht und verweist in seinem Begleitschreiben auf die von den Sowjets wiederholt vorgebrachte Behauptung, die Amerikaner bedienten sich im Korea-Krieg der bakteriologischen Kriegführung. Diese Propagandalügen, so Madden, verfolgten offenbar nur den Zweck, die Aufmerksamkeit der Öffentlichkeit von den Morden an 15000 polnischen Offizieren durch das NKWD abzulenken. [64]

Umgehend erhält das State Department eine »Note der Sowjetregierung an die Regierung der USA« über die Botschaft der UdSSR in Washington zugestellt. Die Einladung mit der beigefügten Resolution des Repräsentantenhauses vom 18. September 1951 verstoße »gegen die allgemein für die internationalen Beziehungen geltenden Normen« und sei »eine Beleidigung der Sowjetunion«, heißt es. Beigefügt ist der Note der sowjetische »Untersuchungsbericht« von 1944, der auch in Moskau als Beilage in »Novoe Vremya« veröffentlicht wird. [65] (In Deutschland wird die »Note« mit dem »Untersuchungsbericht« unter dem Titel »Die Wahrheit über das faschisti-

sche Verbrechen von Katyn« als Broschüre vom Parteivorstand der
KPD verbreitet.) In einer Erklärung versucht der sowjetische Botschafter, die USA auf ihre bisherige Unterstützung der sowjetischen
Version festzunageln. Wenn die USA den sowjetischen Untersuchungen von 1944 Glauben geschenkt hätten, so sollten sie dies auch
heute tun. Entsprechend heißt es in der Note, daß ein Aufgreifen der
Frage um die Hintergründe von Katyn acht Jahre nach den Feststellungen des sowjetischen Untersuchungsberichts »nur den Zweck haben kann, die Sowjetunion zu verleumden und damit die allgemein
als Verbrecher anerkannten Hitlerfaschisten zu rehabilitieren«. [66]
Der Kontrast zur Situation 1946 in Nürnberg kann nicht schärfer ausfallen. Was der Vorgang bedeutet, mag die Einstellung des damaligen amerikanischen Hauptanklägers Telford Taylor verdeutlichen,
der zu dieser Zeit des Korea-Krieges die Sowjetunion allen Ernstes
noch zu den großen Nationen mit »hochentwickelter Rechtstradi-
tion« zählt. [67]

Die »Prawda« spricht von einer »neuen Provokation der amerikanischen Kriegsbrandstifter und ihrer Propagandisten«. Natürlich
zitiert sie auch den »Untersuchungsbericht« von 1944. Allerdings ist
der peinliche Fehler, nämlich daß die »Zeugin« Alexandra Michailowna Moskowskaja Anfang März 1941 einen Mann getroffen haben
will, der ihr von Ereignissen im April berichtet, plötzlich »korrigiert«. Jetzt hatte sie ihn erst im April getroffen. [68]

Der britische »Manchester Guardian« merkt zu den sowjetischen
Reaktionen an: »Die sowjetische Beschwerde über die Untersuchung des Kongresses bezüglich der Verantwortlichkeit der Katyn-
Morde ist voller Ironie . . . Niemand braucht die juristische Qualität
vieler Untersuchungen des Kongresses hoch einzuschätzen. Aber
die Russen sollten sich am allerwenigsten beschweren. Sie haben seit
langem die Kunst vervollkommnet, andere Nationen in ihrem eigenen Lande zu verhören, obwohl sie gewöhnlich auch einige Sünden-
böcke russischer Nationalität haben, an denen sie ihre unmittelbare
Rache auslassen können. Doch die Untersuchung des Kongresses
kann eine gute Seite haben, wenn sie nämlich die Russen zwingt, sich
zu einer Angelegenheit zu äußern, über die sie seit sechs Jahren

schamhaft geschwiegen haben. Es gab während des Krieges keinen scheußlicheren Vorfall als diesen kaltblütigen Mord an 4000 gefangenen polnischen Offizieren in russischem Gewahrsam – und das im Frühjahr 1940, zu einer Zeit, als Rußland Hitlers Verbündeter war.« [69]

Am 12. März 1952 stellt der Ausschußvorsitzende Madden fest: »Die Vernehmungen haben unzweideutig ergeben, daß der Mord von Katyn ein Teil des wohlorganisierten Feldzugs zur Massenvernichtung war.« [70] Und in der »New York Herald Tribune« heißt es: »Das Verbrechen steht als eines der schlimmsten in der Geschichte da.« [71]

Mit diesen Ergebnissen gibt sich der Kongreß jedoch nicht zufrieden. Anfang März 1952 – noch vor Abschluß der Vernehmungen in den USA am 13. und 14. März in Chicago – beschließt das Repräsentantenhaus auf Antrag der demokratischen Fraktion mit 206 gegen 105 Stimmen, »im Interesse der Auffindung der Wahrheit« einen weiteren Sonderausschuß einzusetzen, der in Europa weitere Untersuchungen anstellen soll. Weder die deutsche Dokumentation von 1943 noch der sowjetische Untersuchungsbericht von 1944 hätten genügend Überzeugungskraft. [72] 65000 Dollar werden für die Arbeiten in London, Frankfurt, Berlin und Neapel zur Verfügung gestellt. Der Ausschuß bemüht sich auch um eine Einreise nach Polen, die von Warschau freilich abgelehnt wird. [73] Zur Fortsetzung der Untersuchungen lädt der Ausschuß außerdem die Bundesrepublik Deutschland und die polnische Exilregierung in London ein. Beide nehmen das Angebot an. [74] Und er lädt die polnische Regierung in Warschau per Schreiben an den polnischen Botschafter in Washington ein.

Die polnische Botschaft bezeichnet die Untersuchungen des US-Ausschusses als Farce. [75] Die Regierung in Warschau »gedenke nicht, auf die Sache wieder zurückzukommen«. [76] Warschau gibt eigens einen Presseerlaß für die offizielle Nachrichtenagentur PAP heraus, der von der Botschaft in Washington an alle Zeitungskorrespondenten verteilt wird. [77] Darin beschreibt der polnische Ministerpräsident Jozef Cyrankiewicz die Tätigkeit des Sonderausschus-

ses als theatralisch zurechtgemachte Posse und als eine Propaganda-
machenschaft der amerikanischen Regierung, deren herausfordern-
de Ziele ganz augenscheinlich Teile aggressiver Kriegsvorbereitun-
gen seien. [78]

Der Ausschußvorsitzende Madden spricht daraufhin von einer »fla-
granten Verletzung der diplomatischen Regeln« und kündigt an, das
State Department zu ersuchen, vom polnischen Botschafter eine
Entschuldigung zu verlangen und Schritte hinsichtlich der Propa-
gandatätigkeit der polnischen Regierung in Washington zu unternehmen. Schließlich erteilt der Außenminister der polnischen Botschaft bezüglich derartiger Presseerlasse einen strengen Verweis. [79]

Warschau lehnt eine Mitarbeit offiziell ab. Die polnische Nachrichtenagentur PAP meldet, Polen habe dies der Regierung in Washington mitgeteilt. Das polnische Volk lasse sich durch die amerikanische
»Provokation« nicht beirren und werde dem Sowjetvolk in Bruder-
liebe verbunden bleiben. [80]

Gleichzeitig erhält das Thema Verbrechen der Sowjetunion von anderer Seite zusätzliche Publizität. So wird Josef Czapskis Buch
»Land der Unmenschlichkeit« für den amerikanischen Büchermarkt
angekündigt. [81] Und auf einer Pressekonferenz in London teilt General Anders mit, der Verband amerikanischer Rechtsanwälte habe
sich zur Bildung eines Ausschusses zur Untersuchung des Beweismaterials für die Schuld der Sowjets bereiterklärt. [82]

Der Kreml ist aufgebracht. Radio Moskau kommentiert, die Amerikaner schmiedeten ein Komplott zum Diebstahl polnischen Landes
und zur Reinwaschung deutscher Kriegsverbrecher. [83] Die Propagandisten im Kreml halten es diesmal für besonders wirksam, die
Geistlichkeit verstärkt einzuspannen. Am 5. März 1952 tönt es aus
den Radiolautsprechern: »In ihrem hemmungslosen Streben, mein
Vaterland zu verleumden, haben die herrschenden Kreise der USA
eine neue ungeheuerliche Provokation unternommen.« Es ist die
Stimme des Metropoliten Nikolai. Acht Jahre ist es her, daß er an der
»Untersuchungskommission« der Sowjets teilgenommen hatte.

Die kommunistische Presse im westlichen Ausland wird mobilisiert.
Die Erklärung des Metropoliten Nikolai wird von der »Hamburger

Volkszeitung«, die schon nach dem Artikel Epsteins in der »Zeit« die Sowjets verteidigt hatte, nachgedruckt. Weiter heißt es dort: »Mit ihrer Aktion in der sogenannten ›Sache Katyn‹ wollen sie (die USA) die faschistischen Verbrecher rehabilitieren, die den Mord an den kriegsgefangenen polnischen Offizieren und Mannschaften in Katyn durchführten. Sie wollen ein Keil treiben zwischen das polnische Volk und unser Volk, das am meisten durch den Überfall Hitlers und die faschistischen Verbrecher gelitten und auf seinen Schultern die Hauptlast des Kampfes gegen den verbrecherischen Faschismus getragen hat. In mir, einem Teilnehmer an den Untersuchungen des Verbrechens von Katyn, brennt das Gefühl des Protestes gegen diese unehrliche und abscheuliche Provokation. Die Kreise, die sie anzetteln, wiederholen die üble Provokation von Goebbels aus dem Jahre 1943 und seinen Versuch, uns dieses Verbrechen zuzuschreiben. Aber die Völker wissen die Lüge von der Wahrheit zu unterscheiden!

Nach der Veröffentlichung des Berichtes der Sonderkommission zur Feststellung und Untersuchung der Erschießung kriegsgefangener polnischer Offiziere durch die deutsch-faschistischen Eindringlinge im Wald von Katyn in unserer Presse im Januar 1944 war es für jeden ehrlichen Menschen absolut klar, daß die Ermordung von Tausenden polnischen Offizieren und Mannschaften in Katyn von den deutsch-faschistischen Verbrechern durchgeführt worden war, und daß dieses Verbrechen im Herbst des Jahres 1941 während der zeitweiligen Besetzung dieses Bezirks durch die Deutschen begangen worden war.

Die Missetat von Katyn ist eines der abscheulichsten und niederträchtigsten Verbrechen der deutschen Faschisten in ihrem Feldzug gegen die Menschheit. Es entsprang ihren wahnsinnigen Träumen von der Weltherrschaft. Für ewige Zeiten ist diese Greueltat als Anklage gegen diejenigen in die Geschichte eingegangen, die ihre Existenz auf Lüge, Haß, Überheblichkeit und genau berechneter ›wissenschaftlich‹ begründeter Menschenvernichtung aufbauten. Die furchtbaren Seiten dieser Tat können durch keine Chemikalie gelöscht, durch keine Atomexplosion beseitigt und durch kein Metall, sei es auch Gold, herausgebrannt werden. An der Veröffentlichung dieses Verbrechens und an der Untersuchung dieser abscheulichen faschistischen Provokation waren die bekanntesten Persönlichkeiten der Sowjetunion, Akademiemitglieder, gelehrte Ärzte, Juristen, Vertreter der Öffentlichkeit und schließlich in meiner Person die Geistlichkeit beteiligt.

Die Untersuchung wurde mit allem Ernst, aller Gewissenhaftigkeit und aller Verantwortlichkeit unter Aufwendung der besten Mittel und Methoden geführt. Alle Einzelheiten dieser Untersuchung sind in meinem Gedächtnis lebendig, und die Bilder dieses abscheulichen Verbrechens stehen vor meinen Augen ... Die Bevölkerung der Umgebung war von den deutschen Greueltaten und besonders von der Provokation so empört, daß wir keine Zeugen zu suchen brauchten. Sie kamen selbst zu uns, denn sie hielten es für ihre moralische Pflicht, die tatsächlichen Schuldigen an dem Verbrechen anzuprangern. Unter den Zeugen befanden sich Geistliche und Angehörige der in der Nähe des Waldes von Katyn gelegenen Gemeinden ... Die Arbeit der Sonderkommission wurde einwandfrei durchgeführt. Ihre Ermittlungen sind unanfechtbar. Die grauenhafte Missetat ist vor der ganzen Welt gebrandmarkt. Durch die von Goebbels im Jahre 1943 inszenierte Provokation ›Enthüllungen über die bolschewistischen Greueltaten‹ haben die Hitler-Faschisten niemanden hinters Licht führen können.

Die Lüge ist die letzte Zuflucht des Verbrechers. Die Wahrheit mußte siegen. Und sie hat gesiegt. Die Tragödie im Wald von Katyn ist einer der klarsten Beweise für das verbrecherische Gesicht des Faschismus. Der Verbrecher, der bestrebt ist, seine Missetat einem anderen zuzuschieben, offenbart den höchsten Grad moralischer Niederträchtigkeit. Alle diese Empfindungen habe ich damals, vor acht Jahren durchlebt.

Ich erlebe sie von neuem, wenn jetzt diese schmutzige und gemeine Provokation mit dem Zweck der Verleumdung und Erpressung als Glied in der Vorbereitung eines neuen Weltkrieges wiederholt wird. Von jenseits des Ozeans sind provokatorische Stimmen einiger ›Zweifelnder‹, einiger, die ›Beweise‹ fordern, zu vernehmen. Wie kann man hier nicht in Verwunderung geraten, wie kann ein ehrlicher Mensch nicht empört sein, nicht rufen: ›Wie könnt Ihr es wagen, das heilige Andenken der Märtyrer zu besudeln, wie könnt Ihr versuchen, mit dem von der Menschheit geopferten Blut zu spekulieren!« Die Wahrheit ist stärker als die Lüge. Die Schande wird auf diejenigen zurückfallen, die zu dieser verleumderischen Provokation greifen.« [84]

Die »Hamburger Volkszeitung« schiebt noch einen primitiven Propagandaartikel nach. »Die Hetz- und Verleumdungskampagne, die die Imperialisten zur ideologischen Vorbereitung ihres Angriffs gegen das Friedenslager unternommen haben«, werde mit polnischen »gekauften Emigranten, Vaterlandsverrätern und Kriegsverbrechern« inszeniert. Die kommunistische Propaganda kennt ihre Waffen, die Briten und Amerikaner ihr durch die Allianz der Katyn-Lüge selbst in die Hand gegeben hatten: »Acht Jahre lang hat die amerikanische Regierung keine Einwände gegen die (sowjetischen) Untersuchungsergebnisse erhoben.« Nochmals werden die »Ergebnisse« der sowjetischen Untersuchung breit dargestellt und die »Zeugenaussagen« zitiert. [85]

Die kommunistische Regierung in Warschau hatte zunächst zu den amerikanischen Untersuchungen geschwiegen. Ihr wäre es am liebsten gewesen, sich weiterhin einfach ruhig zu verhalten. Schließlich leben viele Angehörige der Ermordeten in Polen. Aber als die Sowjetpropaganda mit Gegenerklärungen zum Kongreßausschuß hervortritt, sieht sie sich ebenfalls zu Reaktionen gezwungen. In Polen erscheint eine ganze Flut an Artikeln über die angebliche Schuld der Deutschen am Massaker von Katyn. [86] Anfang März heißt es auf der Titelseite der Parteizeitung »Tribuna Ludu«: »Mit Entrüstung verdammt das polnische Volk die zynische Provokation der amerikanischen Imperialisten, die den tragischen Tod tausender polnischer Bürger in Katyn ausschlachten.« Die polnische Propaganda spricht von »niederträchtigen Verleumdungen«. Es werden »Augenzeugenberichte« von Teilnehmern an den deutschen Führungen von 1943 veröffentlicht, die den Eifer der deutschen Propaganda aufs Korn nehmen. Der Widerruf des damaligen Leiters des Polnischen Roten Kreuzes, Dr. Czebestas, der 1943 selbst in Katyn war, wird veröffentlicht. Schließlich druckt die kommunistische Presse in Polen den

acht Jahre alten sowjetischen »Untersuchungsbericht« von 1944 ab.
[87] In den Fabriken werden Protestkundgebungen gegen die »Verleumdung« der Sowjets organisiert. [88]

Bald darauf erscheint in Warschau sogar ein über 200 Seiten starkes Buch von Boleslaw Wojcicki mit dem Titel »Die Wahrheit über Katyn«, das bald eine zweite Auflage erfährt. Darin behauptet der Autor, die bei den Leichen gefundenen Dokumente hätten die Deutschen im Konzentrationslager Sachsenhausen fälschen lassen. Allerdings sind nur ganze 24 Seiten dieser Art von Analyse des Verbrechens gewidmet, der Rest besteht überwiegend aus Angriffen gegen die USA. Von den 36 Bildern in dem Buch zeigt keines die Leichen von Katyn. Lediglich ein Foto hat überhaupt direkt etwas mit der Mordstätte zu tun. Es zeigt einen sowjetischen Wegweiser, auf dem in russisch steht: »Hier im Wald von Katyn haben im Herbst 1941 Hitlerfaschisten 11 000 polnische Gefangene, Offiziere und Soldaten erschossen. Die Männer der Roten Armee werden sie rächen.« Die anderen Bilder zeigen deutsche Greueltaten in Polen und anderswo, wobei stets betont wird, die Opfer seien »auf genau dieselbe Weise wie in Katyn« getötet worden, ferner ein Treffen des Ku-Klux-Klan, dann Behälter, die angeblich mit Cholera- und Pestbazillen verseuchte Insekten enthalten, die von amerikanischen Flugzeugen über Korea abgeworfen worden sein sollen, und anderes mehr. In der Parteizeitung »Trybuna Ludu« vom 9. Juni 1952 wird das Machwerk lobend rezensiert. [89]

In allen östlich orientierten Zeitungen wird überdies behauptet, es sei kein Zufall, daß der US-Sonderausschuß gerade zu einer Zeit seine Arbeit aufnehme, wo in Lissabon die Wiederherstellung einer deutschen Armee beschlossen worden sei. [90]

Die »New York Herald Tribune« meint dazu: »Jetzt wettern sowohl Moskau als auch die Satellitenregierung in Warschau gegen die Madden-Untersuchung, in der verzweifelten Hoffnung, daß die Wahrheit auf dem Boden des Brunnens bleibt und von der polnischen Nation nicht erkannt wird. Polnische Augen sind indes sehr gut, und so ist das polnische Gedächtnis. Polnische Entschlossenheit dauert überdies manchmal Jahrhunderte.« [91]

Inzwischen setzt der amerikanische Untersuchungsausschuß seine Vernehmungen vom 16. bis 19. April in London mit 29 Zeugen fort. Unter den Zeugen ist auch der jetzt in England lebende ehemalige polnische Oberleutnant Georg Lewszecki, der von seiner Begegnung mit Stalins ältestem Sohn im Kriegsgefangenenlager Lübeck berichtet. Stalins Sohn Jakob Dschugaschwili, inzwischen in deutscher Gefangenschaft vermißt, habe ihm seinerzeit angedeutet, daß man die polnischen Offiziere habe beseitigen müssen. Auch General Anders sagt in London aus. Auf der abschließenden Pressekonferenz in London erklärt der Ausschußvorsitzende Madden, die Untersuchungen seien hilfreich beim Bemühen gewesen, »offiziell die Nation festzustellen, die für das barbarischste Verbrechen der Weltgeschichte verantwortlich ist«. [92]

Interessant ist, wer in London nicht vernommen wurde. Nämlich Personen aus dem Kreis um Churchill oder der BBC, die sicherlich sehr viel zum Wissensstand um Katyn und zur Vertuschung der Morde hätten sagen können. Aber bis zur offenen Herausforderung Großbritanniens will die Wahrheitsliebe des Ausschusses offensichtlich doch nicht gehen.

Der rührige Julius Epstein hatte auch in diese Richtung seine Recherchen betrieben. Schon Anfang des Jahres hatte er um eine Stellungnahme Churchills gebeten. Die Antwort hatte er in Form eines Briefes des zweiten Botschaftssekretärs in Washington, K.D. Jamieson erhalten: »Mr. Churchill möchte sich über dieses Thema nicht äußern . . .« [93]

Die Beendigung der Vernehmungen in London fallen zeitlich – ob geplant oder nicht – mit einer Massenkundgebung der Exilpolen in London zusammen, auf der der polnische Exil-Präsident August Zaleski sowie die US-Abgeordneten Madden, Flood und Machrowitz sprechen. Madden erklärt, daß die Mörder der polnischen Kriegsgefangenen nicht ungestraft davonkommen würden. Der Kongreß werde nicht nur ein Urteil fällen, sondern auch darauf achten, daß der Gerechtigkeit Genüge getan und die Täter für ihr Verbrechen zu büßen hätten. Katyn gehe nicht nur die Polen an, sondern sei eine Angelegenheit, die das Gewissen der ganzen zivilisierten Welt angehe, da es gleichzeitig eine Bedrohung für die ganze Welt darstelle. [94] Das mag gut in den Ohren der Zuhörer klingen, aber der Macht des Kongresses, sowjetische Mörder ihrer Strafe zuzuführen, entsprechen diese Worte freilich nicht.

Dafür aber löst die Arbeit des US-Ausschusses auf britischem Boden erhebliche politische Reaktionen im Unterhaus aus. Im Juli 1952 unterzeichnen 123 Abgeordnete aller Parteien einen vom konservativen Abgeordneten Sir Douglas Savory, der schon 1944 eigene Untersuchungen über Katyn angestellt hatte, eingebrachten Antrag, die britische Regierung möge den Ausschuß darin unterstützen, die Ergebnisse der Untersuchung vor den Internationalen Gerichtshof in Den Haag zu bringen. Der Labour-Abgeordnete Davies legt allerdings einen Abänderungsantrag vor, in dem die britische Regierung aufgefordert wird, »nicht eine Greuelgeschichte zu sanktionieren, die bewußt fabriziert wurde, um den guten Namen eines unserer Hauptverbündeten des letzten Krieges zu diffamieren«. [95] Die Labour-Regierung setzt die Abgeordneten ihrer Partei schließlich unter Druck, den Antrag nicht zu unterzeichnen. Ohnehin steht die Sommerpause an. Der Antrag wird zunächst vertagt. Aber im Herbst wird ihn der Abgeordnete Savory wieder aufgreifen.

Der stellvertretende Ausschußvorsitzende Daniel J. Flood war bei den Vernehmungen des Ausschusses in London nicht dabei. Er war bereits nach Deutschland vorausgeeilt, um die Untersuchungen dort vorzubereiten. Am 30. März trifft er in Bremen ein. Dort teilt er der Presse mit, daß er sofort Kontakt zu Bundeskanzler Konrad Adenauer und Stellen der Bundesregierung aufnehmen wolle. Flood betont, daß die Sowjets bisher keinerlei Beweise für ihre Unschuld beigebracht, sondern sich vielmehr beleidigt gezeigt hätten, als man sie um Material gebeten habe. [96]

Am nächsten Tag ist Flood in Bonn und Bad Godesberg, wo er sich im »Godesberger Hof« einquartiert, dem repräsentativen Haus aller Gäste der Hohen Kommission. Auch dort wendet er sich an die Presse. Im Gegensatz zu den eindeutigen Erklärungen von Ausschußmitgliedern in den USA zur Schuld der Sowjets hält Flood sich zurück und hütet sich, angesichts des laufenden Verfahrens zur

10 Vor dem amerikanischen Untersuchungsausschuß wird 1952 der ehemalige Oberst Albert Bedenk vereidigt, dessen Einheit 1941 beim deutschen Vormarsch als erste in die Gegend von Smolensk gelangt war.

Folgende Doppelseite:
12 Im Gebäude der IG Farben in Frankfurt, wo das Gericht der amerikanischen Hohen Kommission untergebracht ist, vernehmen die Mitglieder des Untersuchungsausschusses des US-Kongresses Zeugen. Am Tisch sitzend von links nach rechts: die Abgeordneten Thaddeus M. Machrowicz, Daniel J. Flood, Ray J. Madden, George A. Dondero und Alvin E. O'Konski.

11 Der ehemalige Oberst Albert Bedenk während seiner Aussage in Frankfurt. Neben ihm der Dolmetscher des amerikanischen Untersuchungsausschusses.

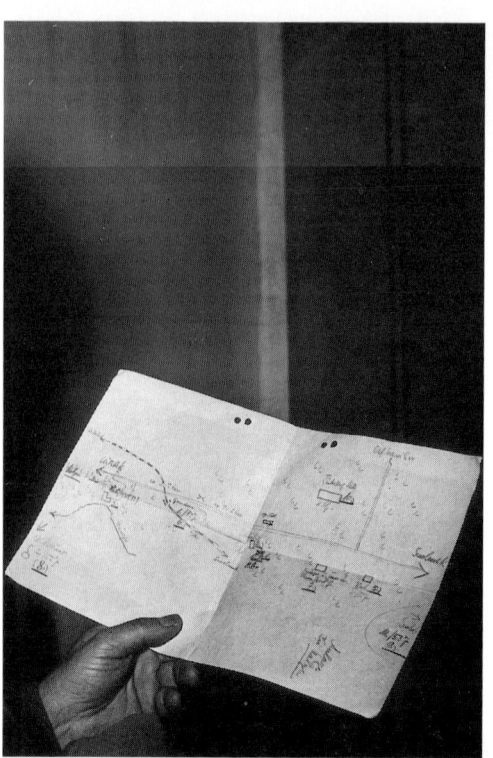

13 Bei den Vernehmungen in Frankfurt legt der ehemalige Generalleutnant Eugen Oberhäuser dem US-Ausschuß eine Kartenskizze deutscher Einheiten im Raum Katyn vor.

14 Mitglieder des amerikanischen Kongreßausschusses lassen sich vom ehemaligen Generalleutnant Oberhäuser Kartenmaterial erklären. Vorne: der Dolmetscher (links) und der Abgeordnete Dondero. Hinten: Oberhäuser, die Abgeordneten Flood und Madden (von links).

Täterschaft ein Urteil abzugeben. Präsident Truman habe angeordnet, alle in amerikanischen Händen befindliche Akten zur Verfügung zu stellen. Das schließe auch die Akten der IC-Dienststellen der Deutschen Wehrmacht ein. Auch hoffe er klären zu können, warum das Material, das dem Nürnberger Gerichtshof vorgelegen hatte, von den amerikanischen Stellen nicht ausgewertet worden war. Ob der damalige stellvertretende amerikanische Chefankläger Robert Kempner, der jetzt als Anwalt in Frankfurt tätig ist, auch vernommen werden solle, stehe noch nicht fest. Der Ausschuß verfüge über eine Liste mit 200 Zeugen, von denen 50 in Europa vernommen werden sollten. Auch die Mitglieder des internationalen Ärztekomitees müsse man erst noch ausfindig machen, sagt Flood. Die Verhandlungen würden öffentlich geführt. Allerdings dürfe während der Vernehmungen nicht fotografiert werden. Zeugen, die sich freiwillig gemeldet hätten, könnten Decknamen annehmen. Flood appelliert an alle Deutschen, bei der Aufklärung mitzuhelfen. Schließlich seien die Morde von Katyn »ein klassisches Beispiel von Völkermord«. [97]

Anders als in den USA hat der Kongreß-Ausschuß in der Bundesrepublik Deutschland nicht die Befugnisse eines Gerichts und kann deshalb Zeugen nicht einfach vorladen. So geht die Einladung, vor dem Ausschuß auszusagen, zunächst an »Unbekannt«. Briefe seien an die Hohe Kommission in Bonn zu richten. [98] Zu diesem Zeitpunkt haben sich bereits 16 ehemalige deutsche Soldaten und sechs Zivilisten gemeldet, um auszusagen. Noch steht nicht fest, wo die Zeugen überhaupt vernommen werden sollen. Flood spricht von Bonn [99], nachdem man zunächst auch West-Berlin ins Auge gefaßt hatte, was angesichts der Sektorenaufteilung für die Sowjets besonders schmerzhaft wäre. Schließlich entscheidet man sich für Frankfurt am Main, wo im Gebäude der IG-Farben das Gericht der amerikanischen Hohen Kommission untergebracht ist.

Der Abgeordnete O'Konski schneidet in Frankfurt gleich nach seinem Eintreffen das Thema an, das ihn am meisten bewegt: die Fragwürdigkeit des Nürnberger Gerichts. »Bei mir besteht kein Zweifel darüber, daß die Russen, die dem Internationalen Militärgerichtshof

angehörten, die Aufrollung dieser Frage in Nürnberg verhinderten, da sie die Wahrheit nicht herauskommen lassen wollten.« [100] Zur Frage, warum der Fall Katyn in Nürnberg unter den Tisch fiel, schreibt die »Frankfurter Allgemeine Zeitung«: »Der Untersuchungsausschuß ... wird sich auch mit der Frage beschäftigen, warum das Internationale Militärgericht in Nürnberg die Angelegenheit Katyn hat fallen lassen, nachdem sie für eine der Mächte, die auf der Richterbank vertreten war, höchst unangenehm geworden war. Die Frage ist naiv. Schon im Jahr 1946 konnte kein Zweifel daran bestehen, auf welcher Seite die Schuld in der Frage Katyn lag. Wenn man aber schon nicht den deutschen Zeugen traute, so durfte man es doch den alliierten Polen gegenüber tun. Eines Tages hatte nämlich ein Londoner Exilpole einem deutschen Verteidiger in Nürnberg eine Schrift in die Hände gespielt, die sich ›Report on the Massacre of Polish Officers in the Katyn Woods‹ betitelte und als Privatdruck in London von der polnischen Exilregierung herausgegeben worden war ... Dank der Unterstützung durch den amerikanischen Hauptankläger Jackson gelang es den aufs höchste aufgebrachten Russen, die Schrift aus dem Prozeß herauszumanövrieren. Wie man weiß, spricht das Nürnberger Urteil nicht mit einem einzigen Wort von Katyn. Die Richter wußten, warum.« [101]
Das öffentliche Interesse an den Vernehmungen des Untersuchungsausschusses ist enorm. Von den 200 Zuschauern sind allein 50 Vertreter der Presse. Am Montag, den 21. April 1952 um 14 Uhr, beginnen die Verhandlungen. Alle Aussagen werden auf Tonband mitgeschnitten. [102] Als erster steht der ehemalige Kommandeur des Nachrichtenregiments 537, Oberst a.D. Albert Bedenk im Zeugenstand. Seine etwa 20 Mann starke Einheit war 1941 als erste in die Gegend von Katyn gekommen; der Stab war im Dnepr-Schlößchen nahe der Mordstätte untergebracht. Bedenk sagt nun aus, er sei zu der fraglichen Zeit niemals mit polnischen oder russischen Kriegsgefangenen in Berührung gekommen. Die sowjetische Version zu Katyn nennt er eine »freie Erfindung«. Von den Morden habe er erstmals 1943 gehört. Zu seiner Zeit in Katyn habe die einheimische Bevölkerung zwar von Schießereien im Wald von Katyn gesprochen,

aber er habe geglaubt, dies habe sich auf vorausgegangene Kampfhandlungen bezogen. Sein Nachfolger Oberst Ahrends sei erst im
Oktober 1941 in Smolensk angekommen und könne schon daher gar
nicht, wie die Sowjets behaupten, für die Morde an den Polen verantwortlich sein. [103]

Auch jene drei ehemaligen deutschen Offiziere sagen in Frankfurt
aus, die schon vor dem Nürnberger Tribunal vernommen worden
waren. Generalleutnant Eugen Oberhäuser von der früheren Heeresgruppe Mitte entlastet Oberst Bedenk. Er halte es für völlig ausgeschlossen, daß der Kommandant des Nachrichtenregiments 537 Befehle zur Erschießung polnischer Gefangener von der SS oder einer
anderen Dienststelle entgegengenommen habe. »Die russischen Behauptungen sind absurd.« [104]

Unter dem Kommando Oberhäusers hatte damals als junger Leutnant Reinhard von Eichborn gestanden, der hinter den Kulissen der
deutschen Verteidigung in Nürnberg so entscheidend daran mitge-
wirkt hatte, eine Verurteilung ehemaliger Wehrmachtsangehöriger
zu verhindern. Jetzt sagt er wieder als Zeuge aus. Als Zugführer in
der 1. Kompanie des 537. Nachrichtenregiments habe er zwar von
dem »Kommissarbefehl« zur Bekämpfung der Partisanen im Raum
Smolensk erfahren, nicht aber von der Erschießung polnischer Offiziere. Ein solcher Befehl jedoch hätte bekannt werden müssen. [105]

Der frühere Oberst Ahrends, den die Sowjets in ihrem »Untersuchungsbericht« für die Morde verantwortlich gemacht hatten, kann
nachweisen, daß er zu dem fraglichen Zeitpunkt im Herbst 1941, den
die Sojwets als Mordzeit angeben, noch gar nicht im Raum
Smolensk die Nachfolge Bedenks angetreten hatte, sondern in Halle
an der Saale Dienst tat. Wie Oberhäuser erklärt Ahrends, daß zumindest zu seiner Zeit überhaupt keine polnischen Gefangenen im
Raum Smolensk waren.

Auch der frühere Generalmajor Rudolph Freiherr von Gersdoff, der
IC-Offizier im Stab der Heeresgruppe Mitte war, wird an diesem
Tage als Zeuge gehört. Auf die auch Ahrends gestellte Frage, ob Einsatzgruppen des SD die Erschießungen durchgeführt haben könnte,
antwortet er: »Bei uns wurde überhaupt nicht geschossen.« [106]

Nach Abschluß dieser Vernehmungen erklärt der Ausschußvorsitzende Madden, das Komitee freue sich, daß der von den Sowjets so schwer beschuldigte Ahrends Gelegenheit zur Rechtfertigung vor einem unabhängigen Ausschuß erhalten habe. Man habe dies auch den Sowjets angeboten, die das Angebot jedoch ausgeschlagen hätten. [107]

Oberhäuser, Ahrends und von Eichborn nutzen die Gelegenheit zur Darstellung eines persönlichen Anliegens. Am Tage ihrer Vernehmungen übergeben sie der Presse eine Erklärung, in der es heißt: »Der Fall Katyn berührt die Ehre und das Ansehen der früheren deutschen Wehrmacht.« Jedem ehemaligen deutschen Soldaten liege es deshalb am Herzen, auch nur den Schein einer deutschen Schuld an Katyn auszulöschen. Es liege aber ebenso im Sinne von Recht und Wahrheit, »unseren Kameraden, die heute noch in deutschen Gefängnissen und sonstwo in der Welt schmachten, Recht zuteil werden zu lassen«. Sie bitten darum, ein unparteiischer Ausschuß möge prüfen, ob die noch als Kriegsverbrecher festgehaltenen ehemaligen deutschen Soldaten »tatsächlich Verbrecher sind«. [108] Im Lauf der Vernehmungen kommt es im Verhandlungssaal zu einem Eklat. Ein gewisser Hans Pless, ehemaliger Leutnant der Wehrmacht, jetzt Handelsvertreter, hatte sich außerhalb der Reihe als Zeuge angeboten. Als er vereidigt werden soll, streckt er den rechten Arm zum »deutschen Gruß« aus. Die Sitzung wird unterbrochen. Der Ausschuß behält sich nach einer Beratung vor, die Aussagen des Handelsvertreters anzuerkennen. Nach seiner Aussage bitten Kameraleute der Wochenschau den Zeugen, die Szene mit dem Arm noch einmal zu wiederholen. [109] Die spektakulären Bilder werden bei Veröffentlichungen entsprechend großzügig bedacht. Selbst Angehörige der deutschen Propagandazentrale werden in Frankfurt vom US-Ausschuß gehört. Der frühere Ministerialrat im Reichspropagandaministerium und Leiter der Pressestelle Werner Stephan schildert, wie im Frühjahr 1943 der Redakteur des Deutschen Nachrichtenbüros Hans Meyer zu ihm kam und Goebbels sein Glück kaum fassen konnte, als er von der Entdeckung der Gräber hörte. [110]

Außerdem steht der ehemalige Führer einer Propagandakompanie, Rudi Kramer, im Zeugenstand [111], und schließlich sagt der frühere Munitionsfabrikant Karl Genschow aus. Patronenhülsen aus der Produktion seiner Fabrik in Durlach waren bei den Gräbern von Katyn gefunden worden. Genschow erklärte, daß Munition dieses Kalibers vor dem Krieg in die Sowjetunion und in die später von den Sowjets annektierten baltischen Staaten geliefert worden sei. Die Munition sei zehn bis zwanzig Jahre lang lagerfähig. [112]

Im Zeugenstand stehen weitere Mitglieder der internationalen Ärztekommission von 1943. Besonderes Gewicht haben die Aussagen des dänischen Gerichtsmediziners Dr. Helge Tramsen. Er war als Mitglied der dänischen Widerstandsbewegung ein Jahr lang von der Gestapo im KZ festgehalten worden und 1943 nicht von deutschen Dienststellen, sondern vom Kopenhagener Außenministerium als Teilnehmer an der internationalen Ärztekommission benannt worden. Tramsen berichtet nun, wie er selbst an neun Leichen Schädelobduktionen vorgenommen und geschlossen habe, daß die Toten mindestens zwei Jahre in der Erde gelegen haben müßten. Tramsen legt dem Untersuchungsausschuß sogar Dokumente vor, die er bei den Toten gefunden und seither aufbewahrt hatte: die Brieftasche eines Apothekers namens Syzmianski, Zeitungen, ein Gedichtblatt mit dem Vermerk »Kozielsk, 26. Januar 1940«, sowie eine Appelliste eines Hauptmanns mit den Namen von 30 Offizieren sowie deren Geburtsdaten und militärische Ränge. [113] Bestätigt wird Tramsen vom damaligen Kommissionsvorsitzenden Dr. Ferenc Orsos, der erklärt, die Hinrichtungen hätten im Frühjahr 1940 erfolgt sein müssen. [114]

Vernommen wird weiter Dr. Werner Beck, der als Direktor des Staatlichen Instituts für Gerichtsmedizin in Krakau während der deutschen Besatzungszeit an den Untersuchungen der internationalen Ärztekommission teilgenommen hatte. Er hatte wissenschaftlich über Fesselungs- und Drosselungsmethoden gearbeitet und bestätigt nochmals, daß die Hände der Leichen von Katyn mit Stricken aus russischem Hanf gefesselt waren, die nicht aus deutscher Industrieproduktion stammen konnten. [115]

In Frankfurt wird schließlich auch Professor Naville aus Genf vernommen, der sich nochmals ausdrücklich zu seiner Unterschrift unter dem Smolensker Protokoll von 1943 bekennt. [116] Professor
Buhtz, der zunächst mit den Exhuminierungsarbeiten beauftragt
worden war, steht als Zeuge nicht mehr zur Verfügung. Er war in
Frankreich von einer Bombe zerfetzt worden.

Auch der schwedische Journalist Christer Jaederlund, der 1943 mit
einer Gruppe internationaler Presseleute für die »Stockholm Tidningen« in Katyn war, steht in Frankfurt als Zeuge zur Verfügung. Er erzählt, wie er und seine Kollegen zunächst an einen deutschen Propagandatrick glaubten, dann jedoch, nicht zuletzt auch aufgrund der
Gespräche mit der russischen Zivilbevölkerung, zu einer anderen
Einschätzung gelangten. Sein Bericht sei damals so unglaublich erschienen, daß die »Stockholm Tidningen« zunächst gezögert habe,
ihn überhaupt zu drucken. [117]

Ferner kommen auch ehemalige polnische Offiziere zu Wort. Der
ehemalige Major Josef Czapski, der von General Anders mit den
Nachforschungen nach dem Verbleib der vermißten Offiziere beauftragt worden war, legt dem Ausschuß eine Abschrift des Memorandums und der Liste jener Kameraden vor, die er dem NKWD-General Reichman übergeben hatte. Noch einmal berichtet er von der
Unterredung mit Berija und Merkulew, als die verräterische Wendung fiel, man habe mit den Offizieren »einen großen Fehler«
gemacht. Heute wisse er, was diese Äußerung bedeutet habe. Angesichts der zentralistischen Führung der Sowjetunion zweifle er nicht
daran, daß der Befehl zur Liquidierung direkt von Stalin und seinem
NKWD-Chef Berija ausgegangen sei. [118]

Der ehemalige polnische Leutnant und jetzige Journalist Wladyslaw
Kawecki, der 1943 im Auftrag des Polnischen Roten Kreuzes die Gräber besichtigt hatte, um Leichen zu identifizieren, schildert, wie der
Adjutant des Militärattachés der polnischen Botschaft in Rom ihn
1947 in Italien aufgesucht hatte, um ihn für rund 2000 Dollar zum
Widerruf seiner früheren Aussagen zu überreden. [119]

Die Verhandlungen in Frankfurt erreichen mit dem Auftritt des ehemaligen stellvertretenden amerikanischen Hauptanklägers von

Nürnberg, Dr. Robert Kempner, einen besonderen Höhepunkt. Kempner, der jetzt als Rechtsanwalt in Frankfurt tätig ist, hatte sich offenbar schon vorher nicht ganz wohl in seiner Haut gefühlt. Schon tags zuvor hatte er sich unter die Zuschauer gemischt, wurde allerdings von Journalisten erkannt. Ihnen sagte er, von einer Einladung zu den Vernehmungen an ihn sei ihm nichts bekannt. Außerdem könne er gar nichts aussagen, weil die Anklage im Fall Katyn damals allein von den Russen vorbereitet worden sei und weder die amerikanische, britische noch französische Anklagevertretung jemals etwas damit zu tun gehabt hätte. [120]

Am nächsten Tag erscheint Kempner mit acht Bänden »Bericht über das Internationale Tribunal in Nürnberg« unter dem Arm zu seiner Vernehmung. [121] In einem zweistündigen Kreuzverhör resümiert er die Vorgänge von Nürnberg. Die Frage der Behandlung des Falles Katyn sei gemäß des Londoner Abkommens der vier Siegermächte ausschließlich eine Sache der Sowjets gewesen. Danach lag die Anklage von Kriegsverbrechen in Osteuropa bei den Sowjets, von solchen in Westeuropa bei den Westalliierten.

Als Kempner schildert, wie die Sowjets die Anklage schließlich stillschweigend unter den Tisch fallen ließen, schaltet sich der Abgeordnete O'Konski energisch ein und fragt Kempner, ob die Richter in Nürnberg ein ehrliches Interesse an der Klärung der Schuldfrage gezeigt hätten oder möglichst schnell mit dem Fall fertig werden wollten. Das zielt auf die moralische Integrität des Gerichts insgesamt und Kempners insbesondere. Ein anderer Abgeordneter erhebt Einspruch. O'Konsky zieht seine Frage zurück, greift aber in scharfer Form nach. »Haben die amerikanischen und britischen Delegationen in Nürnberg jemals Anklage erhoben wegen des russischen Angriffskrieges auf Finnland?« – »Soviel ich weiß, nicht.« – »Haben die britischen und amerikanischen Delegationen jemals Anklage erhoben wegen des russischen Überfalls auf Litauen, Lettland und Estland sowie Anklage wegen Bruchs des Nichtangriffspakts?« – »Soviel ich weiß, nicht.« – »Haben die amerikanischen und britischen Delegationen jemals Anklage erhoben wegen eines gemeinsamen Angriffs mit Hitler?« – »Nein.« – »Also, sie haben in Nürnberg nur

Anklage erhoben gegen Deutschland?« – »Ja.« – »Konnten die Amerikaner und Briten jemals Anklage erheben gegen ein Mitglied des Tribunals?« – »Nein, zu dieser Zeit war warmer Friede und kein kalter Krieg.« – »Wurden je die polnische Exilregierung oder das polnische Weißbuch, das damals vorlag, zu Rate gezogen?« – »Ich weiß nicht.«

Auf die Frage eines Abgeordneten, ob irgendeine Verabredung zwischen den Sowjets und den Westalliierten bestanden habe, den Fall Katyn unter den Tisch fallen zu lassen, antwortet Kempner: »Nicht die geringste. Wir haben Dr. Stahmer bewundert, daß er die Sowjets damals zwang, die Katyn-Anklage fallen zu lassen.« Auf die Frage des Abgeordneten Flood, ob denn die Tatsache, daß die Sowjets die Anklage stillschweigend fallen ließen, nicht ein eindeutiges Schuldbekenntnis gewesen sei, hat Kempner eine ziemlich winkelzügige Antwort parat: »Es sah schon sehr komisch aus.« [122] Nach dem Verhör Kempners erklärt der republikanische Abgeordnete Dondero: »Ich bedaure sehr, daß das Nürnberger Gericht damals den Fall Katyn nicht erledigt hat.«

Eine gewisse Unterstützung für seine Aussage, das Nürnberger Gericht hätte Katyn nicht zum Gegenstand von Untersuchungen gegen die Sowjets machen können, erhält Kempner vom ehemaligen Göring-Verteidiger Stahmer, der aus Kiel nach Frankfurt gereist ist, um auszusagen. Nach den Verfahrensregeln hätte keine westalliierte Stelle Einfluß auf die Behandlung des Falles Katyn ausüben können. Auch halte er es für ausgeschlossen, daß sich Amerikaner und Sowjets auf die stillschweigende Beendigung des Falles geeinigt hätten. [123]

Das Ansehen Kempners sowie des Nürnberger Gerichts erleiden dennoch einen empfindlichen Schlag. In der »Hamburger Freien Presse« schreibt Dr. von Wrangel: »Die Vernehmungen . . . waren von einer erstaunlichen Sachkenntnis getragen. Sie zeichneten sich aus durch minutiöse Genauigkeit, den Geist wirklicher Unparteilichkeit und waren eines auf hohem Niveau geführten Kriminalprozesses würdig . . . Kempner (wich) verschiedenen Fragen aus und versuchte sogar, einiges zu verschleiern. Zwar konnte Kempner die im amerikanischen Sinn befriedigende Antwort geben, daß die USA schon zuständigkeitshalber nicht mit der Katyn-Anklage zu tun und keinen Einfluß auf ihre Handhabung hatten. Die Schärfe des mit ihm von den Ausschußmitgliedern angestellten, über zweistündigen Kreuzverhörs und die Reaktion der Abgeordneten und fast noch mehr des anwesenden amerikanischen Publikums als des deutschen auf das Verhalten Kempners während dieser Vernehmung zeigten das ganze Ausmaß seiner moralischen Isolierung.« [124]

Nach der Beendigung der Vernehmungen gibt der amerikanische Untersuchungsausschuß eine Pressekonferenz. Dabei kommt es zu Wortgefechten innerhalb des Ausschusses. Der Wahlkampf in den USA steht vor der Tür. Der Demokrat Flood erklärte zur Frage, ob die amerikanische Anklagebehörde in Nürnberg sich nicht in die Behandlung des Falles hätte einschalten können, er habe ursprünglich Zweifel am rechten Verhalten der amerikanischen Anklagevertretung gehabt, doch seien diese durch die Aussagen Kempners und Stahmers ausgeräumt. Als Flood sagt, der Untersuchungsausschuß dürfe schließlich nicht als Berufungs- oder Revisionsgericht für die Nürnberger Prozesse angesehen werden, schaltet sich der Abgeordnete O'Konski erregt ein: »Es kann keinen Zweifel geben, daß jedes der hier über Katyn vorgelegten Beweismittel bereits in Nürnberg verfügbar war. Wenn hier erklärt wird, es habe keine Möglichkeit gegeben, diese Beweismittel damals vorzulegen, soll das Nürnberger Gericht aufhören, sich ein Gericht der Gerechtigkeit zu nennen.« Eine solche Äußerung aus dem Munde eines amerikanischen Politikers vor der Öffentlichkeit ist von erheblicher Brisanz. Beispielsweise hatte erst 1950 General Lucius D. Clay die Nürnberger Prozesse so bewertet: »Sie wurden mit erhabener Würde und mit einem hohen Sinn für Gerechtigkeit geführt.« [125]

Der Demokrat Thaddeus Machrowicz versucht abzuschwächen. Er habe noch nie erlebt, daß von zwei Richtern der eine jenes Verbrechens bezichtigt wurde, das von beiden Richtern gemeinsam aufgeklärt werden solle. Rußland sei damals noch Verbündeter gewesen. Als amerikanischer Jurist könne er das Verschweigen des Falles Katyn im endgültigen Urteil des Nürnberger Gerichtshofes trotz vorheriger Anklageerhebung nur als glatten Freispruch auffassen. Das Gericht habe sich insofern also korrekt verhalten.

Doch O'Konski gibt keine Ruhe. »Wenn die Arbeit dieses Ausschusses einen Wert haben soll, dann muß auch geklärt werden, wie und warum dieses ›perfekte Verbrechen‹ von Katyn fast dreizehn Jahre lang getarnt werden konnte.«

Machrowicz bringt daraufhin den Demokraten Truman gegen den Republikaner Eisenhower in Stellung. Er verweist darauf, daß amerikanische Akten von 1944/45 verschwunden seien, Truman jedoch angeordnet habe, dieses Material zu finden. Er finde es doch sehr merkwürdig, daß Eisenhower, damals Oberbefehlshaber, keinen Versuch unternommen habe, die Schuldfrage des Massenmordes zu klären.

Nun schaltet sich der Republikaner Dondero ein. Es wäre Sache des Gerichts gewesen, die Angelegenheit zu klären. Eisenhower habe damit nichts zu tun gehabt.

Flood spricht von einem »klassischen Beispiel eines Völkermordes« und verweist darauf, daß außer den Insassen des Lagers Kozielsk auch die der Lager Starobielsk und Ostaschkow ermordet worden seien. Sollte der Ausschuß die Schuld der Sowjets endgültig feststellen, so hoffe er, die amerikanische Regierung werde den Fall vor die UNO bringen. Als nun allerdings die Frage gestellt wird, ob in einem solchen Fall eines Schuldspruchs eine Anklage gegen die Sowjetunion wegen Verbrechens gegen die Menschlichkeit erhoben und somit die Nürnberger Regeln auf die Sowjets angewandt würden, und wie es dann zu beurteilen sei, daß die USA die Richterbank mit einem des Völkermordes Schuldigen geteilt habe, sieht sich der Ausschuß in einer schwierigen Lage. Er erklärt sich für die Beantwortung dieser Frage als nicht zuständig. [126]

Der Ausschuß kehrt in die USA zurück, nachdem er in Europa 57 Zeugen vernommen hatte – 29 in London, 27 in Frankfurt und Dr. Palmieri in Neapel. Außerdem hatte ein Unterausschuß in Berlin Mitglieder der deutschen Menschenrechtskommission in Berlin gesprochen und dort annähernd hundert schriftliche Zeugenaussagen erhalten, die die Organisation aufgenommen hatte. [127] Zusätzlich hatte der Ausschuß mehrere hundert Briefe erhalten, in denen hauptsächlich Deutsche Informationen zur Aufklärung der Massenmorde anboten.

Am 3. und 4. Juni werden noch einmal fünf weitere Zeugen in Washington vernommen. Unter ihnen ist der ehemalige russische Offizier und Professor an der Universität Woronech, Boris Olschansky, der während seiner Anstellung in der Sowjetisch Besetzten Zone Deutschlands in den Westen geflohen war und jetzt als Farmer in den USA lebt. Er hatte sich freiwillig als Zeuge gemeldet. Unter Eid berichtet er, daß sein Vater zum Leiter der Sowjetischen »Untersuchungskommission«, Professor Nikolai Burdenko, ein enges Verhältnis als Freund und Arztkollege gepflegt hatte. Auch nach dem Tod des Vaters habe der freundschaftliche Kontakt zwischen den Familien weiterbestanden und er habe Burdenko nach dem Krieg 1946 in der Moskauer Tverskaya Straße aufgesucht. Burdenko hatte sich inzwischen nach zwei Schlaganfällen ganz zurückgezogen. Als das Gespräch auf die sowjetische »Untersuchungskommission« kam, habe Burdenko gesagt: »Wenn du dich daranmachen wolltest, Mütterchen Rußland umzugraben, würdest du eine ganze Reihe von solchen Gräbern finden ... Wir mußten die weithin bekannte Beschuldigung der Deutschen unbedingt zurückweisen. Auf persönlichen Befehl Stalins begab ich mich an Ort und Stelle ... Dabei zeigte sich, daß alle Leichen vier Jahre alt waren. Der Tod war 1940 eingetreten ... Nun, für mich als Arzt gab es da keinen Zweifel ...« Auf die Frage, warum Burdenko die Deutschen beschuldigt habe, antwortet Olschansky: »Sonst hätte er seinen Kopf verloren.« Burdenko starb noch im selben Jahr bald nach dem Gespräch mit Olschansky. [128]

Der ehemalige sowjetische Oberst Vassily Erschow, der 1949 in die USA geflohen war, berichtete vor dem Ausschuß von seiner Begegnung 1944 mit einem Leutnant Borissow, der sich ihm gegenüber gerühmt habe, Mitglied des Exekutivkomitees in Katyn gewesen zu sein. [129]

Am 2. Juli 1952 legt der Ausschuß dem Repräsentantenhaus einen Zwischenbericht vor. Das Ausschußmitglied O'Konski teilt vor der offiziellen Übergabe an den Kongreß mit, man sei einstimmig zu der Ansicht gelangt, daß die Sowjets für den Mord die Verantwortung trügen. Die Morde von Katyn seien nur ein Teil des sowjetischen Ausrottungsprogramms gewesen, das unter den Begriff Völkermord falle. Während der gesamten Untersuchungen habe sich nicht die Spur eines Beweises ergeben, daß irgend eine andere Nation dieses internationalen Verbrechens bezichtigt werden könnte. Die Morde von Katyn hätten als »Muster für Korea« gedient. Auch in Korea seien amerikanischen Gefangenen die Hände auf dem Rücken zusammengebunden worden, bevor sie durch Kopfschuß getötet wurden. Und genauso wie die Sowjets seinerzeit zwei Jahre lang das Schicksal der polnischen Offiziere vor der Welt verborgen hätten, ließen sie gegenwärtig die Welt über das Schicksal von Tausenden von in Korea gefangenen US-Soldaten im unklaren. Der nächste Kongreß sei aufgefordert, ein ständiges Komitee zur Unterstützung aller kommunistischer Greueltaten einzusetzen. Präsident Truman solle die Ergebnisse der Ausschußarbeit der UNO-Generalversammlung vorlegen, damit die Sowjetunion vor den Internationalen Gerichtshof in Den Haag gebracht werden könne. Die Vereinten Nationen müßten den »Katynismus« vor der Weltöffentlichkeit als einen teuflischen Plan der totalitären Regierungen zur Eroberung der Welt brandmarken. [130]

Der Bericht schlußfolgert, daß die Erkenntnisse des Ausschusses »unwiderruflich und überzeugend« beweisen, daß das sowjetische NKWD den Massenmord an den polnischen Offizieren im Wald von Katyn bei Smolensk in Rußland durchgeführt hat, und zwar spätestens im Frühjahr 1940. Weiter kommt der Ausschuß zu dem Schluß, daß die Sowjets diese verbrecherische Ausmerzung von Polens geistiger Führungsschicht bereits im Herbst 1939 geplant hatten, kurz nach dem verräterischen Einfall Rußlands in Polen. »Es kann gar kein Zweifel darüber bestehen, daß dieser Massenmord eine berechnete Maßnahme war, um alle polnischen Führer auszumerzen, die sich später dem Plan der Sowjets, Polen kommunistisch zu machen, widersetzt hätten.« [131]

Während der Kongreßausschuß sich darauf konzentriert, die Sowjets im Zusammenhang mit dem Korea-Krieg öffentlich wegen der Katyn-Morde anzuklagen, attackiert das private Katyn-Komitee die amerikanische Regierung wegen ihrer Allianz mit der Sowjetunion bei der Manipulation des Falles. Der Vorsitzende Arthur Bliss Lane verlangt die Beantwortung folgender Fragen: »Warum hat die demokratische Regierung in Washington bis zu dem gegenwärtigen politischen Feldzug die Partei der Sowjets ergriffen, die behaupteten, der Massenmord sei von den Deutschen ausgeführt worden? Warum wurden Personen, die die Wahrheit ans Tageslicht bringen wollten, zu denen auch ich gehörte, von Leuten im State Department gedrängt, die Angelegenheit zu vergessen wegen der möglichen Folgen für unsere Beziehungen zur Sowjetunion?« Die Hamburger Zeitung »Die Zeit« hat für die Meldung nur eine ironische Überschrift übrig: »Andere Zeiten, andere Sitten.« [132]

Die polnische Exil-Regierung in London dagegen ist begreiflicherweise über das Ergebnis zutiefst befriedigt. Exil-Präsident Zaleski richtet ein Kabel an den Ausschußvorsitzenden Madden: »Nicht nur Polen, sondern der ganzen Menschheit haben Sie einen bedeutenden Dienst dadurch erwiesen, daß Sie diese Tat aufgedeckt haben, durch die jene ausgemerzt wurden, die sich in der Folge einer kommunistischen Umgestaltung Polens widersetzt haben würden.« Zalewski fügte hinzu: »Ihre Handlung beweist, daß der Kongreß der Vereinigten Staaten immer als ein Verteidiger von Recht und Gerechtigkeit dasteht. Ich bin sicher, daß ich die Gefühle der ganzen polnischen Nation ausdrücke, wenn ich Ihnen und Ihren Kollegen meinen innigsten Dank ausspreche.« [133] Im Oktober 1952 verleiht die polnische Exilregierung zehn Amerikanern, darunter den sieben Kongreßmitgliedern des Ausschusses, Auszeichnungen. [134]

Die Sommerpause der Parlamente ist vorbei. So auch in London. Der Abgeordnete Sir Douglas Savory greift sein altes Anliegen wieder auf und kommt am 6. November 1952 im Unterhaus wieder auf den Antrag zu sprechen, den amerikanischen Untersuchungsausschuß zu unterstützen. Der Zeitpunkt ist klug gewählt, denn am nächsten Tag fliegt Außenminister Eden nach Washington. Savory berichtet, wie ihm nach der Veröffentlichung der sowjetischen Ent-

gegnungen auf die deutsche Nachricht von der Entdeckung der Gräber von Katyn und die Verbreitung des »Untersuchungsberichts«
von 1944 Zweifel gekommen seien und er eigene Untersuchungen
angestellt habe, die Premier und Außenminister übergeben wurden.
Ferner, wie er vor den Nürnberger Verhandlungen seinen Bericht an
Bevin weiterleitete, der ihn den Nürnberger Behörden zuschicken
wollte. Dann gibt er eine Beschreibung des Schicksals der polnischen
Offiziere und Intellektuellen, wie es sich von September 1939 an zugetragen hat sowie der Nachricht von der Entdeckung der Gräber
und der sowjetischen Reaktion. Als Savory die internationale Ärztekommission erwähnt, wird er vom Abgeordneten S. Silverman unterbrochen: »Waren das dieselben angesehenen Herren, die zu
einem späteren Zeitpunkt das Lager Auschwitz besuchten, wo sechs
Millionen Menschen ermordet wurden, und die nichts Unrechtes
finden konnten?« Savory läßt sich nicht aus dem Konzept bringen
und fährt mit einer Zusammenfassung der bisherigen Ergebnisse des
amerikanischen Untersuchungsausschusses fort. Dann appelliert er
an die Regierung: »Ich hoffe, daß die britische Regierung die amerikanischen Abgeordneten vor den Vereinten Nationen unterstützen
wird. Ich wende mich besonders an den Außenminister, wenn er
nach drüben geht, um diese Frage vorzubringen und die amerikanische Abordnung in ihrer Forderung zu unterstützen, daß diese Beweisführung einem internationalen Tribunal vorgelegt wird. Ich
möchte den Außenminister darauf hinweisen, daß ich im Januar dieses Jahres in Washington war, und ich kann ihm nur versichern, daß
sich das Interesse für diese Frage keinesfalls nur auf die Polen beschränkt. Ich bitte Ihrer Majestät Regierung dringend, gegen dieses
verschworene Schweigen, das vor 12 Jahren dieses schreckliche My-
sterium des Mordes und das Verschwinden der im Herbst 1939 in die
Gefangenschaft der Roten Armee gefallenen 15 000 polnischen Offiziere wie mit einem Leichentuch bedeckt hat, einen unmittelbaren
Protest zu erheben.«
Dann wird Sir Savory geradezu leidenschaftlich: »Laßt uns Protest
gegen das Schweigen der christlichen Nationen erheben und laßt uns
Berufung gegen dieses moralische Unrecht einlegen! Laßt uns nach

Gerechtigkeit rufen in Verbindung mit diesem verruchten Mord an unschuldigen Opfern in einer der barbarischsten Scheußlichkeiten des Krieges! Laßt uns bewußt bleiben, daß das Verbrechen in Katyn eine moralische Sünde gegen die Menschheit ist und auch gegen jede christliche Auffassung von der Würde des Menschen! Ich bitte den Außenminister, wenn er morgen nach New York fährt, den Vorschlag unterstützt, daß ein internationales Tribunal unter der Leitung der Vereinten Nationen gebildet wird, um eine Untersuchung durchzuführen. Sie sollten die fünf Weißbücher (des US-Untersuchungsausschusses) durcharbeiten, die diese ungeheure Menge von Beweisführungen enthalten. Sie sollten die Nachforschungen vornehmen als eine Warnung, daß die freie Welt nicht länger bereit ist, solche eine Verhöhnung des Internationalen Rechts und eine derartige Entehrung der göttlichen Würde der Menschheit, wie sie hier bei diesem beklagenswerten Ereignis vorliegt, zu dulden und zu entschuldigen.« [135] Der Appell des Abgeordneten Savorys bleibt wirkungslos. Der Premier ist Churchill wie 1943, und der Außenminister ist Eden wie 1943, als die sowjetische Version übernommen wurde.

Zu dieser Zeit nach der Sommerpause allerdings geht der US-Ausschuß daran, den zweiten Teil seiner Aufgabe in Angriff zu nehmen, nämlich festzustellen, »warum dieser Katyn-Massenmord in all seinen Zusammenhängen niemals dem amerikanischen Volk und der übrigen Welt in genügender Weise mitgeteilt worden ist« und »warum diese Verbrechen nicht bei dem Nürnberger Prozeß gerichtlich geklärt wurde, obgleich doch gerade jenes Gremium dazu berufen gewesen wäre festzustellen, ob die Deutschen schuldig waren.« [136] Im November 1952 vernimmt der US-Ausschuß die letzten Zeugen. Der ehemalige amerikanische Hauptankläger von Nürnberg, Robert H. Jackson, jetzt im hohen Amt eines Bundesrichters in den USA, erklärt, in Nürnberg hätten noch »keine wirklichen Beweise« für die Schuld der Sowjets vorgelegen. Das Angebot General Anders, dem Nürnberge Tribunal Material zur Verfügung zu stellen, will er nie zu Gesicht bekommen haben. Er habe keine amerikanischen Dokumente in den Händen gehabt, in denen die Sowjetunion verantwortlich gemacht wird, sagt er. Die Berichte der amerikanischen Obersten Van Vliet und Szymanski seien ihm nicht vorgelegt worden. Jedoch waren am 21. Januar 1946 ein streng vertraulicher Bericht der amerikanischen Botschaft in Warschau über US-Militärgouverneur General Lucius D. Clay und am 26. Februar 1946 ein geheimes Dossier vom militärischen Geheimdienst der USA an ihn geschickt worden.

Wie zuvor Kempner in Frankfurt erklärt Jackson weiter, daß sich das Nürnberger Tribunal nach dem alliierten Abkommen schließlich »ausdrücklich auf die Verfolgung von Kriegsverbrechen der ehemaligen Achsenmächte beschränkt« habe. »Ich wußte, daß die Nazis und die Sowjets sich gegenseitig beschuldigten, daß beide zu der Untat fähig waren, daß vielleicht beide dazu Gelegenheit besessen hatten, sie zu begehen, und daß sie genau der Politik der beiden gegenüber Polen entsprach.« Auf jeden Fall seien die Tatsachen mit großen Lügen der nationalsozialistischen und sowjetischen Propaganda und Gegenpropaganda überdeckt worden. Es habe geschienen, daß bei dem internationalen Prozeß die große Aufgabe der Trennung der Wahrheit von der Lüge nicht durchzuführen war. »Ein dokumentarischer Beweis oder eine überzeugende Bestätigung der Täterschaft schien sich nicht erbringen zu lassen. Uns waren keine Zeugen bekannt, die den hohen Anforderungen an die Glaubwürdigkeit genügt und zur Feststellung der Täter hätten beitragen können.« Allerdings räumt Jackson gleichzeitig ein, daß er schon in Nürnberg mit der Möglichkeit gerechnet habe, daß die Sowjets für die Morde von Katyn verantwortlich sein könnten. Im übrigen hätten die Nürnberger Prozesse seiner Meinung nach unbedingt einen bleibenden Wert, da in ihnen zahlreiche Dokumente zu Tage gekommen seien, die »bei richtigem Gebrauch zur Festigung der Demokratie in Deutschland« genutzt werden könnten. [137]

Der ehemalige polnische Ministerpräsident Mikolajczyk teilt dem Ausschuß mit, daß er die Sowjets schon 1943 als die Schuldigen angesehen habe. [138] Roosevelts ehemaliger Sonderbotschafter George Earle schildert, wie er seinem Präsidenten 1944, noch vor der Konferenz von Jalta, auf der Roosevelt Stalin »territoriale Zugeständnisse«

gemacht habe, Material von hohen rumänischen und bulgarischen Rot-Kreuz-Vertretern vorgelegt hatte, das er in der Türkei erhalten hatte, und wie Roosevelt alles als deutsche Propaganda abtat. Earle resümiert: »Die Hingabe, der Respekt und der Glaube an Rußland im Weißen Haus waren mir einfach unverständlich.« 1944 habe es das Weiße Haus von vornherein abgelehnt, etwas Nachteiliges über die Sowjets überhaupt zur Kenntnis zu nehmen. [139]

Im Laufe dieser abschließenden Untersuchungen zieht der Ausschuß auch jene Geheimdokumente heran, die zeigen, wie Roosevelt 1943 vergeblich versucht hatte, die Sowjets vom Abbruch der Beziehungen mit der polnischen Exilregierung abzubringen. So wird Roosevelts geheimes Schreiben vom 26. April 1943 an Stalin bekannt, in dem der Präsident erklärt: »Ich hoffe, Churchill kann Sikorski dazu bewegen, in Zukunft mehr gesunden Menschenverstand an den Tag zu legen.« Der frühere amerikanische Botschafter in Moskau, Admiral William Standley, hat nun Gelegenheit, vor dem Ausschuß zu erklären, daß Roosevelt ihn damals als Botschafter übergangen habe und er seinerzeit auch nicht von den beiden Sonderbeauftragten Roosevelts, Wendell Willkie und Joseph Davies, unterrichtet worden sei. Für ihn stehe es außer Frage, daß der Abbruch der Beziehungen lange vorher geplant war. [140]

Sodann sagt Averell Harriman, Nachfolger Admiral Standleys als Botschafter in Moskau von 1943 bis 1945 und jetzt Leiter des Amtes für Gemeinsame Sicherheit (MSA), Sikorski sei damals krank und schlecht beraten gewesen, als er eine Untersuchung der Katyn-Morde velangt habe. Polen sei kommunistisch geworden, weil es von den Sowjets besetzt worden sei und Stalin sein Versprechen von Jalta, freie Wahlen zuzulassen, gebrochen habe. [141]

Der ehemalige Staatssekretär im State Department Sumner Welles erklärt, daß General Sikorski im Sommer 1943 zweifellos einem Anschlag zum Opfer gefallen sei, als sein Flugzeug bei Gibraltar abstürzte: »Das war bestimmt Sabotage.« (142)

Der General im amerikanischen Abwehrdienst im Jahr 1945, Generalmajor Clayton Bissell, rechtfertigt die Klassifizierung des verschwundenen Berichts des Obersten Van Vliet von 1945 als Geheimdossier. Der Bericht hätte angesichts der Abmachungen von Jalta weitreichende Auswirkungen haben können. »Ich fürchtete, er könne sich störend auswirken. Er war als top secret eingestuft worden, denn in dieser Zeit bemühte sich Präsident Roosevelt um die Hilfe der Sowjets im Krieg gegen Japan. Es existiere ein Befehl, alles zu vermeiden, was zur Abkühlung der sowjetisch-amerikanischen Beziehungen beitragen konnte. Polen konnte Amerika in seinem Krieg mit Japan keine Hilfe leiste, die Sowjets aber konnten es. Das sind die nackten Tatsachen.« Außerdem habe damals gerade die Formulierung der UNO-Charta angestanden, und für die Formulierung sei er als Stabsoffizier aufgefordert worden, zu dem vorgelegten Vorschlag Stellung zu nehmen. »Ich glaube nicht, daß sich die Russen mit uns an einen Tisch gesetzt hätten, wenn die Sache – das Katyn-Problem im allgemeinen und Van Vliets Bericht im besonderen – aufgegriffen worden wäre. Sie hätten einen Wutanfall bekommen . . .« [143]

Ende 1952 liegt der abschließende Bericht des Sonderausschusses vor: 2437 Seiten mit den Protokollen von 103 Zeugenvernehmungen sowie 229 Beweisstücken. Die Anordnung zur Drucklegung erfolgt am 22. Dezember. [144] Vor der offiziellen Übergabe an das Repräsentantenhaus bezichtigt der Republikaner O'Konski die Vereinigten Staaten der Komplizenschaft mit den Sowjets. Auf einer Versammlung der Polnischen Vereinigung in den USA in Newark (New Jersey) erklärt er, zwölf Jahre lang habe die Regierung die Tatsachen in der Hand gehabt und sich geweigert, sie der Öffentlichkeit bekanntzugeben. Das bedeute Mittäterschaft mit den Sowjets bei diesem Verbrechen. Nach dem Strafgesetz seien »sowohl der Täter als auch der Komplize« für ein Verbrechen verantwortlich. [145]

In dem Schlußbericht empfiehlt der Untersuchungsausschuß, die Sowjetunion über die UNO vor den Internationalen Gerichtshof im Haag zu bringen. »Die Vereinten Nationen werden ihrer Verpflichtung nicht gerecht werden, bis sie vor der Welt offenlegen, daß der ›Katynismus‹ ein eindeutiger und teuflischer totalitärer Plan zur Welteroberung ist.« [146] Wie schon im Sommer stellen die Ausschußmitglieder einen direkten Bezug zum Koreakrieg und zu Verbrechen an den dort stehenden UNO-Truppen her.»Ähnliche Grausamkeiten wurden in Korea verübt, und die von den Kommunisten in diesem Lande angewandten Methoden entsprechen denjenigen, deren Folgen in Katyn festgestellt werden konnten. Der Kongreß sollte daher sofort eine Untersuchung über die Grausamkeiten in Korea durchführen, damit Beweise gesammelt werden können und dem amerikanischen Volk sowie den Völkern der freien Welt die Wahrheit mitgeteilt werden kann.« [147] Diese Empfehlung richtet sich an den neuzuwählenden Kongreß. Außerdem drückt der Ausschuß seine Überzeugung aus, daß die laufende sowjetische Propagandakampagne über angebliche biologische Kriegführung der USA in Korea die Menschen hinter dem Eisernen Vorhang von den Untersuchungen des Katyn-Verbrechens ablenken solle. [148]

Als der Bericht dem Repräsentantenhaus übergeben wird, gibt der Ausschußvorsitzende Madden eine Erklärung ab.»Der Ausschuß fand, es könne kein vernünftiger Zweifel daran bestehen, daß das sowjetische NKWD den Massenmord an polnischen Offizieren und Intellektuellen im Wald von Katyn im Frühjahr 1940 begangen hat.« [149] Geklärt ist durch die amerikanischen Untersuchungen nochmal die Schuldfrage, so wie sie schon 1943 klar war. Ungeklärt muß weiterhin bleiben, wo die Insassen der Lager Starobielsk und Ostaschkow umgebracht wurden. Die Verantwortlichen für die Vertuschung auf westlicher Seite bleiben letztlich ungeschoren.

Die Amerikaner wählen. Der Sieger heißt General Dwight D. Eisenhower. Die Regierung geht in die Hände der Republikaner über. Zusätzlicher Druck auf den neuen Präsidenten im Weißen Haus kommt von polnisch-stämmigen Amerikanern. Die Polnisch-Amerikanische Gesellschaft führt eine Unterschriftenaktion durch. In einem Appell wird Eisenhower aufgefordert, das vom Kongreßausschuß zusammengestellte Material der UNO und dem Internationalen Gerichtshof im Haag zu übergeben. Im Januar 1953 wird anläßlich einer Gedenkfeier der polnisch-amerikanischen Gesellschaft in Chicago für die Opfer von Katyn sogar öffentlich eine deutsche Wochenschau von 1943 gezeigt, die die Exhumierung der Leichen zeigt. [150]

Am 12. Februar 1953 überreicht der amerikanische Chefdelegierte bei den Vereinten Nationen, Henry Cabot Lodge, UNO-Generalsekretär Trygve Lie 70 Exemplare des Kongreßberichts mit der Bitte, sie an alle Mitgliedstaaten weiterzuleiten. In einem Begleitschreiben an Lie heißt es: »Der Ausschuß stellte Untersuchungen in den Vereinigten Staaten, in Großbritannien, in Deutschland und Italien an. Im Lauf der Untersuchungen über die Verantwortung für die Morde hörte der Ausschuß Aussagen von 81 Zeugen, untersuchte 183 Beweisgegenstände und prüfte 100 schriftliche Stellungnahmen, die der Ausschuß von Zeugen erhalten hatte, die an den eigentlichen Untersuchungen nicht teilnehmen konnten. Darüber hinaus hat der Ausschuß mehr als 200 Persönlichkeiten vernommen, die sich freiwillig als Zeugen angeboten hatten und deren Aussagen die Ergebnisse bestätigten.« [151] Das ganze Material des »Select Committee to Conduct an Investigation of the Facts, Evidence, and Circumstances of the Katyn Forest Massacre« füllt sieben Bände mit insgesamt 2362 Seiten. [152]

Zu dieser Zeit bereitet die UNO ihre nächste Vollversammlung vor. Madden fordert den sowjetischen Außenminister Wyschinski, der als Chef der sowjetischen Delegation an der Vollversammlung teilnimmt, in einem Schreiben vom 25. Februar 1953 auf, zu der Anschuldigung des Massenmords Stellung zu nehmen. Madden beschuldigt Stalin und neben anderen sowjetischen Funktionären auch Wyschinski, den polnischen Behörden jahrelang die Unwahrheit über das Schicksal der polnischen Offiziere gesagt zu haben. [153]

Dann, am 5. März 1953, geht eine sensationelle Nachricht blitzartig um die Welt: Stalin ist tot. Zunächst ist General L.P. Berija der mächtigste Mann der Sowjetunion. Aber nur wenige Monate später wird er von Malenkow gestürzt und am 23. Dezember 1953 kurzerhand erschossen.

Die Welt hofft nach dem Tod Stalins, daß nun alles anders werde. Und außerdem hatte Eisenhower im Wahlkampf das Versprechen abgegeben, sich um eine rasche Beendigung des Koreakrieges zu bemühen. Die Weiterverfolgung der Anklage der Sowjetunion ist nicht mehr opportun. Und so geschieht auch nichts weiter. Auch von der Empfehlung, daß, falls die Vollversammlung der UNO feststellen sollte, sie sei für die Einsetzung eines internationalen Gerichtshofes nicht zuständig, der Präsident der USA selbst die Initiative ergreifen und ein internationales Gericht bestellen solle, ist nicht mehr die Rede.

Am 17. Juni 1953 denkt die Welt nicht an Katyn. Sie blickt nach Deutschland, wo der Volksaufstand blutig niedergeschlagen wird. Am 18. Juni lehnt der Auswärtige Ausschuß des Repräsentantenhauses den Antrag des Abgeordneten Madden, den Fall Katyn weiter im Repräsentantenhaus zu behandeln, mit einer Stimme Mehrheit ab. [154] Die Dokumente des Sonderausschusses des Repräsentantenhauses werden dem Archiv übergeben. [155]

6

Streit um Denkmäler

In Polen selbst ist das Thema Katyn offiziell tabu, obwohl jedes polnische Kind weiß, was 1940 geschehen ist. Besonders in den ersten Nachkriegsjahren werden Witwen und Kinder der Opfer von der kommunistischen Regierung wie Parias behandelt. [1] Helena Krahelska, deren Mann als Offizier bei Katyn ermordet worden war, ergeht es so: Als sie 1949 versucht, Witwenrente zu beantragen und sich herausstellt, daß ihr Mann unter den Opfern von Katyn war, raten die Beamten der Frau unter Drohungen, so schnell wie möglich aus dem Büro zu verschwinden. [2] Wer in Polen wagt, über Katyn zu sprechen, riskiert, Stellung oder Wohnung zu verlieren. Die Studentin Eva Solski, Tochter des bei Katyn ermordeten Majors Solski, soll an der Universität Warschau ein Formular ausfüllen, in dem auch nach ihrem Vater gefragt wird. Sie trägt ein »Bei Katyn ermordet« und wird prompt von der Universität verwiesen. Später kann sie es doch noch zur Gymnasiallehrerin in der Nähe von Warschau bringen. [3] Das Wort Katyn findet sich nicht einmal in polnischen Lexika. [4]

Der Korrespondent der Züricher Zeitung »Die Tat« faßt 1956 zusammen: »Die polnische Tragödie der letzten elf Jahre hat indessen nicht aufgehört, sich ständig erneut an Katyn zu orientieren. Bemerkenswert ist, daß unter den vielen kommunistischen Aufklärungsbroschüren seit 1945 mit keinem Wort das Verbrechen von Katyn beleuchtet wurde. Dagegen kursierten und kursieren noch immer das polnische ›Weißbuch zu Katyn‹ und der Bericht des amerikanischen Untersuchungsausschusses in der Form illegaler Druckschriften. In den zahlreichen Prozessen wegen antisowjetischer Propaganda und antisowjetischer Betätigung wurden die angeklagten Polen nicht in einem einzigen Fall nur wegen der Behauptung, die Russen hätten die polnischen Offiziere in Katyn umgebracht, verurteilt, sondern diese Behauptung meist schmerzlos aus der Anklage oder Urteilsbegründung herausgenommen. In geschichtlichen Referaten wurde Katyn nur flüchtig mit dem ›faschistischen Agressor‹ erklärt, aber selbst an polnischen Universitäten weigerten sich Historiker, Katyn als Examensarbeit zuzulassen.« [5]

Das Jahr 1956 scheint zunächst eine Wende in der Behandlung des Falles Katyn durch die Kommunisten zu bringen. Chruschtschow rechnet mit Stalin ab und schlägt im Februar auf dem XX. Parteitag im Februar eine Politik der »aktiven Koexistenz« vor. Zu Katyn fällt jedoch kein Wort.

Chruschtschow hatte sich schon vor dem Parteitag mit dem polnischen Politbüro in Verbindung gesetzt und seine Bereitschaft erklärt, Katyn mit auf das Stalinsche Schuldkonto zu setzen. Aber das Politbüro in Warschau lehnte ab. [6]

In diesen Tagen, als im Zuge der Entstalinisierung in der Sowjetunion außer in Polen auch in Ungarn der Wunsch nach mehr Freiheit und Unabhängigkeit von Moskau wächst, melden sich auch die Mitglieder des amerikanischen Untersuchungsausschusses von 1951/52 wieder zu Wort. Sie richten am 26. Juli 1956 einen Brief an Chruschtschow, in dem sie ihn auffordern, die sowjetische Schuld an Katyn zuzugeben. Der Vorgang ist in der bisherigen Geschichte des US-Kongresses einmalig. In dem Schreiben, das von der »Zeit« in deutscher Sprache veröffentlicht wird, verweisen die Abgeordneten auf die Untersuchungsergebnisse ihres Ausschusses von 1951/52 und fragen Chruschtschow, warum er »Stalins und Berijas Schuld an dem Katyner Massenmord von 4243 polnischen Offizieren im Frühjahr 1940, dem Massenmord, der das größe militärische Verbrechen der Neuzeit darstellt, noch nicht zugegeben« habe. »Da Sie bereits Stalin und Berija so vieler Verbrechen beschuldigt haben, kann die nicht-sowjetische Welt es nicht begreifen, warum Sie den Katyner Massenmord nicht in die Liste der von Stalin und Berija begangenen Verbrechen aufgenommen haben. Es gibt sicherlich kein einziges Verbrechen Stalins, das jemals so erschöpfend nachgewiesen und so vollständig dokumentiert werden konnte wie dieses.« [7] Und auch General Anders in London tritt erneut auf den Plan und wiederholt seine Forderung nach Bildung eines internationalen Tribunals.

In Polen stellt man sich auf eine veränderte Haltung Moskaus ein. Die polnischen Kommunisten wissen, daß das Volk es ihnen nicht nachsieht, die sowjetische Lüge über Katyn mitzutragen, und lassen sogar hin und wieder das Wort Katyn fallen. Der Korrespondent der Züricher »Die Tat« schreibt: »Im Zuge der Entstalinisierung ist Katyn erneut zum Problem geworden. Das Wort selbst wird vorläufig nur selten erwähnt. Aber verschiedene Referate vor dem ZK der polnischen Arbeiterpartei (KPP) lassen vermuten, daß auch das offizielle Zugeständnis nicht länger auf sich warten lassen wird. Man geht in Polen indessen diesmal den umgekehrten Weg. In der Erkenntnis, daß die Schuld von Katyn wie eine drückende moralische Last noch immer auf den Gemütern liegt, sind in den vergangenen Monaten kommunistische Agitatoren beauftragt worden, das polnisch-sowjetische Verhältnis zu bereinigen. So haben Agitatoren in Lodz, Krakau, Kielce und Warschau in Bezirksversammlungen in wörtlich fast übereinstimmenden Referaten erklärt, ›daß das polnisch-sowjetische Verhältnis noch immer durch Katyn belastet werde‹, daß es aber Aufgabe der polnischen Patrioten sei, ›nicht in der Vergangenheit nach schmerzlichen Fehlern der Freunde zu suchen, sondern das gemeinsame Ziel, die gemeinsame Aufgabe zu sehen und selbstlose Hilfe der sowjetischen Freunde anzuerkennen‹. Mit dieser Zielsetzung läuft gegenwärtig in Polen eine Beruhigungskampagne, weil man befürchtet, daß das zu erwartende Kommuniqué des polnischen ZK eine Welle der Entrüstung auslösen würde, wenn nicht schon im lokalen Rahmen die Reaktion vorweggenommen wird.

Auch die Strömungen innerhalb der polnischen KP (Vereinigte Arbeiterpartei) werden durch den Katyn-Komplex gezeichnet. Von Gomulka weiß man, daß er für eine rücksichtslose Klärung des polnisch-russischen Verhältnisses, also auch für die baldige Katyn-Erklärung eintritt... Zuverlässigen Berichten zufolge wird die Katyn-Erklärung von Warschau und nicht von Moskau aus erfolgen, natürlich nach entsprechender Absprache. Der Zeitpunkt für die

Erklärung soll so gewählt werden, daß nach dem Chruschtschow-Bulganin-Besuch mit der Katyn-Erklärung der jetzigen polnischen Regierung und dem Parteichef Ochab eine gewisse Unabhängigkeit und Eigenständigkeit bescheinigt wird. Durch die propagandistische Vorbereitungsarbeit in Parteiversammlungen ist der Fall Katyn bereits eingestanden ... In welcher Form sie (die öffentliche Erklärung) nun auch kommen mag, so ist doch sicher, daß trotz aller Vorbereitungen und Beruhigungen das polnische Element niemals so aufgerüttelt werden wird wie durch das offizielle Katyn-Eingeständnis, weil die Polen auch heute noch in den ermordeten polnischen Offizieren die Märtyrer ihrer nationalen Tradition sehen. So sehr man sich von sowjetischer Seite auch bemüht, den Mantel des Schweigens über Katyn zu hüllen, die toten polnischen Offiziere geben keine Ruhe. Ihre Mahnung wird noch lange im polnischen Volk wach bleiben.« [8]

Aber es kommt anders. Die Beziehungen zwischen Moskau und Warschau sind kompliziert. Anfang 1957 anerkennt Warschau das Recht der UdSSR, Truppen in Polen zu haben.

Chruschtschow befürchtet außerdem, die Liberalisierungstendenzen in der polnischen Presse könnten dazu führen, daß Gomulka die Kontrolle entgleitet. Gleichzeitig will er allerdings das Verhältnis entkrampfen und bietet Gomulka 1957 an, über Katyn eine öffentliche Erklärung abzugeben, in der die Schuld eingeräumt und Stalin angelastet wird. Aber es ist gerade Parteichef Wladislaw Gomulka, der sich gegen eine Enthüllung sträubt. Chruschtschow sagt zu Gomulka in einer vertraulichen Besprechung: »Bei Stalin macht das doch keinen Unterschied. Er ist ohnehin für so viele Verbrechen verantwortlich; da wird er das auch noch verkraften können. Wie die Dinge liegen, weiß doch ohnehin jeder, wer es verübte, so daß es uns sowieso zugeschrieben wird, auch wenn wir unsere Schuld nicht offiziell eingestehen.« Gomulka aber scheut sich, darauf einzugehen: »Ja, aber das fand doch alles auf sowjetischem Territorium statt und würde somit zwangsläufig Auswirkungen auf die polnisch-sowjetischen Beziehungen haben. Viele Polen waren Leidtragende, und einige verbrachten ohne gute Gründe über zehn Jahre in verschiedenen sowjetischen Lagern. Das kann doch nicht so ohne weiteres aus dem Gedächtnis getilgt werden. Wenn die Polen in der Schuld der Sowjetunion stehen, dann hat die Sowjetunion doch auch den Polen eine gewisse Wiedergutmachung zu leisten.«

Chruschtschow hat erkannt, daß sich der Unmut der polnischen Bevölkerung von Jahr zu Jahr mehrt, auch deshalb, weil die Lüge über Katyn weiterbesteht. Aber Gomulka fürchtet, durch ein Eingeständnis könnten die Deutschen versucht sein, Katyn auszuschlachten, und bei den Polen könnten antisowjetische Gefühle freigesetzt werden. Tief sitzt die Angst, die deutschen Ostprovinzen könnten nicht auf Dauer bei Polen bleiben. Schließlich hatten Bonn und Moskau nach dem spektakulären Besuch Adenauers erst vor nicht langer Zeit diplomatische Beziehungen aufgenommen. Gomulka sieht die Garantie seiner politischen Sicherheit in der Bindung an Moskau und zieht aus taktischen Gründen den Status quo der Katyn-Lüge vor.

Noch einmal kommt der Fall Katyn zwischen Chruschtschow und Gomulka zur Sprache, sieben Jahre später, kurz vor Chruschtschows Sturz. Das Gespräch zwischen beiden findet 1964 in gespannter Atmosphäre statt. Chruschtschow versucht, Gomulka zu beruhigen und weist darauf hin, daß der polnische Staat seine Existenz der Sowjetunion verdanke. Gomulka antwortet, daß Moskau den Polen in der Vergangenheit großen Schaden zugefügt habe und erinnert an das Massaker von Katyn. Chruschtschow reagiert nicht im geringsten erbost. Schließlich hatte er selbst ja 1957 das Thema zur Sprache gebracht. Später sieht Gomulka ein, daß er sich geirrt hatte und bedauert, daß er nicht dem frühen Rat Chruschtschows gefolgt war. »Mein Ansehen hätte gestärkt werden können.« [9]

Im Zusammenhang mit den Vorgängen in Polen 1956 und 1957 muß eine Veröffentlichung in dem in Speyer ansässigen Wochenblatt »7 Tage« am 20. Juli 1957 gesehen werden. Bei dem sensationellen Dokument soll es sich um den Vollzugsbericht des NKWD Minsk nach der Liquidierung der drei Lager Kozielsk, Starobielsk und Ostaschkow handeln. Das Blatt schreibt, das vorliegende Dokument sei eine Durchschrift in russisch, »die durch geheime Kanäle« an die

Redaktion gelangt sei. Weiter heißt es: »Erst die polnischen Patrioten, die keine Ruhe fanden, bis die Lösung über die Tragödie ihrer Führer gefunden werden konnte, entdeckten den Geheimbericht des NKWD in den Kellern des Gefängnisses in Minsk; bei der eiligen Flucht vor der vorrückenden deutschen Armee konnte diese Abschrift nicht mehr vernichtet werden. Alle Bemühungen, den Bericht in Polen zu veröffentlichen, waren jedoch vergebens. In einem Weißbuch über Katyn verboten die Russen durch Gomulka die Veröffentlichung. Daher entschlossen sich die polnischen Patrioten, dieses Beweisstück nach dem Westen zu bringen. Zur Veröffentlichung dieses Dokuments wurde eine führende deutsche Wochenzeitung, ›7 Tage‹ ausgesucht, um damit vor der Welt das Rätsel von Katyn zu lösen.« [10]

Demnach ist das Dokument während des Krieges von Polen in Minsk gefunden und jahrelang geheimgehalten worden. Die Angaben des Dokuments decken sich offensichtlich mit den bekannten Tatsachen. Und auch die Kenntnis der NKWD-Zuständigkeiten sprechen dafür, daß der Bericht echt sein könnte. Nicht lange nach der Veröffentlichung weist ein exilpolnischer Journalist nach, daß das erwähnte 68. Infanterieregiment zur angegebenen Zeit tatsächlich in der Umgebung von Charkow stationiert war. [11] Daß das Dokument kurz nach der Enttäuschung über eine Liberalisierung in Polen im Westen veröffentlicht wird, ist nicht ohne Plausibilität. Daß das Dokument jedoch einer eher unbedeutenden und boulevardmäßig aufgemachten deutschen Wochenzeitung anvertraut wird, ist jedoch zumindest verwunderlich.

Trotz des sensationellen Inhalts wird der Bericht kaum beachtet. Das mag zum Teil auch damit zu tun haben, daß die Zeitstimmung in Deutschland nicht dazu angetan ist, sich mit der Frage Katyn sonderlich zu beschäftigen. Katyn erinnert an den Krieg, unabhängig von der Frage der Täterschaft oder falschen Beschuldigung. Und zu dieser Zeit erleben die Deutschen ihre Wirtschaftswunderjahre: Eigenheime, Möbel, Kühlschränke, die ersten Fernseher. Greueltaten passen nicht zum Wunsch, die Kriegsleiden zu vergessen. Denn nicht die Nürnberger Prozesse, sondern erst die ganze Wucht der

Medienaufbereitung der Auschwitz-Prozesse Anfang der sechziger Jahre sowie die Verjährungsdebatte rufen die Deutschen in vollem Umfang zur »Aufarbeitung der Geschichte«.

Wie wenig Interesse zu dieser Zeit an der Katyn-Frage in Deutschland besteht, zeigt auch die geringe Beachtung eines höchst peinlichen Zwischenfalls Ende 1958 während des Warschauer Prozesses gegen den ehemaligen Reichskommissar in der Ukraine, Erich Koch. Durch seine rücksichtslose Ausbeutungspolitik hatte Koch erheblich zum Stimmungsumschwung in der Ukraine und zur Entstehung großer Partisanenverbände gegen die Deutschen beigetragen. Obwohl der spätere »Reichsverteidigungskommissar« Ostpreußens sich mit Hilfe gefälschter Papiere in den Westen absetzen konnte, wurde er 1949 als »Rolf Berger« bei Hamburg festgenommen. Nicht auf sowjetisches, sondern auf polnisches Ersuchen wurde Koch, der den Kommunismus stalinistischer Prägung bewunderte, von den Briten ausgeliefert.

Während des Prozesses nun taucht aus Ost-Berlin ein vermeintlicher Zeuge namens Paul Bedlow auf, ohne vom Gericht vorgeladen worden zu sein. Er behauptet, Koch, der im Oktober 1941 zum »Reichskommissar« in der Ukraine ernannt worden war, sei persönlich für die Ermordung der polnischen Offiziere im Wald von Katyn verantwortlich. Die Verteidigung nimmt den Mann in die Zange. Paul Bedlow hält nicht durch und gesteht, daß er vom Ost-Berliner Außenministerium überraschend mit Paß und Fahrkarte ausgestattet worden sei, um in Warschau in bestimmtem Sinne auszusagen. Gericht und Staatsanwaltschaft reagieren äußerst betreten. Und Koch nutzt die Tölpelei, um dieses für die Polen delikate Thema auszuweiten. [12]

Koch wird im März 1959 aufgrund eines scheußlichen Sündenregisters zum Tode verurteilt. Die Strafe wird jedoch in lebenslange Haft umgewandelt. Bis zu seinem Tode in der Haftanstalt Wartenburg (Barczewo) in Ostpreußen 1986 genießt er bevorzugte Behandlung. Ironischerweise soll es ausgerechnet Stalin gewesen sein, der die Vorzugsbehandlung Kochs angeordnet hatte. [13]

In diesen Jahren sind selbst die Ergebnisse des Ausschusses des amerikanischen Repräsentantenhauses offensichtlich nicht überall durchgedrungen. Als Otto Fürst de Battaglia 1954 sein Werk »Zwischeneuropa von der Ostsee bis zur Adria« veröffentlicht [14], bezeichnet er die Morde von Katyn als eine »geheimnisvolle Angelegenheit«, die »bis heute nicht geklärt ist« und welcher »der unbefangene Historiker« ratlos gegenüberstehe. Das veranlaßt den Historiker Hans Thieme in den »Vierteljahresheften für Zeitgeschichte« zu der Bemerkung: »Wenn aber irgendeines der bolschewistischen Verbrechen klar zutage liegt, so ist es dieses.« Er verweist nochmals auf die polnischen Nachforschungen seit 1940, das deutsche Weißbuch von 1943 mit den Ergebnissen der internationalen Ärztekommission, die Widersprüche im sowjetischen »Untersuchungsbericht«, die Veröffentlichung in der schwedischen Zeitung »Dagens Nyheter« vom Februar 1948 und den amerikanischen Sonderausschuß von 1951/52. [15]

Im Zusammenhang mit der Katyn-Lüge spielen sich in den fünfziger und sechziger Jahren in Deutschland seltsame Dinge ab. Konstantin Mayer, Rußlanddeutscher aus Bessarabien, der als Wehrmachtsangehöriger bei der Wirtschaftsinspektion der Heeresgruppe Mitte in die Kadettenschule Katyn bei Smolensk verlegt worden und im Frühjahr 1943 so Zeuge der laufenden Exhumierungsarbeiten geworden war, schreibt 1955 zur Frage der Morde von Katyn einen Leserbrief an die »Süddeutsche Zeitung«. Darin beschreibt er, wie er damals einen Einheimischen gesprochen hatte, der berichtete, wie sein Jagdhund an der Stelle der noch nicht entdeckten Gräber gescharrt, wie er daraufhin nachgegraben und anschließend die deutschen Stellen informiert habe. Mayer selbst hat nach eigenen Angaben seinem General Richard Wagner von den Begebenheiten berichtet. Außerdem gehörte zu Mayers Gruppe die Dolmetscherin Irene Erhard aus Lodz, die mit der Identifikation von Soldbüchern der polnischen Offiziere beauftragt war und dabei den Namen ihres eigenen Bruders fand, der in der polnischen Armee als Offizier gedient hatte.

Der Leserbrief Mayers wird zwar nicht gedruckt, aber statt dessen erhält er ein paar Tage später unangenehmen Besuch. Konstantin

Mayer berichtet: »An der Haustür stand plötzlich ein Mann in amerikanischer Uniform, der mir einen Ausweis des amerikanischen
Geheimdienstes vorhielt. Er streckte mir das Original meines Leser-
briefes entgegen und herrschte mich in gebrochenem Deutsch an:
›Sie haben doch diesen Brief geschrieben. Sie wissen doch, daß es
nicht die Russen, sondern die Deutschen waren.‹ Ich blieb bei
meiner Darstellung, woraufhin er mir drohte: ›Dann muß ich Sie
mitnehmen.‹ Dann forderte er mich auf, den Brief jedenfalls zu zerreißen, worauf ich sagte: ›Das müssen Sie schon selbst tun, denn ich
habe die Wahrheit geschrieben.‹ Tatsächlich zerriß er daraufhin den
Brief und verschwand. Das alles spielte sich an der Haustür ab, denn
ich habe den Mann nicht reingelassen.«

Die merkwürdige Geschichte geht noch weiter. Konstantin Mayer
berichtet, etwa genau zehn Jahre später sei wieder ein Amerikaner
bei ihm erschienen und habe sich mit den Worten vorgestellt: »Sie
haben doch damals den Brief geschrieben.« Dann habe er entschul-
digend gesagt, man habe inzwischen eingesehen, daß es die Deutschen doch nicht waren. [16]

Die Geschichte des Konstantin Mayer ist nach wie vor mysteriös.
Wie konnte der Leserbrief an die »Süddeutsche Zeitung« in fremde
Hände gelangen? Warum sollte ein amerikanischer Militär mehrere
Jahre nach den Erkenntnissen des Sonderausschusses des Kongres-
ses einen deutschen Leserbriefschreiber aufsuchen, und das in dieser
Form, wie in einem miesen Film? Oder war es gar kein Amerikaner?
Und was soll der zweite Besuch zehn Jahre später?

Nach dem XXII. Parteitag der KPdSU 1961 flammt in der polnischen
KP und im polnischen Offizierskorps eine heftige Diskussion um
Katyn auf. Parteichef Gomulka ist entschlossen, sie zu unterdrücken. 5000 Offiziere, darunter der Chef der Politischen Hauptverwaltung der Polnischen Volksarmee, General Janusz Zarzycki-
Neugebauer, müssen ihren Dienst quittieren. 1965 sind es die sogenannten »Partisanen« unter Führung des nationalistischen und anti-
semitischen Innenministers General Mieczysaw Moczar, die eine
Aufklärung über die Wahrheit verlangen. Sie nutzen dabei die
innenpolitischen Kämpfe und die Schwächung der Stellung Gomul-

kas aus. In Begleitung aktiver Offiziere reist sogar der erste Oberbefehlshaber der Polnischen Volksarmee, General der Reserve
Zygmunt Berling, nach Frankreich und Großbritannien und spricht
sich öffentlich für eine endgültige Klärung aus. [17]
Anfang der sechziger Jahre spielt das Thema Katyn noch einmal eine
episodenhafte Rolle im amerikanischen Kongreß. Derzeit bemühen
sich Abgeordnete des Repräsentantenhauses um die Einsetzung
eines »Komitees für unterdrückte Nationen«, das sich besonders um
die osteuropäischen Völker kümmern soll. Im »Congressional
Record« vom 14. Mai 1962 bezeichnet der Abgeordnete Derwinsky
die Unternehmungskommission von 1951/52 als Präzedenzfall für
das Vorhaben und rollte den Fall Katyn noch einmal auf. Ein Komitee für unterdrückte Nationen wäre nun geeignet, »den sowjetischen
Kolonialismus im östlichen Europa bloßzustellen und . . . dürfte die
Weltkenntnis des Hauses erheblich bereichern«. Weiter erklärt
Derwinsky: »Da wir in diesem Jahr den 22. Jahrestag des Katyner
Massenmordes erleben, dürfte es wohl angebracht sein, die Tatum-
stände dieses Verbrechens und die von der polnischen Exilregierung
unternommenen Handlungen einer Bilanz zu unterwerfen, um die
Schuldigen festzustellen und um ein endgültiges Urteil zu verkünden.« Er faßt noch einmal die Bemühungen vor allem der polnischen
Exilkreise in London zusammen, die Wahrheit über Katyn bekanntzumachen und eine Bestrafung der Schuldigen herbeizuführen. In
diesem Zusammenhang verweist Derwinsky auch auf die Veröffentlichung des vermutlichen Vollzugsberichts in »7 Tage« von 1957. [18]
Ebenfalls 1962 erscheint das Buch »Death in the Forest« des Histori-
kers J.K. Zawodny in den USA. [19] Zawodny war Offizier des natio-
nalpolnischen Widerstands und hielt sich 1943 zur Zeit der Entdeckung der Gräber in Warschau auf. Später ging er in die USA und
lehrte politische Wissenschaften. Zawodny schreibt in der Einleitung: »Im vorliegenden Buch nun wird der Versuch unternommen,
das Schicksal der Gefangenen im einzelnen zu rekonstruieren und
eine Antwort auf folgende Fragen zu finden: 1. Wer brachte diese
Männer um? 2. Wie wurden sie umgebracht? 3. Warum wurden sie
umgebracht?« Zweifellos ist das Buch ein großes Verdienst schon

deshalb, weil es der Verschleierung durch Briten und Amerikaner breiten Raum einräumt. Aber die Fragen, die Zawodny stellt, sind längst geklärt, nicht zuletzt durch den amerikanischen Untersuchungsausschuß. Der Wert des Buches liegt also hauptsächlich darin, daß der Autor die Dinge aus der Distanz des Wissenschaftlers darstellt, ohne daß ein politischer Zweck wie eben bei jenem Untersuchungsausschuß damit verbunden wird.

Zum 25. Jahrestag der Morde von Katyn erscheint 1965 in der April-Ausgabe der französischen Zeitschrift »Histoire pour tout« ein Aufsatz von Catherine de Villiers, eine linksorientierte Schriftstellerin, die hin und wieder auch im französischen Rundfunk zu Wort kommt. Während des Zweiten Weltkriegs war sie zunächst Mitglied der Roten Armee im Rang eines Majors und später Angehörige der polnischen Berling-Truppen. Zur Frage, wer die polnischen Offiziere und Intellektuellen umgebracht habe, schreibt sie: »Nicht die Sowjets!«

Josef Mackiewicz, Verfasser des Buches »Katyn – ungesühntes Verbrechen«, untersucht den Artikel von Catherine Villiers genauer. Die Verfasserin, die selbst aus einer polnisch-jüdischen Familie stammt, will ihren Jugendfreund Fähnrich Bogucki in Katyn verloren haben und gibt an, seinen Namen unter dem Buchstaben B in der deutschen Totenliste entdeckt zu haben. Allerdings ist der Name Bogucki weder auf der deutschen noch auf der polnischen Totenliste zu finden. Außerdem sind die Namen nicht alphabetisch geordnet, sondern in der Reihenfolge der Exhumierung der Leichen. Catherine Villiers will die Namenliste in der deutschen Ausstellungsbaracke an der Ausgrabungsstelle gefunden haben. Es ist nur so, daß es in der Nähe der Gräber keine solche Ausstellungsbaracke gab, sondern Fundstücke in einem Haus kilometerweit von Katyn in Groszenko gezeigt wurden. Außerdem hatten die Sowjets nach der Rückeroberung alles, was mit Katyn zu tun hatte, soweit eben möglich in ihren Besitz gebracht. Die Autorin findet sogar ein neues Motiv für die deutsche Propaganda um den angeblich von den Deutschen selbst verübten Massenmord: Ablenkung von den Mißerfolgen der Schlacht um Kursk. Bedacht hatte sie offenbar nicht, daß die

Gräber von Katyn drei Monate vor der Schlacht von Kursk entdeckt worden waren. [20]

Die Sowjets lassen sich unterdessen einen neuen Trick zur Täuschung über die Morde von Katyn einfallen. Am 5. Juli 1969 weihen sie in dem 60 Kilometer von Minsk entfernten Dorf Khatyn (Chatyn), dessen Namen phonetisch mit Katyn bei Smolensk identisch ist, ein überdimensionales Denkmal ein. Die Statue stellt einen Vater mit seinem toten Sohn auf den Armen dar. Eine deutsche »Bewährungseinheit«, zusammengesetzt aus Wilddieben, bestraften SS- und Wehrmachtsangehörigen sowie Kriminellen und unter Befehl des SS-Offiziers Oskar Dirlewanger, soll in diesem Ort am 22. März 1943 die 149 Einwohner, darunter 75 Kinder, als Rache für Partisanenüberfälle zusammengetrieben und in einer Scheune lebendig verbrannt haben. Die Häuser wurden dem Erdboden gleichgemacht – eine Parallele zu Lidiče in der Tschechoslowakei oder Oradour in Frankreich. [21]

Nach Khatyn werden von nun an ahnungslose Besuchergruppen geleitet, um sie aufgrund der Namensähnlichkeit glauben zu machen, sie besuchten die Mordstätten von Katyn. Jede Reisegruppe, die sich länger als einen Tag in Minsk aufhält, hat einen Besuch der Gedenkstätte von Khatyn auf dem Programm von Intourist. [22] Auch der finnische Präsident Urho Kekkonen wird von den Sowjets nach Khatyn geflogen, um dort Kränze niederzulegen und der deutschen Massenmorde zu gedenken. [23] Und der amerikanische Präsident Richard Nixon wird während seines Besuchs in der Sowjetunion Ende März 1972 ebenfalls zum Denkmal von Khatyn geführt. Die Bilder des Besuchs finden weite Verbreitung. [24]

Mehr noch: Die zweite Ausgabe der Großen Sowjetischen Enzyklopädie von 1953 hatte einen langen Artikel über Katyn im Sinn der üblichen Lüge enthalten. In der dritten Ausgabe von 1978 ist unter »Katyn« nichts mehr zu finden. Statt dessen stößt der Leser auf einen Artikel über ein Massaker der Deutschen in »Khatyn«. Bemerkenswerterweise werden weder die Namen der sechs Dörfer noch das Datum der Tat genannt. [25]

Eine neue Dynamik gewinnt das Thema Katyn Anfang der siebziger

Jahre sowohl im Westen als auch in Polen. 1971 erscheint das Buch des Exil-Polen J.K. Zawodny in französischer [26] und in deutscher Übersetzung. Während die französische Ausgabe den amerikanischen Titel »Katyn, Tod im Walde« übernimmt, lautet der deutsche Titel »Zum Beispiel Katyn« [27]. Der deutsche Verlag tut sich offensichtlich schwer, weil allein die Behandlung des Themas gerade zu dieser Zeit der Entspannungspolitik womöglich als »Aufrechnung« mißverstanden werden könnte. Das Vorwort trägt deutliche Züge einer Rechtfertigung, das Buch dem deutschen Leser überhaupt zu offerieren, und erklärt auch die Wahl des deutschen Titels: »Die Tatsachen, die er (Zawodny) beschreibt, werden gegensätzliche Wertungen finden; es ist nicht auszuschließen, daß eine deutsche Ausgabe dieses Buches von jenen als vorgebliche Waffe genützt wird, die sich gegen Verständigung der Deutschen mit ihren östlichen Opfern aussprechen. Deshalb sei an dieser Stelle mit Nachdruck gesagt: J.K. Zawodny beschreibt ein Beispiel, nicht mehr. Die Umstände dieses Massakers werden hier geklärt; der Schluß, man könne damit die deutsche Schuld am Überfall auf Polen und Rußland und die nationalsozialistische Vernichtungspolitik aufrechnen oder beschönigen, verschiebt die historischen Tatsachen und erschwert die Versöhnung.« [28]

Die »Welt« druckt in einer vierteiligen Folge Auszüge. [29] Nach der Veröffentlichung der Zeitung schreibt Julius Epstein, der durch seinen Aufsatz in der »Zeit« 1949 für großes Aufsehen gesorgt, das Katyn-Komitee in den USA mitgegründet hatte und inzwischen am Hoover Institution on War, Revolution and Peace der Standford University in Kalifornien beschäftigt ist, einen langen Brief an die Redaktion der »Welt«. Er betont darin, daß ohne seine Vorarbeiten, die zur Einsetzung des Untersuchungsausschusses geführt hatten, »Herr Zawodny nicht in der Lage gewesen wäre, sein Buch zu schreiben«. Er beklagt schließlich, daß trotz des »überwältigen Beweises« in den Berichten des US-Sonderausschusses und trotz der Existenz des sowjetischen Filmes von den Erschießungen, der in chinesischen Botschaften zirkuliere, es immer noch Personen gebe, die die sowjetische Schuld –

»oft wider besseres Wissen – für noch nicht ganz erwiesen halten«. [30]

Im Sommer 1971 räumt dann die »Zeit« dem britischen Historiker und Gomulka-Biographen Nicholas Bethell eine ganze Seite ein, um sich mit der britischen Vertuschungspolitik zu beschäftigen. Bethell schreibt: »Die jüngst veröffentlichten britischen Akten aus dem Jahre 1943 zeigen, daß es sogar schon damals, im Gegensatz zu den Worten Edens, keinen einzigen führenden britischen Politiker gab, der nicht von der Schuld der Russen überzeugt gewesen wäre . . . Nach dem Kriege war Großbritannien nicht mehr darauf angewiesen, Rußland als Verbündeten zu unterstützen. Irgend etwas hätte geschehen können, um die Dinge wieder ins Lot zu bringen. Erst vor einem Jahr wurde ein britischer Staatsminister im Parlament eben dazu aufgefordert. Doch aus mehreren Gründen weigerte er sich. Großbritannien vertrete in dieser Angelegenheit keinen Standpunkt, sagte er, und es hieße nur alte Wunden aufreißen, wolle man so lange Zeit nach dem Ereignis einen Schuldspruch fällen. In der Sowjetunion würde man darin einen feindseligen Akt sehen.« Bethell zitiert den Staatsminister: »Die polnische Regierung, deren Ansichten zu dieser Angelegenheit ganz sicher berücksichtigt werden sollen, hat erklärt, daß sie den Vorfall als abgeschlossen betrachtet.« Dazu kommentiert Bethell: »Nun stimmt es freilich, daß Gomulka 1962 das Massaker als eine ›Goebbelsche Provokation‹ bezeichnet hat. Offensichtlich wäre nach Meinung der britischen Behörden jede Erklärung auch heute nichts anderes als ein unbegründeter Schlag in das Gesicht der Sowjetunion. Angesichts des neuen Beweismaterials wird es schwerfallen, diese Linie durchzuhalten. O'Malley, der heute in Oxford lebt, meint dazu: ›1943 stand für mich außer jedem vernünftigen Zweifel fest, daß die Russen verantwortlich waren. Das gleiche gilt für Churchill und seine Regierung.‹ Die britische Regierung ließ sich auf einen Kompromiß mit der Wahrheit ein und lieh ihre Autorität einer Lüge. Anderenfalls wäre die sowjetische Version der Affäre nicht so bereitwillig auf Glauben gestoßen. Am besten wäre es gewesen, wenn Churchill oder Eden ein persönliches Wort gefunden hätten zu einer Zeit, als sie der Regierung nicht mehr angehörten. Eden könnte es immer noch. Mit einem Minimum an Verlegenheit könnte er den Schild ein wenig sauberer putzen. Was immer auch Gomulka gesagt haben mag, für das polnische Volk würde dies sehr viel bedeuten, denn es weiß sehr wohl, daß Stalin das polnische Offizierskorps niedergemetzelt hat. Das Wort ›Katyn‹ kommt ihnen in Momenten antirussischer Aufwallung immer noch über die Lippen . . .« [31]

Im selben Jahr 1971 erscheint in London das Buch von Louis Fitz-Gibbon »Katyn. A Crime without Parallel«. Der Autor war im Zweiten Weltkrieg britischer Verbindungsoffizier zur polnischen Armee. Von 1968 bis 1972 ist er Generalsekretär des Britischen Rats für Flüchtlingshilfe und leitet ein UNO-Programm für den Sudan. 1969 verleiht ihm General Anders das polnische Goldene Verdienstkreuz. Mit dem Buch verbindet er folgende Hoffnung: »Einen souveränen Staat anzuregen, danach zu streben, einen Gerichtshof auf höchster internationaler Ebene einzuberufen, um diesen Fall aufs Neue zu untersuchen.« [32] FitzGibbon ist sich des langen Armes der NKWD-Nachfolgeorganisation KGB bewußt. Als er einen Autor zitiert, der über die Zustände im Lager Kozielsk berichtet hat, nennt er ihn Leutnant »K«, weil »dessen voller Name hier aus Sicherheitsgründen verschwiegen werden soll, weil noch Mitglieder der Familie im kommunistischen Polen leben.« [33] 1980 erscheint das Buch in erweiterter Form in deutscher Übersetzung. [34]

Der bei weitem wichtigste Vorgang jedoch spielt sich 1971 in London ab. Im Oktober konstituiert sich dort unter Vorsitz von Lord Barnby die englisch-polnische Vereinigung »Fonds für das Katyn-Denkmal«. Ziel ist die Errichtung eines Obelisken in London, da es bis dahin keine Gedenkstätte für die ermordeten Offiziere und Intellektuellen im Westen gibt. Das Anliegen faßt das Komitee, das von mehreren Abgeordneten unterstützt wird, so zusammen: »Es ist notwendig, die Toten zu ehren und ihr Andenken hochzuhalten; den Witwen dieser Opfer sowie ihren überlebenden Verwandten, Offizierskameraden und Männern etwas Trost zu spenden; für die Leiden Polens im Einsatz für die Freiheit eine dauernde Ehrung zu gewährleisten; die Wahrheit zu verkünden und den jetzt noch nicht vollendeten Kampf für Gerechtigkeit zu symbolisieren; ein Ereignis in der Geschichte festzuhalten, das auszulöschen schon seit langem sich viele verschworen haben.« Weiter heißt es, daß überschüssiges Geld nach der Errichtung des Denkmals an bedürftige Polen gehen soll, die durch die Massenmorde von 1940 in Not geraten sind. [35] Was auf den ersten Blick unproblematisch erscheint, erweist sich als ein Weg voller Hürden. Da die meisten Polen inzwischen im Londoner Bezirk Kensington wohnen, hält das Komitee zunächst dort nach einem geeigneten Platz für den Obelisken Ausschau. Aus nicht ganz geklärten Gründen müssen die Gespräche mit den Behörden in Sheperd's Green abgebrochen werden. Anschließend bietet zwar der Greater London Council zwei Plätze an, die aber unmöglich vom Komitee akzeptiert werden können: Der eine liegt bei einem Gefängnis in Wormwood Scrubs, der andere ganz in der Nähe des Jahrmarktes im Battersea Park. Die Idee, das Denkmal an einem augenfälligen Platz an der Cromwell Road zu errichten, begeistert zwar das Komitee, muß aber fallen gelassen werden, weil Erweiterungspläne für die Cromwell Road bestehen.

Schließlich scheint die Lösung gefunden zu sein, als der Leiter des »Councils of the Royal Borough« von Kensington und Chelsea, Sir Malby Crofton, dem Komitee das kleine Parkgelände von St. Luke's Gardens anbietet, das bis zur Mitte des 19. Jahrhunderts zum Teil ein Friedhof an der St. Lukas-Kirche war. Unter Anleitung des Ingenieurs wird auch ein Entwurf vorgelegt und vom Planungsausschuß des Stadtbezirks genehmigt. In einem schwarzen Granitobelisken auf einem weißen Stufensockel sollten der polnische Adler mit der Krone, umwunden von Stacheldraht eingraviert und vor allem das Wort »Katyn« und die Jahreszahl »1940« besonders ins Auge fallen. [36]

Der Abgeordnete Airey Neave bringt die Sache am 26. Juni 1972 im Unterhaus vor und beantragt, »daß dieses Haus den Massenmord an über 4000 polnischen Kriegsgefangenen in Katyn 1940 verurteilt, mit ihren Familien Sympathie empfindet und die Vorschläge des Fondausschusses des Katyn-Denkmals begrüßt, in London ein Denkmal für die Opfer zu errichten«. Gut zwei Wochen später hat der

Abgeordnete bereits die Unterstützung von 194 Kollegen aller Parteien. [37]

Doch dann kommen im Herbst die ersten Einsprüche des Londoner »Diocesan Advisory Committee« der Kirche von England. Das Denkmal sei zu groß und für den vorgesehenen Ort unpassend. Nach allerlei Verzögerungen mittels offensichtlich vorgeschobener Formalitätenfragen muß die Sache schließlich im Sommer 1974 vor dem Londoner Diözesan-Konsistorialgericht ausgefochten werden. Im Januar 1975 entscheidet der Londoner Kanzler gegen die Aufstellung des Obelisken in St. Luke's Gardens. Die eigenartige Begründung lautet, der Obelisk stehe zwar nicht im Widerspruch zur früheren Verwendung des Platzes als Friedhof, aber der Royal Borough würde seine Pflicht verletzen, wenn er dort eine Fläche freihielte. Das eigentliche Motiv kommt zum Vorschein, als er seine Mißbilligung der vorgesehenen Jahreszahl »1940« ausspricht, da damit eine »politisch streitsüchtige Absicht verbunden« sei. Inzwischen hatten Kirchenvorsteher auch die Anwohner von St. Luke's Gardens gegen das Projekt aufgebracht, und die Chelsea-Gesellschaft hatte sich in Flugblättern gegen den Obelisken ausgesprochen.

Das Komitee wendet sich schließlich an das geistliche Gericht des Erzbischofs von Canterbury, das sich jedoch als »nicht zuständig« erklärt, wogegen das Komitee wiederum Berufung einlegt. So ist das Komitee gezwungen, einen Großteil der gesammelten Spenden für Anwaltskosten zu vertun.

Als Ausweg bietet der Royal Borough den Friedhof Gunnersbury an. Das Komitee ist alles andere als begeistert, da es einen augenfälligeren Platz wünscht, um die Öffentlichkeit auf die noch nicht abgeschlossene Frage um die Katyn-Lüge aufmerksam zu machen. Um jedoch weiteren Zeitverzug und mögliche weitere Ablehnungen anderer Vorschläge zu verhindern, stimmt das Komitee zu. Und was sehr für den Friedhof Gunnersbury spricht, ist der Umstand, daß dort viele Polen einschließlich General Bor-Komorowski, der Verteidiger von Warschau begraben liegen. [38]

Während sich die regierende Labour Party zurückhält, setzen sich zahlreiche Vertreter der Tories für das Komitee öffentlich ein. Ihre

Artikel und Leserbriefe vor allem an den »Daily Telegraph« und die
»Times«, aber auch an regionale Zeitungen lösen ein Echo in Westeuropa, Amerika, Südafrika und Südamerika aus. Und das wiederum führt zu Spenden von Polen hauptsächlich in den USA, die einen
Großteil der Finanzierung übernehmen. In Chicago gibt es inzwischen ebenfalls ein Katyn-Komitee, das die Errichtung des Obelisken in London unterstützt.

Die öffentliche Beachtung des Denkmalprojekts alarmiert die Sowjets. Die Botschafter Moskaus und Warschaus protestieren heftig
gegen das Vorhaben. Der sowjetische Botschafter schreibt an den
Bürgermeister von Kensington und Chelsea und fordert fast im Be-
fehlston, die Errichtung des Obelisken nicht zuzulassen. Die Sowjets
erklären, daß sie alles unternehmen würden, um die Errichtung des
Obelisken zu verhindern. Die wichtigsten Förderer des Projekts erhalten Drohanrufe. Doch weitaus schlimmere Dinge geschehen.

Anfang Dezember 1975 erscheint im Büro eines Geschäftsmannes
deutsch-polnischer Herkunft, der sich für das Katyn-Komitee engagiert und selbst großzügig gespendet hat, ein Mann, der erklärt,
Drews zu heißen und aus Ost-Berlin zu kommen. Der Geschäftsmann erzählt: »Der Mann kommt herein und bietet in geradzu for-
dernder Art und Weise seine Mitarbeit an. Ich sagte: ›Aus Ost-Berlin
kann nichts Gutes kommen.‹ Ich hatte ein derart merkwürdig beäng-
stigendes Gefühl allein durch die Gegenwart dieser Person, daß ich
fast die Kontrolle über mich verlor und ihn anschrie: ›Verschwinden
Sie!‹ Die Referenzschreiben mehrerer Juweliere, die er mir vorgelegt
hatte, habe ich dennoch prüfen lassen. Nicht einer der Angeschrie-
benen hat überhaupt geantwortet.« [39]

Als der Geschäftsmann seine Frau anruft, mit der er allerdings nicht
zusammen wohnt, muß er erfahren, daß der obskure Mann sich bei
ihr gemeldet und sich als sein Geschäftspartner ausgegeben hatte. Er
hatte ihr eine rührselige Geschichte so beredt erzählt – er warte auf
Geldanweisung aus Berlin und sei nun ganz hilflos in London –, daß
die Frau ihm zunächst das Gästezimmer überläßt.

Das Entsetzen ist groß, der Mann inzwischen auch wieder abgereist.
Nun erhält auch die Frau Drohanrufe. Unter ihre Haustür werden

Zeitungsausschnitte der »Times« geschoben, in denen die Drohung
der Sowjets zitiert wird, alles zur Verhinderung des Katyn-Denkmals
zu unternehmen.

Der Geschäftsmann erzählt weiter: »An einem Wochenende ruft
meine Frau an. Sie habe eine kleine Party, und ob ich nicht rüber-
kommen wolle. Ich war sehr müde und bin nicht mehr gegangen. Als
ich sie am Montagmorgen nicht erreichen konnte, habe ich mir erst
nichts dabei gedacht und einen Mitarbeiter gebeten, zwischendurch
bei ihr anzurufen. Aber sie meldete sich nicht. Am Dienstagmorgen
kamen drei Polizeibeamte zu mir ins Büro. Die Reinemachefrau, die
einen Schlüssel besaß, hatte nicht in die Wohnung gelangen können,
da etwas mit dem Schloß nicht stimmte, und schließlich die Polizei
verständigt. Dort wurde meine Frau tot aufgefunden.«

In der Wohnung findet die Polizei vier Gläser mit Resten von
Drinks. Drei davon weisen keine Fingerabdrücke auf. Die Fingerabdrücke des einen Glases sind von der Frau des Geschäftsmannes. Es
wird zwar ein Röllchen mit Schlaftabletten entdeckt, aber es fehlt nur
die vom Arzt verordnete Anzahl. Die Ärzte stehen vor einem Rätsel.
Der Geschäftsmann wendet sich schließlich an den britischen Geheimdienst, da die Drohungen im Zusammenhang mit dem Katyn-
Projekt böse Vermutungen in ihm aufkommen lassen. Bei einer weiteren Obduktion hört er einen britischen Beamten sagen: »It could
have been a Russian job.« Der britische Geheimdienst rät dem
Geschäftsmann, in den folgenden Wochen laufend das Hotel zu
wechseln und niemandem seinen gegenwärtigen Aufenthaltsort
mitzuteilen.

Die Erkenntnisse der Ärzte bleiben mehr als vage: »Alkohol in Verbindung mit unbekanntem Gift.« Warum man seine Frau und nicht
ihn ermordet hat? Der Geschäftsmann beantwortet die Frage für
sich so: »Wer jemanden handlungsunfähig machen will, schlägt ihm
den rechten Arm ab. Ich selbst war aufgrund meiner Verbindungen
und meines Umgangs für einen östlichen Geheimdienst lebendig
sicherlich weiterhin wertvoller als tot.«

Auch der Autor Louis FitzGibbon, der sich für das Katyn-Projekt
engagiert, muß in Furcht leben. Er erhält ebenfalls Drohanrufe. Auf

einer Urlaubsfahrt in Frankreich wird seine Frau zusammengeschlagen. Sie behält bleibende Schäden zurück. Er und seine Freunde sind überzeugt, daß es sich nicht um einen »normalen Überfall« im Sinne von Alltagskriminalität handelt.

Das Komitee »Fonds für das Katyn-Denkmal« läßt sich nicht einschüchtern. Am 1. Juli 1976 findet die Grundsteinlegung auf dem Gunnersbury-Friedhof statt. Der Einweihungstag wird auf den 18. September 1976 festgelegt, ein Samstag nach dem 37. Jahrestag des sowjetischen Einfalls in Polen.

Das Komitee lädt die Botschaften zahlreicher Staaten und Vertreter der Religionsgemeinschaften zur Enthüllungszeremonie ein. Der erwähnte Geschäftsmann schreibt selbst einen Brief an die amerikanische Botschafterin Anne Armstrong und vergißt nicht auf die Erwartungen der Millionen amerikanischen Wähler polnischer Abstammung hinzuweisen. Mrs. Armstrong hält Rücksprache mit Washington und sagt eine amerikanische Repräsentanz zu.

Ganz anders dagegen verhält sich die britische Labour-Regierung unter Premier Callaghan. Sie weigert sich, einen offiziellen Vertreter zu entsenden. Das von Owen geführte Außenministerium übt Druck auf das Verteidigungsministerium aus, das seinerseits britischen Soldaten verbietet, in Uniform an der Einweihungsfeier teilzunehmen. So wird auch nichts aus der vorgesehenen Teilnahme einer 30 Mann starken Militärkapelle sowie zweier Kavallerie-Trompeter und eines Marine-Offiziers. [40] Zur Begründung führt die Regierung an, die Schuldfrage sei niemals zu ihrer Zufriedenheit geklärt worden. Das ist nicht nur ein Affront gegen den amerikanischen Kongreß mit seinem Untersuchungsausschuß von 1952, sondern auch gegen den westdeutschen Freund und Verbündeten wie ebenso gegen die knapp 50 000 Exilpolen in Großbritannien.

Mehrere Abgeordnete der konservativen Opposition protestieren gegen den Beschluß der britischen Regierung. Ein Sprecher erklärt, mit ihrer Entscheidung habe die Regierung gezeigt, daß sie nichts tun wolle, was Moskau mißfalle. [41] Der konservative Abgeordnete Winston Churchill, Enkel des Kriegspremiers, schreibt an die »Times«: »Eine traurige und schändliche Ehrbezeichnung vor dem

Opfer des tapferen Verbündeten, für den Großbritannien in 1939 in den Krieg zog.« [42] Sir John Slessor, Marschall der Royal Air Force, bescheinigt der Regierung »unüberbietbar schlechte Manieren und feige Undankbarkeit«. [43]

Der größte Teil der britischen Presse kritisiert die Regierung. Die »Times« kommentiert: »In den 30 Jahren seit Kriegsende ist genug veröffentlicht worden, um jeden, der kein engagierter Verteidiger der Sowjets ist, davon zu überzeugen, daß das Massaker tatsächlich 1940 verübt wurde, als Katyn unter sowjetischer und nicht deutscher Kontrolle stand. Es ist natürlich, daß die polnische Bevölkerungsgruppe in unserem Lande und ihre britischen Freunde der Opfer des Massakers gedenken und das Datum festhalten wollen, an dem es sich ereignete ... Die amerikanische Regierung wird offiziell vertreten sein. Bedauerlicherweise gilt dies nicht für die britische Regierung ... Die polnischen Offiziere und Mannschaften, die als Verbündete Großbritanniens einer Macht zum Opfer fielen, die zwar nicht unser Gegner, wohl aber in diesem Augenblick keineswegs unser Freund war, verdienen nach 36 Jahren zumindest eine symbolische Anerkennung.« [44]

Britische konservative Abgeordnete äußern sich auch in der Parlamentarischen Versammlung des Europarats empört und ermuntern ihre deutschen Kollegen, die Sache nicht auf sich beruhen zu lassen. In der Politischen Kommission kommt die Haltung der Labour-Regierung zur Sprache. [45]

In der »Welt« schreibt Carl Gustaf Ströhm: »Die Behauptung der britischen Regierung ist mehr als fadenscheinig. Hier geht es um Soldaten, die Großbritanniens treueste Verbündete waren. Außerdem besteht an der Täterschaft der Sowjets kein Zweifel. Die gleiche britische Regierung empfing den Außenminister der okkupierten CSSR dieser Tage mit allen Ehren.« [46]

Der sowjetische Botschafter in London, Wladimir Semenow, lärmt noch einmal und nennt den Obelisken »provokativ«. Mit ihm werde versucht, »die schmähliche Goebbels-Propaganda wiederaufleben zu lassen, deren Ziel die Verschleierung der Nazi-Verbrechen war«. [47]

Am 18. September 1976 findet die Einweihung an einem sonnigen Samstagmorgen statt. Rund 3000 Exilpolen aller Generationen haben sich vor dem sechseinhalb Meter hohen Obelisken aus schwarzem Granit eingefunden. Auch eine Abordnung des amerikanischen Katyn-Komitees Chicago ist angereist. Die amerikanische Botschaft ist durch Louis Dale vertreten, da seine Botschafterin Anne Armstrong sich derzeit in Washington aufhält. [48] Ein Schotte ist in Mißachtung der Weisung seiner Regierung in voller Uniform erschienen. Die Regierung sieht anschließend jedoch von Disziplinarmaßnahmen ab und zieht es vor, kein weiteres Aufheben zu machen. Hinzu kommen Vertreter des britischen öffentlichen Lebens und aus dem Ausland. Zahlreiche Grußbotschaften aus dem In- und Ausland liegen vor. [49]

Der ehemalige Leutnant Tadeusz Kryska-Karski, dessen Vater in Katyn liegt, steht in der kompletten Felduniform von 1939 mit Stahlhelm, Stiefeln, Sporen und Säbel da. Er führt die Pfadfinder mit ihren Standarten zu ihren Plätzen am Obelisken. [50] Standartenträger stellen sich im Halbkreis hinter dem Obelisken auf, während Trompeter Fanfaren aus Panufniks »Sinfonia Sacra« spielen. Die Anwesenden singen die alte polnische Nationalhymne »Noch ist Polen nicht verloren« und »God Save the Queen«. Das Tuch, das den Obelisken verhüllt, ist aus dem Union Jack und der rot-weißen Fahne Polens zusammengesetzt. Die Totenklage des Dudelsackpfeifers ist gerade verhallt, als Beifall aufkommt. Er gilt dem Abgeordneten Winston Churchill, der einen Kranz niederlegt. Lord Barnby hält eine Ansprache: »Diese Feier wird von geschichtlicher Bedeutung werden – einmal, weil sie von einem Sieg der Wahrheit berichtet, denn mit der Errichtung dieses glänzenden und würdevollen Denkmals ist endlich für die Nachwelt den ritterlichen Opfern eines überaus heimtückischen Verbrechens die geeignete Ehrung dargebracht, eines Verbrechens, welches, während es das Gewissen der Menschheit peinigt, bis heute noch umstritten geblieben ist, ein furchtbares Beispiel eines tyrannischen Versuchs, einen großen Teil der damals gefangenen polnischen Intelligenz auszumerzen.« [51]

Dann spricht der Präsident der immer noch in London ansässigen

Exilregierung, Ostrowski: »Wenn wir jetzt vor diesem Denkmal stehen, wandern unsere Gedanken und Gefühle zurück zu dem Wald von Katyn und zu all den anderen Örtlichkeiten in der Sowjetunion, wo die Gebeine unserer Landsleute unaufhörlich nach Gerechtigkeit rufen. Wir werden mit all unseren Bemühungen nicht innehalten danach zu trachten, daß Gerechtigkeit durch eine feierliche Verdammung jener erfolgt, die dieses Verbrechen begangen haben.« [52] Anschließend hält der stellvertretende Vorsitzende des Komitees Lord St. Oswald eine Huldigungsrede für das polnische Volk. [53]

Die eigentliche Enthüllung ist Maria Chelmecka, Witwe eines der Opfer von Katyn, vorbehalten. Die alte polnische Dame wird von zwei Begleitern die Stufen zum Obelisken hinaufgeführt, während ein polnischer Pfadfinder einen Trommelwirbel anschlägt. Sie nimmt das Seil, die Umhüllung fällt. Unter dem polnischen Adler mit der Krone ist eingemeißelt: »Katyn 1940«. Auf dem Sockel stehen in goldfarbener Inschrift die Worte: »Das Weltgewissen verlangt, daß die Wahrheit bezeugt wird.« Der Trompeter bläst eine Reveille in der polnischen und in der britischen Fassung. Nachdem die Bischöfe H.E. Rubin, Mathew, Fierla und für die polnisch-jüdische Gemeinde S. Frisner das Denkmal gesegnet haben, defilieren die Tausenden langsam an dem schwarzen Granit-Obelisken vorbei. 294 Kränze und Sträuße werden niedergelegt.

Der Reporter der »Welt« merkt an, die Menge sei absonderlich heiter, unordentlich sogar; die Veranstaltung habe den Charakter einer Art Volksfeierstunde für Briten und Polen. Und er fügt hinzu: »Doch diese Heiterkeit war wohl jene nach dem Schmerz.« [54]

Wer fehlt bei den Feierlichkeiten, sind die meisten Repräsentanten diplomatischer Vertretungen. Von 34 eingeladenen Botschaften sind lediglich die USA, Bolivien, Kolumbien, Liberia, Südafrika, Brasilien und Uruguay vertreten, also kein einziger westeuropäischer Staat. Angesichts der Haltung der britischen Regierung und der Beschimpfungen der Sowjets sehen viele Botschaften in der Einladung offensichtlich eine politisch heikle Angelegenheit. FitzGibbon merkt dazu an: »Es hatte den Anschein, daß das verabredete Stillschweigen immer noch lebte, selbst nach so vielen Jahren. Wenn die westlichen Verbündeten 1943 oder 1946, ja selbst 1952 noch irgendwelche Entschuldigungen hätten haben können, abseits zu bleiben, so waren doch wohl 36 Jahre später derartige Entschuldigungen hinfällig geworden. Aber es war der Fall.« [55]

Jährlich wird von nun an eine Gedenkfeier am Londoner Katyn-Obelisken abgehalten. 1979 entscheidet sich auch die britische Regierung erstmals, einen offiziellen Vertreter zu entsenden. [56] Der Grund ist, daß vor wenigen Monaten die Konservativen unter Margaret Thatcher die Labour Party in der Regierungsverantwortung abgelöst haben.

Die Tätigkeit des Katyn-Komitees in London und die Errichtung des Obelisken sind deshalb so wichtig, weil die Auswirkung auf Polen enorm ist. Polnische Untergrundbewegungen stehen in Kontakt mit ihren Freunden in London. Bei nationalen Manifestationen spielt Katyn in Polen eine herausragende Rolle. Die symbolische Bedeutung Katyns auch für die Solidarnosc-Bewegung wird im Westen häufig weit unterschätzt. Beispielsweise ist es jener Geschäftsmann, dessen Frau tot aufgefunden wurde, der die Kosten für den Druck von Flugblättern und von sechs Ausgaben der Solidarnosc-Untergrundzeitung übernimmt und auch dabei hilft, daß sie erfolgreich nach Polen geschmuggelt werden. Auch das Buch des Briten Fitz-Gibbon über Katyn läßt er nach Polen schmuggeln, indem er Exemplare in umfangreicheren, »harmlosen« Büchersendungen an Universitäten versteckt. Einmal findet ein Zöllner das Buch, sieht es sich kurz an und erklärt dem Abholer in Polen, es nicht ausliefern zu können. Augenzwinkernd bittet er um die Adresse des Abholers. Nach drei Wochen trifft es dort ein. Offensichtlich hatte der Zöllner es wohl zunächst selbst lesen wollen, um sich dann an der illegalen Verbreitung zu beteiligen. Auch unter den in Polen selbst hergestellten Samisdat-Schriften kursieren gut belegte Arbeiten über Katyn.

Die Verbindung von Untergrundbewegung und Katyn-Frage machen der polnischen Führung schwer zu schaffen. Gomulkas Nachfolger Edward Gierek versucht sich zwischen der Stimmung in der Bevölkerung einerseits und der offiziellen Tabuisierung anderer-

seits durchzumogeln, indem er jedes Jahr von hohen Offizieren
Kränze in Katyn niederlegen läßt. Die Nachrichten darüber erscheinen etwas versteckt auf den hinteren Seiten der polnischen Zeitungen. Breschnew toleriert diese Lösung zumindest. [57]

1975 zieht die Regierung die Schrauben an. Die oberste Zensurbehörde gibt im Januar Richtlinien heraus, daß »jegliche Versuche, die
Verantwortung für den Tod polnischer Offiziere im Wald von Katyn
der Sowjetunion zuzuschreiben«, zu unterbinden seien; im Radio
und in den Zeitungen dürfe nichts über das Verbrechen erscheinen.
Das Verbrechen von Katyn darf nur bei privaten Anlässen – etwa bei
Gottesdiensten – und selbst in Anschlägen für Gedenkgottesdienste
oder in Nekrologen nur mit Genehmigung der Zensurbehörde erwähnt werden. Bei wissenschaftlichen Abhandlungen, in biographi-
schen Notizen und Erinnerungen darf die Wendung »gestorben bzw.
gefallen bzw. erschossen durch die Hitlerdeutschen in Katyn« nur
verwandt werden, wenn gleichzeitig das Todesdatum »nach Juli
1941« bescheinigt wird. [58]

Aber mit derartigen administrativen Maßnahmen ist der wachsenden Freiheitsbewegung nicht mehr beizukommen. Seit den späten
siebziger Jahren versammeln sich an jedem 1. November zu Allerheiligen Polen auf dem Powazki-Heldenfriedhof in Warschau, wo
ehemalige Aufständische, unabhängige Politiker, aber auch kommunistische Spitzenfunktionäre begraben liegen. Inmitten eines Bir-
kenhains halten sie kirchliche und patriotische Gedenkfeiern für die
Opfer von Katyn ab. Die Senke wird als »Dolina Katynska« (Katyn-
mulde) bekannt. [59]

Das oppositionelle »Komitee für gesellschaftliche Selbstverteidi-
gung« (KOR) fordert die Regierung in Warschau auf, endlich mit der
Aufklärung der sowjetischen »Völkermord-Verbrechen« zu beginnen. Von 230 000 polnischen Soldaten, die 1939 in Gefangenschaft
geraten seien, hätten nur 82 000 überlebt. Von 1,6 bis 1,8 Millionen
Polen, die aus den ostpolnischen Gebieten verschleppt worden
seien, hätten 600 000 durch Hunger und Erschöpfung den Tod gefunden. Nach 1944 seien zehntausend der Armija Krajowa (Untergrundarmee) inhaftiert worden und nie wieder zurückgekehrt.

Gleichzeitig fordert das Komitee die endgültige Aufdeckung der Hintergründe der Massaker von Katyn. In der Erklärung unterscheidet das Komitee deutlich zwischen Stalin und den jetzigen Machthabern in der UdSSR. [60]

Das Jahr 1980 markiert eine Zäsur. Polen in aller Welt proklamieren es gemeinsam mit der unzensierten Oppositionspresse in Polen zum »Katyn-Jahr« – genau 40 Jahre nach den Morden. Anfang 1980 gründet in Polen das oppositionelle »Gründungskomitee der Verständigung junger Menschen – Unabhängigkeit und Demokratie« ein »Katyn-Institut« und richtet einen Appell an Parteichef Edward Gierek und Ministerpräsident Piotr Jaroszewicz, das Verbrechen zu klären. [61] Die Opposition macht sich zum Sprecher der Angehörigen der Opfer von Katyn, die die Hintergründe der Morde aufgehellt sehen, die Lage der Gräber der Toten von Starobielsk und Ostaschkow erfahren und die Mordstätten besuchen wollen. In den Monaten der Solidarnosc überschwemmen Flugblätter mit Beiträgen über Katyn das ganze Land. Mitte April 1980 begeht die von Leszek Moczulski geführte Dissidentengruppe »Konföderation Unabhängiges Polen« (KPN) den 40. Jahrestag der Morde mit Gedenkveranstaltungen. Auch besondere Gottesdienste werden abgehalten. [62].

Im selben Jahr steht der Besuch des neuen polnischen Parteichefs Stanislaw Kania in Moskau an. Die Sowjets zeigen sich um eine Geste bemüht. Am 13. Oktober 1980 gedenken die KPdSU und Repräsentanten des Staates des 37. Jahrestags der Gründung der polnischen Armee und legen bei Katyn einen Kranz für die ermordeten Offiziere nieder. Die Meldung darüber, von TASS verbreitet und auch im sowjetischen Fernsehen verlesen, erreichen aber das Gegenteil einer beabsichtigten Besänftigung der Polen. Die Sowjets gedenken nämlich der »1941 von den Deutschen« ermordeten Polen. So fragt Carl Gustaf Ströhm in der »Welt«: »Eine Flucht nach vorn, aus Furcht vor dem polnischen Nationalgefühl? Oder die zynische Bekundung, daß die Sowjets im Umgang mit den Polen zu allem fähig sind?« [63] Bemerkenswert ist auch, was die sonst wegen ihrer Qualität geschätzte Nachrichtenagentur Reuter in ihrer Meldung aus Moskau als historische Erklärung anhängt. »Über den Tod der polnischen Offiziere, die 1939 von der sowjetischen Armee gefangengenommen wurden, liegen widersprüchliche Angaben vor. Die in die Sowjetunion eingefallene deutsche Wehrmacht berichtet 1943, sie habe in der Nähe von Smolensk im Wald von Katyn ein Massengrab mit den Leichen der polnischen Offiziere entdeckt. Die damalige deutsche Führung beschuldigte die sowjetische Armee, die Offiziere während des Rückzugs getötet zu haben. Die Sowjetunion wiederum erklärte, die gefangenen polnischen Soldaten seien in die Hände der Deutschen gefallen, die für das Blutbad verantwortlich seien.« [64] Abgesehen von sachlichen Fehlern – nicht die Rote Armee, sondern das NKWD wurde von den Deutschen beschuldigt; die Offiziere waren nicht auf dem Rückzug, sondern befanden sich in NKWD-Lagern, als gar nicht Krieg geführt wurde – zeigt diese Erklärung, was Propaganda, wenn sie nur unverschämt genug ist, bewirken kann. Die Reuter-Erklärung liest sich scheinbar »objektiv«, so als ob Aussage gegen Aussage stünde, obwohl tatsächlich kein Zweifel mehr an der Schuld der Sowjets bestehen kann.

Anfang November 1980 sind es bereits Hunderte von Polen, die zu Allerheiligen der Ermordeten auf dem Warschauer Powazki-Friedhof gedenken. Sie versammeln sich um die mit Kerzen, Fahnen und Blumen geschmückte »Katyn-Mulde«. Außerdem ist an der Gedenkstätte eine Fotoausstellung aufgebaut. [65]

Für die Regierung sind diese Versammlungen nicht der einzige Grund zur Sorge. Im Sommer 1980 stoßen polnische Arbeiter, die an der »Freundschafts-Pipeline« in der Sowjetunion arbeiten, bei Ausschachtungsarbeiten in der Nähe der Stadt Orenburg auf Leichen polnischer Offiziere. Ein älterer Sowjetbürger hatte den Polen zusätzliche Hinweise gegeben. Es kommt die Vermutung auf, es könne sich um die Gräber der Insassen des Lagers Starobielsk handeln. Die polnischen Arbeiter werden sofort in ihre Heimat zurückgeschickt. Die in London erscheinende polnische Exilzeitschrift »Rzeczpospolita Polska« (Republik Polen) läßt ihre Leser wissen, daß man »aus verständlichen Gründen« die Namen der Arbeiter nicht veröffentlichen könne. [66]

Etwa gleichzeitig kursiert in Polen eine heimlich gedruckte Dokumentation über Katyn. Als Verfasser werden auf dem Titelblatt Jan Abramski und Ryszard Zywiecki genannt. Die polnischen Sicherheitsorgane können diese Personen nicht ermitteln. Und trotzdem sind die Namen allgemein bekannt: Es handelt sich um den alphabetisch ersten und den letzten Namen auf der Totenliste von Katyn. [67].

Der Zusammenhang zwischen polnischer Opposition und der Katyn-Lüge beunruhigt auch die Moskauer Kommunisten. Mitte April 1981 kritisiert die »Prawda« in einem Kommentar die in Polen abgehaltenen Gedenkfeiern zu Ehren der Opfer von Katyn. Der Kommentator behauptet, daß »antisowjetische und konterrevolutionäre Kräfte auf dem Warschauer Friedhof einen antisowjetischen Sabbat« veranstaltet hätten. In dem Bestreben, die sowjetisch-polnische Freundschaft zu beschmutzen, hätten die Organisatoren und die Anwesenden Hitlers Version von der Ermordung verbreitet. [68] Im August 1981 versammeln sich täglich Tausende von Polen auf dem Powazki-Friedhof. Die Trauerkundgebungen werden zum Manifest des nationalen Widerstands, Katyn Symbol des »Martyrium Polens«. Anfang Dezember 1981 wohnen rund tausend Polen auf dem Powazki-Friedhof der symbolischen Grundsteinlegung für ein Mahnmal für die Katyn-Opfer bei. Um die Sache nicht von vornherein unmöglich zu machen, sollen die Täter nicht ausdrücklich genannt werden. Mitglieder der Solidarnosc, der Konföderation für ein unabhängiges Polen (KPN) und Angehörige der Opfer errichten zunächst ein mit Blumen und Fahnen geschmücktes Birkenkreuz. Die Aufschrift lautet »Katyn – 1940«. Andrzej Szumanski, einer der Organisatoren, erklärt, die Errichtung eines Mahnmals richte sich nicht gegen die Sowjetunion. »Aber freundschaftliche Beziehungen sollten auf der vollen Wahrheit über die Vergangenheit beruhen, selbst wenn diese Wahrheit schmerzlich ist. Dieses Denkmal wird die Hoffnung ausdrücken, daß das System, das zu solch schrecklichen Verbrechen geführt hat, sich nicht wiederholen möge, daß unsere Nation nicht noch einmal eine solche Erfahrung durchleben muß.« [69]

Am 13. Dezember 1981 wird über Polen das Kriegsrecht verhängt.

Die Solidarnosc wird verboten. Das provisorische Mahnmal auf dem Powazki-Friedhof wird von den Behörden weggeräumt. Jetzt nimmt sich der offizielle Veteranen-Verband »Zbowid« der Denkmal-Idee an. Die Inschrift soll lauten: »Katyn – 1941«. [70]

Zum 43. Jahrestag des Einmarsches der Roten Armee in Ostpolen veranstalten Anhänger der verbotenen Solidarnosc am 17. September 1982 Protestaktionen. Die Hauptdurchgangsstraße Marszalkowska in Warschau ist mit Flugblättern der Solidarnosc übersät. Auch in anderen Städten werden sie verteilt. Auf dem Heldenfriedhof in Warschau versammeln sich Hunderte zu einem Gottesdienst. [71]

Anfang August 1983 sind es bereits Zehntausende, die sich zum Gedenken des Warschauer Aufstandes vor 39 Jahren auf dem Powazki-Friedhof drängen, wo die meisten Aufständischen begraben liegen. Einige tausend Menschen sammeln sich um die »Katyn-Mulde«. Sie singen Lieder der verbotenen Solidarnosc und legen immer wieder Blumen nieder. [72] Anschließend läßt die Regierung den Bereich durch einen Bretterzaun abriegeln und bewachen.

Die Vorgänge in Polen können nicht ohne Rückwirkungen auf die Sowjetunion bleiben. Der neue Parteichef Jurik Andropow versucht, das Thema Katyn aus jeder Diskussion herauszuhalten. In der Abteilung für Internationale Informationen beim ZK sitzt derzeit Valentin Falin. Der gelernte Dreher und Schlosser aus der Moskauer Fabrik »Roter Proletarier« war 1945 in das Institut für internationale Angelegenheiten, eine Art Diplomatenschule eingetreten und hatte dort 1950 ein glänzendes Examen abgelegt. Er wurde nach Berlin und Wien geschickt und schließlich sogar in das sogenannte Kollegium des Außenministeriums der UdSSR aufgenommen, wo sonst nur stellvertretende Außenminister saßen. Damals wurde er oft als »Gromykos bester Schüler« bezeichnet. Als der beste Deutschland-Spezialist Moskaus wurde er 1971 Botschafter in Bonn. 1978 steigt er zum stellvertretenden Leiter der Abteilung für internationale Informationen beim ZK der KPdSU und schließlich zum Kandidaten des ZK auf.

Doch Anfang 1983, nach dem Tod Breschnews, degradiert ihn

Andropow zum »Sonderkorrespondenten« der Regierungszeitung »Iwestija«. [73] Was war geschehen? Falins Vergehen nach eigenen Angaben: »Eigenmächtige Recherchen über die Katyn-Tragödie.« [74]

Erst nach dem Amtsantritt Gorbatschows geht es wieder aufwärts. Falin wird im März 1986 Leiter der Presseagentur »Nowosti«, die für das Image im Ausland verantwortlich ist, für das die neue Wochenzeitung »Moscow News« (Moskowskije Nowosti) geschaffen wird. Im Oktober 1988 übernimmt er die Leitung der Internationalen Abteilung des ZK von Dobrynin unter der Aufsicht des Gorbatschow-Vertrauten und Politbüromitglieds Jakowlew.

In Deutschland wird 1983 das Buch »Katyn – Ungesühntes Verbrechen« von Josef Mackiewicz noch einmal verlegt. Es erscheint im exilrussischen Possev-Verlag in Frankfurt am Main, weil sich kein deutscher Verlag findet. Zur Neuausgabe schreibt er, daß die erste Ausgabe nicht nur seit vielen Jahren vergriffen, sondern auch »auf geheimnisvolle Weise aus den Bibliotheken und Katalogen verschwunden« sei. [75]

Wie war es dem Autor, der 1949 im Schweizer Thomas-Verlag das erste Buch in deutscher Sprache über Katyn herausgebracht, das in den nachfolgenden Jahren in acht Sprachen übersetzt und in 16 Sprachen in der ganzen nichtkommunistischen Welt rezensiert worden war, inzwischen ergangen? 1955 zog er von London nach München, als seine Frau Barbara Toporska, die für den Sender »Voice of America« arbeitete, nach München versetzt wurde. Die Familie lebte in bescheidenen Verhältnissen. Mackiewicz, der von seinen eigenen Landsleuten wegen seiner unvoreingenommenen Haltung gegenüber Deutschland verschiedentlich als »germanophil« angegriffen wurde, befand sich als Individualist und Wahrheitssuchender zwischen allen Fronten in der publizistischen Isolation. Dazu trug nach eigener Deutung seine Kritik an der Ostpolitik des Papstes und an den Dissidenten viel bei. [76] Als die Wahl des Polen Woytyla zum Papst das Nationalgefühl der Polen beflügelte, machte Mackiewicz in der Pariser »Kultura« den Vorschlag, der Papst möge eine Messe für die 1940 ermordeten polnischen Offiziere und Intellektuellen lesen. Polen in Amerika griffen den Gedanken auf und sammelten Geld, das sie für die Lesung der Messe nach Rom schickten. Aber der Papst lehnte ab. [77] Kirchliche Stellen brachen bisherige Kontakte zu Mackiewicz ab.

Besonders die Entspannungspolitik hatte nach Mackiewicz' eigener Einschätzung eine Atmosphäre geschaffen, in der Antikommunisten oft als Störenfriede erschienen. Verbittert schrieb er Mitte der achtziger Jahre: »Ich gehöre nicht zu den sogenannten ›Dissidenten‹, die heute im Westen groß gemacht werden, doch unter den Sowjets manchmal hohe Stellen einnahmen, und erst nach Jahrzehnten zu ›Regimekritikern‹ wurden oder gemacht wurden. Ich verabscheute das Grau-in-Grau der unendlichen Verlogenheit von vornherein.« [78]

Die zweite Auflage 1987 des Neudrucks im Possev-Verlag erlebt der Autor nicht mehr, der in den letzten Jahren von der Sozialhilfe lebt. Er stirbt am 31. Januar 1985 in München. Seine Urne wird nach London gebracht.

Auch in Polen erscheinen inzwischen Bücher, die das Thema Katyn zumindest streifen. So heißt es in einem Schulbuch für die achte Klasse von 1984: »Die Deutschen beschuldigten die UdSSR der Tat. Die sowjetische Regierung wies den Vorwurf sofort kategorisch zurück. Die (polnische Exil-) Regierung unter Sikorski entschied sich, das Internationale Rote Kreuz mit den Untersuchungen zu beauftragen. Im Zusammenhang damit warf die sowjetische Regierung der polnischen Regierung Zusammenarbeit und Verschwörung mit Hitler vor.« [79] In einer mehrbändigen Geschichte Polens aus dem Jahr 1982 war Katyn noch schlichtweg übergangen worden. [80]

Aber das reicht den Aktivisten der Bürgerrechtsgruppen und der offiziell verbotenen Solidarnosc nicht. Der Historiker Adam Michnik beanstandet, daß nur »die fügsamsten Historiker« beider Länder ein Monopol haben, das Verbrechen von Katyn zu interpretieren. »Ist nicht die Zeit gekommen, zu sagen: Für unsere und für eure Wahrheit?« [81] Anfang 1984 errichten polnische Bürger anläßlich des vierzigsten Jahrestags des Warschauer Aufstandes vom Sommer 1944 auf dem Powazki-Friedhof wieder ein Holzkreuz für die Opfer von Katyn. [82]

Zum 45. Jahrestag der Morde von Katyn gibt die Solidarität 1985 über ihre Untergrundpost eine Briefmarken-Sonderserie heraus, die an Ereignisse der jüngeren polnischen Geschichte erinnert. Eine dieser Marken ist Katyn gewidmet. Von Zeit zu Zeit tauchen die »Briefmarken« sogar zur Irritation des Sicherheitsdienstes SB und zur Schadenfreude der Empfänger im regulären Postdienst auf. Sie gehören seither zu den begehrtesten Sammlerstücken. Besonders Auslandspolen sind bereit, mehrere hundert Mark dafür auszugeben. In Polen sind sogar einfache Leute willens, einen beträchtlichen Teil ihres Monatslohns für Serien hinzulegen, um die Solidarnosc auf diese Weise zu unterstützen. [83]

Die Warschauer Regierung versucht, der Oppositionsbewegung Wind aus den Segeln zu nehmen, indem sie sich selbst des Wunsches nach einem Katyn-Mahnmal annimmt. An der Stelle, wo sich die Menschen auf dem Powazki-Friedhof immer wieder versammeln, wird ein Bauzaun aus Brettern errichtet. Ende März, Anfang April – also kurz vor Ostern 1985 – steht an der Stelle plötzlich, ohne vorherige Ankündigung, ein etwa vier Meter hohes, aus Granit gehauenes weißes Kreuz. Kein Bericht in irgendeiner polnischen Zeitung, kein übliches Preisausschreiben für den besten Entwurf, keine Nennung des Künstlers, keine Zeremonie – plötzlich ist das Denkmal einfach da, die Regierung versteckt sich. Den verblüfften Betrachtern verschlägt es noch mehr die Sprache, als sie die Inschrift am Fuß des Kreuzes lesen: »Den polnischen Soldaten, Opfern des Hitlerfaschismus, die in der Erde von Katyn ruhen.« [84]

Die in aller Stille erfolgte Denkmalerrichtung spricht sich sofort in ganz Polen herum. Die Polen reagieren angeekelt und empört auf diesen faulen Kompromiß, das Verbrechen den Deutschen anzulasten, um den sowjetischen Erwartungen zu entsprechen, auf die Jahreszahl aber zu verzichten. Eine Besucherin wendet sich nach dem Lesen der Inschrift ab und sagt nur »Lügen, Lügen«. [85] Ein anderer Besucher schreibt am Ostermontag in den Sand neben dem Gedenkstein: »Katyn 1940 – NKWD«. Demonstrativ entzünden an-

dere Kerzen um diese »Inschrift im Sand« und legen Blumen nieder.
[86] Das ZDF will Aufnahmen machen. ZDF-Korrespondent Gün-
ter Schubert: »Man hatte uns empfohlen, diese Aufnahmen schnell
zu machen, denn dieses Denkmal könnte über Nacht zerstört werden.« [87]

Das Schweigen der Regierung wird durchbrochen, als ein Regierungssprecher kurz erklärt, der Text der Inschrift »gibt unseren
Standpunkt wieder«. Das Denkmal sei durch den Willen der Regierung und des Volkes entstanden. [88] Damit aber kommt sie nicht
aus ihrer Zwickmühle heraus. Die »Neue Zürcher Zeitung« schreibt:
»Das Bedenkliche an Jaruzelskis Abweichung von der Haltung seiner Vorgänger besteht nach Ansicht vieler Polen darin, daß mit der
Hinnahme der sowjetischen Version vom Verbrechen von Katyn die
Schändung eines Symbols der nationalen Märtyrologie der Nation
vollzogen wurde. Darin scheinen sich polnische Kommunisten,
Nichtkommunisten, Gläubige und Atheisten einig zu sein. Für Jaruzelski resultiert daraus, so lautet eine verbreitete Meinung, ein fast
totaler Absturz in die Niederungen des nationalen Verrats. Bestätigt
fühlen sich jetzt diejenigen, die gleich nach der Einführung des
Kriegsrechts den General für einen potentiellen Verräter hielten.
Enttäuscht sind hingegen jene, die dem General nach seiner Ansprache am 13. Dezember 1981 glaubten, als er zu verstehen gab – ohne es
ausdrücklich zu sagen –, das Kriegsrecht sei im Vergleich zur damals
drohenden sowjetischen Invasion ein ›kleineres Übel‹.« [89]

Der 45. Jahrestag und vor allem die Errichtung des Denkmals sind
auch für die deutsche Presse Anlaß, sich mit der Katyn-Lüge zu beschäftigen. [90] In der »Welt« führt Herbert Kremp ein Interview mit
dem Kölner Historiker Professor Andreas Hillgruber. In dem Gespräch stellt Hillgruber fest, die Abhängigkeit Polens von den »sowjetischen Geschichtsklitterungen«, wobei auch die Leugnung der
geheimen Zusatzprotokolle zum Molotow-Ribbentrop-Abkommen
eingeschlossen sind, sei unter Jaruzelski insofern angewachsen, als
Polen nun sogar das »heiße Eisen Katyn im sowjetisch-kommunisti-
schen Sinne« interpretiere. Auf die Frage Kremps »Kann man dieses
Vorgehen als einen Soziozid bezeichnen?« antwortet Hillgruber:

»Wenn Sie wollen, ja. Was für Hitler die Rassenideologie war, war für Stalin die Klassenideologie.« [91]

Das Interview veranlaßt den sowjetischen Professor Oleg Rsheschewski zu einer Replik, die von der Nachrichtenagentur »Nowosti« verbreitet wird. Der sowjetischen Stereotype entsprechend wiederholt er darin die Version des sowjetischen »Untersuchungsberichts« von 1944. Außerdem sei Goebbels nach seinen Tagebucheintragungen stark beunruhigt gewesen, daß in den Gräbern deutsche Munition gefunden worden sei. Die Ausführungen Rsheschewskis gipfeln in der unverfrorenen Erklärung, die Ergebnisse der sowjetischen Untersuchungskommission seien vom Nürnberger Kriegsverbrecher-Tribunal in »vollem Umfang« als »offizielle« Dokumente angenommen worden, was die Schuld der Deutschen an dem Massaker klarstelle. [92]

Nach dem Interview von Herbert Kremp in der »Welt« mit dem Historiker Hillgruber fragt ein Leserbriefschreiber: »Was unternimmt unsere Regierung, um Polen zur Beseitigung der unerhörten Bezichtigung in Form der unwahren Denkstein-Aufschrift zu veranlassen? Entspricht es etwa der sogenannten Ostpolitik, ohne Gegenwehr unser Volk beleidigen zu lassen? Wird diese Art von Gedenkstein von unserer hervorragenden Außenpolitik vielleicht nur als harmloser Fauxpas definiert?« [93]

Die Wirkung der Berichte in der deutschen Presse über die Denkmalerrichtung zeigt sich an einer Fülle von Leserbriefen, die bei den Redaktionen eingehen. Ein Leserbriefschreiber in der »Welt«: »Die Feststellung, die Sowjets und nicht die Nazis hätten die Ermordung der polnischen Offiziere in Katyn zu verantworten, muß Verwirrung stiften. Dies jedenfalls bei den Stellen, denen der Schutz der Jugend obliegt. Sie erfuhren aus einem von der Bundesprüfstelle für jugendgefährdende Schriften herausgegebenen Informationsblatt durch den Abdruck eines Aufsatzes aus der Zeitschrift ›Die Tat‹ der ›Vereinigung der Verfolgten des Naziregimes – Bund der Antifaschisten‹, daß dies eine ›Goebbelslüge‹ sei. Polnische Offizielle reagieren in diesem Punkt sehr heftig. Ein polnischer Gast bei einer Veranstaltung der ÖTV im Jahr 1984 verließ protestierend den Saal, als von der

Verantwortung der Sowjets die Rede war. Im nachhinein nannte die
ÖTV die Erwähnung ›instinktlos‹.« [94] (Die erwähnte »Vereinigung
der Verfolgten des Nazi-Regimes – Bund der Antifaschisten« kündigt übrigens schon bald nach dem Sturz des SED-Regimes ihre
Selbstauflösung an, als die Gelder aus Ost-Berlin nicht mehr flie-
ßen.)

Und in der »Hannoverschen Allgemeinen Zeitung« heißt es in einem Leserbrief teils ironisch: »General Jaruzelski, als gehorsamer
Diener der Sowjets, stattet damit gleichzeitig den Menschen der
Bundesrepublik seinen herzlichen Dank für die große Hilfsbereit-
schaft ab, mit der sie in den vergangenen Jahren die große wirtschaft-
liche Not unserer polnischen Nachbarn zu lindern versuchten.
Durch Amtseid verpflichtet, Schaden vom deutschen Volk zu wenden, sind Bundeskanzler und die Mitglieder der Bundesregierung in
die Pflicht genommen, hier unverzüglich zu handeln, die sofortige
Entfernung der in Stein gehauenen Lüge zu verlangen und die polnische Regierung zu einer offiziellen Entschuldigung bei der Bundesregierung aufzufordern.« [95]

Für den Publizisten Hendrik van Bergh ist die Aufstellung des Denkmals mit der Katyn-Lüge durch das Jaruzelski-Regime Anlaß, sich
um das deutsche Weißbuch aus dem Jahr 1943 zu kümmern, das
zwar die wichtigste deutsche Quelle, aber praktisch kaum mehr aufzutreiben ist. [96] Nur wenige Exemplare befinden sich im Privatbe-
sitz einzelner Forscher. Über Bibliotheken ist das Buch nicht auszu-
leihen. In der Münchner Staatsbibliothek findet sich ein einzelnes
Exemplar lediglich im Präsenzbestand; ebenso im Archiv des
Münchner Instituts für Zeitgeschichte. Hendrik van Bergh besorgt
nun unter dem Titel »Die Wahrheit über Katyn« einen Reprint einschließlich der Fotos, um das Material Öffentlichkeit und Forschung
wieder zugänglich zu machen. [97] Die Auflage ist schnell vergriffen.
Selbst in manchen wichtigen Bibliotheken gehört es auch heute
nicht zum Bestand. Bald nach der Veröffentlichung tauchen Exemplare des Buches in Warschau auf, die nach Polen geschmuggelt worden sind und die Diskussion weiter anfachen.

Im Gegensatz zum wachsenden Unmut in Polen und zum publizistischen Interesse in der Bundesrepublik Deutschland steht die öffentliche Zurückhaltung der Bonner Regierung. Im Bundestag bringt der Abgeordnete Karl Stockhausen (CDU) das Thema zur Sprache. Für die Bundesregierung antwortet Staatsminister Jürgen Möllemann nach einer Darlegung des historischen Sachverhalts, die Bundesregierung habe der polnischen Seite »bei laufenden Kontakten« ihre Kritik an der Inschrift vorgetragen und werde »bei geeigneter Gelegenheit erneut unterstreichen, daß sich historische Fakten nicht unterdrücken lassen... Mehr als eine Darstellung historischer Fakten ist in diesem Zusammenhang wohl nicht möglich.« [98]

Der Herausgeber des »Deutschland-Magazins« Kurt Ziesel nimmt die Inschrift des Warschauer Katyn-Denkmals und die Fragestunde im Bundestag zum Anlaß, um am 24. Mai 1985 ein Schreiben direkt an Bundesaußenminister Hans-Dietrich Genscher zu richten, das er in der Juli-Nummer 1985 abdruckt. Darin heißt es zu der umstrittenen Inschrift: »Diese ebenso freche wie unglaubliche Lüge der polnischen Regierung stellt eine besonders schwere Verleumdung der deutschen Wehrmacht und des deutschen Volkes dar. Wir fragen Sie daher, sehr geehrter Herr Bundesminister, ob Sie oder eine sonstige maßgebliche Stelle der Bundesregierung gegen diese Lüge und Verleumdung der polnischen Regierung Protest eingelegt und die Beseitigung dieser Inschrift verlangt haben. Angesichts der Milliarden an deutschen Steuergeldern, die ständig nach Polen gepumpt werden, erfordert es wohl ein Mindestmaß an nationaler Würde, diesem Treiben der polnischen Regierung entgegenzutreten.« Etwas polemisch fügt das Magazin hinzu: »Trotz der gesetzlichen Pflicht auf Auskunftserteilung haben wir auf diesen Brief bis Redaktionsschluß keine Antwort erhalten. Vielleicht paßt eine öffentliche Äußerung zu diesem Skandal nicht in Hans-Dietrich Genschers neue Entspannungs-Strategie?« [99]

Eine Antwort Genschers erfolgt dann jedoch und wird in der August-Ausgabe des »Deutschland-Magazins« veröffentlicht. Darin heißt es: »Das Denkmal wurde bisher nicht offiziell eingeweiht. Der Widerspruch zwischen Inschrift und historischer Wahrheit ist offensichtlich. Die Bundesregierung hat die polnische Seite darauf aufmerksam gemacht, daß die Inschrift zu Recht in der Bundesrepublik Deutschland und darüber hinaus auf Unverständnis und Kritik stößt, die aus der uns alle bindenden moralischen Pflicht herrühren, historische Tatsachen in gerechter Weise darzustellen.« [100] Ziesel antwortet, die Bundesregierung hätte »im Hinblick auf die erheblichen finanziellen Hilfen für Polen darauf bestehen müssen, daß diese Inschrift beseitigt wird . . . In Ihrem Brief ist aber eine solche Absicht leider nicht ersichtlich«. [101]

In der Zwischenzeit hatte Ziesel am 19. Juni 1985 auch Bundeskanzler Helmut Kohl geschrieben. Kohl bestätigt, daß »die Bundesregierung die besagte Beschriftung des Katyn-Denkmals auf dem Warschauer Powacki-Friedhof als im klaren Widerspruch zur historischen Wahrheit stehend betrachtet . . . Die Bundesregierung hat die polnische Regierung in geeigneter Weise auf ihr Unverständnis und ihre Betroffenheit über diese Geschichtsverfälschung hingewiesen.« [102] Van Bergh, der den Vorgang dokumentiert, vermerkt hierzu: »Es ist nicht bekannt, ob die polnische Regierung auf diese Demarche der Bundesregierung geantwortet hat. Der Rest ist Schweigen.« [103]

Die Sowjets tun das Ihre, um die Lüge nochmals aufzufrischen. Anfang Mai 1985 veröffentlicht die Nachrichtenagentur »Nowosti« einen Bericht, in dem die Aussage, die Sowjets seien für Katyn verantwortlich, als »Fälschung« zurückgewiesen wird, die bereits Goebbels 1943 verbreitet habe. Nach dem sowjetischen gerichtsmedizinischen »Gutachten« von 1944 stehe »eindeutig« fest, daß die Offiziere im Herbst 1941 von den Deutschen ermordet worden seien. [104]

Aber alles das schürt nur weiter die Bewegung in Polen. Anfang August 1985, zum Jahrestag des Warschauer Aufstandes 1944, kommt es vor dem Katyn-Denkmal in Warschau zu einer Demonstration von rund 5000 Menschen für die verbotene Solidarnosc. Vor die Inschrift des Denkmals wird ein Tuch in den Nationalfarben Rot und Weiß aufgestellt, auf dem steht: »Die Wahrheit wird siegen«. Sicherheitsbeamte in Zivil beobachten die Kundgebung. Ein Kamerateam der amerikanischen Fernsehgesellschaft NBC wird vorübergehend festgenommen. [105]

7

Eingeständnis

Ein erstes Einlenken Moskaus in der Katyn-Frage zeichnet sich
während der Amtszeit Michail Gorbatschows als Generalsekretär
der KPdSU ab, als der Parteichef versucht, die Sowjetunion durch
Perestrojka und Glasnost vor dem Zusammenbruch zu retten, während die RGW- und Warschauer-Pakt-Staaten nach Wiederherstellung ihrer nationalen Handlungsfreiheit streben. Am 21. April 1987
unterzeichnen Gorbatschow und der polnische Staatschef General
Jaruzelski in Moskau eine »Erklärung über die Zusammenarbeit auf
den Gebieten der Ideologie, Wissenschaft und Kultur«. Hinsichtlich
der gemeinsamen Geschichte heißt es: »Es kann hier keine ›weißen
Flecken‹ geben. Die Jahrhunderte dauernden Beziehungen zwischen den Völkern Polens und Rußlands erfordern eine tiefgehende
Bewertung. Alle Episoden, darunter auch die dramatischsten, sollten objektiv und genau von den Positionen des Marxismus-Leninis-
mus und nach dem gegenwärtigen Erkenntnisstand erläutert werden.« Der sowjetische Parteichef plädiert dafür, die historisch bela-
steten Beziehungen in ihrer »ganzen Wahrheit« zu betrachten. Es
wird der Austausch historischer Dokumente vereinbart, um die
»weißen Flecken« der polnisch-sowjetischen Geschichte zu tilgen.
Im Mai, weniger als einen Monat nach der Deklaration, treten erstmals die Mitglieder der »gemeinsamen Kommission von parteiange-
hörigen Wissenschaftlern der Volksrepublik Polen und der UdSSR
zur Erforschung der Geschichte der Beziehungen zwischen beiden
Ländern« zusammen. Die Zusammensetzung der Kommission aus
je zehn Historikern der beiden Länder ist damit von vornherein
durch Parteibindung eingegrenzt. Unter den Mitgliedern befindet
sich auch der in der Bundesrepublik Deutschland bekannte polnische Spezialist für Fragen des Faschismus und des Zweiten Weltkriegs, Czeslaw Madajczyk. Vorsitzender der polnischen Delegation

ist Professor Jarema Maciszewski, Leiter der Parteihochschule. Zu den »weißen Flecken« gehören neben dem Schicksal der Polen nach dem sowjetischen Einmarsch zu Beginn des Zweiten Weltkriegs auch das geheime Zusatzprotokoll zu den Hintergründen des Verhaltens der Roten Armee während des Warschauer Aufstandes 1944, als sie stillhielt und der Niederschlagung durch die Deutschen zusah. [1]

Gorbatschows neue Linie zeigt sofort Wirkung bei den Polen. Bei einer Fernsehdiskussion brechen Historiker und Journalisten das ihnen bisher auferlegte Schweigen über Katyn. Jan Baszkiewicz: »Ich würde gern eine grundlegende Monographie zum Schicksal der polnischen Offiziere lesen, die 1939 in der Sowjetunion festgehalten wurden.« Daraufhin ein führender Parteijournalist: »Und das würde eine vollständige Überprüfung aller Umstände beinhalten, die Katyn umgeben.« [2] Bei anderer Gelegenheit räumt der Parteiideologe Ludwik Krasucki ein: »Viele von uns glauben, die Russen waren es. Wir müssen die Ereignisse von Katyn neu interpretieren.« [3]

Mitte Juli 1987 fordert erstmals eine offizielle polnische Zeitung, die Jaruzelski nahestehende »Przeglad tygodniowy« (Wochenrevue), die Sowjetunion auf, zum Schicksal der noch nicht gefundenen rund 10 000 Toten der Lager Starobielsk und Ostaschkow Stellung zu beziehen. Es gebe »dramatische Ereignisse« in der polnisch-sowjetischen Geschichte, die noch von einer »Zone des Schweigens« umgeben seien, »was nicht heißt, daß sie in Polen unbekannt sind«. [4]

In der Schweiz lebende Exilpolen, der Verein der polnischen Organisationen in der Schweiz, die polnische Kombattantenvereinignng in der Schweiz und die Solidarnosc-Delegation in der Schweiz fordern Gorbatschow in einem gemeinsamen offenen Brief auf, die Wahrheit über Katyn endlich offenzulegen. Auf der Pressekonferenz in Bern wird auch an die Verantwortung der Sowjetunion für das Schicksal aller verschleppten Polen erinnert. Aus der Verpflichtung gegenüber den Opfern, der historischen Wahrheit und dem zukünftigen Verhältnis zwischen Polen und der Sowjetunion müsse das Verbrechen von Katyn aufgeklärt und gesühnt sowie das Schicksal der nie wieder aufgetauchten Gefangenen der Lager Starobielsk und

Ostaschkow geklärt werden. Die Exilpolen verlangen ferner unge-
hinderten Zugang zu den Gräbern der Opfer sowie Überführung der
sterblichen Überreste führender Mitglieder des antideutschen
Untergrundes, die 1945 in Moskau nach Schauprozessen hingerichtet worden waren. Der ehemalige Rektor der Universität Freiburg in
der Schweiz, der aus Polen stammende Pater Joseph Bochenski,
sagt, Gorbatschow habe nun die historische Chance, das Verhältnis
zwischen der UdSSR und Polen auf eine neue Grundlage zu stellen.
Die in Genf lehrende Völkerrechtlerin Kristina Marek erklärt die
Beendigung der Lüge von Katyn zu einem Testfall für die Ernst-
haftigkeit und den Tiefgang der von Gorbatschow verkündeten Perestrojka und von Glasnost. Frau Professor Marek äußert gleichzeitig
ihre Skepsis gegenüber den Interessen der polnischen Führung an
der historischen Wahrheit. Die Vergangenheitsbewältigung sei nicht
nur für die Sowjetunion peinlich, sondern würde auch das Legitimi-
tätsdefizit der von Stalin zunächst gesäuberten und anschließend in
Warschau installierten Kommunistischen Partei Polens brutal offenlegen. [5]
In Warschau selbst schmückt der katholische Geistliche und ehemalige Widerstandskämpfer Prälat Stefan Niedzielak im Sommer
1987 seine St.-Boromäus-Kirche am Powazki-Friedhof zu einer Ge-
dächtnisstätte für die ermordeten polnischen Gefangenen der
Sowjets aus. »Den Gefallenen im Osten« lautet die Inschrift eines
großen Kreuzes an der Außenseite der Kirche. Rechts vom Altar
bringt der Prälat ein Ölbild mit dem Titel »Madonna von Katyn« an.
[6] Als zum 1. August wieder viele Polen zum Denkmal auf dem
Powazki-Friedhof pilgern, hat jemand ein Schild aufgestellt, auf dem
von Opfern »eines sowjetischen Mordes« die Rede ist. [7]
Doch dann kommt es zu Rückschlägen. Die polnische Zensur zieht
die Zügel wieder an. Als Anfang September der Sprecher des sowjetischen Außenministeriums Gennadi Gerassimow in Warschau eine
Pressekonferenz gibt – es ist das erste Mal, daß ein offizieller Vertreter Moskaus sich der internationalen Presse zu den heiklen Fragen
des polnisch-sowjetischen Verhältnisses stellt – und der Korrespondent der amerikanischen Nachrichtenagentur UPI die Frage nach

dem Verbleib der 10 000 vermißten Offiziere stellt, schneidet das Fernsehen diesen Teil der Frage kurzerhand ab, obwohl der Journalist das Wort Katyn nicht einmal gebraucht hatte. Am nächsten Morgen wird in der Berichterstattung über die Pressekonferenz diese Frage auch in keiner polnischen Zeitung erwähnt. Die Blätter zitieren lediglich die Antwort Gerassimows und des polnischen Regierungssprechers Jerzy Urban über die »schwierigen Momente« der Geschichte. Urban fügt hinzu, die Klärung verschiedener Episoden durch die Historiker könne so lange dauern, daß einige der Anwesenden ihr Ergebnis vermutlich nicht mehr erlebten. In einem Interview mit der Jugendzeitschrift »Sztandar Mlodych« erklärt Gerassimow, die »weißen Flecken« der Vergangenheit seien eine »sehr delikate Angelegenheit«, über die man vorsichtig und am besten in gegenseitiger Abstimmung schreiben solle. [8]

Dennoch kommt einiges in Bewegung. Auch Stimmen aus der Armee werden laut. Was 1965 unter Gomulka mißlang, als Offiziere die Katyn-Frage öffentlich erörtern wollten, steht jetzt unter besseren Vorbedingungen. In einem Interview mit der Zeitschrift »Panorama« erklärt der Luftwaffengeneral Roman Paszkowski, ein enger Vertrauter Jaruzelskis, überall in der Sowjetunion, wo Polen umgekommen sind, müßten Denkmäler und Gedenktafeln aufgestellt werden. Der General erwähnt auch die 15 000 ermordeten Offiziere. »Wir müssen die Wahrheit an unsere Enkel weitergeben.« [9]

Erstmals erscheint in Polen ein Geschichtsbuch für Gymnasien, in dem auch sowjetische Kriegsverbrechen an Polen erwähnt werden. Darin ist die Rede von »Säuberungen«, die das NKWD in Ostpolen vorgenommen habe. Nicht nur sogenannte Klassenfeinde wie Gutsbesitzer, Fabrikanten und hohe Regierungsbeamte seien damals deportiert worden, sondern auch bereits aus der Gefangenschaft entlassene Offiziere, Polizisten und Verwaltungsangestellte. Später habe das NKWD Lehrer, Priester, Förster und auch Bauern sowie Handwerker verschleppt. Zwischen 900 000 und eine Million seien ins Innere der UdSSR, vornehmlich nach Sibirien und Kasachstan gebracht worden. [10]

In der Wochenzeitung der polnischen Kommunisten »Polityka«

fordert Anfang Oktober 1987 der sowjetische Historiker Jurij Afanassjew, Direktor des Moskauer Historischen Staatsarchivs, die wahrheitsgetreue Darstellung aller »schwierigen Probleme«. Es gebe keine Frage, vor der man davonlaufen müßte: »Nicht einmal Katyn, und es ist vor allem Katyn, mit dem sich die Historiker – sowohl polnische als auch sowjetische – zweifellos, und zwar gemeinsam, beschäftigen sollten.« Damit hatte erstmals ein sowjetischer Historiker in einer polnischen Zeitschrift das Wort Katyn ausgesprochen. [11] Mitte Oktober 1987 bringt das polnische Fernsehen zum ersten Mal Bilder von den Gräbern bei Katyn. Der Bericht zeigt, wie im Rahmen der Feiern zum Tag der polnischen Armee ein Vertreter der polnischen Botschaft in Moskau vor einer Marmorgedenktafel Blumen niederlegt. Der Fernsehsprecher erläutert, dort seien »vor einigen Dutzend Jahren« polnische Offiziere »tragisch« ums Leben gekommen. Er nennt weder das Jahr noch die Täter. [12]

Im Februar 1988 tagt die polnisch-sowjetische Historikerkommission zum zweiten Mal eine Woche lang in Warschau. Sie geht auseinander, »ohne einen Fortschritt bei der Aufklärung aller Umstände der Tragödie von Katyn« erreicht zu haben, wie der polnische Co-Vorsitzende Maciszewsli in der Parteizeitung »Trybuna Ludu« bedauernd mitteilt. Der sowjetische Delegationsleiter Georgij Smirnow meint, es gehe um wissenschaftliche Arbeit, die Zeit brauche. [13] In Wahrheit kommt die Kommission deshalb nicht vom Fleck, weil die Sowjets weiterhin den Zugang zu den Militärarchiven und zu den NKWD-Archiven nicht zulassen.

Daraufhin veröffentlicht Anfang März 1988 eine Gruppe von 59 polnischen Künstlern, Wissenschaftlern und Chefredakteuren legaler Publikationen einen offenen Brief, in dem sie ihre sowjetischen Kollegen auffordern, die Wahrheit über Katyn bekanntzumachen. Das Schreiben ist auch vom Vorsitzenden der verbotenen Gewerkschaft Solidarnosc, Lech Walesa, dem Regisseur Andrzej Wajda, vom Chefredakteur der katholischen Wochenzeitung »Tygodnik Powszechny«, Jerzy Turowicz sowie dem Schriftsteller Tadeusz Konwicki unterzeichnet. Zu den 55 sowjetischen Adressaten zählen der Physiker und Friedensnobelpreisträger Andrej Sacharow, der

Dichter Jewgenij Jewtuschenko und der Schriftsteller Valentin Rasputin. In dem Brief heißt es:»Wir wenden uns an Euch, hervorragende Schöpfer der russischen Kultur und der Wissenschaft, mit dem Ausdruck des Respekts und des Wohlwollens ... Wir sind der Überzeugung, daß sich in Eurem Land Veränderungen vollziehen, die für die ganze Welt von Bedeutung sind ... Wir glauben, daß die Zeit gekommen ist, einen öffentlichen Dialog aufzunehmen, einen Dialog zwischen freien, unabhängigen Menschen, die nicht von offiziellen Richtlinien und diplomatischen Sprachregelungen eingeengt sind ... Das Problem, das in besonderer Weise die polnisch-russischen Beziehungen belastet, war und ist noch immer der Mord an polnischen Offizieren in Katyn 1940. Dieser Mord, begangen von den Schergen Stalins und Berijas, aber auch die späteren Lügen über ihre Verbrechen, haben unsere gegenseitigen Beziehungen vergiftet ... Heute, da wir in den Spalten der sowjetischen Zeitungen die Namen der Opfer stalinistischer Verbrechen wiederfinden – die Namen von Gelehrten und Schriftstellern, Offizieren und Politikern –, wenden wir uns an Euch mit der Bitte, öffentlich Stellung zu nehmen zum Mord von Katyn. Die Wahrheit muß laut ausgesprochen werden ... Wir möchten, daß dieser Brief als freundschaftliche Stimme im polnisch-russischen Gespräch aufgenommen wird. Denn wenn nicht wir, wer dann; wenn nicht jetzt, wann dann?« [14]

Die Gruppe der polnischen Intellektuellen versucht, den Brief der Warschauer Vertretung der Nachrichtenagentur TASS zu übergeben, doch diese verweigert die Weitergabe mit dem Hinweis, daß sie sich »mit dem Inhalt nicht identifizieren« könne. [15] Das gleiche spielt sich bei der sowjetischen Presseagentur Nowosti ab. [16]

Die »Frankfurter Allgemeine Zeitung« kommentiert den Brief der Intellektuellen und den Hintergrund der Katyn-Lüge: »So wurde den Polen durch Ableugnung und Abschieben auf das andere Nachbarvolk, unter dem Polen gelitten hat, ein wichtiges Stück seiner nationalen Leidensgeschichte gleichsam verweigert. Das aber ist für polnisches Empfinden mehr als nur eine Frage historischer Wahrheit, weil im polnischen Denken die nationale Leidensgeschichte zu einem konstitutiven Element der nationalen Würde geworden ist.

15 1976 wird auf dem Londoner Gunnersbury-Friedhof ein Obelisk zum Gedenken an die ermordeten polnischen Offiziere enthüllt.

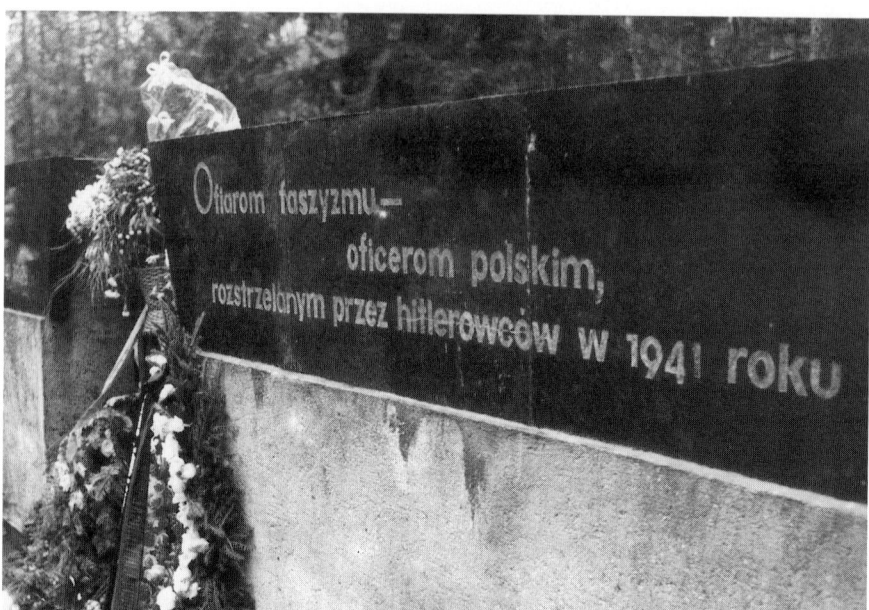

Ofiarom faszyzmu –
oficerom polskim,
rozstrzelanym przez hitlerowców w 1941 roku

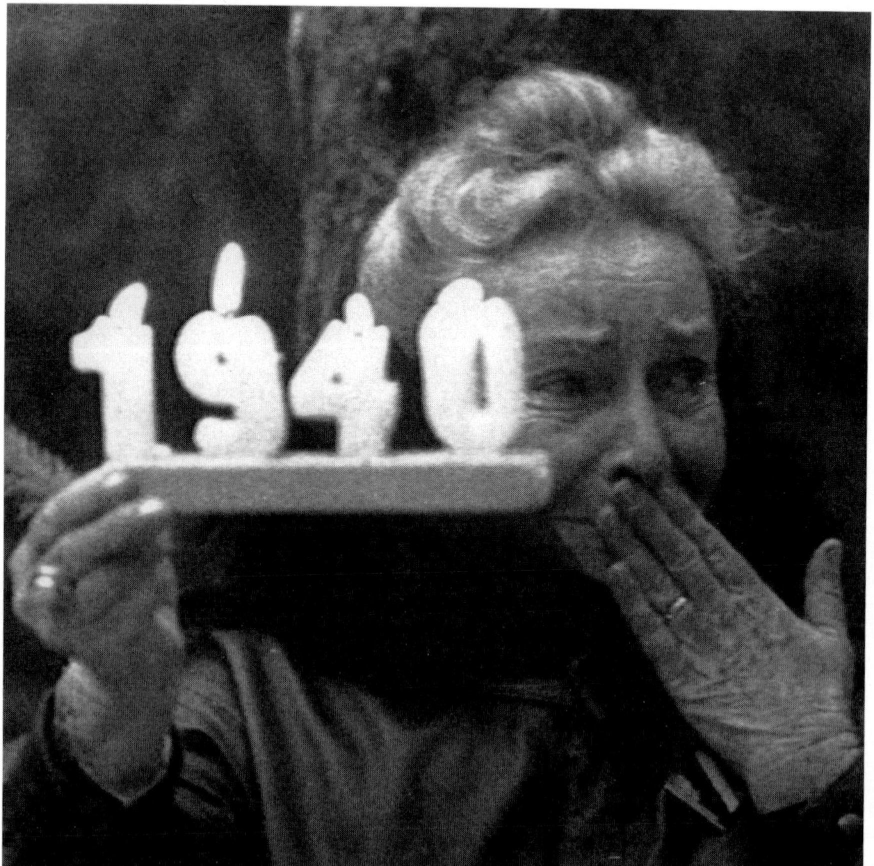
1940

Links oben:
16 Im Oktober 1989 lassen die Sowjets mehrere hundert polnische Pilger nach Katyn reisen. Auf dem Gedenkstein steht die eingemeißelte Lüge: »Den Opfern des Faschismus – den polnischen Offizieren, die 1941 von den Hitleristen erschossen wurden.«

Links unten:
17 Beim Besuch der Gedenkstätte in Katyn tragen Polen demonstrativ Zeichen, die auf das tatsächliche Jahr der Ermordung der Offiziere und damit auf die Täterschaft hinweisen.

18 Während des Besuchs des polnischen Präsidenten Wojciech Jaruzelski (links) in Moskau im April 1990 räumt Moskau die Schuld am Massaker von 1940 ein. Aus der Hand des sowjetischen Präsidenten Michail Gorbatschow empfängt Jaruzelski zwei Kassetten mit sowjetischen Dokumenten zu den Morden.

19 Das Katyn-Kreuz auf dem Warschauer Powatzki-Friedhof heute: Die alte Inschrift ist entfernt, die richtige Jahreszahl angebracht.

So ist der Appell polnischer Intellektueller an sowjetische Künstler und Wissenschaftler, dazu beizutragen, daß auch in der Sowjetunion über Katyn gesprochen wird, in der Tat eine ›freundschaftliche Stimme im polnisch-russischen Gespräch‹ . . .« [17]

Ausgerechnet die Warschauer Parteizeitung »Trybuna Ludu« sorgt für die Veröffentlichung des Briefes der oppositionellen Intellektuellen. Am 12. März 1988 druckt sie den Inhalt im Rahmen einer Dokumentation über die Bemühungen zur Beseitigung der »weißen Flecken« zum allgemeinen Erstaunen ab. Erstmals ist in der Parteizeitung vom »Mord an polnischen Offizieren in Katyn im Jahre 1940« zu lesen – eine Sensation, auch wenn die Zeitung die Veröffentlichung mit einer Polemik gegen die Autoren verbindet, die »offene Türen einrennen« wollten, da das Thema ohnehin durch halbamtliche Stellen behandelt werde. [18].

Zur selben Zeit, am 10. März 1988, fällt erstmals das Wort Katyn öffentlich im polnischen Parlament. Der Abgeordnete Ryszard Bender, Historiker an der Katholischen Universität Lublin, verlangt eine Aufklärung der Morde von 1940. Im Namen einer nicht nur propagandistisch verstandenen Freundschaft mit der Sowjetunion müßten alle »weißen Flecken« beseitigt werden. »In diesem Hohen Hause muß das Wort Katyn fallen. Das verlangt die Ehre der polnischen Nation und ihr Märtyrerschicksal im Zweiten Weltkrieg.« Bender fordert die nun schon seit einem Jahr ergebnislos arbeitende Historikerkommission auf, sich zu beeilen. [19] Der Abgeordnete Jarema Maciszewski, Vorsitzender der polnischen Delegation der Historikerkommission, fügt hinzu, es gehe nicht nur um Katyn, sondern auch um die weiteren 10 000 verschwundenen Offiziere. Er habe einige Dokumente gesehen, die der Öffentlichkeit zu gegebener Zeit zugänglich gemacht werden sollten. Im übrigen gebe es auch eine Liste sowjetischer Soldaten und Offiziere, die während des Zweiten Weltkriegs von Polen umgebracht worden seien. All dies werde von der Historikerkommission untersucht. [20] Erst kurz zuvor hatte Maciszewski vor Mitgliedern der Polnischen Historikergesellschaft ausweichend erklärt, die Schuldfrage sei noch offen und ungeklärt. Ähnlich defensiv hatte General Jaruzelski sich in einem Gespräch mit dem oppositionellen Rechtsanwalt Sila-Nowicki während einer Sitzung des Warschauer Exekutivrats geäußert. [21]

Am 10. April 1988 finden in Danzig und Warschau wieder die Gedenkgottesdienste für die Opfer von 1940 statt. Die Messe in Danzig liest Walesas Beichtvater Henryk Jankowski, während der Arbeiterführer selbst in der Brigittenkirche anwesend ist. [22]

Dann kommt endlich aus der Sowjetunion der erste Hinweis, daß das Schuldeingeständnis bald zu erwarten sei. Die »Literaturnaja Gazeta« berichtet am 11. Mai 1988, daß der Historiker A. Latschew auf einem Symposion sowjetischer und polnischer Historiker gesagt habe: »Ich habe deutsche Protokolle gesehen, die besagten, in den exhumierten Leichen seien sowjetische Geschosse gefunden worden.« [23] Eine etwas verwirrende Äußerung indes, da das NKWD Munition aus alten deutschen Lieferungen benutzt hatte. Und in einem englischsprachigen sowjetischen Rundfunkbericht Ende Mai über eine Gedenkfeier an den Gräbern von Katyn heißt es, bisher sei davon ausgegangen worden, daß die deutschen Besatzungstruppen für die Morde verantwortlich seien. Inzwischen sei aber ein Dokument aufgetaucht, demzufolge sowjetische Kugeln in den Leichen gefunden wurden. [24]

Außerdem meldet sich der sowjetische regimekritische Historiker Roy Medwedjew in einem Telefongespräch mit der Nachrichtenagentur Associated Press in Moskau zu Wort. Er rechne mit einem baldigen Eingeständnis der Schuld der Sowjetunion aufgrund der Untersuchungen der polnisch-sowjetischen Historikerkommission: »Ich glaube, die neue Kommission wird entscheiden, daß wir schuld sind.« Die Polen hätten auf einer objektiven Untersuchung der Vorgänge beharrt. [25]

Als Kardinal Jozef Glemp als erster polnischer Primas anläßlich der Tausendjahrfeiern der Russisch-Orthodoxen Kirche nach Moskau reist, beklagt er, daß für die mehr als 4000 Katholiken in den Gräbern von Katyn noch nicht einmal ein Kreuz aufgestellt worden sei. [26]

Im Juni 1988 darf erstmals seit dem Krieg die Witwe eines bei Katyn ermordeten Obersten der ehemaligen polnischen Armee mit ihrer Tochter die Gedenkstätte bei Smolensk besuchen. Sie hatte zuvor ein Bittgesuch an Partei- und Regierungschef Jaruzelski gerichtet, dessen eigene Familie einst von den Sowjets verschleppt worden war. Mit der 83 Jahre alten Milada Gawlikowska sitzt ein Redakteur der Regierungszeitung »Rzeczpospolita« im Zug nach Smolensk, dem sie sagt: »Viele Jahre lang habe ich davon geträumt, einmal im Leben nach Katyn zu fahren.« Der Redakteur berichtet weiter, daß man bei Katyn auf dem Weg zu den Gräbern zunächst auf ein kleines Denkmal »für die 500 russischen Kriegsgefangenen, die hier von den Deutschen erschossen wurden«, stoße. Dieser Stein und die übrige Gedenkstätte seien erst vor kurzem von sowjetischen Soldaten restauriert worden. Der Parteichef des Bezirks Smolensk wohnt dem Besuch der Witwe und ihrer Tochter an der Gedenkstätte bei. Der Bericht des Redakteurs von »Rzeczpospolita« wird in Dutzenden von polnischen Blättern nachgedruckt. [27]

Die Polen horchen auf. Es werden Spekulationen angestellt, es könne bald möglich werden, daß auch alle anderen Angehörigen beim Fremdenverkehrsamt Smolensk einen Besuch der Gedenkstätte bei Katyn buchen könnten. Der Bericht der »Rzeczpospolita« hat jedoch einen Haken. Er hält in fast allen wesentlichen Punkten die bisherige offizielle Version der Sowjets aufrecht. Die Morde seien 1941 von den »Hitlerfaschisten« begangen worden. 1943 hätten die Deutschen die Gräber der Polen von 500 russischen Kriegsgefangenen freilegen lassen, um eine Verleumdungsaktion gegen die Sowjetunion zu starten. Das Rote Kreuz sei 1943 getäuscht worden.

Der Redakteur der Regierungszeitung verbindet somit die anrührende Geschichte einer alten Frau mit der Aufwärmung der Katyn-Lüge. Zehn Tage vor seinem Besuch hatte ein anderer polnischer Journalist mit Angehörigen die Gedenkstätte besucht, und zwar Tomasz Burski von der katholischen Zeitschrift »Powsciagliwosc i Praca«, dessen Großvater Major Franciczek Burski im Lager Starobielsk war. Sie hatten drei aus Latten gezimmerte Holzkreuze aufgestellt, allerdings außerhalb der Eingrenzungsmauer, um sich von der Lüge auf der Inschrift des offiziellen Gedenksteins zu distanzieren. Tomasz Burski beschreibt den Wald von Katyn. Auf etwa drei Kilometern Länge und einem Kilometer Tiefe ist er von einem übermannshohen, mit scharfen Spitzen bewehrten Metallzaun umgeben. Auf Schildern steht: »Staatliche Anordnung – Durchgang und Durchfahrt verboten.« Die Gedenkstätte ist nur durch eine sackförmige Einbuchtung in der Umzäunung zugänglich. Burski will erfahren haben, daß das angebliche »Naturschutzgebiet« weiterhin dem KGB unterstehe. Der Weg endet vor einem Gästehaus des Innenministeriums für hohe Persönlichkeiten; ganz offensichtlich jenes Dnepr-Schlößchen, in dem die Leute des NKWD seit den dreißiger Jahren hausten und mordeten. [28]

Wie war es zu dem Besuch von Tomasz Burski in Katyn gekommen? Sein Vater Juliusz Burski war als stellvertretender Vorsitzender des Verbandes der polnischen Filmschaffenden im April zu einem Symposium sowjetischer Kollegen mit dem Thema »Historisches Kino – Vom Tabu zu Glasnost« eingeladen. Also war auch Katyn kein Tabu. Selbst die sowjetischen Gesprächspartner versuchten nicht, die offizielle Version aufrechtzuerhalten, sondern überboten sich sogar gegenseitig in der Forderung nach Aufdeckung der ganzen Wahrheit. Am zweiten Tag des Symposiums erhielt Juliusz Bursksi die Einladung, mit seinen Kindern Katyn zu besuchen. Anschließend schrieb er einen Bericht für die katholische Wochenzeitung »Tygodnik Powszechny«. Der Beitrag wurde von der Zensur gestrichen. [29] Erlaubt wurde dagegen der Bericht der Regierungszeitung mit den altbekannten Lügen über Katyn. Er erscheint genau am Tag, an dem Burskis Bericht in der katholischen »Powsciagliwosc i Praca« vorgesehen war.

Am 11. Juli 1988 reist Michail Gorbatschow zu einem sechstägigen Besuch nach Polen. Allgemein wird in Polen ein Wort zu Katyn von dem Mann erhofft, der in der Liste der ausländischen Staatsmänner hinter dem polnischen Papst an zweiter Stelle in der Beliebtheit rangiert. Die verbotene Gewerkschaft Solidarnosc teilt mit, sie erwarte »klare und eindeutige Worte über die Verbrechen, für die Katyn ein Symbol ist«. [30]

Aber die Polen warten vergeblich. Gorbatschow kann sich noch nicht durchringen. Vor dem polnischen Parlament erklärt Gorbatschow lediglich: »Die Wahrheit und Gerechtigkeit können sich

unterwegs verspäten, aber nicht verhindert werden.« [31] Die Polen
sind irritiert und fragen sich, warum das Thema Katyn in den Medien
angewärmt worden, nun aber nichts geschehen sei. Wahrscheinlich
will Gorbatschow auf die Betonköpfe in Moskau und anderswo in
der Sowjetunion Rücksicht nehmen. Auch ist die Historikerkommission immer noch nicht zu einem Ergebnis gekommen.

Mehr noch, Gorbatschow muß auch die Lage Jaruzelskis einkalku-
lieren. Stefan Dietrich gibt in der »Frankfurter Allgemeinen
Zeitung« zu bedenken: »Die Krux der Affäre Katyn ist, daß es nicht
um die einfache Feststellung geht, wer das Massaker verübt hat. Die
Entdeckung der Massengräber war 1943 der letzte Grund für den Abbruch der Beziehungen Moskaus zur polnischen Exilregierung in
London. Stalin verlegte sich fortan ganz darauf, die auf sowjetischem
Territorium zusammengestellten kommunistischen Partisanen-
gruppen als künftige Volksmacht in Polen zu installieren. Die neu ge-
gründete Polnische Arbeiterpartei stützte nicht nur seine Version
des Verbrechens von Katyn, sondern machte sich auch die sowjetischen Territorialforderungen zu eigen, wonach die zwischen Hitler
und Stalin vereinbarte Demarkationslinie die künftige Ostgrenze
Polens darstellen sollte. Die polnischen Kommunisten haben die Le-
gitimation ihrer Herrschaft darauf gegründet, daß sie zusammen mit
der Roten Armee Polen vom Joch des Nationalsozialismus befreit
haben. Was aber, wenn sie nun zugäben, daß diese Waffenbrüder-
schaft mit einem Verrat an den Opfern von Katyn erkauft worden
sei? General Jaruzelski gehört selbst zu jenen, die an der sowjetischen Gegenoffensive bis zum Endkampf in Berlin teilgenommen
haben. Er verbindet damit die größten Taten seines Lebens. Er wird
es nicht zulassen, daß dieser Einsatz mit Schande besudelt wird.
Andererseits ist ebenso gewiß, daß die Aussöhnung zwischen den
Völkern Polens und Rußlands nur durch das Nadelöhr von Katyn
führt. Die Polen haben in diesen Tagen gesehen, daß die Zeit dafür
noch nicht reif ist . . .« [32]

Die sowjetische Delegation macht den Polen immerhin eine wichtige Mitteilung. Die Mitglieder der Historikerkommission sollen an
»allen möglichen Orten« nach Dokumenten suchen können. Der

polnische Regierungssprecher Jerzy Urban teilt es nach der Abreise der sowjetischen Delegation auf seiner wöchentlichen Pressekonferenz mit und schließt daraus: »Wir verstehen das als den Willen, sämtliche Archivquellen zu nutzen.« [33] Jeder weiß, was gemeint ist: die Archive des NKWD und die Militärarchive. Besonders die Freigabe dieses NKWD-Archivmaterials wäre ein Durchbruch, der weit über den Fall Katyn hinausginge. Zumindest die polnischen Historiker allerdings werden noch lange keine solche Akten zu Gesicht bekommen. Urban fügt seiner Mitteilung hinzu, wenn auch jetzt noch in Meldungen der amtlichen polnischen Nachrichtenagentur PAP 1941 als Jahr der Morde angegeben werde, so habe das nur die Bedeutung einer journalistischen Notiz, nicht aber amtlichen Charakter.

Nach der Rückkehr Gorbatschows in Moskau zelebrieren erstmals polnische Militärpfarrer unter Leitung des Obersten Militärgeistlichen, Oberst Florian Klewiado, in Katyn eine Messe. Angetreten ist eine Ehrengarde der Roten Armee, die eine Ehrensalve abfeuert. Das polnische Fernsehen berichtet ausführlich. Die Delegation war in die Sowjetunion gereist, um an den Feiern zum 45. Jahrestag der Feuertaufe jener polnischen Division unter Berling teilzunehmen, die seit 1943 an der Seite der Roten Armee gegen die deutsche Wehrmacht gekämpft hatte. [34]

Mit der Aufrechterhaltung der stalinistischen Version bleibt auch die Anschuldigung gegen die Deutschen erhalten. Die »Welt« nimmt dies zum Anlaß, eine ganze Seite zur Verfügung zu stellen, um den Bericht Josef Mackiewicz' über seinen Besuch der Gräber von Katyn im Jahr 1943 zu drucken. [35]

Am 1. August 1988 gedenken die Polen wie in jedem Jahr des Aufstandes von Warschau im Jahr 1944. Wieder sind einige tausend Menschen auf dem Warschauer Powazki-Friedhof versammelt. Eine polnische Nationalfahne schmückt das Katyn-Denkmal. Sie trägt eine Aufschrift: »Wir fordern die Wahrheit – Katyn 1940.« [36]

Anfang August verlautet aus der Umgebung von Jozef Kardinal Glemp, der Primas wolle im September nach Katyn reisen. [37] Ende August weiht er im Warschauer Priesterseminar zu Ehren der Opfer von 1940 das fünf Meter hohe Eichenkreuz, das in Katyn aufgestellt werden soll. Die Inschrift »An dieser Stelle wird ein Kreuz zur Erinnerung an den Tod polnischer Offiziere errichtet« verdeutlicht, daß das Kreuz nur vorübergehend dort stehen soll, bis ein endgültiges Denkmal gebaut ist. [38] Die sowjetischen Behörden erlauben einer polnischen Kirchengruppe, am Ziegenhügel das große Holzkreuz aufzustellen. [39]

Das sowjetische Reiseunternehmen Intourist bietet in diesem Jahr erstmals organisierte Reisen für Polen nach Katyn an. [40] Bisher hatten sich die Polen mit Bildern begnügen müssen. Immer wieder waren heimlich aufgenommene Fotos nach Polen gelangt. Die offizielle Gedenkstätte im Wald von Katyn, ein gepflasterter Platz mit schulterhoher Steinmauer – auf zwei schwarzen Tafeln steht die eingravierte Lüge in Russisch und Polnisch: »Den Opfern des Faschismus. Den polnischen Offizieren, die 1941 von den Hitleristen erschossen wurden« – hat für polnische Besucher Wallfahrtscharakter. [41] Viele Besucher nehmen etwas Erde auf und tragen sie wie Reliquien heim nach Polen. An der Gedenkstätte werden Kerzen aufgestellt, Gottesdienste abgehalten. Der Zaun, der am Betreten des Waldes hindert, wirkt auf die Polen beleidigend. [42]

Für nichtpolnische Besucher zeigt sich Intourist nicht sehr aufgeschlossen. Peter Jochen Winters berichtet in der »Frankfurter Allgemeinen Zeitung«: »Der Smolensker Intourist-Dolmetscher will uns zuerst gar nicht verstehen, als wir ihn nach Katyn fragen. Dann meint er, er wisse nicht, ob dort überhaupt etwas zu sehen sei. Er habe gehört, daß ein neues Denkmal errichtet werden solle. Allenfalls Polen interessierten sich für den Ort. Wenn wir hinfahren wollten, müßten wir uns ein Taxi nehmen.« [43]

Dann dringt an die Öffentlichkeit, daß sowjetische Filmschaffende an einer polnisch-sowjetischen Koproduktion über Katyn unter der Regie von Viktor Turow arbeiten. Der Titel soll lauten »Perepr awa« (Überfahrt). Gemeint ist der Wechsel vom Reich der Lebenden ins Reich der Toten sowie auch der Toten zurück ins Reich der Erinnerung. [44] Im Sommer 1989 und im Januar 1990 drehen die polni-

schen Regisseure Andrzej Wajda und Marcel Lozinski den Dokumentarfilm »Der Wald von Katyn«. Für Wajda bedeutet der Film persönlich sehr viel: Sein eigener Vater war bei Katyn ermordet worden. Rund zehn Jahre hatten die Vorbereitungsarbeiten für den Film gedauert. »Früher oder später«, so sagt er nun, »werden wir die Anerkennung der wirklichen Vorgänge erzwingen. Für meinen Vater und für alle anderen. Für Polen. Für die Wahrheit.« [45]
In dem Film wird im Gespräch mit einfachen Bürgern der Umgebung von Katyn der Frage nachgegangen, wie die letzten Minuten der Väter und Großväter der noch lebenden Verwandten wohl verlaufen sein mögen. Einwohner, der Ortschaften Gniesdovo und Kozij Gory bei Katyn berichten von den Verbrechen des NKWD. Viele der Zeugen sind vor der Kamera sichtbar verängstigt. Immer wieder geben sie vor: »Ich kann mich nicht erinnern. Ich werde nichts sagen. Ich habe nichts gesehen.« Als die Tochter eines der ermordeten Offiziere unter Tränen mehrmals schluchzt, sie müsse endlich die Wahrheit über die letzten Stunden ihres Vaters erfahren, beginnen einige der älteren Einwohner ihr Schweigen zu brechen. Eine alte Frau erzählt von den Waggons, die in Gniesdovo ankamen, wie die Einwohner nachts die Schüsse gehört haben. Ein alter Mann: »Es waren alles die Bolschewiken, die es gemacht haben. Wir wußten es, mußten aber schweigen, um zu überleben. Wir lebten immer mit der Angst im Nacken, selbst umgebracht zu werden.« Ein anderer Mann erzählt, wie er vom NKWD gezwungen wurde zu unterschreiben, daß er die Deutschen bei den Morden beobachtet habe. Auch heute noch habe er Angst. In dem Film bestätigt ein pensionierter Archivar aus Smolensk, daß die polnischen Offiziere und Intellektuellen vom NKWD erschossen wurden. »Was konnte ich tun? Meine Aufgabe war es, Befehle auszuführen.« Mit einem Lächeln fügt er hinzu: »Ich habe viel erlebt und habe überlebt.« [46] Der Film enthält sich jeglichen Versuchs, falsche Emotionen anzustacheln und zeigt viel Verständnis für die von Furcht diktierten Notlügen. [47]
Im November 1988 wartet die Moskauer Regierungszeitung »Iswestija« mit einer neuen Version zu Katyn auf. Demnach wolle die Re-

gierung in Katyn ein Denkmal errichten, das polnischen Offizieren gelten solle, die gemeinsam mit sowjetischen Gefangenen »in einem Konzentrationslager bei Katyn« geschmachtet hätten. »Sie wurden auch gemeinsam 1943 von den Faschisten beim Vormarsch unserer Armee erschossen«, heißt es. Die »Iswestija« beruft sich obendrein merkwürdigerweise auf einen Funktionär des Kulturministeriums namens W. Ananjew der russischen Republik, also nicht der UdSSR insgesamt. [48]

Während es mit der Aufarbeitung des NKWD-Materials offensichtlich in der Sowjetunion nicht vorangeht und verwirrende Meldungen durch die Presse geistern, forscht der polnische Historiker Wlodzimierz Kowalski in Archiven in Großbritannien. Er findet den verschollen geglaubten Bericht des ehemaligen Generalsekretärs des Polnischen Roten Kreuzes Kazimierz Skarzynski über die Untersuchungen an den Gräbern 1943. (Skarzynski lebt zu dieser Zeit in London.) Der Bericht ist als »streng geheim« gekennzeichnet.

Die polnische Wochenzeitung »Odrodzenie« will den Bericht veröffentlichen, muß aber länger als ein halbes Jahr lang auf die Genehmigung warten. Im Februar 1989 erscheint der Beitrag schließlich. Für Polen eine Sensation, nicht wegen des Inhalts, sondern weil jetzt direkt die Sowjets beschuldigt werden, ohne daß die Historikerkommission zu einem Ergebnis gelangt wäre. Das Vorwort zur Wiedergabe des Berichts von 1943 stammt vom Mitglied der Historikerkommission Jarema Maciszewski. [49] Die Wochenzeitung »Polityka« veröffentlicht am selben Tag einen Beitrag, der die sowjetische These vom Mord durch die Deutschen 1941 widerlegt. [50]

Nur wenige Tage später teilt der polnische Regierungssprecher Jerzy Urban mit, der Text der Inschrift auf dem Warschauer Katyn-Denkmal werde geändert. Zum neuen Text äußert er sich noch nicht. Außerdem solle der Gedenkstein an einer anderen Stelle des Powazki-Friedhofs neu errichtet werden. [51] Ende März 1989 machen sich in Warschau Arbeiter daran, die Inschrift am Katyn-Denkmal herauszumeißeln. [52]

Offensichtlich wollen die Polen jetzt Druck machen und die Verschleppungstaktik der Sowjets nicht länger dulden. Bei den polnischen Historikern wächst die Verärgerung darüber, daß die Sowjets ihnen keinen Blick in ihre Unterlagen erlauben. Außenminister Tadeusz Olechowski sagt, Polen wünsche, daß die Historikerkommission bald zu einer Klärung komme. Die Sowjetunion solle eindeutig erklären, ob sie für das Massaker von Katyn verantwortlich sei oder nicht. [53] Einige Tage später legt Regierungssprecher Urban nach und erklärt auf seiner wöchentlichen Pressekonferenz, alles deute darauf hin, daß die Morde von Katyn ein Werk des »stalinistischen NKWD« seien. So direkt war Moskau von einem polnischen Regierungsfunktionär noch nie beschuldigt worden. Polnische Historiker, so Urban weiter, hätten vor einigen Tagen ihren sowjetischen Kollegen auf einer Tagung in Moskau die Dokumente vorgelegt, die sie in polnischen und westlichen Archiven gefunden hätten. Die sowjetischen Historiker hätten das Material als unbedeutend bezeichnet, wollten es jedoch prüfen und ihrerseits noch weiter nach Dokumenten suchen. [54]

Georg Reißmüller kommentiert dazu in der »Frankfurter Allgemeinen Zeitung«: »Dieser Tage sagte der polnische Regierungssprecher Urban, wahrscheinlich sei der Mord von Katyn ein Werk von Stalins Geheimpolizei NKWD gewesen. Wahrscheinlich – das soll wohl wie wissenschaftliche Exaktheit wirken, wo es doch um Wahrhaftigkeit geht. Wann aber wird die sowjetische Obrigkeit von der Katyn-Lüge lassen?« [55]

Im März 1989 laufen in Polen die Vorbereitungen für die Katyn-Gedenkfeiern. Gegen Ende des Monats veröffentlicht PAP einen längeren Bericht über den Stand der Katyn-Forschung. Danach sind Mitarbeiter des Militärhistorischen Instituts in Warschau seit längerem mit der Sichtung von Material beschäftigt. Eine Gruppe überprüfe die Listen mit den Namen der Opfer. Sie sollten in den neuen Gedenkstein eingemeißelt werden. Das Material stammt offensichtlich ausschließlich vom Zentralen Militärarchiv in Warschau. Von sowjetischem Material ist keine Rede. Eine zweite Gruppe sammelt schriftliche Zeugnisse über Katyn aus dem In- und Ausland für eine großangelegte Dokumentation. Bisher waren es Exilverlage im Westen gewesen, die das wichtige Material zusammengestellt hatten; jetzt macht sich die Warschauer Regierung daran, selbst alles zusammenzutragen. Zeitzeugen werden gebeten, sich bei der Redaktion des Militärhistorischen Instituts zu melden. [56]

Anfang April 1989 übergibt die Sowjetunion den Polen zwei Urnen mit Erde von den Gräbern bei Katyn. Eine polnische Delegation des Rates zum Schutz der Denkmäler polnischen Märtyrertums unter Leitung des Generals Roman Paszkowski und des polnischen Botschafters in Moskau Wlodzimierz Natorf nimmt sie bei einer Gedenkfeier in Smolensk entgegen. Wenige Tage darauf werden die Urnen in Warschau am Grabmal des Unbekannten Soldaten mit militärischem Zeremoniell und am renovierten Katyn-Denkmal eingemauert. Etwa tausend Menschen sind erschienen, als die Urnen in eine größere Urne gesenkt werden, in der sich Erde von Schlachtfeldern befindet, auf denen Polen im Zweiten Weltkrieg gekämpft hatten. Auch wird die neue Inschrift am Katyn-Denkmal enthüllt: »Den polnischen Offizieren, die in Katyn getötet wurden.« [57]

Man hat also eine Formulierung gewählt, die weder die Täter noch das Jahr nennt. Viele Polen reagieren empört. Thomas Urban von der »Süddeutschen Zeitung« erlebt die Szene und schreibt: »Eine laute Stimme unterbrach die Stille, die auf dem Friedhof herrschte: ›Es ist eine Schande, daß man nicht den Mut gefunden hat, die Jahreszahl auf das Mahnmal zu schreiben. Die Zahl 1940 hätte hier hingehört‹, rief ein etwa 40jähriger Mann. Die Menge klatschte Beifall.« [58] Auch bei der offiziellen Feier wird die Nennung der Täter vermieden. Weder ein General noch ein Militärbischof schneidet die Frage an. Der Bischof spricht lediglich eine Fürbitte, in der er um »Hilfe bei der Ergründung der historischen Wahrheit« bittet.

Etwa zur selben Zeit wird im polnischen Verlag »Das Buch und die Wissenschaft« das erste von Objektivität getragene Buch – von Untergrundschriften der Opposition und früheren Pamphleten der Kommunisten also abgesehen – in Polen über Katyn angekündigt. Es stammt aus der Feder von Czeslaw Madajczyk und soll den Titel »Das Drama von Katyn« tragen. [59] Es ist im wesentlichen die Auswertung der Arbeit der polnischen Historikerkommission. Ein weiterer Band soll persönliche Angaben über die Opfer der Sowjets zusammenfassen. Es handelt sich um das Material, das das Militärhistorische Institut zusammengetragen hat. Auch die polnischen Verlage »Alfa« und »Populärwissenschaftliches Buch« kündigen für den Sommer 1989 Bücher über Katyn an. [60] So erscheinen die ersten Bücher in Polen genau vier Jahrzehnte nachdem polnische Autoren wie Anders, Mikolajczyk und Mackiewicz ihre Arbeiten im Westen publiziert hatten.

Während somit in Polen längst wahrheitsgemäß über Katyn berichtet wird, bleibt die DDR in ihren einschlägigen Veröffentlichungen des Zentralinstituts für Geschichte der Akademie der Wissenschaften weiterhin bei der Katyn-Lüge und beklagt eine »von der Nazipropaganda gestartete Verleumdungskampagne wegen des sogenannten Falles von Katyn«. [61]

Am 16. April 1989 nehmen mehrere tausend Menschen in Danzig an einer Gedenkkundgebung für die 1940 ermordeten Offiziere und Intellektuellen teil. Sie wurde von der Solidarnosc organisiert und findet am Denkmal für die Opfer der Arbeiterproteste von 1970 statt. Die Kundgebung ist offiziell zugelassen. Während einer Messe in der Brigittenkirche verlangt Pfarrer Henryk Jankowski, daß »im Interesse normaler Beziehungen mit unseren Nachbarn« auch das Schicksal der noch vermißten 10 000 Offiziere geklärt werden müsse. [62] Diese Frage nach den beiden anderen Massengräbern wird immer lauter gestellt, nachdem die Nennung der Täter für die Polen kein Tabu mehr ist. Daneben spricht man immer offener über die Massendeportationen während des Zweiten Weltkriegs in die Sowjetunion. Das polnische Fernsehen zeigt im April 1989 erstmals Bilder von halbverhungerten Kindern auf dem Transport nach Sibirien. [63]

Ende April 1989 reist Staats- und Parteichef Jaruzelski zu Gorbatschow nach Moskau. In erster Linie geht es um die Einbeziehung der polnischen Opposition in die offizielle Politik und die Wiederzulassung der verbotenen Solidarnosc. Auch über Katyn wird gesprochen. Sicherlich darf man annehmen, daß Jaruzelski berichtet, wie sich in Polen die Publikationen mit der Behandlung des Falles überböten, wie ungeduldig das Volk auf das Eingeständnis warte und wie verärgert die polnische Historikerschaft sei. Aber die Hoffnung in Polen, daß nun endlich das Eingeständnis der Schuld ausgesprochen würde, trügt wieder einmal. In dem Kommuniqué heißt es lediglich, »sogenannte weiße Flecken in der Geschichte der sowjetisch-polnischen Beziehung« seien erörtert worden. Das Kommuniqué bleibt undeutlich und vertröstend: »Sie nahmen die Information zur Kenntnis, daß die sowjetische und die polnische Presse in Kürze ein von Forschern aus der UdSSR und aus Polen gemeinsam erarbeitetes Dokument veröffentlichen wird, das den Zeitraum vor dem Zweiten Weltkrieg und während seiner Anfangsphase beschreibt.« [64] In Wahrheit mauert die sowjetische Seite immer noch, und eine gemeinsame Erklärung steht beileibe nicht »in Kürze« an, obwohl bereits zwei Jahre seit der Absichtserklärung vergangen sind, die »weißen Flecken« zu tilgen.

Zwar veröffentlicht die gemischte Historikerkommission tatsächlich drei Wochen später eine Dokumentation parallel in der »Prawda« und in der »Trybuna Ludu«, aber sie beschäftigt sich darin hauptsächlich mit dem Hitler-Stalin-Pakt, verurteilt die Zusammenarbeit der beiden Diktatoren und kommt zu einem negativen Urteil über die Folgen der damaligen deutsch-sowjetischen Annäherung. Der Fall Katyn wird überhaupt nicht erwähnt. [65]

Angesichts der Blockierung durch die sowjetische Historikerkommission ergreift die reformorientierte Wochenzeitung »Moskowskije Nowosti« die Initiative und veröffentlicht eine Serie von Artikeln. Die Zeitschrift, die in der Sowjetunion nur begrenzt zugänglich ist, allerdings in mehreren Sprachen im Ausland erscheint (in Deutsch als »Moskau News«), erwähnt erstmals in der Sowjetunion zunächst vorsichtig die Möglichkeit, daß an der bisherigen Version Zweifel berechtigt seien. Im Mai 1989 heißt es, nun sei die Zeit gekommen herauszufinden, wer die polnischen Offiziere umgebracht habe. Der Beitrag berichtet von den erfolglosen Bemühungen der polnischen Exilregierung, etwas über den Verbleib der Offiziere zu erfahren und von Stalins absonderlichen Bemerkungen gegenüber General Anders, daß sie womöglich in die Mandschurei geflohen seien. [66] Das Tröpfeln der Wahrheit macht die Polen nur noch verärgerter und ungeduldiger. In ungewöhnlicher Deutlichkeit lastet im Juni der Warschauer Universitätssenat die Morde dem NKWD an und protestiert gegen die Bemühungen, diese »in Polen und der ganzen Welt bekannte Tatsache« zu verschleiern. Der Senat kritisiert auch die Arbeit der Historikerkommission, da die sowjetische Seite einer Stellungnahme immer wieder ausweiche. Die Dauer der Untersuchungen beleidige das Nationalgefühl der Polen und rufe Proteste hervor, heißt es fast drohend in der Resolution, die von der staatlichen Nachrichtenagentur PAP verbreitet wird. [67]

Aber das offizielle Moskau reagiert darauf nicht. Es bleibt »Moskowskije Nowosti« überlassen, die Bevölkerung in der Sowjetunion in kleinen und größeren Dosen an die Wahrheit zu gewöhnen. Anfang August 1989 veröffentlicht die Wochenzeitung Zeugenaussagen über die Entdeckung der Massengräber im Jahre 1943. [68]

Einen neuen Impuls erhält die Auseinandersetzung um die Katyn-Frage, als die Solidarnosc die Kommunisten bei der Regierungsführung ablöst. Das nur noch zum Teil kommunistische Kabinett unter Ministerpräsident Mazowiecki ersucht die Sowjetunion über den polnischen Generalstaatsanwalt in aller Form, das Verbrechen von Katyn einzugestehen. [69] Moskau antwortet nicht. Selbst Gorbatschow, der andere Verbrechen der vorausgegangenen Zeit brandmarkt, fühlt sich dazu immer noch nicht in der Lage. Als der sowjetische Außenminister Schewardnadse ein paar Tage nach der polnischen Aufforderung Warschau besucht, bringt er nur allgemeine Vertröstungen mit, wie sie schon so oft zu hören waren. »Der Dialog, den die Menschen überall in immer größerer Zahl einfordern, muß ernsthaft geführt werden.« Auf Fragen von Journalisten nach den Gesprächen mit seinem Amtskollegen Skubiszewski, Premier Mazowiecki, KP-Chef Rakowski und Präsident Jaruzelski hat Schewardnadse nicht mehr zu sagen, als daß die historischen Dokumente derzeit geprüft würden. Er beläßt es bei Floskeln: »An der Wahrheit sind wir sehr interessiert.« [70] Der Fraktionssprecher der Solidarnosc im Parlament, Geremek, kommentiert, das Problem sei, daß sich eine Parteikommission mit der Katyn-Frage beschäftigte,

die »zwei kommunistische Parteien repräsentiert. Es ist aber ein Problem, das zwei Nationen, zwei Staaten betrifft.« [71]
Im November 1989 besucht Mazowiecki bei seinem ersten Besuch in der Sowjetunion als erster polnischer Regierungschef Katyn. Es wird eine Messe gelesen; Mazowiecki legt einen Kranz vor dem Denkmal nieder. In einer Ankündigung der Nachrichtenagentur TASS liest sich das so: Der Gast werde »dem Andenken gefallener (sic!) polnischer Offiziere in Katyn die Ehre erweisen«. Wie als Ergänzung zu der Äußerung Geremeks betont Mazowiecki in einem Interview, er repräsentiere in Moskau den polnischen Staat, keine Partei. Mazowiecki spricht auch die »weißen Flecken« an: »Es ist nötig, eine moralische Wiedergutmachung für den Schaden, den Polen erlitten haben, zu leisten, die Toten zu ehren und diese weißen Flecken zu beseitigen.« Das Eingeständnis über die wahren Täter kann Mazowiecki in Moskau nicht erhalten, obwohl er vor der Presse vor seiner Abreise erklärt hatte, er erwarte in Moskau ein klares Wort zu Katyn. [72]
Im Frühjahr 1990 gewinnt das Thema neue Brisanz. Der Staatsbesuch Jaruzelskis in Moskau wird vorbereitet. Das polnische Parlament verlangt im März von der UdSSR das offizielle Eingeständnis an den Morden. In der Sowjetunion bereitet »Moskowskije Nowosti« auf die Enthüllung vor. In einem aufsehenerregenden Artikel der Ausgabe vom 25. März 1990 wird über die Arbeit der Historikerin Natalja Lebedewa vom Moskauer Institut für Weltgeschichte berichtet, die »kürzlich« die ersten Akten zu Katyn in mehreren sowjetischen Archiven, vor allem im Zentralarchiv der Roten Armee, gefunden habe. Das Sensationelle an dem Artikel liegt darin, daß die Historikerin erstmals einen Teil der damals zuständigen NKWD-Instanzen und die Namen der jeweils Verantwortlichen genau benennt. Auf ausdrücklichen Befehl Berijas seien die Offiziere in den Lagern Kozielsk, Starobielsk und Ostaschkow zusammengefaßt worden. Für Motive der Ermordung hält Natalja Lebedewa, daß Stalin dem polnischen Generalstab vor allem die Niederlage der Sowjets von 1920 nicht verziehen habe, daß er nach der Liquidierung Polens durch Hitler und ihn selbst jene gefürchtet habe, die »in Zu-

kunft den Kampf für das Wiedererstehen ihres Landes hätten aufnehmen können«, und daß das NKWD freie Lager für 50 000 bis
70 000 neue Deportierte aus den annektierten baltischen Republiken
gebraucht habe.

Für die Ermordung, so läßt »Moskowskije Nowosti« wissen, sei die
Erste Sonderabteilung des NKWD zuständig gewesen. In keinem
der bisher gefundenen Dokumente, so die Historikerin Lebedewa,
sei das Wort »erschießen« aufgetaucht. Nur die Transportwege zu
den Orten der Massenerschießungen seien verzeichnet. So sei es
vielleicht möglich, auch die anderen Massengräber zu finden. Dann
könnten auch dort Mahnmale errichtet werden, auf denen die Wahrheit stünde. [73]

Einen Tag vor der Anreise Jaruzelskis berichtet der Pressedienst von
Radio Moskau, es gebe Dokumente, die bewiesen, daß das NKWD
die polnischen Offiziere bei Katyn umgebracht habe. »Interfax«
beruft sich dabei auf den Chefredakteur der Zeitschrift »Wojenno
Istoritscheski«, Viktor Filatow, der angekündigt habe, daß das Material demnächst veröffentlicht werde. [74]

Am Karfreitag, am Tag der Ankunft Jaruzelskis in Moskau und fast
auf den Monat genau fünfzig Jahre nach den Massakern an den Offizieren und Intellektuellen, kommt Moskau mit der so lange erwarteten Mitteilung heraus. Zunächst wird das Eingeständnis von einigen
Medien als unmittelbar bevorstehend angekündigt. Erst am Nach-
mittag, als Jaruzelski und Gorbatschow nach ihrer Begegnung gerade ein polnisch-sowjetisches Kommuniqué unterzeichnen, veröffentlicht TASS die entscheidende Erklärung: »Bei Begegnungen
zwischen Vertretern der sowjetischen und polnischen Führung sowie in breiten Kreisen der Öffentlichkeit wird seit langem die Frage
nach einer Aufklärung der Umstände des Todes polnischer Offiziere
aufgeworfen, die im September 1939 interniert wurden. Historiker
beider Länder unternahmen eingehende Recherchen der Tragödie
von Katyn, einschließlich der Suche nach Dokumenten. In der jüngsten Zeit haben sowjetische Archivare und Historiker einige Dokumente über polnische Armeeangehörige gefunden, die sich in den
NKWD-Lagern Kosielsk, Starobielsk und Ostaschkow befanden.

Daraus geht hervor, daß von den 15 000 polnischen Offizieren aus diesen Lagern 394 Personen in das Lager Griasovietz überstellt wurden, der größte Teil aber der NKWD-Verwaltung für die Gebiete Smolensk, Woroschilowgrad und Kalinin ›zur Verfügung gestellt‹ wurde und nirgendwo sonst in statistischen Berichten des NKWD erwähnt wird. Die gefundenen Archivunterlagen lassen als Ganzes den Schluß zu, daß die Verantwortung für die Greueltaten im Wald von Katyn Berija und seine Helfershelfer trifft. Die sowjetische Seite bringt ihr tiefempfundenes Beileid im Zusammenhang mit der Katyner Tragödie zum Ausdruck und erklärt, daß es sich dabei um eines der schwersten Verbrechen des Stalinismus handelt. Kopien der gefundenen Unterlagen wurden der polnischen Seite übergeben. Die Suche nach weiteren Archivunterlagen wird fortgesetzt.« [75]

Bei der Erklärung »der sowjetischen Seite«, die über Radio Moskau verbreitet und auch vom englischsprachigen Dienst aufgegriffen wird, handelt es sich nur um ein allgemein formuliertes Schuldbekenntnis, das eigentlich sämtliche Einzelheiten offen läßt. Jeder Hinweis auf die Umstände der Ermordung wird vermieden. Nichts wird zu den Orten gesagt, wo die Toten der Lager Starobielsk und Ostaschkow verscharrt liegen.

In der »Frankfurter Allgemeinen Zeitung« merkt Horst Bacia dazu an: »Merkwürdig ist allerdings, wie diese Bekundung des Bedauerns der Öffentlichkeit bekannt gemacht wurde; nämlich als ›offizielle Stellungnahme‹ der amtlichen Nachrichtenagentur TASS. Keinem der Gesprächspartner Jaruzelskis im Kreml wurden diese Worte in den Mund gelegt . . . War es Zufall oder Absicht, daß diese Meldung, die TASS am Freitagnachmittag verbreitete, zuvor schon vorübergehend in den Nachrichten von Radio Moskau verlesen (und vom Monitordienst der BBC aufgefangen) worden war? Sollte vielleicht die Öffentlichkeit auf das Eingeständnis des Bedauerns vorbereitet werden? Eine Stunde vor der Verbreitung des Textes wollte sich der Stellvertretende Sprecher des Außenministeriums, Gremitzkych, zu der Sache jedenfalls nicht äußern.« [76]

Gorbatschow hatte während des Besuchs Jaruzelskis gesagt, es seien in jüngster Zeit Dokumente gefunden worden, die »indirekt, aber überzeugend beweisen, daß tausende polnischer Bürger, die genau vor einem halben Jahrhundert in den Wäldern von Smolensk umkamen, Opfer von Berija und seinen Helfershelfern geworden sind«. Die Gräber der polnischen Offiziere befänden sich neben den Gräbern sowjetischer Menschen, die von derselben »bösen Hand« umgebracht worden seien. Es sei nicht leicht, »über diese Tragödie zu sprechen«, aber es sei nötig, weil »nur durch die Wahrheit« der Weg zu einer wirklichen Erneuerung der Beziehungen eingeschlagen werden könne. [77]

Am nächsten Tag des Besuchs legt Jaruzelski im Wald von Katyn einen Kranz für die Toten nieder. Nach einem Ehrensalut einer sowjetischen und einer polnischen Kompanie sowie einem Totenappell mit dem Aufruf von Namen der Opfer spricht der polnische Militärseelsorger Florian Klewiado ein Gebet. Jaruzelski trägt in das Gedenkbuch folgende Worte ein: »Sie kämpften für ein freies Polen und sind unschuldig gefallen, weit von ihren Familien und ihrem Vaterland. Bis zuletzt blieben sie Polen und der Soldatenehre treu. In Hochachtung und dauerndem Gedenken an die polnischen Offiziere, Opfer des grausamen stalinistischen Verbrechens.«

Das sowjetische Fernsehen berichtet von der Totenehrung in den Abendnachrichten. Im sowjetischen Fernsehen spricht Jaruzelski von einem »tief bewegenden Tag«. »Die Wahrheit über Katyn wurde gesagt und die Wahrheit heilt Wunden. In Zukunft wird es einfacher sein, uns zu verstehen.« [78] Erst drei Tage vor dem Besuch war an der Gedenkstätte eine neue Inschrift angebracht worden: »Den in Katyn gefallenen polnischen Offizieren.« Die alte hatte gelautet: »Den Opfern des Faschismus. Den von Faschisten 1941 erschossenen polnischen Offizieren.«

Am Karfreitag wird in Polen gleich nach der Nachrichtensendung im Fernsehen der Dokumentarfilm »Der Wald von Katyn« ausgestrahlt, den die Regisseure Adrzej Wajda und Marcel Lozinski im Sommer 1989 und Januar 1990 gedreht hatten. [79] An diesem Karfreitag hatten die Polen mit Gottesdiensten, patriotischen Zusammenkünften und einer Pilgerfahrt der Toten von Katyn gedacht. [80] Der polnische Außenminister Skubiszewski kündigt an, daß sein

Ministerium die sowjetischen Behörden bitten werde, das Schicksal dieser Toten sowie das sämtlicher nach dem sowjetischen Einmarsch 1939 verschleppter Polen vollständig zu klären. [81] Regierungssprecherin Malgorzata Niezabitowska sagt zum Moskauer Eingeständnis, ohne diese Klärung wäre eine Neuordnung der Beziehungen zur Sowjetunion auf der Grundlage der Partnerschaft und wahren Freundschaft unmöglich gewesen. Man erwarte jetzt Klarheit über alle »weißen Flecken« der gemeinsamen Geschichte. Ihr Stellvertreter Henryk Wozniakowski meint zu dem sowjetischen Eingeständnis, die polnische Regierung sei mit dem Wortlaut der Erklärung »sehr zufrieden, weil diese Last nicht nur die Beziehungen zwischen den beiden Staaten erschwert, sondern auch zwischen den beiden Völkern«. Der Fraktionsführer der Solidarnosc im Parlament, Geremek, nennt das Eingeständnis einen »Akt vom Wert einer moralischen Vergeltung«.

Der Solidarnosc-Vorsitzende Lech Walesa jedoch ist nicht voll zufrieden. Es hätte in der Moskauer Erklärung auch ein Wort zur Frage der Wiedergutmachung an die Familien der Opfer gesagt werden müssen. Ausdrücklich verlangt er die Bestrafung der Schuldigen. Fast alle Kommentatoren in Radio und Fernsehen meinen, durch das Schuldbekenntnis gewinne die Versicherung Gorbatschows, daß er zu Polen »auf Gleichheit und Partnerschaft beruhende sowie aufrichtige und gute Beziehungen« unterhalten wolle, an Eindeutigkeit und Wert. Primas Kardinal Jozef Glemp erklärt nach der Ostermesse in Warschau: »Man hat uns das Gewicht der Lüge vom Herzen genommen, die auf diesem Martyrium lastete.« [82] Der Vorsitzende des »Rates zur Pflege der Erinnerung an Kampf und Leid«, Broniewski-Orsza, sagt, für ihn verbinde sich der Name Katyn nicht nur mit einem Massenmord, sondern auch damit, daß fünfzig Jahre lang das Volk damit gequält wurde, mit der Katyn-Lüge zu leben. [83] Das Eingeständnis der Sowjets ist Anlaß für die deutsche Presse, auf das Thema ausführlich einzugehen. In der »Frankfurter Allgemeinen Zeitung« läßt Stefan Dietrich die Ereignisse noch einmal Revue passieren und fährt fort: »Der Fall Katyn war ein Legitimationsproblem erster Ordnung für die polnischen Kommunisten. Daß sie sogar dreißig Jahre nach Stalins Tod noch nicht die Kraft hatten, der Wahrheit die Ehre zu geben, machte den Polen von Tag zu Tag mehr klar, wie begrenzt ihre Souveränität unter der Herrschaft dieser Partei war. Viel zu spät besann sich Staats- und Parteichef Jaruzelski darauf, daß ›Offenheit, Wahrheit und Realismus der Völkerfreundschaft dienen‹. . ., zeigt das Verbrechen doch die enge Komplizenschaft Stalins und Hitlers und die ganze Verlogenheit der Legende vom großen vaterländischen Krieg, der bis heute als ein Kampf des (sozialistischen) Guten gegen das (faschistische) Böse hingestellt wird. Es hätte langer Forschung nicht bedurft. Ein politischer Beschluß über die Öffnung der NKWD-Archive hätte genügt, um mit der Legende aufzuräumen. Diesen Beschluß gibt es auch heute noch nicht. Statt dessen hat man ein paar eher marginale Aktenstücke hervorgezogen, die ein Schuldbekenntnis in Sachen Katyn rechtfertigen, aber keine neuen Antworten auf immer noch unbeantwortete Fragen geben. Wo sind die Gräber der 10 000 Internierten von Starobielsk und Ostaschkow? Wer gibt Rechenschaft über das Schicksal von mehr als 100 000 weiteren polnischen Kriegsgefangenen, die ebenfalls spurlos in sowjetischen Arbeitslagern verschwanden? Wer ist schuld an ihrem Tod? Wer hat die Schuldigen zur Verantwortung gezogen?« [84]

Der »Rheinische Merkur« merkt zum sowjetischen Eingeständnis kritisch an: »Aber ist das nun alles? Seit fast einem halben Jahrhundert beschuldigt die sowjetische Propaganda wider besseres Wissen die Deutschen der Verbrechen von Katyn. Mit größtem Aufwand wurden ›Beweise‹ geschaffen, Kommissionen produzierten ›Untersuchungsergebnisse‹, Experten bekräftigten die Lügen. Sie wurden weithin für bare Münze genommen: Die Polen, die es besser wußten, konnten sich nicht äußern; den Nazis traute man mit Grund jede Untat zu; ihre Propaganda war diskreditiert – obwohl sie diesmal nicht log. So ist es nicht damit getan, daß Moskau in einer dünnen TASS-Meldung die Verantwortung des Geheimdienstes NKWD konstatiert. Auch den Deutschen ist Moskau eine Klarstellung schuldig, die das Odium dieses Massenmordes an der Elite des Nachbarvolkes von ihnen nimmt – wenigstens diesen falschen Vorwurf. Es bleiben noch genug Untaten in Polen und an polnischen Menschen übrig, die am deutschen Namen haften. Bundespräsident und Bundesregierung sollten diesen schweren Fall von Vergangenheitsbewältigung im Dreieck Moskau–Warschau–Bonn nicht mit vornehmem Schweigen übergehen. Der Giftpfeil ist herausgezogen, der Schuldige benannt. Aber nicht nur Polen waren hier Opfer, auch die verleumdeten Deutschen.« [85]

Die »Welt« behandelt die Geschichte der Desinformation um den Fall Katyn auf einer ganzen Seite unter dem Titel »Wo sind die anderen Gräber?« [86] Die größte polnische Zeitung, das Wochenblatt »Zycie Warszawy« druckt den Beitrag der »Welt« in voller Länge nach. [87]

Aus der Sowjetunion folgen weitere Details. Vorreiter ist wieder die Wochenzeitung »Moskau News«. Darin berichtet Gennadi Schaworonkow, der sich seit zwei Jahren mit dem Schicksal der 15 000 polnischen Offiziere und Intellektuellen beschäftigt, im Juni 1990 (in der deutschen Ausgabe im Juli), wie er auf die Blutspur der NKWD-Generale Reichman und Seljony gestoßen ist: »Anfang dieses Jahres entdeckten die Mitarbeiter der KGB-Verwaltung Charkow plötzlich in den seit Kriegsende unberührten Archiven den Briefwechsel des Kommandanten der NKWD-Verwaltung, Seljony, mit dem Direktor des jüdischen Friedhofs, Gorbatschow. Bei der Evakuierung aus Charkow in eine Zeltplane eingeschlagen, lag er jahrelang vergessen auf Regalen und wartete auf seine Sternstunde.« Dieser Briefwechsel enthält die genauen Angaben über die Leichen, die der Friedhofsverwalter für das NKWD zu bestatten hatte. Allein zwischen dem 9. August 1937 und dem 11. März 1938 hatte er 6865 Tote verscharren müssen.

Der Artikel berichtet weiter von den Morden des NKWD an 3891 Internierten des Lagers Starobielsk. Die KGB-Verwaltung Charkow habe mitgeteilt, daß in einem Waldstück 1760 sowjetische Staatsbürger sowie »polnische Offiziere, die 1940 gesetzeswidrig hingerichtet wurden und deren Anzahl ermittelt wird«, auf dem ehemaligen Gelände des NKWD-Erholungsheimes verscharrt liegen. Spielende Kinder hätten dort schon 1940 polnische Orden, Gürtelschnallen und Münzen gefunden. In den siebziger Jahren habe der zuständige Forstverwalter einen besorgten Brief an das KGB geschickt: Insbesondere im Frühjahr und im Herbst spülten die Regengüsse Menschenknochen und Schädel an die Oberfläche; über dem Wald schwebe ein grauenerregender Gestank. Sofort nach Erhalt des Briefes habe man Löcher in den Boden gebohrt und Chlorkalk oder Säure in die Erde gepumpt. Später sei das Gelände wieder eingezäunt worden. Und dann habe man auf dem alten NKWD-Gelände ein Erholungsheim und Datschen für KGB-Mitarbeiter gebaut!

Im April 1990, so fährt Gennadi Schaworonkow fort, habe das KGB seine Datschen der Stadt übergeben. (Das geschah also erst zu einer Zeit, als sich absehen ließ, daß sich nicht länger verheimlichen läßt, auf welchem Gelände sich die KGB-Leute erholen.) Der stellvertretende Chef der NKWD-Verwaltung Nessen habe im Gespräch mit »Moskau News« dazu folgendes gesagt: »Die heutigen KGB-Mitarbeiter wollen nicht in die Uniform von Jeschow und Berija gesteckt werden.« Der Fall »Massengräber« sei an die Staatsanwaltschaft weitergeleitet worden. Inzwischen wohnten in den Datschen vorübergehend Familien, die auf Neubauwohnungen warteten. Auch heute, so berichtet die Zeitschrift weiter, gebe es bestimmte Tauschtreffs, wo Kinder und Jugendliche mit den gefundenen polnischen Gegenständen handelten. Auch mit einem noch lebenden ehemaligen Fahrer des NKWD sowie dem Sohn eines der NKWD-Fahrer, die die Leichen der NKWD-Opfer in den Wald fahren mußten, hätten die Redakteure von »Moskow News« gesprochen. Trotz des strikten Schweigegebots habe der Vater der Familie über seine schmutzige Arbeit berichtet und geweint, wenn er von dem schauderhaften Geruch erzählte, der ihn Tag und Nacht verfolgte. [88]

Umgehend reagierte Warschau auf diese Veröffentlichung. Generalkonsul Michal Zurawski übergibt in Moskau eine Note, in der um Stellungnahme zu den Berichten gebeten wird sowie darum, daß polnische Vertreter zur Exhumierung geladen werden. [89] Zur selben Zeit weilt eine Delegation polnischer Parlamentarier in Moskau. Am 18. Juni teilen Moskauer Behörden ihnen den Fund des dritten Massengrabes mit. Polnische Offiziere lägen in kürzlich entdeckten

Massengräbern in einem Wald bei Miednoje an der Straße von Moskau nach Leningrad. [90]

Es handelt sich um 6200 Tote des Lagers Ostaschkow. Die polnische Nachrichtenagentur PAP berichtet, die Parlamentarierdelegation wolle die Gräber von Katyn und Charkow besichtigen und über Schadenersatzforderungen für die Hinterbliebenen der Opfer mit den Sowjetbehörden verhandeln. [91] Die Regierung in Warschau ersucht Moskau offiziell um Zulassung polnischer Vertreter bei der Exhumierung. Am 23. Juli 1990 teilt der stellvertretende Generalstaatsanwalt Polens, Stefan Sniezko, mit, daß ukrainische und polnische Gerichtsmediziner sowie Vertreter der Staatsanwaltschaft im September gemeinsam an der Exhumierung der polnischen Offiziere des Lagers Starobielsk bei Charkow teilnehmen würden. [92]

Wie schwer sich KGB-Kreise selbst nach der Einräumung der sowjetischen Verantwortung für die Morde tun, zeigt eine Fotoausstellung in Paris, die in Zusammenarbeit mit »Moscow News« organisiert worden war. In der August-Ausgabe von »Moscow News« ist zu lesen: »Die Organisatoren (der Ausstellung) weisen besonders darauf hin, daß die Ausstellung nur möglich ist, weil ›Moscow News‹ wertvolles, erstmals geliefertes Beweismaterial zur Wahrheit der Erschießungen von Katyn geliefert hat. Bilder zeigen polnische Offiziere, die als erste mit Truppen der Wehrmacht im Zweiten Weltkrieg zusammenstießen. Andere Fotos zeigen große Gräben bei Katyn mit aberhunderten von Leichen. Ein Foto ist dort mit der Inschrift auf einem Monument in Warschau: Den polnischen Offizieren – Opfer des deutschen Faschismus, beerdigt in der Gegend von Katyn. ›Moscow News hat enorme und hoch zu schätzende Arbeit geleistet, als es zuerst die sowjetische Presse über die Wahrheit der Erschießungen von Katyn unterrichtet‹, sagte Alexandra Kwiatow-Viattot, französische Historikerin und eine der Organisatoren der Ausstellung. ›Es ist sehr wichtig, daß MN sich nicht davor gescheut hat, sondern seine Nachforschungen trotz des verdeckten Widerstandes gewisser Kräfte fortgesetzt hat. Aber Widerstand besteht bis heute‹, fügte sie hinzu. ›Selbst nach der Veröffentlichung der offiziellen sowjetischen Erklärung über das Eingeständnis der Verantwortlichkeit des

NKWD für die Verbrechen im Wald von Katyn im Frühjahr 1940 bleiben die Archive des KGB geschlossen, und andere Dokumente über Katyn, über das Schicksal aller verschleppten Polen, bleiben, sofern sie nicht vernichtet worden sind, für die Historiker unzugänglich.«« [93]

Das Eingeständnis Moskaus reizt Journalisten, nach Zeitzeugen zu spüren. Ende August 1990 veröffentlicht die Pariser Zeitung »France Soir« einen Beitrag ihres Sonderkorrespondenten Christophe Gautier. Er hat in Smolensk einen ehemaligen Fahrer von NKWD-Offizieren ausfindig gemacht, der 1940 die polnischen Soldaten mit dem »Schwarzen Raben« vom Bahnhof Gniesdovo zur Hinrichtungsstätte gefahren hatte: Iwan Titkow. Der inzwischen 72jährige habe nun über sein »schreckliches Geheimnis« sprechen wollen, um »zu versuchen, endlich in Frieden mit sich selbst zu leben«, schreibt »France Soir«. Iwan Titkow schildert in allen Einzelheiten, was in Katyn geschah. Er nennt sogar den Namen von Piotr Soprunenko, der für die Durchführung der Exekutionen verantwortlich gewesen sei. Er erzählt, wie er später von NKWD- und dann KGB-Offizieren immer wieder aufgesucht worden sei. Er berichtet aus der jüngsten Vergangenheit, wie der KGB-Major Zakirow ihn im Auftrag Gorbatschows besucht, sich dann aber KGB-General Kriouzertzew eingemischt und ihn an die Schweigeverpflichtung erinnert habe. [94] Die Geschichte ist sensationell und aufregend. Sie geht auch über das bisher im Westen über Katyn Bekannte hinaus. Aber erstaunlicherweise wird sie kaum aufgegriffen.

Die linke französische Zeitung »Liberation« druckt Anfang September einen Korrespondentenbericht aus Warschau, der wie eine Ergänzung wirkt. Ein Journalist der Tageszeitung »Gazeta« habe insgesamt zwanzig noch lebende Zeugen des Massakers ausfindig gemacht. Piotr Klimow, ein ehemaliger Hausmeister des Smolensker NKWD und inzwischen 80 Jahre alt, habe berichtet, im Keller des NKWD-Gefängnisses von Smolensk sei ein Teil der polnischen Offiziere erschossen und auf Lastwagen nach Katyn geschafft worden. Dort seien die Leichen in die Gräber geworfen worden. Er selbst habe die Lastwagen nach jeder Fuhre reinigen müssen und habe dafür fünf Rubel extra und eine zusätzliche Ration Alkohol erhalten. Klimow nennt auch Namen der NKWD-Offiziere, die für die Erschießungen verantwortlich gewesen seien: Gribow, Stellmach, Gwozdowski und Estrin. Zu Recht vermerkt der Korrespondent von »Liberation« ausdrücklich, daß der Bericht Klimows in mehreren Punkten Widersprüche zum Bericht Titkows aufweise. [95]

Im September 1990 fordert das Bürgerkomitee der Solidarnosc die Bestrafung der Schuldigen und nennt auch ehemalige NKWD-Offiziere, unter ihnen General Soprunenko. Am 29. September überreicht das Katyn-Komitee der sowjetischen Botschaft in Warschau ein entsprechendes Schreiben. Außerdem fordert das Komitee die Exhumierung der Leichen bei Charkow, die Errichtung von Friedhöfen in Katyn, Miednoje und Charkow sowie gleichzeitig den Abzug der sowjetischen Truppen aus Polen. Am selben Tag zeigt das polnische Fernsehen alte Aufnahmen des Generals Iwan Sierow, der von 1954 bis 1964 das NKWD und später das KGB leitete. Sierow war 1939 bis 1941 Kommissar für Inneres in der Ukraine und hatte demnach den Befehl zur Ermordung der polnischen Gefangenen im Lager Starobielsk gegeben. [96]

Ob es zu einer Strafverfolgung noch Lebender in der Sowjetunion und zu einer Verurteilung kommt, muß abgewartet werden. Wahrscheinlich ist es nicht, auch wenn in der Zeitschrift »Sowjetunion heute«, die von der Presseagentur Nowosti herausgegeben wird, sich im Oktober 1990 zur Verteidigung der Kriegsverbrecherprozesse in der Sowjetunion und der Nürnberger Prozesse folgende Sätze finden: »Es muß darauf verwiesen werden, daß 1968 eine internationale Konvention über die Unverjährbarkeit von Kriegsverbrechen und Verbrechen gegen die Menschlichkeit angenommen wurde. Entsprechend dieser Konvention gelten Kriegsverbrecher zeitlich unbegrenzt als solche und unterliegen der Auslieferung in die Länder, in denen sie ihre Untaten vollbrachten. Folglich entsprachen die Prozesse gegen die deutschen Kriegsverbrecher sowohl dem internationalen Recht als auch den internationalen Verpflichtungen der Sowjetunion. Sie haben dementsprechend eine feste rechtliche Grundlage.« [97]

Kurz nach Weihnachten 1990 teilt der polnische stellvertretende Staatsanwalt Stefan Sniezko in Warschau mit, daß Vertreter der polnischen Staatsanwaltschaft erstmals Einsicht in die sowjetischen Katyn-Akten erhalten hätten. Der Umfang des Materials ist enorm: 35 Bände. [98] Aber gleichzeitig kommt eine deutsche Schuld beziehungsweise Mitschuld an den Morden von 1940 doch wieder ins Gespräch. Am selben Tag, an dem Staatsanwalt Sniezko seine Pressekonferenz gibt, zitiert die größte polnische Zeitung, »Zycie Warszawy«, einen sowjetischen Zeitungsbericht mit der Vermutung, die Liquidierung der Offiziere und Intellektuellen sei seinerzeit mit der Gestapo abgesprochen gewesen. [99]

Anmerkungen zu 1
Liquidierung

1 Whitney R. Harris: Tyranny on Trial, Dallas 1954, S. 251; Geschichte, Jg. 16/Nr. 94, S. 40
2 Gotthold Rhode in Frankfurter Allgemeine Zeitung vom 26.3.1988
3 J.K. Zawodny: Death in the Forest. The Story of the Katyn Forest Massacre, Indiana 1962; deutsche Ausgabe: Zum Beispiel Katyn. Klärung eines Kriegsverbrechens, München 1971, S. 107.
4 Nach Aussagen vor Untersuchungsausschuß des US-Kongresses 1952, wiedergegeben in: Katyn, ein ungesühntes Kriegsverbrechen gegen die Wehrkraft eines Volkes, Schriftenreihe der Gesellschaft für Wehrkunde, Heft 4, München 1952, S. 9f., im folgenden zitiert als Wehrkunde.
5 Josef Mackiewicz: Katyn. Ungesühntes Verbrechen, Zürich 1949, Frankfurt/Main 1983; 2. Aufl. 1987, S. 17
6 Auch im folgenden Mackiewicz, Katyn, S. 20 ff.; Louis FitzGibbon: Katyn. A Crime without Parallel, London 1971; deutsche Ausgabe: Das Grauen von Katyn. Verbrechen ohne Beispiel, Vlotho 1980, S. 27 f.
7 Mackiewicz, Katyn, S. 20
8 Zawodny, a.a.O., S. 107
9 Mackiewicz, Katyn. S. 21
10 ebd., S. 24
11 Stanislaw Mikolajczyk: Der Krieg gegen die Freiheit. Aus den Memoiren von Stanislaw Mikolajczyk, in: Tagesspiegel, Schriften Heft 2, Berlin 1948, S. 9f.; FitzGibbon a.a.O., S. 32
12 Wehrkunde, a.a.O., S. 10
13 Süddeutsche Zeitung vom 23.7.1971
14 Geschichte, Jg. 16/Nr. 94, S. 40
15 Die Zahlen sind nicht genau zu ermitteln und schwanken deshalb. Karl-Hein Janßen spricht unter Berufung auf Harvard-Professor Jan Gross in Die Zeit vom 22.7.1988 von 900000. Zawodny, a.a.O., S. 18 gibt 1,2 Millionen Verschleppte an. Andere Quellen gehen bis zu eindreiviertel Millionen, z.B. Pater Braun, früherer Betreuer der amerikanischen Katholiken in der Sowjetunion, nach Wehrkunde, a.a.O., S. 9

16 Brief an Verfasser vom 19.5.1990

17 Natalja Lebedewa in Moscow News vom 25.3.1990; nach Geschichte, Jg. 16/Nr. 94, S. 40

18 Zawodny, a.a.O., S. 85f.

19 ebd., S. 40f.

20 FitzGibbon, a.a.O., S. 4 u. S. 14

21 Mackiewicz, Katyn, S. 28 u. S. 100

22 Geht aus Papieren hervor, die in seiner Tasche gefunden wurden.

23 Mackiewicz, Katyn, S. 37; Zawodny, a.a.O., S. 86

24 Mackiewicz, Katyn, S. 28; FitzGibbon, a.a.O., S. 43

25 FitzGibbon, a.a.O., S. 35

26 Tagebuchnotiz des in Katyn ermordeten Kaplans Jan Ziolkowsky aus Jaroslaw. FitzGibbon, a.a.O., S. 31 nennt als Ausnahme für Kozielsk Pater Ziolkowsky. Zu Starobielsk ebd., S. 40

27 Zawodny, a.a.O., S. 86

28 ebd., S. 86

29 Zawodny, a.a.O., S. 116; FitzGibbon, a.a.O., S. 34

30 Mackiewicz, Katyn, S. 30

31 Zawodny, a.a.O., S. 100f.

32 ebd., S. 112

33 Aussagen vor US-Ausschuß, nach Wehrkunde, a.a.O., S. 10

34 FitzGibbon, a.a.O., S. 37f.

35 Zawodny, a.a.O., S. 86, 117f. u. 175 Anm. 8

36 ebd., S. 118

37 Wehrkunde, a.a.O., S. 17f. nach Aussagen vor US-Ausschuß 1952; auch Zawodny, a.a.O., S. 112

38 Mackiewicz, Katyn, S. 29f.

39 Zawodny, a.a.O., S. 114

40 Abkommen veröffentlicht vom State Depart in: Nazi-Soviet Realtions 1939–1941, Washington 1948, S. 106

41 Natalja Lebedewa in Moscow News vom 25.3.1990; nach Geschichte, Jg. 16/Nr. 19, S. 40

42 Mikolajczyk, Krieg gegen die Freiheit, S. 25 (allerdings muß es 1940 statt 1941 heißen)

43 Zu Berija meint auch F.J.P. Veale: Verschleierte Kriegsverbrechen, Wiesbaden 1959, S. 47: »Angesichts seiner amtlichen Stellung ist es wahrscheinlich, daß er persönlich die Anordnung zur Liquidierung ... erteilte.« (US-Ausgabe von 1959: War Crimes Discretely Veiled)

44 7 Tage vom 20.7.1957; vgl. Zawodny, a.a.O., S. 95f., FitzGibbon,

a.a.O., S. 161f.

45 Moscow News nach Geschichte, Jg. 16/Nr. 94

46 Natalja Lebedewa in Moscow News vom 25.3.1990, nach Geschichte, Jg. 16/Nr. 94, S. 40f.

47 Zawodny, a.a.O., S. 87

48 ebd., S. 89, 118 u. 127

49 Mackiewicz, Katyn, S. 31f.

50 nach Mackiewicz, Katyn, S. 33f. polnischer Offizier unter dem Pseudonym »Jan Furtek« in der amerikanisch-polnischen Zeitung Nowy Swiat; FitzGibbon, a.a.O., S. 54ff. zitiert die Beschreibung ausführlich nach S. Swianiewicz, der sich auf einen Aufsatz des Leutnants W.J. Furtek in Polish Daily (London) vom 21.4.1943 bezieht.

51 Zawodny, a.a.O., S. 88; FitzGibbon, a.a.O., S. 56

52 Aussage vor US-Untersuchungsausschuß 1952, nach Wehrkunde, a.a.O., S. 21

53 Mackiewicz, Katyn, S. 32f; vgl. Neue Zeitung vom 9.11.1949

54 Amtliches Material (van Bergh), a.a.O., S. 22 (siehe Kap. 3, Anm. 118)

55 ebd., S. 23

56 Leserbrief von Franz Berger in Die Welt vom 5.3.1952. Berger war von April bis September 1943 als Obergefreiter bei der Transportgruppe der Heeresgruppe Mitte und berichtet über Gespräche mit Einheimischen. Siehe auch Neue Zeitung vom 9.11.1949

57 Mackiewicz, Katyn, S. 138ff.; Zawodny, a.a.O., S. 93

58 Mackiewicz, Katyn, S. 34f.; vgl. Janßen in Die Zeit vom 22.7.1988; Zawodny, a.a.O., S. 90f.; die Beschreibung von S. Swianiewicz ausführlich bei FitzGibbon, a.a.O., S. 54ff.

59 Mackiewicz, Katyn, S. 34; Zawodny, a.a.O., S. 92 u. 97

60 Rudolph Chelminski: Die Morde von Katyn. Wie war es wirklich? in: Reader's Digest, Das Beste, Nr. 5, Mai 1990, S. 119

61 Zawodny, a.a.O., S. 25f.; Mackiewicz, Katyn, S. 136f.; Dagens Nyheter (Stockholm) vom 13.2.1948; Amtliches Material (van Bergh), a.a.O., S. 18ff.

62 Mackiewicz, Katyn, S. 141

63 Dagens Nyheter (Stockholm) vom 13.2.1948; Mackiewicz, Katyn, S. 141

64 Zawodny, a.a.O., S. 92; vgl. Janßen in Die Zeit vom 22.7.1988; auch Wehrkunde, a.a.O., S. 23f.; Chelminski, a.a.O., S. 119; Harris, a.a.O., S. 264f.; Amtliches Material (van Bergh), a.a.O., S. 31

65 Zawodny, a.a.O., S. 29; Julius Epstein in Die Zeit vom 9.6.1949; FitzGibbon, a.a.O., S. 15; Chelminski, a.a.O., S. 119

66 Leserbrief von Theo Wessel in Die Welt vom 1.3.1952; Wessel war 1943 Angehöriger eines Baubataillons in der Nähe von Katyn und wohnte bei der Witwe des Forstmeisters, die sich ihm offenbarte. Andere Quellen vermuten, daß NKWD-Gefangene aus Smolensk die Gräber ausheben mußten. Wieder andere meinen, die Offiziere hätten ihre Gräber selbst ausheben müssen. Dafür gibt es jedoch keine Anhaltspunkte. Siehe auch Zawodny, a.a.O., S. 172, Anm. 13; Amtliches Material (van Bergh), a.a.O., S. 88ff.

67 Geheimbericht des britischen Botschafters bei der polnischen Exilregierung O'Malley an das Foreign Office vom Mai 1943; Janßen in Die Zeit vom 22.7.1988. Leutnant Stefan Mejster wurde 1943 identifiziert und erhielt die Registrationsnummer 378. Zawodny, a.a.O., S. 30 u. 93f.; FitzGibbon, a.a.O., S. 15 Amtliches Material (van Bergh), a.a.O., S. 53 u. 90ff.; Munzinger-Archiv vom 27.5.1943

68 Zawodny, a.a.O., S. 93; Amtliches Material (van Bergh), a.a.O., S. 57

69 Chelminski, a.a.O., S. 122

70 Amtliches Material (van Bergh), a.a.O., S. 26

71 1943 wurden die Patronenhülsen gefunden. Amtliches Material (van Bergh), a.a.O., S. 75; Frankfurter Neue Presse vom 12.1.1949 nach General Anders. Aussagen Genschows in Frankfurt vor dem Untersuchungsausschuß des US-Repräsentantenhauses; dazu auch: Neue Zeitung vom 26.4.1952, Frankfurter Allgemeine Zeitung vom 26.4.1952, Dagens Nyheter (Stockholm) vom 13.2.1948; vgl. Mackiewicz, Katyn, S. 120

72 Amtliches Material (van Bergh), a.a.O., S. 53

73 Zawodny, a.a.O., S. 28

74 Julius Epstein in Die Welt vom 1.4.1971

75 siehe Anmerkung 66

76 Amtliches Material (van Bergh), a.a.O., S. 18ff.

77 Neue Züricher Zeitung vom 10.4.1980

78 Mackiewicz, Katyn, S. 141; Amtliches Material (van Bergh), a.a.O., S. 28

79 Wehrkunde, a.a.O., S. 21f.; vgl. Zawodny, a.a.O., S. 89

80 Moskau News, Nr. 7/Juli 1990, S. 11

81 7 Tage vom 20.7.1957; vgl. Zawodny, a.a.O., S. 95, FitzGibbon, a.a.O., S. 161f.

82 Moskau News, Nr. 7/Juli 1990, S. 11

83 nach Mackiewicz, Katyn, S. 35f.; Zawodny, a.a.O., S. 115

84 Zawodny, a.a.O., S. 115

85 FitzGibbon, a.a.O., S. 41

86 Mackiewicz, Katyn, S. 36; FitzGibbon, a.a.O., S. 41

87 Mackiewicz, Katyn, S. 30

88 Mackiewicz, Katyn, S. 36; FitzGibbon, a.a.O., S. 41f.

89 Mackiewicz, Katyn, S. 37; Zawodny, a.a.O., S. 89

90 Zawodny, a.a.O., S. 88

91 ebd. S. 89

92 Mackiewicz, Katyn, S. 35f. nach Jozef Czapski

93 Moskau News, Nr. 7/Juli 1990, S. 11

94 ebd., S. 11

95 7 Tage vom 20.7.1957; vgl. Zawodny, a.a.O., S. 95f., FitzGibbon, a.a.O., S. 161f.

96 Mackiewicz, Katyn, S. 37; FitzGibbon, a.a.O., S. 69

97 Mackiewicz, Katyn, S. 226

98 Mackiewicz, Katyn, S. 38; Mitteilung von A. Niewiadomski (Berlin) vom 28.5.1990 an Verfasser

99 Mitteilung von A. Niewiadomski vom 22.6.1990

100 7 Tage vom 20.7.1957; vgl. FitzGibbon, a.a.O., S. 161f.

101 Mackiewicz, Katyn, S. 121

102 Dagens Nyheter (Stockholm) vom 13.2.1948; vgl. Julius Epstein in Die Zeit vom 9.6.1949

103 Erschow floh 1944 aus dem Sowjetbereich und ging später in die USA. Munzinger-Archiv 36/52 nach Die Tat (Zürich) vom 7.7.1952; Harris, a.a.O., S. 265

104 7 Tage vom 20.7.1957

105 Maariv nach Allgemeine unabhängige jüdische Wochenzeitung vom 30.7.1971; vgl. Süddeutsche Zeitung vom 22.7.1971

106 Simon Wiesenthal, Krystyna. Die Tragödie des polnischen Widerstandes, München/Gütersloh 1986, S. 36ff.; Joachim Görlich in Die Welt vom 20.3.1989, der sich auf die exilpolnische Dziennik Polski (London) bezieht.

107 Imanuel Geiss und Wolfgang Jakobmeyer (Hrsg.): Deutsche Politik in Polen 1939–1945. Aus dem Diensttagebuch von Hans Frank, Generalgouverneur in Polen, Opladen 1980, S. 71

108 Mackiewicz, Katyn, S. 43

109 Zawodny, a.a.O., S. 97

110 ebd., S. 97

111 ebd., S. 98

112 ebd., S. 99

113 ebd., S. 100

114 ebd., S. 99

115 ebd., S. 99

116 ebd., S. 100f.

117 ebd., S. 107

118 Mackiewicz, Katyn, S. 45

119 Zawodny, a.a.O., S. 122f.

120 Mackiewicz, Katyn, S. 45; Zawodny, a.a.O., S. 123f.

121 Mackiewicz, Katyn, S. 46f. nach den Erinnerungen Gorczynskis. Vgl. Zawodny, a.a.O., S. 124; Neue Zürcher Zeitung vom 29.4.1952; Neue Zeitung vom 23.4.1952; Munzinger-Archiv 36/52 nach Die Tat (Zürich) vom 7.7.1952; Harris, a.a.O., S. 266

122 Zawodny, a.a.O., S. 124

123 ebd., S. 124

124 ebd., S. 124f.

125 Mackiewicz, Katyn, S. 42f.

126 ebd., S. 48

127 Edward J. Rozek: Allied Wartime Diplomacy. A Pattern in Poland, New York, London 1958, S. 51f.; Kampf gegen die Freiheit, a.a.O., S. 9f.

128 Mikolajczyk, Krieg gegen die Freiheit, S. 16

129 ebd., S. 52

130 ebd., S. 52f.

131 ebd., S. 59

132 ebd., S. 59

133 ebd., S. 60

134 ebd., S. 60

135 Zawodny, a.a.O., S. 19 und 156, Anm. 6; FitzGibbon, a.a.O., S. 77; Rozek, a.a.O., S. 62

136 Mikolajczyk, Krieg gegen die Freiheit, S. 17f.

137 Rozek, a.a.O., S. 63; siehe auch Mikolajczyk, Krieg gegen die Freiheit, S. 19

138 Vgl. Erik de Laval in Sopade (Informationsdienst der Sozialdemokratischen Partei Deutschlands) vom 28.6.1948

139 Zawodny, a.a.O., S. 103

140 Hans Roos: Geschichte der polnischen Nation 1916–1960, Stuttgart 1961, 2. Aufl. 1964, S. 54

141 ebd. S. 56

142 Rozek, a.a.O., S. 69

143 ebd. S. 75 u. 105ff.
144 Zawodny, a.a.O., S. 19; FitzGibbon, a.a.O., S. 77
145 Zawodny, a.a.O., S. 20
146 Mackiewicz, Katyn, S. 59; FitzGibbon, a.a.O., S. 77
147 Rozek, a.a.O., S. 111
148 Mackiewicz, Katyn, S. 48

Anmerkungen zu 2
Suche und Gräberfund

1 FitzGibbon, a.a.O., S. 30 u. 78
2 Mackiewicz, Katyn, S. 59; FitzGibbon, a.a.O., S. 78
3 FitzGibbon, a.a.O., S. 70
4 Zawodny, a.a.O., S. 20, S. 156 Anm. 10
5 Mackiewicz, Katyn, S. 59
6 FitzGibbon, a.a.O., S. 76
7 Mackiewicz, Katyn, S. 41; FitzGibbon, a.a.O., S. 68f.
8 FitzGibbon, a.a.O., S. 70f.; Mackiewicz, Katyn, S. 150f.
9 FitzGibbon, a.a.O., S. 69; Mackiewicz, Katyn, S. 151
10 Rozek, a.a.O., S. 73
11 Textauszug bei Mackiewicz, Katyn, S. 60
12 Wiedergegeben in Frankfurter Allgemeine Zeitung vom 25.4.1952
13 Text bei Rozek, a.a.O., S. 72ff.
14 Mackiewicz, Katyn, S. 60
15 ebd., S. 60f.
16 ebd., S. 61
17 Zawodny, a.a.O., S. 22
18 Mackiewicz, a.a.O., S. 61
19 Frankfurter Allgemeine Zeitung vom 25.4.1952
20 Mackiewicz, Katyn, S. 62f.; Frankfurter Allgemeine Zeitung vom 25.4.1952 nach Report on the Massacre (1945) der polnischen Exilregierung
21 John P. Fox: Der Fall Katyn und die Propaganda des NS-Regimes, in: Vierteljahreshefte für Zeitgeschichte, 30. Jg., München 1982, S. 463
22 vgl. Veale, a.a.O., S. 47f.
23 Wiesenthal, a.a.O., S. 208ff.

24 Mackiewicz, a.a.O., S. 63; Frankfurter Allgemeine Zeitung vom 25.4.1952

25 Mackiewicz, Katyn, S. 63

26 ebd., S. 63f.

27 Mackiewicz, Katyn, S. 64ff.; auszugsweise in Frankfurter Allgemeine Zeitung vom 25.4.1952; vgl. Julius Epstein in New York Times vom 14.7.1949; Zawodny, a.a.O., S. 22; siehe auch Mikolajczyk, Krieg gegen die Freiheit, S. 20; van Bergh, a.a.O., S. 20f.

28 Rozek, a.a.O., S. 95f.; siehe auch Mikolajczyk, Krieg gegen die Freiheit, S. 24

29 Mackiewicz, Katyn, S. 67f.; vgl. Frankfurter Allgemeine Zeitung vom 25.4.1952; vollständiger Text bei Rozek, a.a.O., S. 82ff.; siehe auch Mikolajczyk, Krieg gegen die Freiheit, S. 21f.; van Bergh, a.a.O., S. 22

30 Mackiewicz; Katyn, S. 189ff. nach Czapski: Starobielsker Erinnerungen

31 ebd., S. 190

32 Mackiewicz, Katyn, S. 191; Zawodny, a.a.O., S. 21

33 Mackiewicz, Katyn, S. 191f.; Zawodny, a.a.O., S. 21; vgl. Neue Zürcher Zeitung vom 29.4.1952

34 Mackiewicz, Katyn, S. 192

35 Polnisches Kommunique vom 18.4.1943, abgedruckt in Neue Zürcher Zeitung vom 19.4.1943

36 Zawodny, a.a.O., S. 143

37 Mackiewicz, Katyn, S. 69ff.

38 ebd., S. 192f.

39 auszugsweise abgedruckt bei Mackiewicz, Katyn, S. 193

40 Zawodny, a.a.O., S. 23

41 Mackiewicz, Katyn, S. 70f.

42 ebd., S. 70

43 Rozek, a.a.O., S. 111f.

44 Zawodny, a.a.O., S. 143f.

45 auszugsweise bei Mackiewicz, Katyn, S. 71

46 Janßen in Die Zeit vom 22.7.1988

47 ebd.; auch van Bergh, a.a.O., S. 346

48 Mackiewicz, Katyn, S. 72 u. 144

49 ebd., S. 74; Amtliches Material (van Bergh), a.a.O., S. 25f.

50 Mackiewicz, Katyn, S. 74 schreibt dazu: »Doch anfänglich vermutete niemand, daß es sich bei der Entdeckung um ein Massengrab handelte.« Angesichts der Aussagen der Einheimischen und der Größe der Erdwälle klingt das nicht überzeugend.

51 Wiesenthal, a.a.O., S. 213 u. 226ff.

52 Zycie Warszawy vom 8.6.1990 in Fußnote zu Nachdruck des Aufsatzes von F. Kadell in Die Welt vom 19.4.1990. Auskünfte auch von
Michael Foedrowitz, der eine Dissertation über die Bekämpfung des
polnischen Widerstandes im Generalgouvernement angekündigt hat.

53 Mitteilung an Verfasser von Georg Folta, der dem Soko Spilker an-
gehörte

54 Peter Raina: Gomulka, Politische Biographie, Köln 1970. Raina beruft
sich auf: Hinter den Kulissen des polnischen Regimes. Die Enthüllungen Josef Swiatlos, ehemals stellvertretender Abteilungsleiter für Par-
teisicherheit im Ministerium für Staatssicherheit der polnischen
Volksrepublik, Sonderdruck a.d. Zeitschrift »Hinter dem Eisernen
Vorhang«, Radio Freies Europa, München

55 Auskunft von Dr. Erich Mende, Bonn, an Verfasser am 9.1.1991.
Mende bezieht sich auf ein Gespräch im Frühsommer 1943 mit
Oberst Henning von Tresckow und Oberst Werner von Bercken,
als er selbst im Raum Smolenks war.

56 Janßen in Die Zeit vom 22.7.1988; Welt vom 2.7.46; dem Autor
auch von Reinhard von Eichborn (gest. 1990) persönlich bestätigt.

57 Auskunft an Verfasser von Konstantin Mayer, Ludwigsburg

58 Mackiewicz, Katyn, S. 134f. u. 138ff.

59 Chelminski, a.a.O., S. 117

60 Mackiewicz, Katyn, S. 134f. u. 138ff.

61 Amtliches Material (van Bergh), S. 21

62 ebd., S. 21f.

63 ebd., S. 22

64 Mackiewicz, Katyn, S. 144ff.; Amtliches Material (van Bergh), S. 15

65 Mackiewicz, Katyn, S. 146; Amtliches Material (van Bergh), S. 24f.

66 Amtliches Material (van Bergh), S. 25f.

67 ebd., S. 20

68 ebd., S. 18

69 zitiert nach Mackiewicz, Katyn, S. 125f.

70 Amtliches Material (van Bergh), S. 18f.

71 ebd., S. 19f.

72 ebd., S. 20f.

73 ebd., S. 22f.

74 ebd., S. 23f.

75 ebd., S. 21

76 Fox, a.a.O., S. 465

77 Neue Zeitung vom 23.4.1952 (Stephan vor US-Untersuchungsausschuß 1952 in Frankfurt); Neue Zürcher Zeitung vom 29.4.1952
78 Fox, a.a.O., S. 465
79 Wiesenthal, a.a.O., S. 278
80 Fox, a.a.O., S. 471f.
81 Mackiewicz, Katyn, S. 99; Amtliches Material (van Bergh), S. 36f.
82 Fox, a.a.O., S. 476

Anmerkungen zu 3
Allianz der Lüge

1 Abgedruckt bei Mackiewicz, Katyn, S. 73f.
2 Fox, a.a.O., S. 464, Anm. 8; Amtliches Material (van Bergh), a.a.O.,
S. 25
3 Nicholas Bethell in Die Zeit vom 2.6.1972; Rozek, a.a.O., S. 124
4 Janßen in Die Zeit vom 22.7.1988; Bethell in Die Zeit vom 2.6.1972;
Rozek, a.a.O., S. 124
5 Fox, a.a.O., S. 490
6 abgedruckt bei Mackiewicz, Katyn, S. 76; Zawodny, S. 25; Text
auch bei Rozek, a.a.O., S. 124
7 Neue Zeitung vom 9.11.1949
8 Zawodny, a.a.O., S. 25
9 Die Gegenwart vom 1.3.1952
10 nach Mackiewicz, Katyn, S. 76
11 Zawodny, a.a.O., S. 37
12 Fox, a.a.O., S. 464
13 ebd.
14 Deutsches Nachrichtenbüro, nach Die Gegenwart vom 1.3.1952
15 Mackiewicz, Katyn, S. 121
16 In Starobielsk 210 und in Ostaschkow 40. Insgesamt waren von den
Ermordeten also rund 450 Juden. Zu diesem Ergebnis kommt Marian
Fuchs, selbst jüdischer Abstammung, aufgrund von Namensanalysen.
Marian Fuchs in Historia i Zycie vom 8.6.1990; Mitteilung von
A. Niewiadomski (Berlin) vom 20.6.1990
17 Zawodny, a.a.O., S. 32 nach Goebbels-Tagebücher 1942–1943, hrsg.
von Louise P. Lochner, S. 321

18 Text in: Amtliches Material (van Bergh), a.a.O., S. 140

19 Zawodny, a.a.O., S. 161; Fox, a.a.O., S. 477; Text in: Amtliches Material (van Bergh), a.a.O., S. 140

20 Zawodny, a.a.O., S. 37

21 Mikolajczyk, The Rape of Poland (siehe Kap. 4, Anm. 51)

22 Zawodny, a.a.O., S. 38; Fox, a.a.O., S. 479; Text in: Amtliches Material (van Bergh), a.a.O., S. 140

23 Goebbels nach Fox, a.a.O., S. 479

24 Mackiewicz, Katyn, S. 79; Neue Zürcher Zeitung vom 19.4.1943

25 Mackiewicz, Katyn, S. 79 u. 194ff.; Neue Zürcher Zeitung vom 19.4.1943; vgl. Julius Epstein in Die Zeit vom 9.6.1949; Munzinger-Archiv 20.5.1943 (Frankfurter Zeitung vom 18.4.1943); vollständiger Text bei Rozek, a.a.O., S. 124ff.; Amtliches Material (van Bergh), a.a.O., S. 136 und 142ff.

26 Mackiewicz, Katyn, S. 80; deutsches Telegramm abgedruckt ebd., S. 196; Zawodny, a.a.O., S. 38; Paul Stauffer: Die Schweiz und die Tragödie von Katyn, in: Schweizer Monatshefte, Jg. 69, Zürich 1990, S. 900

27 Zawodny, a.a.O., S. 39

28 Mackiewicz, a.a.O., S. 81

29 Stauffer, a.a.O., S. 901

30 Zawodny, a.a.O., S. 39

31 Neue Zürcher Zeitung vom 20.4.1943; vgl. Mackiewicz, Katyn, S. 92; Fox, a.a.O., S. 480

32 Neue Zürcher Zeitung vom 20.4.1943

33 Zawodny, a.a.O., S. 46

34 Mackiewicz, Katyn, S. 80

35 ebd., S. 81

36 Akten des Reichsführer SS, Persönlicher Stab (Mikrofilm im Institut für Zeitgeschichte München, Signatur MA 304)

37 ebd.

38 ebd.

39 ebd.

40 Namen bei Mackiewicz, Katyn, S. 99

41 Mackiewicz, Katyn, S. 102; Zawodny, a.a.O., S. 27f; Fox, a.a.O., S. 470f.

42 Mackiewicz, Katyn, S. 30

43 Neue Zürcher Zeitung vom 19.4.1943

44 Mackiewicz, Katyn, S. 102

45 FitzGibbon, a.a.O., S. 15

46 Chelminski, a.a.O., S. 123

47 Zweiter Bericht John Van Vliets von 1950, deutsche Übersetzung von Julius Epstein, maschinengeschriebenes Exemplar im Archiv des Instituts für Zeitgeschichte München

48 ebd.

49 Time vom 26.11.1951; vgl. Die andere Seite, Februar 1951, S. 6

50 Mackiewicz, Katyn, S. 100f.; Zawodny, a.a.O., S. 31

51 Zawodny, a.a.O., S. 30

52 Neue Zeitung vom 25.4.1952; Frankfurter Allgemeine Zeitung vom 26.4.1952 nach dpa/AP;

53 Zawodny, a.a.O., S. 35; Wiesenthal, a.a.O., S. 285

54 Zawodny, a.a.O., S. 35

55 Mackiewicz, a.a.O., S. 196f. (27.4.1943); Amtliches Material (van Bergh), a.a.O., S. 148f.

56 Zawodny, a.a.O., S. 45

57 ebd., S. 148

58 ebd., S. 45f.

59 ebd., S. 45f.

60 Foreign Relations of the United States, Bd. 3, 1949, S. 390ff.; vgl. Zawodny, a.a.O., S. 39f.; Neue Zürcher Zeitung vom 15.11.1952

61 Zawodny, a.a.O., S. 41

62 Bethell in Die Zeit vom 2.6.1972

63 Zawodny, a.a.O., S. 44

64 Bethell in Die Zeit vom 2.6.1972

65 ebd.

66 ebd.

67 Mackiewicz, a.a.O., S. 83

68 Zawodny, a.a.O., S. 41

69 ebd., S. 41

70 Neue Zürcher Zeitung vom 27.4.1943; Rozek, a.a.O., S. 127f.; Amtliches Material (van Bergh), a.a.O., S. 146f.

71 Zawodny, S. 41

72 ebd., S. 41

73 ebd., S. 42

74 Neue Zürcher Zeitung vom 27.4.1943

75 ebd.

76 ebd.

77 Neue Zürcher Zeitung vom 30.4.1943

78 ebd.

79 Neue Zürcher Zeitung vom 27.4.1943

80 Rozek, a.a.O., S. 132

81 Neue Zürcher Zeitung vom 30.4.1943

82 Fox, a.a.O., S. 492

83 abgedruckt in Neue Zürcher Zeitung vom 29.4.1943; vgl. Kölnische Zeitung vom 29.4.1943 (Munzinger-Archiv 20.5.1943); Amtliches Material (van Bergh), a.a.O., S. 147f.

84 nach Neue Zürcher Zeitung vom 29.4.1943

85 Neue Zürcher Zeitung vom 30.4.1943

86 Amtliches Material (van Bergh), a.a.O., S. 156

87 Neue Zürcher Zeitung vom 30.4.1943

88 Llewllyn Woodward: British Foreign Policy in the Second World War, Bd. 2, London 1971, S. 627f.

89 Neue Zürcher Zeitung vom 30.4.1943

90 ebd.

91 Goebbels-Tagebücher, S. 315; Zawodny, S. 47; Fox, S. 483ff.

92 Fox, a.a.O., S. 486

93 Aussage 1952 vor US-Untersuchungsausschuß. Zawodny, a.a.O., S. 129f.

94 Fox, a.a.O., S. 493f. u. 496f.

95 ebd., S. 499

96 Neue Zürcher Zeitung vom 29.4.1943 nach Reuter in Moskau

97 Neue Zürcher Zeitung vom 29.4.1943

98 ebd.

99 Neue Zürcher Zeitung vom 28.4.1943

100 Neue Zürcher Zeitung vom 4.5.1943; vgl. Mackiewicz, Katyn, S. 85; auch Wehrkunde, a.a.O., S., 31

101 Bethell in Die Zeit vom 2.6.1972; Fox, a.a.O., S. 491; Amtliches Material (van Bergh), a.a.O., S. 155f.

102 nach Neue Zürcher Zeitung vom 5.5.1943

103 Rozek, a.a.O., S. 133f.; siehe auch Mikolajczyk, Krieg gegen die Freiheit, a.a.O., S. 29; Amtliches Material (van Bergh), a.a.O., S. 157

104 Neue Zürcher Zeitung vom 9.5.1943; vgl. Hamburger Fremdenblatt vom 8.5.1943 (Munzinger-Archiv 20.5.1943); vollständiger Text in: Amtliches Material (van Bergh), a.a.O., S. 157ff.

105 Neue Zürcher Zeitung vom 27.4.1943 u. 30.4.1943

106 Neue Zürcher Zeitung vom 10.5.1943; Amtliches Material, (van Bergh), a.a.O., S. 165f.

107 Amtliches Material (van Bergh), a.a.O., S. 166
108 Zawodny, a.a.O., S, 46; Rozek, a.a.O., S. 140
109 Neue Zürcher Zeitung vom 15.11.1952; Neue Zeitung vom 14.11.1952
110 Fox, a.a.O., S. 477ff.
111 Stauffer, a.a.O., S. 905
112 Die Tat (Zürich) vom 21.1.1947; Stauffer, a.a.O., S. 905
113 Neue Zeitung vom 24.4.1952; Wehrkunde, a.a.O., S. 38
114 Mackiewicz, a.a.O., S. 108
115 Munzinger-Archiv 27.5.1943; Mackiewicz, Katyn, S. 91f.
116 Zawodny, a.a.O., S. 158, Anm. 7
117 Munzinger-Archiv 27.5.1943; Mackiewicz, Katyn, S. 198ff.; Wehrkunde, a.a.O., S. 32f.
118 Das Buch ist nur äußerst selten in Archiv- oder Präsenzbeständen einiger Bibliotheken zu finden, zum Beispiel in der Bayerischen Staatsbibliothek und im Institut für Zeitgeschichte München. Als Reprint wieder herausgegeben von Hendrik van Bergh: Die Wahrheit über Katyn. Der Massenmord an polnischen Offizieren, zusammengestellt nach amtlichen Materialien, Dokumenten und Akten, mit einem Vorwort von Prof. Friedrich August Frhr. von der Heydte, Kurt Vowinckel Verlag, Berg am See 1986
119 Fox, a.a.O., S. 487f.
120 Winston Churchill, Closing the Ring, Boston 1951, S. 691
121 Bethell in Die Zeit vom 2.6.1972
122 Die Zeit vom 22.7.1988; Bethell in Die Zeit vom 2.6.1972
123 Bethell in Die Zeit vom 2.6.1972
124 ebd.
125 Wehrkunde, a.a.O., S. 41
126 Harris, a.a.O., S. 266
127 Zawodny, a.a.O., S. 146; Harris, a.a.O., S. 267
128 Zawodny, a.a.O., S. 144
129 Mackiewicz, Katyn, S. 110f.; Neue Zürcher Zeitung vom 9.10.1949
130 Mackiewicz, Katyn, S. 110f.; Amtliches Material (van Bergh), a.a.O., S. 41f.
131 Mackiewicz, a.a.O., S. 109
132 ebd., S. 146
133 Neue Zeitung vom 9.11.1949
134 Amtliches Material (van Bergh), a.a.O., S. 42
135 Zawodny, a.a.O., S. 34; Amtliches Material (van Bergh), a.a.O., S. 40
136 ebd.

137 Neue Zürcher Zeitung vom 9.11.1949, Anders sprach von 2730 Identifizierten; Amtliches Material (van Bergh), a.a.O., S. 33ff.

138 Amtliches Material (van Bergh), a.a.O., S. 44f.

139 ebd., S. 15ff. u. 33ff.

140 Josef Mackiewicz, Sieg der Provokation, München 1964, Frankfurt 1987, S. 276

141 Rozek, a.a.O., S. 141; siehe auch Mikolajczyk, Krieg gegen die Freiheit, a.a.O., S. 29f.

142 Mikolajczyk, Krieg gegen die Freiheit, a.a.O., S. 30

143 Rozek, a.a.O., S. 141

144 Mikolajczyk, Krieg gegen die Freiheit, a.a.O., S. 7

145 ebd., S. 9ff.

146 A. Stahl in Dziennik Polski (London) vom 2.5.1981; siehe auch Dziennik Polski vom 8.7.1985 und Zycie Warszawi vom 15.6.1990. Hinweise von A. Niewiadomski (Berlin) an Verfasser.

Anmerkungen zu 4
Manipulation und Deckung

1 Mackiewicz, Katyn, S. 147f.

2 ebd., S. 142

3 ebd., S. 147 u. 149

4 Zawodny, a.a.O., S. 50; Goebbels-Tagebücher, S. 487

5 Zawodny, a.a.O., S. 56

6 Note der Sowjetregierung an die USA, S. 5f.; vgl. Mackiewicz, Katyn, S. 157

7 Neue Zürcher Zeitung vom 27.1.1944; auch Mackiewicz, Katyn, S. 155ff.; Harris, a.a.O., S. 254ff.; Rozek, a.a.O., S. 463f.; S. Konovalov (Hg.): Russo-Polish Relations, Princeton 1945, S. 92ff.

8 Zawodny, a.a.O., S. 74

9 Mackiewicz, Katyn, S. 163

10 vgl. Zawodny, a.a.O., S. 79f.

11 Das vermutet auch Mackiewicz, S. 162 u. 170

12 Chelminskis Ansicht (a.a.O., S. 124), die sowjetische Version habe außerhalb des sowjetischen Einflußbereichs »nie Glauben gefunden«, ist in dieser allgemeinen Aussageform mit Sicherheit unzutreffend.

13 Mackiewicz, Katyn, S. 130
14 Veale, a.a.O., S. 53f.
15 Neue Zürcher Zeitung vom 27.1.1944; Bericht vom 26.1.1944
16 Neue Zürcher Zeitung vom 1.2.1944; Zawodny, a.a.O., S. 135
17 Zawodny, a.a.O., S. 136
18 ebd.
19 ebd., S. 53
20 ebd., S. 35
21 de Laval, a.a.O.
22 W.L. White: Report on the Russians, New York 1945, S. 133f.;
   vgl. Mackiewicz, Katyn, S. 155f.; Zawodny, a.a.O., S. 75
23 de Laval, a.a.O.
24 US-Untersuchungsausschuß am 7.2.1952; Wehrkunde, a.a.O., S. 39f.
25 Zawodny, a.a.O., S. 54
26 ebd., S. 53
27 ebd., S. 54
28 ebd., S. 148
29 Stauffer, a.a.O., S. 907; Brief O'Malleys abgedruckt bei FitzGibbon,
   a.a.O., S. 196ff.
30 Daily Telegraph vom 19./20.1.1949
31 vgl. Mackiewicz, Katyn, S. 224f.
32 vgl. Mackiewicz, Katyn, S. 224f.; Zawodny, a.a.O., S. 147
33 Zawodny, a.a.O., S. 147
34 ebd. S. 145
35 Bericht von Julius Epstein, im Institut für Zeitgeschichte, München
36 ebd.; Zawodny, a.a.O., S. 144 u. 148f.
37 Julius Epstein, Bericht im Institut für Zeitgeschichte München; vgl.
   Mackiewicz, Katyn, S. 224f.
38 Neue Zürcher Zeitung vom 25.12.1952
39 Zawodny, a.a.O., S. 148f.
40 Mackiewicz, Katyn, S. 131f.
41 Harry Schulze-Wilde in Süddeutsche Zeitung vom 5.8.1971
42 Neue Hamburger Presse vom 30.6.1945
43 Zawodny, a.a.O., S. 56ff.
44 ebd., S. 56f.
45 ebd., S. 64
46 nach Zawodny, a.a.O., S. 142 u. 178, Anm. 2
47 Katharina Gräfin Wassilko in einem Leserbrief in Die Welt vom
   14.3.1989. Katharina Gräfin Wassilko hatte nach dem Kriege Vasiliu

in Bukarest kennengelernt. Er sagte damals: »Ach Gott, ich weiß zuviel.«

48 Der Allgäuer vom 31.3.1948; Epstein in die Zeit vom 9.6.1949; Zawodny, a.a.O., S. 136; Mikolajczyk, Krieg gegen die Freiheit, a.a.O., S. 27f.

49 Zawodny, a.a.O., S. 137

50 Roos, a.a.O., S. 228f.

51 Stanislaw Mikolajczyk: The Rape of Poland: Pattern of Soviet Aggression, New York u. Toronto 1948

52 Rozek, a.a.O., S. 97

53 Neue Hamburger Presse vom 2.1.1946

54 Janßen in Die Zeit vom 22.7.1988; Harris, a.a.O., S. 259

55 Harris, a.a.O., S. 252

56 ebd.

57 Neue Zeitung vom 28.4.1952

58 Zawodny, a.a.O., S. 62

59 Harris, a.a.O., S. 252

60 Zawodny, a.a.O., S. 145

61 Mackiewicz, Katyn, S. 131ff.

62 ebd., S. 135f.; vgl. Die andere Seite, Februar 1952, S. 6

63 Mackiewicz, Katyn, S. 136

64 ebd., S. 136

65 Chelminski, a.a.O., S. 126; Zawodny, a.a.O., S. 171, Anm. 10

66 Neue Hamburger Presse vom 16.2.1946

67 auch im folgenden Janßen in Die Zeit vom 22.7.1988

68 3. Juni 1946; Zawodny, a.a.O., S. 61; vgl. Wehrkunde, a.a.O., S. 45

69 Zawodny, a.a.O., S. 61f.

70 Janßen in Die Zeit vom 22.7.1988

71 ebd.; Frankfurter Allgemeine Zeitung vom 25.4.1952

72 DANA, auch im folgenden

73 Wehrkunde, a.a.O., S. 47

74 Stauffer, a.a.O., S. 908

75 Zawodny, a.a.O., S. 66

76 Neue Zeitung vom 24.4.1952; Die Zeit vom 1.5.1952

77 siehe auch Harris, a.a.O., S. 256ff.; van Bergh, a.a.O., S. 345ff.

78 Harris, a.a.O., S. 258f.

79 ebd., S. 259

80 Zawodny, a.a.O., S. 64; Harris, a.a.O., S. 260

81 Zawodny, a.a.O., S. 51

82 Mackiewicz, a.a.O., S. 94; Harris, a.a.O., S. 260ff.; van Bergh, a.a.O., S. 347f.
83 Zawodny, a.a.O., S. 63
84 Gespräch des Verfassers mit Atanas Markow am 18.10.1990 in Sofia
85 Harris, a.a.O., S. 263f.
86 Hamburger Volkszeitung vom 2.7.1949
87 Wehrkunde, a.a.O., S. 45
88 Zawodny, a.a.O., S. 65
89 Die andere Seite, Februar 1952, S. 5
90 Janßen in Die Zeit vom 22.7.1988
91 So beispielsweise die Hamburger Allgemeine Zeitung vom 2.7.1946 u. Hamburger Echo vom 3.7.1946
92 DANA vom 1./2.7.1946
93 Frankfurter Rundschau vom 5.7.1946
94 Veale, a.a.O., S. 54ff.
95 Die Tat (Zürich) vom 21.1.1947; Stauffer, a.a.O., S. 909ff.
96 Text bei Mackiewicz, Katyn, S. 95f.
97 ebd., S. 96
98 Die Tat (Zürich) vom 21.1.1947
99 Stauffer, a.a.O., S. 914
100 Aussage Kaweckis vor US-Untersuchungsausschuß 1952, Neue Zeitung vom 25.4.1952; Zawodny, a.a.O., S. 137
101 New York Herald Tribune vom 14.7.1949; Dagens Nyheter (Stockholm) vom 13.2.1948; Julius Epstein in Die Zeit vom 9.6.1949; Zawodny, a.a.O., S. 138 nennt als Täterin den Zunamen Slapianka

Anmerkungen zu 5
Kampf gegen das Schweigen

1 Broneslaw Kusnierz: Stalin and the Poles. An Indictment of the Soviet Leaders, London 1949
2 Jozef Czapski, Wsponmienia Starobielskie, Italien, Bibliothek Orla Bialego 1945, Ders.: Na Nieludzkiej Ziemi, Paris 1949; Ders.: Terre inhumaine, Paris 1949
3 Mackiewicz, Katyn, S. 33
4 de Laval, a.a.O.

5 Wladyslaw Mikolajczyk: Le viol de la Pologne. Un modele d'aggression sovietique, Librairie Plon, Paris 1949 (Juni)

6 Wladyslaw Mikolajczyk: The Rape of Poland: Pattern of Soviet Aggression, New York u. Toronto 1948

7 Le Monde vom 24./25.2.1948; vgl. Der Allgäuer vom 31.3.1948

8 z.B. Der Allgäuer vom 31.3.1948; siehe auch Die Welt vom 27.11.1948

9 Der Krieg gegen die Freiheit. Aus den Memoiren von Stalislaw Mikolajczyk, Tagesspiegel, Schriften, Heft 2, Lizenznummer 16 der amerikanischen Militärregierung, Berlin April 1948, 40000 Auflage

10 Daily Telegraph vom 10./11.1.1949

11 Daily Telegraph vom 12.1.1949

12 Daily Telegraph vom 19./20.1.1949

13 Daily Telegraph vom 21.1.1949

14 Wladyslaw Anders: An Army in Exile. The Story of the Second Polish Corps, London 1949

15 Tagespost vom 22.2.1949

16 Wladyslaw Anders: Katyn, Editions France-Empire, Paris 1949; siehe auch Neue Zürcher Zeitung vom 19.1.1949

17 Neue Zürcher Zeitung vom 9.10.1949

18 Neue Zeitung vom 9.11.1949

19 Die Zeit vom 9.6.1949

20 New York Herald Tribune vom 13. u. 14.7.1949

21 Julius Epstein in Die Welt vom 1.4.1971

22 New York Herald Tribune vom 13. u. 14.7.1949

23 Hamburger Volkszeitung vom 22.6., 30.6., 2.7., 5.7., 7.7., 9.7., 12.7., 14.7., 16.7.1949

24 Hamburger Volkszeitung vom 2.7.1949

25 ebd. 16.7.1949

26 ebd. 16.7.1949

27 Rhein-Rhur-Zeitung vom 10.6.1949 nach DPD; Die Gegenwart vom 1.3.1952; Süddeutsche Zeitung vom 11.6.1949; Lüneburger Land-Zeitung vom 11.6.1949

28 Welt vom Nov. 1948

29 Die Tat (Zürich) vom 20.10.1949

30 Von Uxkull greift den Vorschlag, ein deutscher Staatsanwalt solle Mordanklage gegen die angeblich Schuldigen erheben, noch einmal in einem Brief an Die Zeit vom 31.1.1952 auf

31 Bayerische Volkszeitung vom 29.10.1949

32 Mackiewicz, Sieg der Provokation, S. 271ff. u. 281ff.

33 Mackiewicz, Katyn, S. 13

34 ebd., S. 106f.

35 ebd., S. 131f.

36 Josef Mackiewicz: Katyn – ungesühntes Verbrechen, Thomas-Verlag, Zürich 1949

37 Ders.: The Katyn Wood Murders, London 1951, London/New York 1952; Ders.: Il massacro della foresta, Rom 1954; Ders.: Las fosas de Katyn, Madrid 1957

38 Van Bergh, a.a.O., S. 332

39 Harry Schulze-Wilde in Süddeutsche Zeitung vom 5.8.1971

40 Mackiewicz, Katyn, S. 131f.

41 New York Times vom 22.11.1949

42 Zawodny, a.a.O., S. 152

43 Stuttgarter Nachrichten vom 24.2.1959

44 Julius Epstein im Vorwort zum zweiten Van-Vliet-Bericht, maschinengeschriebenes Exemplar im Institut für Zeitgeschichte München

45 Zawodny, a.a.O., S. 149; Chelminski, a.a.O., S. 126

46 Stuttgarter Nachrichten vom 24.2.1950

47 FitzGibbon, a.a.O., S. 232

48 Julius Epstein, zweiter Van-Vliet-Bericht, Institut für Zeitgeschichte München

49 Christ und Welt vom 14.2.1952; vgl. Christ und Welt vom 25.10.1951; siehe auch Die Welt vom 19.2.1952 (Pressestimme)

50 Die andere Seite, Februar 1952, S. 5

51 Evangelische Freie Presse vom 6.2.1952

52 Wehrkunde, a.a.O., S. 50

53 Der Bund (Bern) vom 23.4.1952

54 Bericht des US-Ausschusses vom 2.7.1952; Wehrkunde, a.a.O., S. 39; FitzGibbon, a.a.O., S. 213

55 Wehrkunde, a.a.O., S. 38f.; Hamburger Echo vom 5.2.1952; Neue Zeitung vom 28.4.1952; Welt vom 22.4.1952

56 Neue Zeitung vom 24.1.1952

57 Welt vom 5.2.1952

58 Hamburger Echo vom 5.2.1952

59 Welt vom 7.2.1952; Hamburger Echo vom 6.2.1952

60 Welt vom 7.2.1952; Hamburger Echo vom 6.2.1952; Wehrkunde, a.a.O., S. 29ff.

61 New York Times vom 7.2.1952; vgl. Die Welt vom 7.2.1952; Ham-

burger Echo vom 5.2.1952; Neue Zeitung vom 8.2.1952; Wehrkunde a.a.O., S. 22f.

62 Welt vom 9.2.1952

63 New York Herald Tribune vom 14.2.1952; Wehrkunde, a.a.O., S. 39f.

64 Welt vom 27.2.1952; Neue Zeitung vom 26.2.1952; Freie Presse vom 26.2.1952

65 Novoe Vremya, Nr. 10, 1952

66 Welt vom 1.3.1952

67 Telford Taylor: Die Nürnberger Prozesse, Zürich 1950, ergänzte Sonderausgabe 1951, S. 27; vgl. Wehrkunde, a.a.O., S. 49

68 Prawda vom 3.3.1952; Zawodny, a.a.O., S. 132; in der deutschen Fassung, die von der KPD verbreitet wird, ist noch von März die Rede

69 nach Die Welt vom 5.3.1952

70 Welt vom 13.3.1952

71 New York Herald Tribune vom 14.2.1952

72 Süddeutsche Zeitung vom 2.4.1952; Welt vom 6.3.1952

73 Hamburger Abendblatt vom 1.4.1952

74 Bericht des US-Ausschusses vom 2.7.1952; FitzGibbon, a.a.O., S. 214

75 Welt 13.2.1952

76 Zawodny, a.a.O., S. 138

77 Bericht des US-Ausschusses vom 2.7.1952; FitzGibbon, a.a.O., S. 215

78 zitiert in Rede des Abgeordneten Derwinsky vom 14.5.1962, abgedruckt bei FitzGibbon, a.a.O., S. 233

79 Bericht des US-Ausschusses vom 2.7.1952; FitzGibbon a.a.O., S. 215 Welt vom 13.3.1952

80 Neue Zeitung vom 1.4.1952

81 Welt vom 15.2.1952

82 Welt vom 29.4.1952

83 Hamburger Abendblatt vom 26.4.1952

84 Hamburger Volkszeitung vom 10.3.1952

85 Hamburger Volkszeitung vom 19.3.1952;

86 Beispiele bei Zawodny, a.a.O., S. 178, Anm. 8

87 Tribuna Ludu vom 1.3.1952; Die Zeit vom 1.5.1952; Neue Zeitung vom 25. u. 29.4.1952

88 Zawodny, a.a.O., S. 138

89 ebd., S. 139 u. 178, Anm. 11

90 Süddeutsche Zeitung vom 2.4.1952

91 New York Herald Tribune vom 12.6.1952

92 Hamburger Echo vom 21.4.1952

93 Brief vom 18.2.1952. Zawodny, a.a.O., S. 182, Anm. 54

94 Rede Derwinskys vom 14.5.1962 vor dem Repräsentantenhaus, Fitz-Gibbon, a.a.O., S. 233

95 Welt vom 19.7.1952

96 Welt vom 31.3.1952

97 Süddeutsche Zeitung vom 2.4.1952; Welt vom 1.4.1952

98 Hamburger Abendblatt vom 31.3.1952

99 Süddeutsche Zeitung vom 2.4.1952

100 Welt vom 23.4.1952

101 Frankfurter Allgemeine Zeitung vom 25.4.1952

102 Hamburger Abendblatt vom 22.4.1952

103 ebd.; Welt vom 22. u. 23.4.1952; Neue Zeitung vom 23.4.1952

104 Welt vom 23.4.1952; Neue Zeitung vom 23.4.1952

105 Welt vom 23.4.1952; Neue Zeitung vom 23.4.1952

106 Neue Zeitung vom 24.4.1952

107 ebd.

108 Welt vom 23.4.1952; Evangelische Freie Presse vom 22.4.1952

109 Welt vom 24.4.1952; Neue Zeitung vom 24.4.1952

110 Munzinger-Archiv 36/52 (Die Tat vom 7.7.1952); Neue Zürcher Zeitung vom 29.4.1952, Neue Zeitung vom 23.4.1952

111 Neue Zeitung vom 26.4.1952

112 ebd.; Frankfurter Allgemeine Zeitung vom 26.4.1952; Welt vom 26.4.1952

113 Welt vom 24.4.1952; Neue Zeitung vom 24.4.1952

114 Neue Zeitung vom 24.4.1952

115 Neue Zeitung vom 25.4.1952

116 Munzinger-Archiv 36/52 (Die Tat vom 7.7.1952); Welt am Sonntag vom 27.4.1952; Welt vom 28.4.1952

117 Hamburger Abendblatt vom 26.4.1952; Neue Zeitung vom 26.4.1952; Frankfurter Allgemeine Zeitung vom 26.4.1952; Welt vom 26.4.1952

118 Hamburger Abendblatt vom 22.4.1952; Munzinger 36/52 (Die Tat vom 7.7.1952); Neue Zeitung vom 23.4.1952; Neue Zürcher Zeitung vom 29.4.1952

119 Neue Presse vom 25.4.1952; Neue Zeitung vom 25.4.1952; Hamburger Abendblatt vom 24.4.1952 (dort ist irrtümlich von 20000 Dollar die Rede)

120 Welt vom 24.4.1952

121 Hamburger Abendblatt vom 25.4.1952

122 Munzinger-Archiv 36/52 (dpa/AP, Die Tat vom 7.7.1952): Neue Zür-

cher Zeitung vom 26.4. u. 29.4.1952, Welt vom 25.4.1952, Hamburger Abendblatt vom 25.4.1952

123 Munzinger-Archiv 19/52 (dpa/AP); Neue Zürcher Zeitung vom 29.4.1952, Neue Zeitung vom 26.4.1952

124 Hamburger Freie Presse vom 12.5.1952

125 nach Harris, a.a.O., S. XIV

126 Munzinger-Archiv 19/52 (dpa/AP); Welt am Sonntag vom 27.4.1952; Welt vom 28.4.1952; Westdeutsche Allgemeine vom 28.4.1952; Neue Zeitung vom 28.4.1952

127 Bericht des US-Ausschusses vom 2.7.1952; FitzGibbon, a.a.O., S. 214

128 Zawodny, a.a.O., S. 130f.; Munzinger-Archiv 36/52 (Die Tat vom 7.7.1952)

129 Munzinger-Archiv 36/52 (Die Tat vom 7.7.1952)

130 Amerika-Dienst (US-Botschaft Bonn) vom 3.7.1952; Munzinger-Archiv 36/52 (Die Tat vom 7.7.1952); Welt vom 3.7.1952

131 Bericht des US-Ausschusses vom 2.7.1952; FitzGibbon, a.a.O., S. 216

132 Die Zeit vom 21.8.1952

133 FitzGibbon, a.a.O., S. 234f.

134 Welt vom 21.10.1952

135 Rede abgedruckt bei FitzGibbon, a.a.O., S. 217ff.

136 Bericht des US-Ausschusses vom 2.7.1952; FitzGibbon, a.a.O., S. 213

137 Hamburger Abendblatt vom 13.11.1952; Welt vom 10., 12. u. 13.11.1952; Munzinger-Archiv 52/52; Neue Zürcher Zeitung vom 15.11.1952; Zawodny, a.a.O., S. 67; Harris, a.a.O., S. 252f.

138 Welt vom 15.11.1952; Munzinger-Archiv 52/52

139 Neue Zeitung vom 10.11.1952; Munzinger-Archiv 36/52; Welt vom 15.11.1952

140 Neue Zürcher Zeitung vom 15.11.1952; Munzinger-Archiv 52/52; Hamburger Abendblatt vom 13.11.1952

141 Munzinger-Archiv 52/52; Neue Zeitung vom 14.11.1952

142 Munzinger-Archiv 52/52

143 Mackiewicz, Katyn, S. 225; Munzinger-Archiv 52/52; Zawodny, a.a.O., S. 149

144 Harris, a.a.O., S. 267

145 Welt vom 2.12.1952; Munzinger-Archiv 52/52

146 Harris, a.a.O., S. 268

147 Munzinger-Archiv 2/53 (AFP); Welt vom 23.12.1952; Neue Zeitung vom 12.2.1953; Neue Zürcher Zeitung vom 25.12.1952

148 Harris, a.a.O., S. 268

149 Neue Zeitung vom 13.2.1953; Rede Derwinskys vom 14.5.62, abgedruckt bei FitzGibbon, a.a.O., S. 235
150 Neue Zeitung vom 28.1.1953
151 Munzinger-Archiv 2/53 (AFP)
152 The Katyn Forest Massacre, U.S. Government Printing Office, Washington 1952
153 Welt vom 26.2.1952
154 FitzGibbon, a.a.O., S. 237
155 Mackiewicz, Katyn, S. 226; Zawodny, a.a.O., S. 150f.

Anmerkungen zu 6
Streit um Denkmäler

1 Chelminski, a.a.O., S. 116ff.
2 Frankfurter Rundschau vom 17.4.1990
3 Chelminski, a.a.O., S. 124ff.
4 Neue Zürcher Zeitung vom 10.4.1980
5 Die Tat (Zürich) vom 24.8.1956
6 Wiesenthal, a.a.O., S. 291
7 Die Zeit vom 27.9.1956
8 Die Tat (Zürich) vom 24.8.1956
9 Wiesenthal, a.a.O., S. 291 nach Gomulkas Erinnerungen. Die Unterredung wird 1977 bestätigt, als ein ehemaliger Gomulka-Vertrauter, der in den Westen gegangen war, unter den Initialen M.S. in der exilrussischen Zeitschrift Possev (Frankfurt) davon berichtet. Welt vom 7.1.1977; vgl. Neue Zürcher Zeitung vom 17.4.1985; Zeit vom 19.4.1985; Neue Zürcher Zeitung vom 16.7.1987; Welt vom 10.3.1988
10 Im britischen Unterhaus wird das Dokument im Juni 1975 von FitzGibbon vorgelegt. Der Korrespondent des Daily Telegraph vermerkte dazu:»Obgleich das Dokument stark gefaltet und die Abschrift beinahe unleserlich war, machte es doch den Eindruck, daß es echt war.« FitzGibbon, a.a.O., S. 161 u. 163f.
11 Zawodny, a.a.O., S. 96
12 Christ und Welt vom 11.12.1958
13 Kurt Deschner in Die Welt vom 28.1.1983
14 Teil I: Polen, Tschechoslowakei, Ungarn, Frankfurt 1954, S. 88

15 Hans Thieme in Vierteljahrshefte für Zeitgeschichte, 3. Jg. 1955, S. 409ff.

16 Gespräch mit Verfasser am 14.12.1990 in Ludwigsburg; die Schilderung wurde auch als Leserbrief in Sonntag Aktuell (Stuttgart) vom 31.7.1988 abgedruckt. Erlebnisse in Katyn auch beschrieben in Konstantin Mayer: Der Weg aus der Steppe, Ludwigsburg 1985, S. 141. Mit seinen früheren Kriegskameraden steht Mayer noch 1990 in Verbindung, soweit sie leben. Außerdem kümmert sich Mayer um Aussiedler aus der Sowjetunion.

17 Joachim Görlich in Die Welt vom 26.1.1977

18 FitzGibbon, a.a.O., S. 161; Text Derwinskys auszugsweie ebd., S. 226ff.

19 J.K. Zawodny, Death in the Forest, University of Notre Dame Press, Notre Dame, Indiana 1962

20 Soldat im Volk, Nr. 8, August 1965

21 Frankfurter Allgemeine Zeitung vom 4.4.1989; Der Spiegel vom 15.4.1985; Welt vom 10.3.1988, Wiesenthal, a.a.O., S. 292; FitzGibbon schreibt allerdings, daß es für dieses Verbrechen »keine konkreten Beweise« gebe, a.a.O., S. 245; van Bergh, a.a.O., S. 362ff.

22 Frankfurter Allgemeine Zeitung vom 4.4.1989

23 Welt vom 10.3.1988

24 FitzGibbon, a.a.O., S. 245; siehe auch van Bergh, a.a.O., S. 365

25 van Bergh, a.a.O., S. 362ff. nach Est et Quest, 3. Jg. neu, Nr. 24 November 1985

26 J.K. Zawodny: Massacre dans le foret, Paris 1971

27 J.K. Zawodny: Zum Beispiel Katyn, Bechtle-Verlag, Verlag Information und Wissen, München 1971

28 ebd., S. 13f.

29 Welt vom 6.2., 8.2., 9.2., 10.2.1971

30 Welt vom 1.4.1971

31 Nicholas Bethell in Die Zeit vom 2.6.1972

32 Louis FitzGibbon: Katyn. A Crime Without Parallel, Historical Review Press, Chapel Ascote, Ladbroke, Southam, Warwickshire, England, S. 7.

33 FitzGibbon, a.a.O., S. 37

34 Louis FitzGibbon: Das Grauen von Katyn. Katyn – Verbrechen ohne Beispiel, Vlotho 1980

35 FitzGibbon, a.a.O., S. 242

36 ebd., S. 242f.

37 ebd., S. 243f.

38 ebd., S. 244f.

39 Gespräch mit Verfasser am 3.12.1990 in Brüssel. Geschäftsmann möchte ungenannt bleiben.
40 Welt am Sonntag vom 19.9.1976
41 Süddeutsche Zeitung vom 18.9.1976
42 Welt am Sonntag vom 19.9.1976
43 ebd.
44 Frankfurter Allgemeine vom 18.9.1976; Welt vom 18.9.1976
45 Auskunft von Dr. Erich Mende (Bonn), der zu dieser Zeit im Europarat tätig war.
46 Welt vom 17.9.1976
47 Welt am Sonntag vom 19.9.1976
48 ebd.; Welt vom 20.9.1990
49 Zahlreiche Namen bei FitzGibbon, a.a.O., S. 259ff.
50 ebd., S. 251f.
51 ebd., S. 253f.
52 ebd., S. 254f.
53 Text abgedruckt bei FitzGibbon, a.a.O., S. 269ff.
54 Welt vom 20.9.1976
55 FitzGibbon, a.a.O., S. 250
56 Welt vom 17.9.1979
57 Neue Zürcher Zeitung vom 17.4.1985
58 Neue Zürcher Zeitung vom 10.4.1980
59 Neue Zürcher Zeitung vom 17.4.1985
60 Welt vom 20.9.1979
61 Welt vom 23.1.1980
62 Neue Zürcher Zeitung vom 17.4.1980
63 Welt vom 16.10.1980
64 Frankfurter Rundschau vom 14.10.1980
65 Frankfurter Rundschau vom 3.11.1980
66 Berliner Morgenpost vom 8.7.1990
67 Die Zeit vom 25.4.1980
68 Frankfurter Rundschau vom 16.4.1981; Welt vom 16.4.1981
69 Süddeutsche Zeitung vom 8.12.1981; Welt vom 9.4.1985; Frankfurter Allgemeine Zeitung vom 13.4.1985
70 Frankfurter Allgemeine Zeitung vom 13.4.1985
71 Welt am Sonntag vom 19.9.1982
72 Welt vom 3.8.1983
73 Munzinger Internationales Biographisches Archiv 1/89
74 Geschichte, Jg. 16/Nr. 97, Nov./Dez. 1990, S. 41

75 Mackiewicz, Katyn, S. 223
76 Mackiewicz, Sieg der Provokation, S. 276f.
77 Mackiewicz, Katyn, S. 227f.
78 Criticon Nr. 48, wiedergegeben in Mackiewicz, Sieg der Provokation, S. 271
79 Süddeutsche Zeitung vom 13.8.1987
80 ebd.
81 Die Zeit, Dossier 16/1988
82 Neue Zürcher Zeitung 4.8.1984
83 Welt vom 29.1. u. 20.3.1985; Welt am Sonntag vom 24.3.1985
84 Frankfurter Rundschau vom 9.4.1985; Welt vom 9.4.1985; Süddeutsche Zeitung vom 11.4.1985; Frankfurter Allgemeine Zeitung vom 13.4.1985; Der Spiegel vom 15.4.1985; Neue Zürcher Zeitung vom 17.4.1985; van Bergh, a.a.O., S. 16
85 Welt vom 9.4.1985
86 Süddeutsche Zeitung vom 11.4.1985
87 Der Spiegel vom 15.4.1985
88 Frankfurter Allgemeine Zeitung vom 13.3.1985
89 Neue Zürcher Zeitung vom 17.4.1985
90 Welt am Sonntag vom 24.3.1985; Bild am Sonntag vom 24.3.1985; Der Spiegel vom 15.4.1985
91 Welt vom 10.4.1985
92 Nowosti vom 4.5.1985; nach Elke Fröhlich: Katyn in neuem Licht? in: Geschichte in Wissenschaft und Unterricht, Jg. 37/Hft. 12, Dezember 1986, S. 234f.; auch: Pressedienst des Instituts für Zeitgeschichte München Nr. 42 vom 3.6.1985
93 H. Fleischmann aus Kornwestheim in Die Welt vom 19.4.1985
94 H. Wahls aus Köln in Die Welt vom 20.4.1985
95 Fritz Schulze-Hüttmann, 26.4.1985
96 Van Bergh, a.a.O., S. 355ff.
97 Hendrik van Bergh: Die Wahrheit über Katyn. Der Massenmord an polnischen Offizieren. Zusammengestellt nach amtlichen Materialien, Dokumenten und Akten. Mit einem Vorwort von Prof. Friedrich August Frhr. von der Heydte, Vowinckel-Verlag, Berg am See, 1986
98 van Bergh, a.a.O., S. 360
99 ebd., S. 359
100 ebd., S. 360
101 ebd., S. 360
102 ebd., S. 361

103 ebd., S. 360
104 Süddeutsche Zeitung vom 6.5.1985
105 Frankfurter Allgemeine Zeitung vom 3.8.1985

Anmerkungen zu 7
Eingeständnis

1 Süddeutsche Zeitung vom 13.8.1987; Neue Zürcher Zeitung vom 15.3.1988; Frankfurter Rundschau vom 18.3.1988; Frankfurter Allgemeine Zeitung vom 26.3.1988
2 Die Zeit vom 22.5.1987
3 Der Spiegel vom 15.6.1987
4 Welt am Sonntag vom 19.7.1987
5 Neue Zürcher Zeitung vom 16.7.1987; Süddeutsche Zeitung vom 17.7.1987; Welt vom 16.7.1987
6 Der Spiegel vom 6.8.1987
7 Süddeutsche Zeitung vom 13.8.1987
8 Frankfurter Rundschau vom 3.9.1987; Süddeutsche Zeitung vom 3.9.1987
9 Welt am Sonntag vom 13.9.1987
10 ebd.
11 Süddeutsche Zeitung vom 3.10. u. 5.10.1987; Frankfurter Rundschau vom 6.10.1987
12 Welt vom 13.10.1987; Frankfurter Rundschau vom 13.10.1987; Süddeutsche Zeitung vom 14.10.1987; Bonner Generalanzeiger vom 14.3.1988
13 Frankfurter Allgemeine Zeitung vom 8.3.1988; Süddeutsche Zeitung vom 8.3.1988
14 Abgedruckt in Frankfurter Allgemeine Zeitung vom 8.3.1988; vgl. Süddeutsche Zeitung vom 8.3.1988; Frankfurter Rundschau vom 9.3.1988; Welt vom 9.3.1988; Neue Zürcher Zeitung vom 10.3.1988
15 Frankfurter Allgemeine Zeitung vom 8.3.1988
16 Süddeutsche Zeitung vom 8.3.1988
17 Frankfurter Allgemeine Zeitung vom 9.3.1988
18 Welt am Sonntag vom 13.3.1988; Bonner Generalanzeiger vom 14.3.1988; Süddeutsche Zeitung vom 14.3.1988; Neue Zürcher

Zeitung vom 15.3.1988; Frankfurter Rundschau vom 18.3.1988

19 Süddeutsche Zeitung vom 12.3.1988; Frankfurter Allgemeine Zeitung vom 26.3.1988

20 Frankfurter Allgemeine Zeitung vom 12.3.1988

21 Neue Zürcher Zeitung vom 15.3.1988

22 Neue Zürcher Zeitung vom 13.4.1988; Frankfurter Allgemeine Zeitung vom 11.4.1988; Frankfurter Rundschau vom 11.4.1988

23 Bonner Generalanzeiger vom 31.5.1988

24 Süddeutsche Zeitung vom 30.5.1988

25 Frankfurter Allgemeine Zeitung vom 31.5.1988; Bonner Generalanzeiger vom 31.5.1988

26 Frankfurter Allgemeine Zeitung vom 12.7.1988; Süddeutsche Zeitung vom 5.8. u. 8.11.1988

27 Frankfurter Allgemeine Zeitung vom 12.7.1988

28 Stefan Dietrich in: Frankfurter Allgemeine Zeitung vom 12.7.1988

29 ebd.

30 Welt am Sonntag vom 10.7.1988; Welt vom 11.7.1988; Frankfurter Rundschau vom 11.7.1988

31 Süddeutsche Zeitung vom 21.7.1988

32 Frankfurter Allgemeine Zeitung vom 15.7.1988

33 Süddeutsche Zeitung vom 21.7.1988

34 Frankfurter Allgemeine Zeitung vom 19.7. u. 25.7.1988; Frankfurter Rundschau vom 25.7.1988; Süddeutsche Zeitung vom 19.7.1988; Welt vom 19.7.1988

35 Welt vom 30.7.1988

36 Welt vom 2.8.1988

37 Süddeutsche Zeitung vom 5.8.1988

38 Welt vom 31.8.1988

39 Frankfurter Allgemeine Zeitung vom 6.9.1988; Chelminski, a.a.O., S. 127

40 Welt am Sonntag, 28.8.1988

41 Neue Zürcher Zeitung vom 10.4.1988

42 Chelminski, a.a.O., S. 127

43 Frankfurter Allgemeine Zeitung vom 4.4.1989

44 Welt vom 30.9.1988

45 Chelminski, a.a.O., S. 130

46 Frankfurter Rundschau vom 17.4.1990

47 Neue Zürcher Zeitung vom 18.4.1990

48 Süddeutsche Zeitung vom 8.11.1988

49 Süddeutsche Zeitung vom 17.2.1989; Welt vom 17.2.1989; Frankfurter Rundschau vom 17.2.1989; Frankfurter Allgemeine Zeitung vom 17.2.1989; Neue Zürcher Zeitung vom 18.2.1989; Bonner Generalanzeiger vom 23.2.1989

50 Süddeutsche Zeitung vom 17.2.1989

51 Welt vom 22.2.1989; Bonner Generalanzeiger vom 23.2.1989; Frankfurter Allgemeine Zeitung vom 23.2.1989

52 Frankfurter Allgemeine Zeitung vom 25.3.1989

53 Frankfurter Rundschau vom 27.2.1989

54 Frankfurter Allgemeine Zeitung vom 8.3.1989; Frankfurter Rundschau vom 8.3.1989; Welt vom 9.3.1989; Süddeutsche Zeitung vom 9.3.1989

55 Frankfurter Allgemeine Zeitung vom 11.3.1989

56 Thomas Urban in Süddeutsche Zeitung vom 29.3.1989

57 Süddeutsche Zeitung vom 7.4. u. 19.4.1989; Neue Zürcher Zeitung vom 18.4.1989; Frankfurter Allgemeine Zeitung vom 19.4.1989; Bonner Generalanzeiger vom 19.4.1989

58 Süddeutsche Zeitung vom 22.4.1989

59 Czeslaw Madajczyk: Dramat Katynski, Warschau 1989

60 Welt vom 8.4.1989

61 Frankfurter Allgemeine Zeitung vom 4.4.1989

62 Neue Zürcher Zeitung vom 18.4.1989

63 Bonner Generalanzeiger vom 19.4.1989

64 Welt am Sonntag vom 30.4.1989

65 Neue Zürcher Zeitung vom 26.5.1989; Welt vom 26.5.1989

66 Süddeutsche Zeitung vom 19.5.1989

67 Süddeutsche Zeitung vom 23.6.1989; Neue Zürcher Zeitung vom 24.6.1989

68 Welt vom 3.8.1989

69 Welt vom 14.10. u. 27.10.1989; Chelminski, a.a.O., S. 127

70 Welt vom 26.10.1989

71 ebd.

72 Welt vom 21., 25., 27. u. 28.11.1989; Frankfurter Allgemeine Zeitung vom 17.4.1990

73 Geschichte, Jg. 16/Nr. 94; vgl. Frankfurter Allgemeine Zeitung vom 17.4.1990

74 Neues Deutschland vom 14./15.4.1990

75 Abgedruckt nach dpa in: Süddeutsche Zeitung vom 17.4.1990; vgl. Frankfurter Rundschau vom 14.4.1990, Frankfurter Allgemeine Zeitung vom 14.4.1990

76 Frankfurter Allgemeine Zeitung vom 17.4.1990
77 ebd.
78 Süddeutsche Zeitung vom 17.4.1990; Frankfurter Rundschau vom 17.4.1990
79 Frankfurter Rundschau vom 17.4.1990; Neues Deutschland vom 14./15.4.1990
80 Neues Deutschland vom 14./15.4.1990
81 Neue Zürcher Zeitung vom 18.4.1990
82 Süddeutsche Zeitung vom 17.4.1990; Neue Zürcher Zeitung vom 18.4.1990; Frankfurter Rundschau vom 14.4. u. 17.4.1990
83 Frankfurter Allgemeine Zeitung vom 17.4.1990
84 Frankfurter Allgemeine Zeitung vom 18.4.1990
85 Rheinischer Merkur vom 20.4.1990
86 Franz Kadell: Wo sind die anderen Gräber? in Die Welt vom 19.5.1990
87 Zycie Warszawy vom 8.6.1990
88 Moskau News, Nr. 7/Juli 1990; vgl. Reuter vom 14.6.1990; Frankfurter Allgemeine Zeitung vom 15.6. u. 20.6.1990; Welt vom 20.6.1990; Bonner Generalanzeiger vom 14./15.6.1990
89 dpa vom 17.6.1990; Frankfurter Allgemeine vom 19.6.1990
90 dpa vom 19.6.1990; Frankfurter Allgemeine Zeitung vom 20.6.1990; Welt vom 20.6.1990
91 AP vom 19.6.1990
92 dpa nach PAP vom 23.7.1990
93 Newsletter Counter Point (Luxemburg), Vol. 6, Nr. 4, September 1990
94 France Soir (Paris) vom 31.8.1990
95 Liberation (Paris) vom 4.9.1990
96 dpa 30.9.1990
97 Moskau heute, Nr. 10, Oktober 1990
98 dpa vom 28.12.1990
99 dpa vom 28.12.1990

Personenregister